Bettina Hausmann, Renate Neddermeyer
BEWEGT SEIN
Integrative Bewegungs- und Leibtherapie in der Praxis
Erlebnisaktivierung und Persönlichkeitsentwicklung

Reihe
Innovative Psychotherapie und Humanwissenschaften
Band 57
Herausgegeben von
Hilarion Petzold

Bettina Hausmann
Renate Neddermeyer

BEWEGT SEIN

Integrative Bewegungs- und Leibtherapie
in der Praxis

Erlebnisaktivierung und Persönlichkeitsentwicklung

Junfermann Verlag • Paderborn

1996

© Junfermannsche Verlagsbuchhandlung, Paderborn 1996

Covergestaltung: Petra Friedrich, unter Verwendung der Arbeit von Alastair Mack „(W)Hole", Courtesy Galerie Beeldspraak, Amsterdam.

Fotos: Renate Neddermeyer
Andreas Horstmann: S. 87, 88, 238, 284, 330, 331
Manfred Behner: S. 143, 171, 172, 179
Heinrich Maas: S. 57, 102, 164, 231
Susanne Prinz: S. 102

Alle Rechte vorbehalten.

Das Werk einschließlich aller seiner Teile ist urheberrechtlich geschützt. Jede Verwendung außerhalb der engen Grenzen des Urheberrechtsgesetzes ist ohne Zustimmung des Verlages unzulässig und strafbar. Das gilt insbesondere für Vervielfältigung, Übersetzungen, Mikroverfilmungen und die Einspeicherung und Verarbeitung in elektronischen Systemen.

Satz: La Corde Noire – Peter Marwitz, Kiel
Druck: PDC – Paderborner Druck Centrum

Die Deutsche Bibliothek – CIP-Einheitsaufnahme

Hausmann, Bettina:
Bewegt sein: Integrative Bewegungs- und Leibtherapie in der Praxis. Erlebnisaktivierung und Persönlichkeitsentwicklung / Bettina Hausmann; Renate Neddermeyer. – Paderborn: Junfermann, 1996.
    (Reihe Innovative Psychotherapie und Humanwissenschaften, Bd. 57)
    ISBN 3-87387-231-5

NE: Neddermeyer, Renate; GT

ISBN 3-87387-231-5

Inhaltsübersicht

Einleitung
Die Integrative Bewegungs- und Leibtherapie 23
Kontext 23
Entwicklung 24
Sichtweisen 26
Die drei Arbeitsmodalitäten 48
Übergang zum Praxisteil 54

Praxisteil

I. **Dimensionen der Leiblichkeit** 57

1. Leben als Einheit von Körper, Seele und Geist 59
1.1 Verschränkung der drei Ebenen 59
1.2 Imaginationen und Empfindungen als ganzheitliche Verlebendigung ... 62

2. Leib in der Selbstwahrnehmung 69
2.1 Selbsterleben in Ruhe 75
2.2 Selbsterleben in Bewegung 80
2.3 Selbsterleben mit Objekten und in der Berührung 82
2.4 Selbsterleben in Äußerungen des Leibes 90

3. Leib im Raum 95

4. Leib in der Zeit 109

5. Leib als „eingefleischte" Geschichte 118
5.1 Sprachliche Hinführung zum Leib 123
5.2 Leibregionen und -funktionen als Ausdruck der Lebensgeschichte ... 127
5.3 Der Mensch im Symbol 137
5.4 „Eingefleischte" Geschichte in der Gesamtschau und in Lebensabschnitten ... 144
5.5 Die Arbeitsweise der intermedialen Quergänge 152

6. Leib als soziale Realität 158

7. Leib als Mikroökologie 161

II. **Dynamiken des Leibes** 165

1. Leben im Wechselspiel von Eindruck und Ausdruck 166

2.	Leben im Spannungsfeld der Gegensätze	181
2.1	Gegensätze und Spannungsfelder	184
2.2	Übergänge, Ambivalenzen und Integration	199
3.	Leben aus der Mitte	211
3.1	Aufrichtung	213
3.2	Balance	220
3.3	Mitte, Einklang	223
III.	**Der Leib in seinen Relationen**	**231**
1.	Frühe Zwischenleiblichkeit	232
	Wachsen in Geborgenheit und Weg in die Eigenständigkeit	
1.1	Positive Konfluenz	237
1.2	Grundvertrauen	243
1.3	Befriedigung von Grundbedürfnissen	254
1.4	Blick-, Gesichts-, Stimm-, Berührungsdialog	265
1.5	Leib- und Bewegungserforschung	282
1.6	Grenzerfahrung und Loslösung	285
1.7	Welterforschung und -gestaltung	286
2.	Ich – Selbst	
	Identität	292
3.	Ich – Du	
	Intersubjektivität	310
3.1	Selbstwahrnehmung	313
3.2	Kontakt und Abgrenzung	316
3.3	Begegnung und Beziehung in Auseinandersetzung	323
3.4	Das Zusammenspiel	340
4.	Ich und die anderen	350
4.1	Individuen miteinander	351
4.2	Individuen formen und gestalten die Gruppe	354
4.3	Verhältnisse in der Gruppe	363
4.4	Zwei Gruppen	368
4.5	Individuum und Gruppe	372
5.	Ich und die Dinge	377
6.	Der Mensch im Kosmos	384

Inhaltsverzeichnis

Nachwort als Vorwort 21

Einleitung
Die Integrative Bewegungs- und Leibtherapie 23

Kontext 23

Entwicklung 24

Sichtweisen 26
    Der Mensch als dialogisch-relationales Wesen 26
        Ko-respondenz und Intersubjektivität 26
        Kreativität und Ko-kreation 28
    Der Mensch als ganzheitlich-integratives Wesen 30
        Leib 31
        Leib und Lebenswelt 34
    Der Mensch als dynamisch-prozeßhaftes Wesen 36
        Leben ist Bewegung 36
        Leben ist Entfaltung 37
        Reifung und Persönlichkeit 39
    Gesundheit und Krankheit 41
        Leibgeschichte 41
        Leibgedächtnis 42
        Entfaltungsfördernde und krankmachende Milieus 43
        Drei Beispiele einer Entwicklung zur Krankheit 46

Die drei Arbeitsmodalitäten 48

Die erlebniszentriert-stimulierende Arbeitsweise 50
    Zugänge, Impulse, Themen 50

Überleitung zum Praxisteil 54
    Entstehungsgeschichte und Umgang mit den Übungen und Erlebnisangeboten 55

I.   DIMENSIONEN DER LEIBLICHKEIT 57

1.   Leben als Einheit von Körper, Seele und Geist 59

1.1	Verschränkung der drei Ebenen	59
	• Erinnern – Spüren – Fühlen	59
	• Bewegen – Fühlen – Begreifen	60
	• Fühlen – Bewegen – Imaginieren	60
	• Bewußtwerdung des Zusammenhangs	61
1.2	Imaginationen und Empfindungen als ganzheitliche Verlebendigung	62
	• Vorstellung einer Zitrone	63
	• Luftballon und Stein	64
	• Wanderung	65
	• Gang „über Gras und Stein"	67
	• Evokation einer Landschaft	67
2.	Leib in der Selbstwahrnehmung	69
	• Achtsamkeit	73
2.1	Selbsterleben in Ruhe	75
	• Auflagepunkte	75
	• Mitte – Peripherie	76
	• Grenze – Innenräume – Organe	76
	• Wahrnehmungsfluß	77
	• Abklopfen, abstreichen	78
	• Dehnen, strecken	79
2.2	Selbsterleben in Bewegung	80
	• Gehen im Raum	80
	• Stehen als Bewegung	80
	• Liegen, Sitzen, Stehen und Gehen als Beziehung	81
	• Gehen als Zusammenspiel von Einzelbewegungen	81
	• Leibregionen im Kontakt zueinander	82
2.3	Selbsterleben mit Objekten und in der Berührung	82
	• Liegen auf dem Seil	83
	• Ab- und Umrollen mit dem Ball	84
	• Wahrnehmung mit einem Stein	84
	• Gesicht berühren mit Objekten aus der Natur (Feder, Blatt...)	85
	• Sich berühren lassen von den Händen einer Partnerin	85
	• Sich wahrnehmen in eigener Berührung	86
	• Variationen zum Thema „Berührung"	87
	• Die eigenen Hände berühren und begegnen sich	88
	• Leib und Glieder im Kontakt miteinander	89

INHALTSVERZEICHNIS

2.4 Selbsterleben in Äußerungen des Leibes 90
- Gähnen 91
- Seufzen, Stöhnen 91
- Zittern 93

3. Leib im Raum 95
- Körper im Raum – Raumkörper 98
- Ausdehnung und Umraum 98
- Umraum – Grenze – Innenraum 99
- Sich betasten als Leib im Raum 100
- Bewegung von der eigenen Mitte in den Raum 100
- Raumwahrnehmung 100
- Der Raum als Gegenüber 101
- Raumerkundung in Bewegung 102
- Gliederung des Raumes 103
- Gliederung und Aneignung des Raumes 104
- Gliederung und Gestaltung des Raumes 1, 2 104
- Ich im Raum 105
- Platz im Raum nehmen mit Decke 107
- Landschaft als Lebensraum 107

4. Leib in der Zeit 109
- Ruhe 113
- Tempo 113
- Rhythmus – vorgegeben 114
- Rhythmus – selbst erzeugt 114
- Atem, Herzschlag, Puls 115
- Atem und Bewegung 116
- Lungenflügel – Flügelschlag 116
- Persönlicher Rhythmus 117

5. Leib als „eingefleischte" Geschichte 118

5.1 Sprachliche Hinführung zum Leib 123
- Redewendungen („Jeder hat sein Kreuz zu tragen") 123
- Eigenschaftswörter („hochnäsig, unterwürfig") 124
- Allgemeine Lebensthemen („Nicht auf die Beine kommen") 125
- „Eingefleischte" Strukturen 126

5.2	Leibregionen und -funktionen als Ausdruck der Lebensgeschichte	127
	• Hände	127
	• Füße	127
	• Sinnesorgane	128
	• Atem als Lebensmuster	128
	• Atembeobachtung	129
	• Gesicht als Spiegel des Lebens	130
	• Mein Jetzt-Gesicht	130
	• Mein Kindergesicht	131
	• Mein Altersgesicht	131
	• Integrationsarbeit	132
	• Haltung und Bewegung als Ausdruck von eingeprägter Lebensgeschichte	132
	• Haltung als Ausdruck des Augenblicks	135
	• Gegenwärtige Lebenssituation	136
5.3	Der Mensch im Symbol	137
	• Dialog mit Tier, Baum, Wind...	137
	• Identifikation mit Tier, Baum...	138
	• Geleitete Imagination und Identifikation	139
	• Seilfigur als Symbol	140
	• Leib als Bild (body chart)	141
	• Tonskulpturen	142
5.4	„Eingefleischte" Geschichte in der Gesamtschau und in Lebensabschnitten – Lebenspanorama	144
	• Vogelflug	144
	• Babyzeit	146
	• „Trotzphase"	147
	• Weggang aus dem Elternhaus	147
	• Zeitreise: Vergangenheitsprojektion	148
5.5	Die Arbeitsweise der intermedialen Quergänge	152
	• Das gemalte Panorama und die Bewegungsarbeit	152
	• Visualisierung und Umsetzung in szenisches Spiel	154
	• Maske – Bewegung – Text	154
	• Bewegung – Visualisierung – Bild – Bewegung	156
6.	Leib als soziale Realität („social body")	158
	• Haltungen und Bewegungen in unterschiedlichen Kulturen	158

INHALTSVERZEICHNIS

- Frauenwelt – Männerwelt 159
- Geschlechtersozialisation 160

7. Leib als Mikroökologie 162
   - „Natürliche" Prägung 1,2 162

II. DYNAMIKEN DES LEIBES 165

1. Leben im Wechselspiel von Eindruck und Ausdruck 166
   - Bewußtwerdung des eigenen Ausdrucks 167
   - Leibliche Berührung als Eindruck 168
   - Eindruck und Ausdruck 169
   - Der Leib auf dem Weg zu seinen Gefühlen 171
   - Emotionen finden leibhaftigen Ausdruck 172
   - Umspielen von Ausdrucksgrenzen 173
   - Resonanz und Abgrenzung 174
   - Resonanzbewegung 1, 2 176
   - Klärung von Eindrücken 1, 2 177
   - Krankheitssymptome als Ausdruck von Eingedrücktem 1, 2 179

2. Leben im Spannungsfeld der Gegensätze 181

2.1 Gegensätze und Spannungsfelder 184
   - „Engung – Weitung" 1-4 184
   - Domestizierung 1,2 185
   - Blockieren – fließen lassen 187
   - Erstarren – verflüssigen 188
   - Geben – nehmen 188
   - Sich öffnen – sich schließen 1-5 189
   - Rund – eckig/gerade 193
   - Gegensätze in der Spannung 194
   - Klein – groß 196
   - Zuwendung zu sich selbst – Zuwendung zu anderen 197
   - Vorgegebene Struktur – spontan entstehende Struktur 198

2.2 Übergänge, Ambivalenzen und Integration 199
   - Übergänge zwischen zwei Polen 199
   - Übergänge zwischen Positionen 200
   - Ambivalenz: Ich möchte – aber... 203

- Konflikt zwischen zwei Bedürfnissen 204
- Bekanntes Verhalten – gegenteiliges Verhalten 206
- Erkundung und Veränderung von Verhaltensmustern 207
- Gegensätze – Übergänge – Integration 209
- Gegensätze – Dialog – Integration 209

3. Leben aus der Mitte 211

3.1 Aufrichtung 213
- Die imaginäre Mittelachse 213
- Die rechte und die linke Seite 214
- Stand – Aufrichtung – Haltung 216
- Sich gründen – die Mittelachse umspielen 218
- Der Atem umspielt die Achse 219

3.2 Balance 220
- Labiles Gleichgewicht 220
- Sich fallen lassen – sich auffangen 221
- Fallen und aufstehen 221
- Gleichgewicht im Tun 222

3.3 Mitte, Einklang 223
- Kreisen aus der Mitte 223
- Atmen – zwischen Mitte und Weite 224
- Atmen aus der Mitte 224
- Mitte als Symbol 225
- Tönende Mitte 226
- Geben und empfangen – Herz 227
- Grundton 227
- Einklang 228

III. DER LEIB IN SEINEN RELATIONEN 231

1. Frühe Zwischenleiblichkeit 232
   Wachsen in Geborgenheit und Weg in die Eigenständigkeit 232

1.1 Positive Konfluenz 237
- Sich überlassen in Geborgenheit 238
- Kreis und rhythmische Musik 239

- Kreis und wandernde Stöcke 239
- Meditative Kreistänze 240
- Kreis als Resonanzraum 240
- Bewegung nach Musik 241
- Gruppenleib 241
- „Robbeninsel" 242

1.2 Grundvertrauen 243
- „Du bist willkommen." 244
- Sich anvertrauen, tragen und wiegen lassen 245
- Auf dem Rücken und auf Händen getragen werden 246
- Gewicht ablegen – Vertrauen üben 247
- Sich von der Erde tragen lassen und auf einer Wolke schweben 247
- Gewiegt werden und wiegen 248
- Sich einschwingen auf den Atem 249
- Führen und geführt werden 250
- Eine Gruppe führen 251
- Sich von einem Ton führen lassen 251
- Selbstvertrauen 251
- Selbstvertrauen – alleine blind gehen 252

1.3 Befriedigung von Grundbedürfnissen 254
Exkurs: Empathie 255
- Spannungslösung 257
- Wärme, Schutz, Geborgenheit 260
- Hunger – gestillt und genährt werden 261
- Hunger, Einverleibung, Sättigung 262
- Hunger, Nahrungsbeschaffung, Einverleibung 263
- Wunscherfüllung, Eltern – Kind – Resonanz 264

1.4 Gesichts-, Blick-, Stimm- und Berührungsdialog 265
Exkurs: Rolle der BegleiterIn 268
- Begleitet werden 269
- Spiegelung von Mimik, Gestik, Gang 269
- Angeschaut, gesehen werden 270
- Dialog zweier Gesichter 271
- Eigenes Gesicht im Spiegel 272
- Vorstellung, angeschaut zu werden 273
- Sich selbst anschauen 274
- Stimmdialog 275

- Gehört werden – hören 276
- *Exkurs: Berührung* 277
  - Freie Erkundung in der Berührung seiner selbst 278
  - Berührung und Kraft 278
  - Funktionale Erkundung in der Berührung eines anderen Menschen 278
  - Freie Erkundung in der Berührung eines anderen Menschen 278
  - Berührungsdialog 279
  - Imagination positiver Berührung 279
  - Berührungserfahrung 279
  - Multiple Stimulierung 279

1.5 Leib- und Bewegungserforschung 282
  - „Mein Knie – dein Knie" 282
  - Interaktionsspiel der Hände 283
  - Ausdehnung und Bewegungserfahrung 284

1.6 Grenzerfahrung und Loslösung 285
  - Sich anlehnen – sich wegdrücken 285
  - Bande und Fesseln 285
  - Eigenwille 286
  - Ja – Nein 286

1.7 Welterforschung und -gestaltung (real und magisch) 286
  - Zuhause – weite Welt 286
  - Erforschen und zerlegen von Naturmaterial 287
  - Bauen und gestalten im Raum 287
  - Spiel mit Stühlen im Raum 289
  - Zoo – Verwandlung in Tiere 290
  - Rollenspiel 290

2. Ich – Selbst
   Identität 292
   - Identifizierung, Identifikation, Valuation 294
   - Fremdattribution 1, 2 294
   - Sich selbst sehen „mit anderen Augen" 296
   - Selbstattribution 296
   - Die fünf Säulen der Identität 297
   - Das soziale Atom 299
   - Ich-Stärke 300
   - Identität 301

INHALTSVERZEICHNIS

- Geschlechtsidentität ... 302
- Erotik ... 304
- Sozialisierte Geschlechtsidentität ... 305
- Meine Kraftquellen ... 306
- Eigenschaften und Kraft verstärken 1, 2 ... 306
- Ablösung von den Eltern ... 307
- Weg – Lebensweg ... 308

3. Ich – Du (Self – Other)
   Intersubjektivität ... 310

3.1 Selbstwahrnehmung ... 313
   Exkurs: Räume und Grenzen ... 314
   - Grenzen ... 314
   - Durchlässige Grenze ... 315
   - Grenzwahrnehmung und Hülle ... 315

3.2 Kontakt und Abgrenzung ... 316
   - Begrüßung ... 317
   - Blickkontakt ... 318
   - Berührungskontakt ... 318
   Exkurs: Intermediärobjekte ... 319
   - Kontaktaufnahme über Medien ... 319
   - Abgrenzungsgesten ... 321
   - Nähe und Distanz ... 322
   - Annäherung und Abgrenzung ... 322
   - Raum greifen – Kontakt und Abgrenzung ... 323

3.3 Begegnung und Beziehung in Auseinandersetzung ... 323
   - Kontakt wird zur Begegnung (Ball, Decke) ... 326
   - Ver-bind-ung 1,2 (Seil) ... 327
   - Kontakt-Zone (Seil) ... 328
   - Seil-schaft ... 330
   - Begegnung der Hände ... 330
   - Rücken-Sprache ... 331
   - Fuß-Dialog ... 331
   - Blind gehen – tasten – berühren ... 331
   - Konkurrenz ... 332
   - Manipulation ... 332
   - Kraft ... 333

- Kampf 1-3 334
- Aggression 336
- Raum greifen 337
- Durchsetzung 338
- Konfrontation 338
- „Päckchen packen" 339

3.4 Zusammenspiel: Miteinander – gegeneinander – füreinander 340
- Marionette 340
- Bildhauer 341
- Halt und Stütze in Wechselseitigkeit 342
- Miteinander – gegeneinander – füreinander 343
- Rücken miteinander 343
- Aktiv – passiv – gemeinsam 344
- Zwei Bewegungen verändern sich in der Begegnung 345
- Miteinander atmen 346
- Synchronizität, Zusammenspiel 346
- Geben und nehmen in Gegenseitigkeit 347
- Füreinander 348
- Gemeinsamkeit – Eigenständigkeit 349

4. Ich und die anderen
Leben in sozialen Bezügen 350

4.1 Individuen miteinander 351
- Den freien Raum in der Mitte füllen 351
- Freie Gruppenaktionen 352
- Jede gestaltet den eigenen Raum 353

4.2 Individuen formen und gestalten Gruppen (Synergie) 354
- Eine Gruppe entsteht 356
- Gruppenbild malen 356
- Gruppenskulptur 357
- Gruppenmaschine 358
- Gruppengeschichte 359
- Gruppentanz mit Zauberschnur 359
- Improvisation im großen Rundseil 360
- Gruppenatem 361
- Tönen in der Gruppe 361

INHALTSVERZEICHNIS

	• Gruppenrhythmus	362
	• Nonsenspalaver	363
4.3	Verhältnisse in der Gruppe	363
	• Seilverstrickungen	363
	• Kontakt, Spaß, Überforderung	365
	• Zupacken oder warten	365
	• Soziogramm	366
4.4	Zwei Gruppen	368
	• Gruppenfindung	368
	• Individuen wechseln zwischen zwei Gruppen	369
	• Eine Gruppe empfängt eine andere	370
	• Zwei Gruppen stehen sich gegenüber	370
4.5	Individuum und Gruppe	372
	• Namensbewegung spiegeln	372
	• Viele rhythmische Namen	372
	• Namen schreiben und bewegen	373
	• Namenskreis	373
	• Kreistanz	373
	• Geschlossener Kreis	374
	• Sich als Individuum der Gruppe annähern	375
	• Als Individuum etwas von der Gruppe wünschen	376
	• Sich vor der Gruppe exponieren	376
5.	Ich und die Dinge	377
	• „Mein" Dorf („meine" Stadt)	379
	• Häuser, Wohnungen, in denen ich gelebt habe	379
	• Kuscheltier, Buch oder Spielzeug	380
	• Ein Gegenstand, der mir wichtig ist	380
	• Ein Baum, ein See, ein Stück Natur	381
	• Mein Wohnzimmer (Arbeitszimmer)	381
	• „Es brennt", Sie dürfen drei Dinge retten	382
	• Ein Ding, das ich gerne besitzen möchte	382
6.	Der Mensch im Kosmos	384
	• Teilhabe	386
	• Sei Stein, Pflanze, Tier, Mensch	386
	• Metamorphose	387

- Die vier Elemente 389
- Alles fließt 390
- „Erdung" und „Himmelung" 390
- Atmen zwischen Himmel und Erde 391
- Weite 393
- Stille 393

Literatur 395

Jakob und Mirjam,
Claus und Annik
gewidmet

Nachwort als Vorwort

Wir sind froh und dankbar: Die große Arbeit ist beendet. „Unser" Buch ist fertig.

Der Schlußpunkt ist gesetzt und uns wird noch einmal bewußt: wir sind es, die dieses Buch erarbeitet haben, aber es ist in einem weiten Umfeld beheimatet, von wo es seinen Ursprung nahm und wovon es Teil sein möchte.

Unsere Gedanken gehen zu den Menschen dieses Umfeldes, die uns auf unserem Weg in der direkten Begegnung oder indirekt durch ihre Bücher WeggefährtInnen waren und sind:
– Unsere TherapeutInnen und LehrerInnen, bei denen wir erfahren haben, was Integrative Bewegungs- und Leibtherapie ist und wie sie Menschen verändern kann.
– *Hilarion Petzold* mit seinem inspirierenden Denken und Arbeiten, der uns anregte und ermutigte, IBT-Gut schriftlich festzuhalten und dem wir für die Endredaktion dieses Buches danken.
– Unsere PatientInnen und KlientInnen, die TeilnehmerInnen unserer Gruppen in der Weiterbildung, in Klinik und Praxis, die Frauen der Alten-Bewegungsgruppe und der spirituellen Leibarbeit.

Gemeinsam mit ihnen konnten wir uns und unsere Arbeit ausprobieren und weiterentwickeln. Vielfältiger Austausch und wechselseitige Wertschätzung haben uns immer wieder ermutigt und befähigt, dieses Buch zu realisieren.

Unser Dank gilt auch *Christoph*, *Silvia*, *Gisela* und *Klaus* für die Arbeit der Texterfassung und all denen, die die Entstehung der Fotos ermöglicht haben, in denen die Vielfalt und Buntheit unserer Arbeit sichtbar wird.

Die am Anfang der Großkapitel abgebildeten Skulpturen sind von *Heinrich Maas*, der Kollege und Therapeut, aber auch Künstler ist.

Dieses Buch entstand in Zusammenarbeit und Arbeitsteilung: Die Erlebnisangebote wurden von uns gemeinsam erarbeitet und festgehalten. Bettina Hausmann schrieb die Texte. Renate Neddermeyer übernahm die fotografische Gestaltung.

Marsberg, Wiesbaden, Januar 1996

Bettina Hausmann   *Renate Neddermeyer*
Quinckeweg 19   *Wandersmannstr. 24*
D-34431 Marsberg   *D-65205 Wiesbaden*

Einleitung
Die Integrative Bewegungs- und Leibtherapie

Kontext

Krisen machen sensibel. Sie haben zur Folge, daß der Verstand und alle Sinne aktiviert werden, um mögliche Wege aus der Krise zu finden. Und das ist gut so.

Die Krise unserer Zivilisation ist für viele Menschen spürbar, einer Zivilisation, die in ihrer Überbewertung des Intellekts den Körper zur Maschine degradiert und damit die lebendige Verbindung von Vernunft und Herz zerrissen hat. In dieser Trennung konnte es geschehen, daß bestimmte Formen der Wissenschaft „objektiv" und „wertfrei", d.h. ohne Frage nach dem Sinn, also „von Sinnen", das technisch Machbare gemacht haben, ohne zu fragen, ob es der Entfaltung oder der Zerstörung des Lebens dient. Diese Trennung des Verstandes von den Sinnen, der Leiblichkeit und dem Gefühl, mit dem Ziel der Bemächtigung und Beherrschung des Körpers und der Natur, hat in Krisen geführt und ist selbst in die Krise gekommen.

Ansammlung von Kenntnis der äußeren Welt ohne Selbst-Erkenntnis, ohne Verbindung zur inneren Welt, spaltet und kann dem Menschen in seiner Ganzheit und Differentialität, Tiefe und Verwobenheit nicht gerecht werden.

So führen Wege aus der Krise folgerichtig über die Wiedergewinnung des Leibes als Einheit, der Sinne als Werkzeuge ganzheitlicher Erkenntnis von Sinn und der Untrennbarkeit von Herz und Verstand.

Die wissenschaftlichen und philosophischen Sichtweisen dieser Zeit, die vielfach als „Wendezeit" begriffen wird, setzt neben das positivistische Machbarkeitsdenken ein differentielles und zugleich ganzheitlich-relationales Schauen, in dem es nicht um Bemächtigung und Herrschaft geht, sondern um Wahrnehmen und Verstehen und um ein Handeln, das eine Antwort auf das Wahrgenommene ist.

Auch die Wissenschaften vom Menschen verändern sich in dieser Zeit des Wandels. Sie schärfen ihren Blick für die Phänomene und die Folgen von Spaltungen und sie verbinden die Frage „Was ist der Mensch?" mit der Frage „Was dient ihm (und seiner Mitwelt) zum Heil und zur Entwicklung?" So kann Medizin zur HEIL-KUNDE und zur Wissenschaft vom guten Leben werden.

Auf diesem Boden entwickeln sich eine ganze Reihe von innovativen Körper- und Psychotherapien. Viele behalten ganz oder teilweise die Spaltung in Psyche und Soma bei, obwohl sie sich jeweils in das andere Gebiet hinein ausdehnen. Psycho-Therapien einerseits und Körper-Therapien andererseits gehen beide noch weitgehend davon aus, daß Heilung erfolgen kann, wenn man nur *eine* Dimension des Menschen behandelt.

Die INTEGRATIVE THERAPIE geht hinter diese Spaltung zurück und über sie hinaus, indem sie versucht, den Menschen immer differentiell und als Ganzen zu sehen. Sie ist weder eine Psycho-, noch eine Körpertherapie, sondern sie ist „Humantherapie". Sie ist darum bemüht, diese getrennten Perspektiven zusammenzubringen und befaßt sich vor allem mit Zusammenhängen, Durchgängen und Übergängen, mit den Prozessen, die das Ganze in seinen Bewegungen beschreiben.

Folgerichtig ist sie auf der philosophischen Ebene eingebettet in die Traditionen der Phänomenologie und Hermeneutik, der Strömung, die die Dinge betrachtet, so, wie sie sich selber zeigen und diese Phänomene zur Grundlage ihres Erkenntnisprozesses macht. Im therapeutischen Prozeß geht es darum, die Phänomene des eigenen Seins wahrzunehmen und zu erleben (KlientIn) oder mitzuerleben (TherapeutIn), und sie dann in einen Bedeutungszusammenhang zu stellen. Diese gemeinsame Sinn- und Bedeutungssuche und -findung geschieht dann auf dem Wege einer wahrnehmungsorientierten „ernüchterten Phänomenologie und Hermeneutik" (*Schmitz, Petzold*), indem in einem vielschichtigen Prozeß von Wahrnehmen, Erfassen, Verstehen und Erklären, Erkenntnis über das eigene Leben in Kontext und Kontinuum gewonnen wird.

Entwicklung

Die INTEGRATIVE THERAPIE ist ein sozialwissenschaftlich und tiefenpsychologisch fundiertes, ganzheitliches Therapieverfahren, das 1965 von *Prof. Dr. H.G. Petzold* begründet und seitdem mit *Dr. J. Sieper* und *Dr. H. Heinl* und ihren MitarbeiterInnen entwickelt wird und das sich – getreu seiner heraklitischen Orientierung – in ständiger Weiterentwicklung befindet. Da sich die INTEGRATIVE THERAPIE bewußt der Vielschichtigkeit des Menschen in seiner Lebenswelt zuwendet, entstanden im Laufe der Erfahrungen mit therapeutischen Prozessen verschiedene Zugänge, unterschiedliche Methoden des diagnostischen und therapeutischen Vorgehens.

Eine dieser Ausdifferenzierungen ist die INTEGRATIVE BEWEGUNGS- UND LEIBTHERAPIE, die hier in einigen wesentlichen Aspekten, vor allem praktisch, beleuchtet werden soll.

Die INTEGRATIVE THERAPIE als Verfahren und die INTEGRATIVE BEWEGUNGS- UND LEIBTHERAPIE als Methode sind offen und in Bewegung. Auf ihrem Entstehungs- und Entwicklungsweg flossen und fließen Erfahrungen aus der Erprobung und Begegnung mit anderen Verfahren und Methoden ein. Diese Zuflüsse speisen sich aus vielen Quellen: einmal ist dies die Psychoanalyse in Form von unorthodoxen *Freud*schülern, die die Analysetechniken flexibler handhaben, einen leibhaftigeren und kreativeren Kontakt zwischen Therapeut und Klient suchten (*Ferenczi, Groddeck*). Es sind dies das Therapeutische Theater (*Iljine*) mit all seinen Wahrnehmungs- und Ausdrucksübungen, das Psychodrama (*Moreno*) und die Gestalttherapie (*Fritz und Lore Perls*). Weiterhin sind es körperzentrierte Verfahren (*A. Lowen, O. Raknes*), Wahrnehmungs-, Atem- und Bewegungsarbeit unterschiedlicher Schulen (u.a. *Gindler, Middendorf, Ouspiensky, Sheleen, Schoop*) und kreative, kunsttherapeutische Verfahren (*Sieper, Orth*).

In dem weitgefächerten und umfassenden Denken und Arbeiten von H.G. Petzold entstand im Laufe der letzten 30 Jahre eine differenzierte und konsistente Theorie und im Wechselspiel damit eine ebenso differenzierte und lehrbare Methode.

Die Anwendung in der Praxis reicht von der Arbeit mit Kindern bis zu der mit alten Menschen, von Gesunden über die mit Neurotikern, Psychosomatikern bis zu Psychotikern und zu anderen Bereichen. Je nach Klientel kann die Methode eingesetzt werden zur Entfaltung der Persönlichkeit, zur Prävention, Stabilisierung und zur Heilung von kranken und geschädigten Menschen.

Dieses Buch wendet sich in erster Linie der Praxis zu. Wer sich näher mit den theoretischen Grundlagen und Konzepten beschäftigen möchte, findet diese in folgenden Büchern, in denen H.G. Petzold seine theoretischen Schriften zusammengefaßt hat:

> **INTEGRATIVE BEWEGUNGS- UND LEIBTHERAPIE**
> **Ein ganzheitlicher Weg leibbezogener Psychotherapie**
> 2 Bände, Paderborn 1988
>
> **INTEGRATIVE THERAPIE**
> **Modelle, Theorien und Methoden für eine schulenübergreifende Psychotherapie**
> 3 Bände, Paderborn 1993

(Hinweis: Im folgenden Text finden sich in Klammern fettgedruckte Begriffe. Diese sind im Stichwortregister der oben genannten Bücher von Petzold zu finden und geben nähere Auskunft über die behandelten Konzepte.)

Im Folgenden wird der Mensch aus drei Perspektiven beschrieben, die das „neue" Denken (das immer wieder auch an ganz altes Denken anknüpft) charakterisieren und die auch grundlegend sind für das hinter der INTEGRATIVEN THERAPIE stehende Menschenbild. Die Perspektiven geben Sicht auf
- die dialogisch-relationale,
- die ganzheitlich-integrative und
- die dynamisch-prozeßhafte Seinsweise des Menschen.

Sichtweisen

Die erste Perspektive:
Der Mensch als dialogisch-relationales Wesen

Ko-respondenz und Intersubjektivität

Was war früher: die Henne oder das Ei? Diese berühmte alte Frage macht uns bewußt, daß wir nichts wissen über den ersten Ursprung des Lebens. Ein-deutig sagen läßt sich jedoch, daß beide, Henne und Ei, aufeinander bezogen sind. Es gäbe das Ei nicht ohne die Henne und die Henne nicht ohne das Ei. Und soll das Ei der Anfang eines neuen

Lebewesens sein, so ist noch eine weitere Beziehung nötig, nämlich die, die zur Befruchtung führt.

So sind auch wir Menschen in Beziehung gezeugt. Auf allen Ebenen des Seins muß etwas zusammenkommen: Zuneigung, Liebe, leibliche Vereinigung, Verschmelzung von Ei und Samenzelle, damit ein neues Leben anfangen kann zu werden und sich dann zu entwickeln. In der Zeit der Schwangerschaft sind die Organismen von Mutter und Kind in einem physiologischen Dialog. Forschungen haben gezeigt, daß die Sensumotorik und die Wahrnehmungsfähigkeit des Föten sich schon sehr früh entwickeln und er auf Veränderungen der Herztöne oder der Muskelspannung der Mutter reagiert. Der Dialog ist aber keineswegs nur physiologisch. Die Mutter ist auch emotional und gedanklich auf das werdende Leben bezogen, sie ist „guter Hoffnung", „in freudiger Erwartung", sie „trägt ein Kind unter dem Herzen", wie man früher sagte. Ihr ganzes Wesen lebt sozusagen in einem leibhaftigen Gespräch mit dem Kind. In der letzten Schwangerschaftsphase kann dieses Gespräch auch schon ganz real in der spielerischen Berührung mit den strampelnden Armen und Beinen geführt werden.

Der Zeitpunkt der Geburt, der ersten großen Trennungsarbeit, wird – wie man heute weiß – durch Mutter und Kind gemeinsam initiert, und die Geburt selbst ist eine Gemeinschaftsarbeit, eine Kooperation. Nachdem beide getrennt sind, ihre physiologischen Kreisläufe nicht mehr ineinandergreifen, bekommt der Dialog andere, neue Formen: Haut berührt Haut, atmen und lauschen, schreien und stillen, schauen und schauen, lächeln und fühlen, lieben und wachsen.

Das Kind wird in eine Gemeinschaft hineingeboren, es lebt zusammen mit anderen in einer Ko-existenz (**Koexistenz**) und wächst und entwickelt sich im lebendigen vielfältigen Austausch mit denen, die sich zu ihm in Beziehung setzen. Zunächst vollzieht sich dieser Dialog anschließend an die intrauterine Zeit auf der leiblich-affektiven Ebene. In der versorgenden, zärtlichen und spielerischen Berührung wird die Fähigkeit des Kindes zur Empfindung und Wahrnehmung geübt und gleichzeitig damit seine Möglichkeiten, eigene Intentionen, eigenes Wollen und Verlangen kennbar zu machen. Im Tragen, Wiegen, Streicheln und im empathischen Antworten auf die Grundbedürfnisse des Kindes ist das praktische Tun immer mit einem emotionalen Bezogensein gekoppelt. Die Zufriedenheit und Freude über das Stillen nach dem Schreien (oder das Gegenteil davon) drückt sich sowohl beim Kind als auch bei der Bezugsperson in der Muskelspannung, im Gesichtsausdruck, ja in der ganzen inneren Gestimmtheit aus. Und zwischen beiden entsteht durch diese vielfältigen Reaktionen aufeinander ein Zusammenspiel, ein emotionales Band, das der Qualität dieser Interaktion entspricht. Wenn dieser dialogische Wachstumsraum vorhanden ist, wenn Empathie, Dialog (**Empathie, Dialog**) und Ko-respondenz sich etablieren, reift die Beziehung, reift das Kind und schreitet fort zu den nächsten Entwicklungsschritten, die wiederum differenziertere Formen des Kontaktes, des Dialoges möglich machen (**Ko-respondenz**). In diesem dialogischen Reifungsprozeß entstehen Bewußtsein, Selbst-Bewußtsein und Identität, d.h. eine Reifung, die die Begegnung mit anderen Menschen auf der gleichen Ebene der Entwicklung ermöglicht. Subjekt seines Lebens geworden, kann sich der Mensch seinesgleichen öffnen und zusätzlich zu der leiblich-affektiven Dimension des Kindes auf der seelisch-geistigen, existentiellen Ebene mit ihm in einen Kommunikationsprozeß treten und darin Höhe, Tiefe und Weite der menschlichen Existenz erfahren (**Intersubjektivität**).

Kreativität und Ko-kreation

Im Kindes- wie im Erwachsenenalter schließen Menschen sich zusammen in Gemeinschaften wie Spielgruppen, Banden, Familie, Schule, Gemeinwesen, Gesellschaft etc., verflechten ihre Interessen und ihre Kräfte (**Synergie**) und gestalten in Zusammenarbeit (**Ko-operation**) eine lebendige Gemeinschaft in kleinen Räumen wie in großen politischen Zusammenhängen. Alles hängt zusammen, eine Handlung beeinflußt die andere, eine Idee erneuert Altes, Eingerostetes, Kon-kurrenz (von lat. *con-currere* = *zusammenlaufen*) und Kon-flikte (von lat. *con-fligere* = *zusammenwerfen*) schärfen die Sicht oder behindern den Fortgang dieses kreativen Prozesses (**Ko-kreation**). Das Gesicht unserer Erde ist jeweils das Ergebnis dieser Kokreation von Menschen miteinander und der Menschen mit der Erde, wobei auch immer die Möglichkeit besteht, nicht die aufbauenden, sondern die zerstörerischen Kräfte zu bündeln und somit Krankheit, Krieg und Niedergang der Erde zu bewirken (**Ko-destruktion, Devolution**).

Jedes Individuum ist in die kleinen und weltweiten Relationen eingebunden als Subjekt, das Mitverantwortung trägt und das aufgerufen ist, in einem dialogischen Prozeß seine relationale Seinsweise zu leben, d.h. sein Bewußtsein für die Notwendigkeit zu schärfen, weltweit *mit*einander und nicht *gegen*einander zu leben, inklusiv und nicht exklusiv zu denken und zu handeln, mit dieser Erde und unseren Mitbewohnern darauf im Dialog zu leben, wissend daß es nur „Eine Welt" gibt.

In der INTEGRATIVEN BEWEGUNGS- UND LEIBTHERAPIE verstehen wir Therapie ebenfalls als einen Dialog in einem gemeinsamen Raum zwischen zwei Menschen oder in einer Gruppe, in dem sich Menschen einander öffnen und Empathie und Resonanz füreinander entwickeln. Freilich ist es in erster Linie die Aufgabe der TherapeutIn, sich empathisch auf das Gegenüber einzulassen und aus der Empathie heraus eine Frage, eine Antwort, ein Angebot zu gestalten. Diese Interventionen im dialogischen Raum können auf der leiblichen Ebene in einem Bewegungsangebot oder einer Berührung liegen, auf der emotionalen Ebene im Benennen oder Zeigen der eigenen Berührtheit, der ko-emotiven Resonanz, oder im reflexiven und geistigen Gegenüber-Sein. Gelingt dieser Korrespondenzprozeß, so füllt sich der Raum zwischen ihnen mit Vertrauen, mit Beziehung. Und diese ist die Basis, auf der dann gemeinsam Such-Bewegungen gemacht werden können, um Wege zu unentwickelten oder geschädigten Strukturen der Persönlichkeit finden und gehen zu können. Ebenso können Wege gegangen werden zu guten und tragenden Erfahrungen, zu Kraftquellen und Wünschen, die Mut machen, Schritte der Entwicklung und Heilung zu gehen. Das Üben des feinspürigen Dialoges in der therapeutischen Beziehung bahnt den Weg zu einem feinspürigen Dialog des Klienten oder Patienten mit sich selbst, zu einer Selbst-Empathie, die Selbst-Verständnis hervorbringt und gegebenenfalls Selbst-Hilfe ermöglicht.

Die zweite Perspektive:
Der Mensch als ganzheitlich-integratives Wesen

Die Wissenschaft, die unsere Kultur in den vergangenen Jahrhunderten (seit *Archimedes*) hervorgebracht hat, beruht auf der Fähigkeit des Menschen, sich von dem Gegenstand, den er untersuchen will, zu distanzieren. Er stellt sich ihm ent-gegen, betrachtet ihn aus unterschiedlichen Perspektiven, beobachtet ihn unter verschiedenen Bedingungen, klassifiziert und bewertet. Dies schafft die Grundlage für weitreichende wissenschaftliche Erkenntnisse aller Art. Heute sind Wissenschaftler im Verein mit Technikern in der Lage, immer neue, feinere Verfahren und Apparate zu entwickeln, um immer genauer klassifizieren, kartieren und diagnostizieren zu können. Notwendigerweise wird das Forschungsgebiet dabei immer enger umgrenzt, der Forscher immer spezialisierter. Spezialist zu sein, der an einem Detail forscht und dennoch das Ganze nicht aus dem Auge verliert, wird immer schwieriger. Es bedarf integrativer Persönlichkeiten und Sichtweisen, die dem Verlust von Zusammenhängen entgegenarbeiten.

Werden wissenschaftliche Erkenntnisse in technische Verfahren umgesetzt, ohne hinreichenden Blick auf die Zusammenhänge im Großen und die tatsächlichen oder möglichen Konsequenzen, so besteht die Gefahr, daß die Folgen sich letztlich gegen den Menschen und die Umwelt kehren (z.B. militärische und zivile Atomforschung und Atomindustrie). Der Blick auf die Zusammenhänge und Konsequenzen wird zunehmend auch unter dem Druck der möglichen Verwertbarkeit verengt. Forschungsergebnisse müssen „sich letztlich rechnen", sie müssen ökonomisch nutzbar sein.

In dieser verengten Sichtweise wird der Gegenstand der Forschung nur als kategorisierbares, manipulierbares und verwertbares Objekt gesehen. Der Mensch selbst ist von diesen objektivierenden Untersuchungsmethoden nicht ausgenommen, und seine Lebensprozesse stehen in unserer Gesellschaft ebenfalls zunehmend unter dem Diktat des ökonomischen Nutzens. Außerdem wurde der Mensch mit zunehmender Arbeitsteilung, Differenzierung der Konsumgewohnheiten und der ökonomischen Verhältnisse in seinem Lebensvollzug mehr und mehr zerteilt und verschiedenen Spezialisten und „Verkäufern" zugeordnet: dem Psychologen, dem Arzt, dem Bodybuilder, dem Freizeitgestalter, die alle im Prozeß der Vermarktung von Lebensprozessen mitwirken.

So ist es für uns ganz normal, daß auch wir uns objektivieren, von außen betrachten, unsere körperliche Leistungsfähigkeit mit Geräten trainieren und messen, reproduktives Wissen anhäufen in der Hoffnung, es ökonomisch nutzbar machen zu können und uns im undifferenzierten Konsum der überschwemmenden Gütervielfalt von uns selbst entfremden.

Diese objektivierende und ökonomisch orientierte Kultur hat dazu geführt, daß ganzheitliche Möglichkeiten, das Leben und die Welt zu erfassen, vor allem die Intuition, der „6. Sinn", abgewertet wurden und verkümmert sind. Wir sind eine Kultur der Wissenschaft, des Wissens geworden, der Produktion und des Konsums, der Ökonomie, nicht der Weisheit, der Ökologie und der Ökosophie. Weisheit entwickelt sich nur in gleichzeitig ganzheitlicher und differenzierender Schau. Wollen wir Wege zu dieser ganzheitlichen Schau wiederfinden – und sie sind uralt – so müssen wir Objektivierung, Aufspaltung und Entfremdung, die Hand in Hand gehen, überwinden.

Leib

Zur Aufspaltung der Ganzheit Mensch gehört die Auffassung, er bestehe aus einem sichtbaren Leib und einer unsichtbaren Seele. Mit zunehmender Bewußtwerdung und Hochschätzung des Verstandes gab es auch die Dreiteilung in Körper, Seele und Geist. Je nach Sichtweise und Zeitströmung hatten die Begriffe eine unterschiedliche Füllung und Wertschätzung.

Neuere Anthropologien (G. Marcel, M. Merleau-Ponty, M. Buber, V.v. Weizsäcker, H. Schmitz, H. Petzold) und in ihrer Folge die innovativen experientiellen Therapieformen versuchen die alten Spaltungen zu überwinden. Sie wenden sich in erster Linie dem ganzen Menschen zu und sehen Unterteilungen als Aspekte, den Versuch einer Ausdifferenzierung eines in Wirklichkeit einheitlichen Systems.

So bringt *Petzold* für die INTEGRATIVE THERAPIE den ganzheitlichen Ansatz auf die Formel: „Der Mensch ist ein Körper-Seele-Geist-Wesen in einem sozialen und ökologischen Umfeld." Und: „Der Mensch ist Leib-Subjekt in der Lebenswelt" (*Petzold* 1988, 186 bzw. 111). Die Bindestrichschreibung deutet an, daß hier nicht separierte Teile des Menschen gemeint sind, sondern Ausdifferenzierungen, Aspekte, Dimensionen der einen und ganzen Person. Und dieses Wesen, diesen ganzen Menschen, diese Person, nennt er auch Leib-Subjekt. Dies bedarf einer näheren Erläuterung. Der Begriff *Körper* bezeichnet in der Umgangssprache, wie gesagt, nur einen Aspekt des Menschen, einen Teil. Und vor allen Dingen bezeichnet er ein Objekt. Wir sagen: wir *haben* einen Körper. Da Denken und Sprache Realitäten schaffen, alte Deutungen bestätigen, ist es gut, ein anderes Wort einzuführen, um sich aus alten Vorstellungen zu lösen. Wir nennen also die Gesamtheit von Körper-, Seele- und Geistdimensionen mit ihren sozialen und ökologischen Qualitäten LEIB. Dies ist ein altes Wort unserer Sprache, das im alt- und mittelhochdeutschen Sprachgebrauch den lebendigen Körper und auch den ganzen Menschen meinte. In dem mhd. Wort *lîp* ist Leib mit Leben ganz eng verbunden. Es hat sich sogar im engl. *life* und im norw. *liv* in die Bedeutungsrichtung „Leben" weiterentwickelt. Das Wort „Körper" (von lat. *corpus*) konnte auch den toten Körper bezeichnen.

Sprechen wir von der *Körper*dimension des Leibes, so meinen wir die biologische, physiologische, organismische Ebene, das Vegetative, das unsere somatische Lebensbasis darstellt. Es ist das wunderbare Ineinander von unendlich vielen verschiedenen hochkomplexen Vorgängen, die unser physiologisches Lebendigsein ausmachen und die wir weder ingangsetzen noch beenden können (außer durch Tötung und Freitod). Ohne all diese biochemischen, biophysikalischen Prozesse wären wir nicht. Aber wir sind mehr als physiologische Prozesse, denn sie bringen eine neue Qualität hervor: das Mentale, das im Vorgang der Emergenz in komplexen Systemen entsteht. Der Körper als Organismus ist sich seiner selbst nicht bewußt. Er vollzieht seine Regelkreise nach ihm innewohnenden Gesetzen und diese emergieren Bewußtsein (**Emergenz**). Der LEIB ist der Körper, der vom Bewußtsein seines Seins durchdrungen ist, der sich selbst erspürt, erfühlt und erdenkt, der sich selbst wahrnimmt und sich dieser Selbstwahrnehmung bewußt wird (**awareness** und **consciousness**). Er ist ein Subjekt, das sich selbst objektivieren kann, in dem also Subjekt- und Objekthaftes ineinanderfallen.

Das Materielle im Menschen (Gewebe, Organe) ist durchdrungen von Transmateriellem (Gefühle, Gedanken, Erinnerungen, Handlungspläne), das wir eigentlich nicht vollständig definieren können, sondern dem wir uns immer wieder nur versuchsweise beschreibend annähern können, denn es ist das Subjekt der Definition. Das Transmaterielle übersteigt das Materielle, aber es ist nie ohne das Materielle: ein Gedanke kann nicht ohne das Gehirn gedacht werden, ein Gefühl nicht ohne neuronale Aktivität gefühlt werden. Ein Beispiel für den transmateriellen Leib ist das „Phantomglied": Der materielle Körper ist versehrt, der transmaterielle Leib ist unversehrt. Diese Ganzheit versuchen wir auszudrücken mit Formulierungen wie: der Leib ist der beseelte Körper oder die sichtbare Seele, die durchgeistigte Materie oder der inkarnierte Geist (**materiell, trans-materiell**).

Unter *Geist* verstehen wir sowohl die kognitiven Vernunftskräfte, als auch ihre Inhalte, die Fähigkeit, Verbindungen zu erschauen oder zu legen, die es möglich machen, Sinnbezüge herzustellen zwischen dem Körperlich-Materiellen und dem Transmateriellen, ja, sich eventuell einer immateriellen Dimension anzunähern, wenn man diese als existent annimmt.

Die *Seelen*dimension ist das sich selbst Erspüren, Erleben, Erfühlen „von innen" her. Sie ist die Gesamtheit von Affekten, Gefühlen, Leidenschaften und Strebungen, die wiederum die Motivationskräfte für unsere inneren Entwicklungen und äußeren Handlungen sind und die unsere innere Ausrichtung und unser Lebensgefühl bestimmen. Die Seele hat eine ahnende Verbindung zum Grund der menschlichen Existenz und zu der geistigen Kraft, die alles Leben durchweht (hebr. *ruach;* gr. *pneuma* = Atem, Geist, Wind).

Alle diese Begriffe sind sozusagen Arbeitsbegriffe, die uns helfen, uns selbst zu beschreiben. Das Benennen der unterschiedlichen Aspekte suggeriert immer wieder eine Getrenntheit von etwas, das ein ineinander verschränktes System, ein dynamisches Kräftefeld ist. Wir sollten uns deshalb bescheiden in dem Bewußtsein, daß wir uns das Leben nicht selbst gegeben haben, und es deshalb nie bis ins letzte ergründen werden. Wir können es aber mit Gedanken durchdenken und im Erleben durchdringen. Besonders bei Höhepunkten und Tiefpunkten unseres Lebens, wo die Lebendigkeit eine intensive Qualität hat, in Momenten von tiefer Trauer, großer Freude, heftiger Wut, orgastischer Lust erleben wir unmittelbar, daß Körper- und Seelendimension ineinanderfallen: körperliches Beben, Hochspannung, das Blut, das in den Kopf schießt und der gefühlte Affekt „Wut" sind eins. Auch bestimmte existentielle Lebensphasen machen dieses untrennbare Ineinander deutlich: z.B. eine schwangere Frau ist nie nur eine Frau, die sich physiologisch fortpflanzt, sondern sie ist „in anderen Umständen", sie lebt auf andere Art und Weise als eine nichtschwangere. Es geschieht ihr etwas, das sie – auch an ihrer Ausstrahlung merkbar – verändert und einen körperlich-seelisch-geistigen und sozialen Wachstumsprozeß anstößt.

Leib und Lebenswelt

Ebenso wichtig wie das Ineinander der innerleiblichen Aspekte ist das Ineinander und die Zusammengehörigkeit von Mensch und Welt, von Individuum und Gesellschaft: „Der Mensch ist Leib-Subjekt in der Lebenswelt."

Diese Lebenswelt ist nicht nur ein „Drumherum", sondern sie ist wesentlich konstitutiv, prägend für den Menschen und das auf mehreren Ebenen: sozial als unmittelbares familiäres Umfeld, als Zugehörigkeit zu einer bestimmten Schicht, ökologisch als Wohnraum, als landschaftlich-klimatisches Umfeld, insgesamt als Kulturkreis und Zeitepoche. Bleiben wir beim Beispiel des Schwangerseins und Gebärens: Im Mittelalter war es völlig normal, ein „uneheliches" Kind zu bekommen. Im letzten Jahrhundert bis vor einigen Jahrzehnten jedoch war es für ein Mädchen hierzulande eine Katastrophe. Es wurde gesellschaftlich stigmatisiert. In der „gehobenen" Gesellschaft war die Abwertung meist noch größer als bei „einfachen" Leuten. In gebildeten Schichten wurde überhaupt die Körperdimension des Leibes abgewertet und in den Hintergrund gedrängt zugunsten einer hohen Bewertung von Intellekt und normativen Wertvorstellungen. Was das Gebären betrifft, so ist es in einigen Naturvölkern heute noch eine sehr natürliche Angelegenheit, eine Aufgabe der Frau, die sie im Kreise anderer Frauen bewältigt. In unserem Kulturkreis galt dies auf dem Lande für lange Zeit.

Im städtischen Bereich und wiederum in „höheren" Schichten geschah das Gebären mehr und mehr in Krankenhäusern, wo die Frauen sich aus der Hand gaben in die Hand von Ärzten und Apparaten, so daß dieser natürliche, von innen gesteuerte Prozeß zu einem entfremdeten, von außen bestimmten Ereignis wurde. Je nachdem, wie also die jeweilige Lebenswelt aussieht, erlebt eine Frau ihre Schwangerschaft, das Gebären und ihre Mutterrolle ausgesprochen unterschiedlich, ja sie ist oder wird in dem jeweiligen Kontext eine andere Frau. Dieses Beispiel zeigt exemplarisch für viele andere: Mensch und Umfeld bedingen einander und verändern sich gegenseitig.

Analog zur Seinsweise des Menschen ist die Vorgehensweise der INTEGRATIVEN BEWEGUNGS- UND LEIBTHERAPIE auch ganzheitlich, d.h. differentiell und integrativ ausgerichtet. Auf welcher Ebene der Focus der Arbeit auch liegt (auf der körperlichen, emotionalen, kognitiven Ebene), die TherapeutInnen sind sich immer des ganzen Menschen bewußt, sie erspüren sozusagen die anderen Ebenen mit und suchen zusammen mit den KlientInnen/PatientInnen nach Durch- und Übergängen zwischen den Bereichen. Sie oszillieren in ihren Interventionen und Arbeitsweisen zwischen den Ebenen, um verschüttete Zugänge zu öffnen und Durchgänge passierbarer zu machen, damit die Selbstregulation der KlientIn auf allen und zwischen allen Ebenen besser arbeiten kann. Das Ziel ist eine immer bessere Integration des Vorhandenen und die Reintegration von vergessenen, verdrängten, verlorenen Potentialen. Für dieses Streben nach mehr Ganzheit in sich benötigt die KlientIn einen „ganzen" Menschen als Gegenüber. So arbeiten die Integrativen TherapeutInnen mit ihrer Resonanz auf der gedanklich-konzeptuellen, auf der emotionalen und auf der körperlichen Ebene und sind bereit, auch auf allen drei Ebenen mit den KlientInnen in die Interaktion zu gehen.

Die TherapeutInnen sehen die KlientInnen stets in ihren Umfeldbezügen. Sie machen sich ein Bild von der häuslichen Umgebung, der Herkunft, der schichtspezifischen Zugehörigkeit, dem sozialen Netz und den Normen und Werten, die darin herrschen. Alles dies fließt in die diagnostische Hypothesenbildung und in die Zielvorstellung der Therapie mit ein (s. *Osten* 1995).

Dritte Perspektive:
Der Mensch als dynamisch-prozeßhaftes Wesen

Leben ist Bewegung

Leib und Bewegung sind untrennbar miteinander verbunden. In dem Moment, in dem das Leben, das bewegte Lebendigsein, aus dem Leib gewichen ist, wird er bewegungslos, er wird zum toten Körper. Denn wie Leib und Bewegung, so gehören Leben und Bewegung untrennbar zusammen, und zwar auf allen Ebenen. In jeder Zelle unseres Organismus spielen sich pausenlos bewegte Prozesse ab: Versorgung, Entsorgung, Abbau, Umbau, Aufbau. Verschiedene Stoffe wirken auf andere ein, bewegen Organe zur Aktivität und Produktion, Impulse laufen vom Gehirn überall hin und wieder zurück etc. Solange wir leben, kennt der Organismus keinen Stillstand. Im seelischen Bereich ist es ähnlich. Empfindungen, Affekte, Gefühle, Wünsche können wir nur wahrnehmen, weil sie uns bewegen. Das Wort E-motion kommt von lat. *movere* = (sich) bewegen. Also ist Gefühl etwas, das sich heraus-bewegt von innen nach außen. Wir spüren emotionale Prozesse „am eigenen Leibe": die Gefühlsregungen der ersten Liebe, die ungekannte Empfindungen wecken, heftige Affekte, die den Leib schütteln, starke Gefühle, z.B. der Freude, die das Herz hüpfen und die Augen strahlen machen oder Stimmungen wie Hoffnungslosigkeit, die die Spannung abfallen und den Blick stumpf werden lassen (**Regung, Empfindung, Affekt, Gefühl, Stimmung**).

Ein Mensch, dessen Gefühle so erstorben sind, daß sie ihn nicht mehr zu lebensbewältigenden und lebensgestaltenden Handlungen antreiben, vegetiert nur noch, er wirkt wie tot. Auch Beziehungen, die aus Gefühlen entstehen, sind Bewegungen: Zu-neigung, Ab-neigung, Kon-fluenz (Zusammen-Fluß), Kon-takt (gegenseitige Berührung), Beziehung. Und wir wissen: auch menschliche Beziehungen, in denen sich nichts mehr bewegt, sind tot. Das gleiche gilt für Organisationen, Gemeinwesen, in denen man sich nicht mehr zusammen- und auseinander-setzt.

Bei Beziehungen und handlungsorientierten Aktivitäten spielen natürlich die Gedankenbewegungen eine große Rolle: träumen, sich

Bilder machen, phantasieren, planen, entwerfen, verknüpfen, argumentieren etc.

Alle diese unterschiedlichen Bewegungen von Körper, Seele und Geist sind verwurzelt im Leibe, ja sie konstituieren das lebendige Leib-Subjekt, den sich bewegenden, emotional bewegten, denkenden und handelnden Menschen. Der *Bewegungsbegriff* der INTEGRATIVEN BEWEGUNGS- UND LEIBTHERAPIE führt also aus einer engen *Körper*bezogenheit heraus und in das umfassende *Leib*konzept hinein.*

Leben ist Entfaltung

Nicht von Anfang an sind alle diese Bewegungsmöglichkeiten ausgebildet. Sie entwickeln, entfalten sich erst. Beim Menschen sind es Ei und Samenzelle, die in Bewegung aufeinandertreffen und die in einem dynamischen Prozeß der Verschmelzung ihre Eigenschaften nicht einfach addieren, sondern ein Drittes, Neues möglich machen. Sie formen zusammen einen neuen Bauplan, einen Rahmen sozusagen, in dem Möglichkeiten und Fähigkeiten, Stärken und Schwachpunkte schlummern, die es zu entfalten und zu gestalten gilt. Dies geschieht prozeßhaft vom Augenblick der Verschmelzung an. Der Entwicklungsprozeß hat den Charakter eines permanenten Wachsens und Werdens, und wie bei jedem Wachstum liegen die Impulse, der „Impetus" in dem werdenden Wesen selbst (**evolutive Kraft**). Der Mensch will nicht anders als sich entfalten: vom Liegen über das Sitzen bis zum Stehen und Gehen, vom dumpfen Empfinden zum prägnanten Fühlen, vom Erahnen zum Erkennen und Wissen. Der Weg dieser Entwicklung ist nie eine lineare Bewegung, sondern ein vielschichtiger und hochkomplexer Vorgang, der keinen Stillstand kennt, sondern vom Mutterleib bis zum Sterbebett wirksam ist. Wie die relationale Seinsweise des Menschen zeigt, verläuft dieser komplexe Vorgang aber nur, wenn ein ko-respondierendes dialogisches Milieu vorhanden ist. Hätten die Impulse kein Gegenüber, würden sie ins Leere laufen und verpuffen. Gibt es aber dieses Entwicklungsmilieu, so verläuft die Entwicklung im dialogischen Raum zwischen dem Menschen und seiner sozialen Mitwelt (interpsychisch) und mit zunehmender Rei-

---

* Zur Definition von Bewegung s. auch *Petzold* 1993a, S. 1343f.

fung auch in ihm selbst (intrapsychisch). Entwicklung, Reifung und Selbstfindung (d.h. Entschlüsselung der eigenen Potentiale, Entdecken und Ergreifen der in einem selbst angelegten Möglichkeiten) sind also immer an Entwicklung von Interaktion und Kommunikation gebunden. Der Impetus, das Interesse (= miteinander, dazwischen sein), das Vorwärtsdrängen im Menschen führen dazu, daß er bereit ist, eine erreichte Entwicklungsstufe wieder zu verlassen, aufzubrechen und im Experiment Neues anzugehen und damit sein altes System zu verändern. Insgesamt bringen die Aufbrüche und Experimente neue Erfahrungen, die das bereits bekannte Wissen erweitern und differenzieren, und es in Akten der Integration Teil der Persönlichkeit werden lassen. Aus der hohen Differenzierung werden dann wieder Strukturen herausgefiltert, Komplexität wird reduziert. Etwas Neues wird nun zu Bekanntem, so daß ein weiterer Aufbruch stattfinden kann.

Einem Kind merkt man die Erregung noch an, die mit einem Entwicklungsschub einhergeht. Es spürt den Zugewinn an Möglichkeiten. Das Leben eröffnet sich und das Kind ergreift die Möglichkeiten oder läßt sich von der Welle der Veränderungen mittragen. Im Erwachsenenalter, mit zunehmender reflexiver Bewußtheit, fließen wir nicht mehr nur mit dem Prozeß der Entwicklung. Persönlichkeitsstrukturen haben sich verfestigt, Erregung und Neugier mischen sich mit dem Bedürfnis, Erreichtes zu sichern, und es kann zu leichten und schwerwiegenden Hemmnissen und Störungen des Lebensflusses kommen. Diese Störungen können sich sowohl intrapsychisch, wie auch im Fluß zwischen Ich und Welt manifestieren. Aus Angst können wir uns teilweise oder ganz den anstehenden Entwicklungen verweigern, sozusagen die Zusammenarbeit mit den von innen oder außen kommenden Impulsen und Herausforderungen blockieren (**Veränderungswiderstand**), was häufig zu Krisen führt.

Die Zielrichtung der Entfaltung, die Entwicklungsaufgaben und Lebensthemen sind zum einen biologisch festgelegt (Aufrichtung, Geschlechtsreife) oder von evolutionären Programmen im Sozialverhalten bestimmt (Loslösung vom Elternhaus, Partnersuche). Andererseits ergeben sie sich aus inneren Dynamiken (eine dramatische Krankheit konfrontiert mit den Themen Tod und Endlichkeit des Lebens) und aus der Dynamik des Zusammenspiels mit der Welt in Form von wahrgenommenen Aufforderungsimpulsen (**affordances**) aus dem ökologischen Raum oder von Rollenerwartungen, die von „außen" aus dem sozialen Raum an den Menschen herangetragen werden und auf die er mit Handlungen (**effectivities**) und eigenem Rollenverhalten reagiert. Darüber hinaus treiben einen eigene Wertvorstellungen und Lebensvisionen vorwärts, die zu intuitiv oder bewußt gefällten Entscheidungen führen (politische Betätigung, Lebensstil).

Reifung und Persönlichkeit

Lebenslang lebt der Mensch in diesem dynamischen Kräftefeld von (inneren und äußeren) Atmosphären, Impulsen, Heraus-Forderungen, Ein-Flüssen. Ob ein Impuls, ein Einfluß als Herausforderung angenommen werden kann oder ob er als überfordernd, schädigend und destruktiv erlebt wird, hängt von der Entwicklung der Persönlichkeit zum Zeitpunkt des Ereignisses ab. Ist sie gefestigt, ist sie brüchig, hat sie gelernt, ihre Potentiale flexibel einzusetzen, um eine Antwort auf die Herausforderung zu entwickeln, oder ist sie über-fordert und gerät dadurch in eine Krise? Hat das Ich genug Basis, gekräftigt aus einer Krise hervorzugehen, oder würde es durch eine Krise in seiner Stabilität bedroht?

Die Persönlichkeit kann man unter drei Aspekten betrachten. Die INTEGRATIVE THERAPIE sieht das *Selbst* als umfassende Organisation des Menschen, als „Synergem" sensumotorischer, emotionaler, kognitiver und sozial-kommunikativer Schemata und Stile. Es ist als Leibliches immer vorhanden und für andere wahrnehmbar, auch wenn es keine Bewußtheit von sich selbst hat (der Säugling oder ein Mensch in Bewußtlosigkeit). Im Mutterleib und in den ersten Lebenswochen hat der Mensch – dieses Leibselbst – keine Klarheit über seine Existenz, wohl eine vage Gewißheit, daß er „ist". In diesem Selbst und aus diesem Selbst heraus beginnt sich das, was es an Potentialen, an Tendenzen, Strebungen, Fähigkeiten in sich hat, im Dialog, im Zusammenspiel mit der Welt zu entwickeln. Dies ist der Weg vom archaischen zum reifen Selbst (**Selbst**). Je mehr Bewußtsein – Selbst-Empfindung, Selbst-Gefühl, Selbst-Erkenntnis –, desto deutlicher erlebt der Mensch sich als individuelles, eigenständiges und doch den anderen, der Welt zugehöriges Wesen. Die Dimension des Selbst, die dieses Selbst-Bewußtsein gewonnen hat, nennen wir das *Ich*. Im laufenden Interaktions- und Korrespondenzverhalten entwickelt es sich ebenfalls von einer archaischen zu einer immer differenzierteren, reiferen Form (**Ich**). Das Ich kann das Selbst als Leib-Subjekt wahrnehmen, es erlebt sich in der Bewegung, im Fühlen und in der Begegnung mit der Welt. Je mehr es sich der Einflüsse seiner Umwelt inne wird und sich dadurch in seiner individuellen, persönlichen Geschichte begreift, in seinem ureigenen gegenwärtigen Standpunkt und in seiner persönlichen Zukunftsvision, desto deutlicher spürbar ist ihm seine *Identität* (**Identität**). Auch die Entstehung dieses Identitätsbewußtseins ist also ein komplexer Vorgang, der sich relational vollzieht: jeder Mensch wird vom anderen gesehen, nimmt dies wahr und sieht sich selbst. Die Weise, wie andere einen erleben, fließt unmittelbar ein in das Selbst-Erleben. Das Bild, das andere von einem haben, fließt in das Selbst-Bild ein (**Identifikation** und **Identifizierung**).

Die INTEGRATIVE THERAPIE benennt fünf Bereiche, in denen der Mensch eine eigene, unverkennbare Identität entwickelt und gestaltet und aus denen sich wiederum seine Gesamtidentität speist: Leiblichkeit, Soziales Netzwerk, Arbeit/Leistung/Freizeit, Materielles und tragende Wertvorstellungen (**5 Säulen der Identität**).

Der Entwicklungs- und Reifungsprozeß von Selbst, Ich und Identität geht vom Mutterleib bis zum Sterbebett. Es gibt keinen Stillstand, und der Mensch ist niemals „fertig". Jede neue Erfahrung, jede tiefgreifende Begegnung, jede Krise verändert den Menschen. Im Sterben noch ist er aufgerufen, eine letzte große und transformierende Aufgabe zu lösen und den Schritt ins Unbekannte zu tun (**life-span-developement**).

Die INTEGRATIVE BEWEGUNGS- UND LEIBTHERAPIE sieht die PatientInnen bzw. KlientInnen in ihrem fortlaufenden Lebensprozeß, in ihrem Woher und Wohin. Sie ist nicht darauf aus, ihren Prozeß von einem einzigen kardinalen Punkt her zu betrachten, sondern sie versucht, den Menschen von seinen Potentialen, den Hemmnissen seiner Entfaltung und seinen kreativen Bewältigungsstrategien im Laufe seines Lebens her zu sehen.

Zum Zeitpunkt, zu dem eine KlientIn zu Angeboten der Selbsterfahrung oder zur Therapie kommt, ist der Prozeß oft in eine Stromschnelle geraten, wo die Dynamik drängt und wirbelt oder so in seinem Fluß behindert, daß normales Leben unmöglich wird. Sie in der Kanalisierung, Klärung und Neuorientierung der inneren Prozesse zu begleiten und ihr – wo notwendig – Hilfen zu geben, ist die Aufgabe der Integrativen TherapeutInnen.

Das Vorgehen der TherapeutIn ist jeweils eine flexible Antwort auf die Dynamik: sie begleitet, geht mit, stellt sich hinter/neben die KlientIn/PatientIn, hält, stützt, bremst, ermutigt, Schritte zu tun etc. All dies tut sie auf der symbolischen, wie auch auf der konkreten, leiblichen Ebene. Ebenso flexibel wie die Interventionsstrategien sind die Arbeitssettings. Es gibt keinen starren Rahmen: wöchentliche Einzelstunden, wöchentliche Gruppentreffen, Gruppenwochenenden, Seminarwochen, in Kuraufenthalte eingebundene Therapien sind möglich. Die Persönlichkeitsentwicklung der KlientInnen bestimmt, ob die Angebote stützend und nachsozialisierend oder entfaltend und aufdeckend sind oder von einer Modalität zu einer anderen übergehen. Ausgehend vom Entwicklungsprozeß der KlientIn entsteht in der therapeutischen Beziehung ein dynamischer Prozeß, der den Raum gibt, Altes zu wiederholen, Neues zu experimentieren, Geschehendes bewußt werden zu lassen, um sich dem Fluß der eigenen Entwicklung mit Bewußtheit und im Mitvollzug anzuvertrauen.

Gesundheit und Krankheit

Leibgeschichte

An jedem Punkt des Lebensweges – die frühe Säuglingszeit und schwere hirnorganische Erkrankungen ausgenommen – kann das Leib-Subjekt sich selbst betrachten oder betrachtet werden im Sinne einer Standortbestimmung, einer Bilanzierung oder einer therapeutischen Diagnose. Zu jedem Zeitpunkt ist der Mensch nicht nur der Ausdruck der Ist-Situation, sondern er ist ein Gewordener, der seine ganze Geschichte spiegelt. Die Gesamtheit aller Widerfahrnisse, aller seiner Erfahrungen und die Art und Weise, wie er diese Erfahrungen hat verarbeiten können (Bewältigungsstrategien und -leistungen), haben ihn geformt, gezeichnet, geprägt. So ist der Leib geprägte Form, eingefleischte Lebensgeschichte.

Leibgedächtnis

Der Prozeß des Gewordenseins bleibt während des ganzen Lebens lebendig, dem Menschen teils bewußt, teils unbewußt. Er ist gespeichert im Gehirn, aber auch noch in den „Archiven des Leibes". Der ganze Mensch ist sozusagen ein wandelndes Gedächtnis: Zellen können z.B. Mikroorganismen wiedererkennen, denen sie schon einmal begegnet sind; eine Sirene kann einen Menschen unerwartet in Panik versetzen mit Reaktionen von Erstarrung, kaltem Schweiß, Handlungsunfähigkeit, weil z.B das Geheul der Sirene im Leibgedächtnis mit Fliegeralarm aus Kriegszeiten gekoppelt ist; oder: die Betrachtung eines Bildes „Mutter und Kind" kann eine weiche innere Atmosphäre und Lösung von Muskelverspannungen zur Folge haben, wenn dadurch gute eigene Kindheitserfahrungen aktiviert werden (**Leibgedächtnis**). Bei neuen Erfahrungen versucht das Gehirn, an bereits bekannte Erfahrungen anzuknüpfen, so daß es auf alle Ebenen Impulse zur Reaktivierung von gespeicherten Reaktionen schickt. Bei dem Beispiel mit der heulenden Fabriksirene wiederholt der Mensch auf der Körperebene die Reaktion: Erstarrung und Totstellreflex, auf der emotionalen Ebene: Angst und auf der Verstandesebene wahrscheinlich rasende Gedanken: Wohin kann ich flüchten?

Die INTEGRATIVE THERAPIE unterscheidet verschiedene Sektoren des Gedächtnisses: das propriozeptive, das atmosphärische, das ikonische, das szenische und das verbal-symbolische. Das frühe Selbstempfinden des Säuglings in der eigenen Bewegung und in der Berührung durch sich und andere ist die Gedächtnisform, die sich zuerst bildet (**propriozeptives Gedächtnis**), dem die Entwicklung des Erlebens, Erfassens und Speicherns von Atmosphären folgt, die das Kind umgeben (**atmosphärisches Gedächtnis**). Hinzu kommt die Wahrnehmung und Wiedererkennung eines Klanges und eines Bildes: ein Ball, die Stimme der Mutter (**ikonisches Gedächtnis**). Mit zunehmender Differenzierung der Welterfassung können ganze Szenen und Szenenfolgen in ihren Zusammenhängen erfaßt werden (**szenisches Gedächtnis), und mit der Differenzierung des Verstandes, der Deutungs- und Konzeptualisierungsmöglichkeiten, können auch begriffliche Zusammenhänge gespeichert und erinnert werden (**verbalsymbolisches Gedächtnis**). Nach der Kleinkindphase wirken alle zusammen (**integrales Leibgedächtnis**) und machen den Menschen zu einem Wesen mit Geschichte, das „autobiographisch memorieren" kann. Mit dem Leib-Konzept der INTEGRATIVEN BEWEGUNGS- UND LEIBTHERAPIE geht also ein breiteres und differenziertes Verständnis von Gedächtnis einher als üblich. Der Mensch hat die Ereignisse, die ihm im Laufe seines Lebens begegnet sind, in ihren Atmosphären und Szenen wahrgenommen, erfaßt, mit seinen Möglichkeiten gedeutet und in einen Sinnzusammenhang gestellt und gespeichert, d.h. das Ereignis ist auf allen Ebenen (Wahrnehmung, Erfassung, Deutung, Erinnerung) ein Teil des Menschen geworden. Diese vielschichtige Speicherung und also Abrufbarkeit macht sich die INTEGRATIVE BEWEGUNGS- UND LEIBTHERAPIE zunutze, wie auch das „kollektive Gedächtnis" gemeinsamer Erinnerungen, die in Familien, Gruppen, Dorfgemeinschaften, Freundeskreisen, einem Volk, einer Kultur bewahrt, gepflegt, geteilt werden – beispielsweise in einer Therapiegruppe.

Entfaltungsfördernde und krankmachende Milieus und Konstellationen

Wie gesund nun die Entwicklung eines Kindes zum Erwachsenen und weiter zum alten Menschen verläuft, hängt davon ab, was es an Grundausstattung mitbringt und welche vorherrschenden Atmosphären es umgeben, ob es seiner Entwicklung und Entfaltung förderliche, hemmende oder gar zerstörerische Einflüsse sind (**prävalentes Milieu**). Was ein gutes, förderliches Milieu ist, hängt wieder mit dem jeweils herrschenden Menschenbild zusammen, wie es in unterschiedlichen Milieus und Erziehungsstilen zum Tragen kommt. Somit ist das, was wir als „gute" oder „schlechte" Milieus betrachten, gesellschafts- und zeitabhängig.

Wir müssen uns also Rechenschaft darüber geben, welche Fähigkeiten und Fertigkeiten wir heute entwickelt sehen möchten. Einige seien hier benannt:

Grundvertrauen, Verwurzelung im Dasein, die Fähigkeit, sinnenhaft und zentriert zu leben;

Empathie und Resonanzfähigkeit, Interaktions- und Kommunikationsfähigkeit, Beziehungs-, Hingabe- und Liebesfähigkeit;

Eigenständigkeit, Mut und Verantwortlichkeit für sich und andere. Distanzierungsfähigkeit, um sich im Prozeß des Lebens verstehen und seinen Platz in der Welt erkennen zu können.

Kreativität, um diese Fähigkeiten (**Kompetenzen**) in Fertigkeiten (**Performanzen**) umzusetzen, damit sie Wirklichkeit werden können.

Die Idee des Grundvertrauens läßt uns Hemmnisse, Krankheiten und Krisen letztlich als Herausforderungen und Impulse zur Weiterentwicklung sehen.

Die hierzu förderlichen Milieus, die die Integrative TherapeutIn im Empathie- und Resonanzgeschehen mitgestaltet und die sie in den Erlebnisangeboten herzustellen versucht, ziehen sich durch den ganzen Praxisteil des Buches und sind im Kap. III, 1 („Frühe Zwischenleiblichkeit") explizit beschrieben.

Wenn wir uns nicht nur mit der Persönlichkeitsentfaltung befasssen, sondern auch mit Nachsozialisierung und Heilung, so ist es nötig, sich die vorrangigen Faktoren und Konstellationen anzuschauen, die eine Entwicklung beeinträchtigen können. *Petzold* unterscheidet hierbei Konflikte, Defizite, Störungen und Traumatisierungen. Wir ziehen zum besseren Verständnis *Petzolds* Definitionen der vier pathogenen Konstellationen heran:

Konflikte: „Konflikte können wir als das zeitgleiche Aufeinandertreffen von widerstreitenden Impulsen bzw. von Stimulierungen und Hemmungen definieren. Sie stellen eine Polarisierung, einen ungelösten Spannungszustand dar, der, wenn er perpetuiert wird und entsprechend gravierend ist, zu pathologischen Reaktionen führt" (*Petzold* 1977a, 267).

Defizite: „Defizite, verstanden als fehlende Lernerfahrungen und unzureichende Ausbildung somato-motorischer, emotionaler und kognitiver Strukturen bewirken, daß nachfolgendes Lernen beeinträchtigt wird, sofern die defizitäre Entwicklung nicht nachsozialisiert werden kann" (*Petzold* 1977a, 264). Beispiel: eine Mutter versorgt ihr Kind zwar, weicht dem direkten Hautkontakt aber eher aus und läßt ihm wenig taktile Stimulierung zukommen. So wird das Leibselbst des Kindes mangelhaft ausgebildet, was auf allen Ebenen Störungen und Fehlfunktionen zur Folge haben kann.

Störungen: „Wir unterscheiden von den Defiziten die Störungen als Impulse, die auf die Selbstregulationsprozesse des Organismus derart einwirken, daß sie vorübergehend oder dauernd beeinträchtigt, fehlgeleitet oder lahmgelegt werden" (*Petzold* 1977a, 265). Beispiele hierfür sind ambivalentes oder überbeschützendes Verhalten der Mutter dem Kind gegenüber. Eine klammernde Mutter straft ihr Kind für eine selbständige Entdeckung der Welt und stört so seine Loslösung.

Traumatisierungen: „Wir fassen den Begriff der Traumatisierungen in Abhebung zu dem der Störungen oder des Defizits sehr eingegrenzt als eine außergewöhnliche, kurzzeitige Stimulierungssituation, die für den Organismus derart bestandsbedrohende Wirkung hat, daß sie zu bleibenden Strukturschäden führt" (*Petzold* 1977a, 267; zitiert nach *Petzold* 1990, 1028f.).

Beeinträchtigungen in den frühkindlichen Entwicklungsphasen sind besonders gravierend, da das Kind alles, was es erlebt, total erlebt. Es kann sich nicht distanzieren, das Geschehen nicht relativieren und sich nicht wehren, da es seine Bezugspersonen braucht. Ob Schädigungen entstehen, hängt von der Grundausstattung ab und davon, ob es in der Folgezeit Kompensationsmöglichkeiten gibt. Sind diese nicht vorhanden, sondern folgen den frühen schädigenden Erfahrungen immer wieder unglückliche Umstände und Ereignisse, so können sich bleibende Störungen entwickeln oder Krankeiten zum Ausbruch kommen. Das Auftreten einer Krankheit entsteht nicht monokausal, sondern synergetisch durch das Zusammenwirken unterschiedlicher Faktoren – positiver und negativer – im Laufe des Lebens (**chains of adversive and protective events**).

Nicht alle psychischen Störungen haben ihren Ursprung in der Kindheit. Zu jedem Zeitpunkt des Lebens kann es zu einer Häufung erschütternder und labilisierender Faktoren kommen (ein Kind stirbt, der Partner wird arbeitslos bei hoher Verschuldung), oder es kann sich eine vorherrschende Lebensatmospäre einstellen, die schädigend ist (Leistungsdruck und Konkurrenzkampf am Arbeitsplatz oder Vernachlässigung und Unterstimulierung im Altenheim). Wir sprechen dann von „frühen", „mittleren" oder „späten" Schädigungen.

Zurückkehrend zu unseren anthropologischen Grundlagen, den drei Seinsweisen des Menschen: dialogisch-relational, ganzheitlich-integrativ und dynamisch-prozeßhaft, beschreiben wir nun drei Entstehungsgeschichten von Schädigungen, die den Focus der Schädigung jeweils in einem dieser Gebiete hat.

1. Beispiel: Defizit im dialogisch-relationalen Bereich

Erfährt ein Säugling zu wenig Berührung, zu wenig leibliche Zuwendung, kann dies dazu führen, daß die Spürfähigkeit, der „perzeptive Leib", zu wenig stimuliert wird und das Kind sich zu wenig in der Berührung selbst erleben kann. Dies kann zur Folge haben, daß die Spürfähigkeit und später das Leibschema schlecht ausgebildet werden. Wenn die Berührung wenig wirkliche Zuwendung zu dem Kind enthält, der emotionale Dialog dürftig ist und wenig Entwicklungsbasis bietet, bekommen das Selbsterleben und das Selbstgefühl des Kindes wenig Kontur, wenig Prägnanz. Es bleibt eher diffus und steht in der Gefahr, unter belastenden Lebensbedingungen in Konfluenzzustände zu fallen. Können diese Defizite nicht in der Folgezeit durch andere Bezugspersonen kompensiert werden, führt das in der weiteren Entwicklung eventuell zu unklaren Selbst- und Ich-Grenzen, zu einer schwachen Empathiefähigkeit und zu unklaren Strukturen des Denkens, Fühlens und Kommunizierens. Werden dann im Jugend- oder Erwachsenenalter Beziehungen mit ebenso unsicheren Persönlichkeiten mit unklaren Grenzen oder widersprüchlichen Impulsen eingegangen, in denen es Sehnsucht nach Nähe gibt und gleichzeitig die Unfähigkeit, sie herzustellen oder auszuhalten, so kann es zu Beziehungsabbrüchen und bleibenden Schwierigkeiten im Beziehungsverhalten kommen.

2. Beispiel: Trauma bzw. Störung, Schädigung im ganzheitlich-integrativen Bereich

Wächst ein Kind auf in einer Familie, in der Zuwendung, aber auch immer wieder körperliche und/oder emotionale Gewalt herrscht, wird es wiederholt traumatisiert durch Mißhandlungen, Liebes- oder Kontaktentzug, so kann es als Bewältigungsstrategie verschiedene Wege gehen: es kann z.B. sein Leben spalten in eine Realwelt und eine Traumsphäre. Oder es begibt sich vielleicht auf die Leistungsschiene, versucht über angepaßtes Wohlverhalten und über Können Anerkennung und Vermeidung der schmerzlichen Situationen zu erreichen. Wenn dies nicht möglich ist, kann es über frühe Selbständigkeit (**maligne Progression**) versuchen, sich so bald wie möglich aus der Familie hinauszuentwickeln.

In allen Fällen werden die leiblichen und psychischen Schmerzen betäubt, anästhesiert, die Empfindungsfähigkeit vermindert, damit das Schmerzliche so wenig wie möglich gespürt werden muß. Im ersten Fall wird statt dessen die Phantasiefähigkeit des Leibes (**der phantasmatische Leib**) stark ausgebildet, im zweiten Fall die Verstandesfähigkeiten. Es entstehen möglicherweise Spaltungen der verschiedenen Aspekte des Leibes. Sucht derjenige, der seinen Verstand gut entwickelt hat, einen Platz in sehr intellektuell orientierten, (oft männlichen) sozialen Gruppierungen, in denen Rationalität hoch und Empfindungsfähigkeit niedrig bewertet wird, ist es wahrscheinlich, daß er zu einem intellektuell über- und emotional unterentwickelten Menschen wird. Da eine fehlende Balance die Persönlichkeit in ihrer Stabilität gefährdet, kann es bei stark emotionalen Ereignissen (Tod eines Elternteils, Verlassenwerden von der Partnerin) zum Zusammenbruch des ungleichgewichtigen Systems kommen. Gleichzeitig wäre dieser Zusammenbruch die Herausforderung zur Herstellung einer besseren Balance durch Bearbeitung der frühen traumatischen Erfahrungen und durch Entwicklung der Empfindungsfähigkeit.

3. Beispiel: Konflikt, Schädigung im dynamisch-prozeßhaften Bereich

Stellen wir uns im 3. Bereich ein Kind vor, das mit viel Lebenslust und Kraft begabt ist und die Welt auf eigenwillige Art experimentierend erleben und ergreifen will, das aber in einer Familie aufwächst, die sehr stark normativ orientiert ist und diese Orientierung als starres Konzept in der Erziehung durchsetzen will (brav, gehorsam, ordentlich, unauffällig, angepaßt). Im Inneren des Kindes und in seinem Kontakt zu den Erziehungspersonen entstehen zwangsläufig immer wieder Spannungszustände zwischen dem eigenen inneren Drang nach Experiment und Weltaneignung und den von außen gesetzten Begrenzungen. Es kommt zu Konflikten zwischen dem Kind und seinem Umfeld, was zur Folge haben kann, daß das Kind sich nicht ernstgenommen, ja nicht angenommen fühlt. Da jedes Kind (und jeder Mensch) dieses aber ersehnt, verlagert sich der Konflikt ins Innere, wo die widerstreitenden Impulse von Expansion und Suche nach Akzeptanz ausgetragen werden müssen und oft genug zu Hoffnungslosigkeit, Lähmung und unklaren Verhaltensweisen führen. Wird diese Konfliktkonstellation nicht bewußt und bleibt der Mensch weiterhin in einem einengenden Milieu, so kann es die Körperdimension des Leibes sein, die über Krankheiten den Konflikt nach außen bringt (**Psychosomatose**). Gelingt ein Ausbruch aus der Enge, kann der Mensch die Erfahrung von Veränderung und Befreiung machen.

Bei Einengung haben die Möglichkeiten des Kindes oder des Erwachsenen keinen Raum, in dem sie sich prozeßhaft, Schritt für Schritt entfalten können. Die Eigendynamik wird gestört, gebremst und damit der Mensch in gewisser Weise verformt. Jede Gesellschaft, jede Zeit formt „ihre" Menschen, die herrschenden Normen gestalten ihn nach einem kulturkonformen Bild. Man spricht deshalb auch von Enkulturation und Sozialisation. Werden diese Formungen so stark, daß sie zu Deformationen entgleisen, sprechen wir von einer „Kolonialisierung" des Leibes (**Kolonialisierung**), in der es um Bemächtigung, um Unterdrückung zugunsten herrschender Prinzipien und Machtkonstellationen geht (z.B. Mädchenerziehung, militärischer Drill, Erziehung zum guten Konsumenten).

Die drei Arbeitsmodalitäten

Um nun vorbeugend, heilend und entfaltend (präventiv, kurativ und evolutiv) tätig zu sein, kennt die INTEGRATIVE BEWEGUNGS- UND LEIBTHERAPIE drei Vorgehensweisen:

Die **übungszentriert-funktionale** Arbeitsweise beschäftigt sich mit dem Kennenlernen und Beeinflussen von leiblichen Funktionen, wie Atmung, Spannung, Flexibilität, Koordination und Kraft. Der Ansatz liegt hier auf der Körperebene des Leibes mit dem Ziel, die Funktionen zu stärken, zu regulieren und zu vitalisieren. Da das Vorgehen immer mit der Wahrnehmung des Vorgangs (oder des Empfindens vor und nach der Übung) verknüpft ist, geht es nie um ein „rein" körperliches Üben oder Trainieren. Die Übende wird sich aufgrund der Wahrnehmung gleichzeitig ihrer selbst bewußt, und somit beeinflußt das Arbeiten auf dieser Ebene auch die anderen Ebenen des Leibes.

Die **konfliktzentriert-aufdeckende** Vorgehensweise zielt darauf, evidentes konflikthaftes Material aufzugreifen oder verdecktes aufzudecken, um es – aus dem Schatten ins Licht des Bewußtseins gekommen – in Auseinandersetzung mit seiner aktualen Konflikthaftigkeit, mit den Konfliktfolgen zu bearbeiten oder durch Bearbeitungen im regressiven Milieu anzugehen.

Dazwischen liegt, sich in diese beiden genannten Bereiche ausdehnend, die **erlebniszentriert-stimulierende** Arbeitsweise. Jede funktionale Arbeit wird tiefer und ganzheitlicher, wenn immer wieder während des Arbeitens die Erlebnisqualität angesprochen wird, und jede konfliktorientierte Arbeit benötigt die stimulierende Erlebnisaktivierung, um sich an im Leibarchiv gespeichertes Material anzunähern. Daher kann man die erlebniszentriert-stimulierende Arbeitsweise als das Herzstück der INTEGRATIVEN LEIB- UND BEWEGUNGSTHERAPIE ansehen.

Die drei Modalitäten sind in der Praxis häufig verschränkt: Eine funktionale Übung geht über in ein erlebnisorientiertes Angebot und aus diesem entsteht eine Konfrontation mit Konfliktmaterial. In der Neuorientierung nach Beendigung der Konfliktarbeit kann es sein, daß dort wieder die Übung steht (allerdings gefüllt mit allem Vorherigen), nämlich die Übung eines neuen Verhaltens oder einer neuen Haltung (z.B. Übung der Aufrichtung). So nimmt das Veränderungsgeschehen häufig die Form einer Spirale an.

Alle drei Gebiete ausführlich zu beschreiben, ist uns an dieser Stelle nicht möglich. So wenden wir uns in erster Linie dem Herzstück, der erlebniszentrierten Arbeitsweise zu, wobei wir die Verschränkung mit den beiden anderen immer wieder andeuten, benennen und ab und zu auch ausführen.

Die erlebniszentriert-stimulierende Arbeitsweise

Erleben und Erfahren sind ganzheitliche Zugangsweisen, die beim sinnlichen Wahrnehmen über den Leib als „totales Sinnesorgan" und beim integralen Leibgedächtnis ansetzen. Durch vielfältige Anregung, durch das Angebot von Aufgaben und stimulierenden Konstellationen, die in der Ko-respondenz zwischen TherapeutIn und KlientIn entwickelt werden, bietet das erlebniszentrierte Arbeiten den Rahmen und die Interventionen, die dem Menschen möglich machen, sich sich selbst auf lebendige Weise zuzuwenden, zu vorgefaßten Meinungen und Selbstbildern Distanz, Exzentrizität zu gewinnen, um sich im Tun (oder Nichtstun) neu zu erleben. Die Wahrnehmungsfähigkeit des Leibes wird aktiviert (der **perzeptive Leib**), die Archive des Leibes, die Lebenschronik geöffnet und die bewußten oder schlummernden Erinnerungen erforscht (der **memorative Leib**) und ausgehend davon die Ausdrucksmöglichkeit des Leibes erweitert und entfaltet (der **expressive Leib**). Unserem integrativen Ansatz getreu, geht es nicht nur um pures Erleben. Die Erlebende soll sich selbst wahrnehmen in dem, was sie erlebt und wie sie es erlebt. Das heißt, sie erfaßt das Wahrgenommene differentiell in seiner Qualität. Mit zunehmender Klarheit und Durchdringung des Erlebten kann sie auch verstehen, was geschieht und wie die Zusammenhänge sind. Je klarer dies alles ins Bewußtsein tritt, desto besser kann sie das Begriffene erklären und sich bewußt werden, in welche Richtung sie sich verändern möchte (**hermeneutische und therapeutische Spirale**).

Zugänge, Impulse, Themen

Der **Zugang**, der gewählt wird, ist je nach Person und Situation verschieden: man kann bei Gedanken ansetzen, bei Wünschen und Visionen, bei Bildern und Gefühlen (**top-down approach**), oder bei der leiblichen Erscheinungsform, bei Haltungen und Bewegungen (**bottom-up approach**), oder bei einer Kombination von beiden.

Die **Impulse**, die ins Erleben führen, sind ebenso vielfältig.

Es sind reale, von außen herangetragene Impulse: Berührungen, die Wärme der Sonne, Musik, die Herausforderung eines Raumes...

Es sind Bilder und Vorstellungen, die visualisiert werden: Gras unter den Füßen, die Weite des Weltraumes, der Geruch eines Tieres...

Es sind thematische Angebote, die über die Bewegung ins Erleben führen: öffnen und schließen, leibliches Erleben in der Pubertät...

Es sind Medienangebote, die über Experimente zum Erleben führen: Bewegung mit Tüchern zu Musik, Steine auf verschiedenen Leibregionen...

Die **Themen**, die in der erlebniszentrierten Arbeit angesprochen werden, sind unbegrenzt. Ganz generell wird der Mensch mit sich selbst in Kontakt gebracht. Er tritt mit sich in einen Dialog, ertastet, ergreift und begreift sich selbst und erlebt sich in Dimensionen von Raum und Zeit. Im Erleben kann er sich von seiner eigenen Geschichte berühren lassen, sich begegnen in den verschiedenen Aspekten seines Gewordenseins, seiner Gegenwart und seiner Zukunft. Dadurch kann er mehr und mehr zum Leibsubjekt werden, das in Beziehung zu sich selbst steht und diese Beziehung aus der exzentrischen Position betrachten und reflektieren kann (s. Kap.I: Der Leib in seinen Dimensionen).

Wie die Geschichte, die Dynamik zwischen innen und außen, so können auch die intrapsychischen Dynamiken thematisiert werden, das Wechselspiel oder Zusammenspiel der vielfältigen Kräfte, die das Innenleben des Menschen zu jedem Zeitpunkt seines Lebens ausmachen. Hier geht es um Polarisierung, Balancierung und Zentrierung (siehe Kap. II: Der Leib in seinen Dynamiken).

Das Thema der Begegnung mit dem Du, dem Gegenüber, ist mit seinen vielfältigen Aspekten der Inter-Aktion, der dritte große Themenbereich. Der Mensch kann sich auf der leiblichen, emotionalen und geistigen Ebene mit anderen erleben, sich im Spiegel der anderen sehen, sich seinen Verhaltensweisen stellen und im Experiment Neuland hinzugewinnen.

So wie der Mensch sich im Kontakt, im Dialog mit Menschen befindet, so tut er es auch – meist nur mitbewußt – mit den Dingen um sich herum und mit der Natur, der Landschaft, in der er lebt. Auch sie sind – anders als Menschen – mit ihm und um ihn. Und mit all diesen Beziehungen lebt der Mensch eingebunden in das vielfältige Kräftespiel der Welt. Über den Atemstoffwechsel, die großen und kleinen Rhythmen, die natürlichen Zyklen, über die Lebenskraft ist er einbezogen, Teil eines größeren Ganzen (siehe Kap. III, Der Leib in seinen Relationen).

Solch erlebniszentriertes Arbeiten, das den ganzen Menschen in all seinen Dimensionen anspricht, verändert den Menschen, selbst ohne daß er dies intendiert. Diese Veränderung betrifft alle drei der oben beschriebenen Seinsweisen des Menschen.

Das **Ziel** der Veränderung durch die erlebniszentrierte Arbeit ist: das Entdecken, Erleben, Bewußt-Machen und Entfalten dieser drei Seinsweisen.

Im dialogisch-relationalen Bereich geht es darum, die Qualitäten des eigenen Beziehungsverhaltens zu entdecken und zu erkennen, was die Fähigkeiten, Unfähigkeiten, die eingeschliffenen Muster und Vermeidungsstrategien sind. Es geht darum zu entdecken, wie es um Empathie und Resonanz bestellt ist, mit Hinwendung und Abgrenzung und ganz generell mit dem Bezogensein auf andere Menschen.

Die Konsolidierung und Entfaltung, die Vertiefung und Bereicherung des Erlebens und des Ausdrucksverhaltens in Beziehungen ist das Ziel. Diese Beziehungen schließen die Beziehung zu sich selbst ein, zu sich selbst als Erwachsenem wie die zu den „inneren Kindern und Kinderländern", die ein Mensch in sich trägt. Es geht aber auch um die Beziehung zu Dingen der Umwelt. Wachsen in der dialogisch-relationalen Seinsweise heißt letztlich, erleben, daß man eingebunden ist in Zusammenhänge, in kleine menschliche und in große kosmische, und es heißt, das vorgeburtlich angelegte Grundvertrauen in diese großen Zusammenhänge hinein zu erweitern.

Das Ziel einer differentiellen und zugleich ganzheitlich-integrativen Arbeit heißt: entdecken, erleben und bewußt machen von Differenzen, Unterschiedlichkeiten, aber auch von Fragmentierungen, Trennungen und Spaltungen in einzelne Aspekte, die wir mit der Welt und uns selbst betreiben durch die Haltungen und Bewertungen, die wir den Lebensprozessen entgegenbringen. Das Ziel ist, sich auf- und abspaltender Verhaltensweisen zu entledigen und neue Sicht- und Handlungsweisen einzuüben. Durch das Erspüren und Erleben von Durchgängen, Übergängen und Zusammenhängen der Aspekte seiner selbst kann der Leib als totales Sinnesorgan zum Tragen kommen, und aus der Fragmentierung kann der Mensch als Ganzer auftauchen und die Welt als Gesamtzusammenhang erfahren werden, in den das Subjekt eingebunden ist. Das Ziel ist, kongruent zu werden, d.h. eine Stimmigkeit in sich zu erreichen von Leibausdruck, Bewegtheit, Emotionalität, Intentionalität, gedanklicher Ausrichtung und dem Handeln oder in-Ruhe-Sein. Ziel ist auch, sich auf den Weg zu machen, um verlorene, verschüttete, unterdrückte und entfremdete Teile und Aspekte seiner selbst, „seines Selbst", wieder aufzufinden und sie sich wieder anzueignen, wieder zu eigen zu machen und somit Schritte aus der Entfremdung in die Vertrautheit und Zugehörigkeit tun.

Das Ziel, das angestrebt wird im Bezug auf die dynamisch-prozeßhafte Seinsweise ist, sich selbst nicht als starres System mit festen Vorgaben und einem klaren Ziel zu sehen, sondern als bewegt und andere bewegend, unterwegs, im Fluß. Das bedeutet zu begreifen, daß das Leben kein Frage- und Antwortspiel ist, das man besteht, wenn man seine Lektionen gut gelernt hat, sondern daß sich die kleinen und großen Lebensfragen, auch die Frage nach Gesundheit, Krankheit und Heilung, erst auf dem Wege stellen und daß die Antworten individuell und solidarisch mit anderen gesucht werden müssen. Ziel ist es, sich selbst als entwicklungsfähig zu erleben, in einer Bewegung, die gesetzmäßigen Notwendigkeiten folgt, aber auch mit einem freiheitlichen Spielraum ausgestattet ist und die mitfließt im großen Strom des Lebens und im Lauf der Welt. Veränderung ist das einzig Beständige, Metamorphose und Transformation, Werden und Vergehen, sind Urbewegungen, die es existentiell zu begreifen und in die es einzuschwingen gilt.

Überleitung zum Praxisteil

Dieses Buch ist in gewisser Weise ein Widerspruch in sich selbst. Wie kann es angehen, daß in einem Therapieverfahren, das seine Interventionen dialogisch aus dem Prozeß heraus entwickelt, Übungen und Erlebnisangebote gleichsam vom Kontakt isoliert und als fixierte Angebote dargestellt werden? Steht die Fixierung nicht im Widerspruch zum Prozeß? Ja, in der Tat. Die Entscheidung, dennoch ein solches Buch, eine „kulturelle Konserve" zu machen, ist uns nicht leicht gefallen. In erster Linie wurde und wird das Verfahren der IBT im lebendigen Tun, „im Prozeß" weitervermittelt. Wenn wir nun Übungen und Erlebnisangebote aus diesem Prozeß herausnehmen und aufschreiben, so unternehmen wir damit den Versuch, sie in einem anderen Zusammenhang unter einer bestimmten Perspektive zu gruppieren (z.B. der der Entwicklungspsychologie). Die Rückübersetzung in die praktische Arbeit, die kreative Einpassung in den laufenden Selbsterfahrungs- oder Therapieprozeß muß von den BenutzerInnnen des Buches selbst geleistet werden. Dies geschieht dadurch, daß sie dreifach im Kontakt sind: mit der eigenen Person und ihren derzeitigen Möglichkeiten (professionelle Sicherheiten und Unsicherheiten, momentane persönliche Leistungsfähigkeit), mit dem Kontext (ökologischer, institutioneller Rahmen, Setting. Handelt es sich um eine EinzelklientIn, eine Gruppe, welches Klientel?) und drittens mit dem Kontinuum (Prozeß der Klientin oder der Gruppe, zur Verfügung stehende Zeit). Intuitiv und bewußt zugleich führen alle diese Faktoren in der TherapeutIn zu der Entscheidung,

a) *ob* ein Erlebnisangebot gemacht wird,
b) *welches* Erlebnisangebot gemacht wird,
c) *auf welche Art* es angeboten wird,
d) *wie weiter*gearbeitet wird.

Da die Erlebnisangebote eingebettet sind in ein größeres Ganzes, entscheidet sich im Kontext und im Kontinuum auch, wie weitergearbeitet wird, d.h. wie im Sinne der hermeneutischen und therapeutischen Spirale das Wahrgenommene, Erlebte auch erfaßt, begriffen und verstanden werden kann, damit die Arbeit nicht im Erleben „hängenbleibt", sondern – alle Ebenen des „Leibes im Kontext" verbindend – der Integration dient.

Es wird also kaum möglich sein, ein Erlebnisangebot genau so zu übernehmen, wie es hier vorgefunden wird. Dieses Buch kann und will kein Rezeptbuch sein, weil keine Situation der anderen gleicht. Was das Buch möchte ist dies: Theorie und Praxis der INTEGRATIVEN BEWEGUNGS- UND LEIBTHERAPIE in ihrer Verflochtenheit vorstellen und damit

PraktikerInnen der Methode *eine* geordnete Übersicht bieten über das, was sie tagtäglich anwenden;

Tanz- und BewegungstherapeutInnen unterstützen, ihre Angebote prozeßbezogen zu entwickeln und zu gestalten;

PsychotherapeutInnen inspirieren, ihre Vorgehensweisen zu bereichern und zu erweitern.

Entstehungsgeschichte der Übungen und Erlebnisangebote

Alle Übungen und Erlebnisangebote sind aus der Praxis heraus entstanden und in der Praxis erprobt. Sie stehen in einer langen Tradition praktischer Überlieferung, die am Beginn dieses Jahrhunderts im „Therapeutischen Theater" *Iljines*, im Improvisationstraining, in der „sensory awareness" u.a. ihren Ausgang nahm (siehe Seite 70). Viele Materialien wurden in die INTEGRATIVE BEWEGUNGS- UND LEIBTHERAPIE aufgenommen und im praktischen Arbeiten über die Jahrzehnte hinweg verändert und entwickelt. Zahllose Übungen und Angebote wurden von *Hilarion Petzold* neu entwickelt und weitergegeben. Diese wiederum gestalteten sich in jedem Kontext und unter den Händen jeder Therapeutenpersönlichkeit neu und anders in lebendiger Weise. Neue wurden nach den spezifischen Leitprinzipien der IBT erarbeitet, so daß in den letzten 20 Jahren ein Repertoire entstand, das Allgemeingut der IBT geworden ist, aus dem alle schöpfen, das aber auch durch die Individualität und Kreativität einzelner seinerseits bereichert wird. Es ist also oft nicht möglich, bestimmte Übungen bestimmten „SchöpferInnen" zuzuordnen. Auch wir verstehen uns in dieser Tradition, indem wir aus praktischer Überlieferung, flexibler

Anpassung und kreativer Neuschöpfung im Geiste ganzheitlicher integrativer Leibarbeit Weiterentwicklung betreiben. In diesem Sinne fühlen wir uns als Glieder einer Kette, die weitergeht.

Zur ANREDE, die wir in den Erlebnisangeboten benutzen, sei folgendes gesagt: Wir gebrauchen oft die DU-Form, manchmal aber auch die SIE-Form, da die Anrede in unserer therapeutischen Praxis je nach Klientel auch unterschiedlich ist.

Wir gebrauchen durchgängig die weibliche Anredeform, obwohl wir in unserer Arbeit selbst immer beide Anredeformen verwenden, wenn beide Geschlechter anwesend sind („Jeder und jede suche sich einen Platz"). Dies scheint uns die angemessene Form. Beim Schreiben ist dies aber sehr umständlich, so daß wir uns aus folgenden Gründen für die weibliche Anredeform entschieden haben: die meisten Leib- und Bewegungstherapeuten sind Frauen und die meisten Klienten und Patienten, die einen leibbezogenen Therapieansatz suchen oder sich auf ihn einlassen, sind Frauen. Wer mit Menschen beiderlei Geschlechts arbeitet, passe die Anredeweise selbstverständlich dem jeweiligen Personenkreis an.

Der Gebrauch der Worte KÖRPER und LEIB: Will man die Bedeutung eines Wortes verändern, so ist dies keine einfache Sache. Auch wenn das Bewußtsein sich schon verändert hat, so hält der alte Sprachgebrauch doch noch lange an. Was die beiden Begriffe Körper und Leib angehen, so befinden wir uns in einem solchen Übergangsstadium. Bei der Arbeit versuchen wir unserem Klientel verständlich zu machen, daß wir mit dem Wort „Leib" den lebendigen, personalen Körper, die Körper-Seele-Geist-Einheit als Person meinen. Wir verwenden diesen Begriff so weit wie möglich. Es gibt aber Menschen und Situationen, wo dieses Wort zu fremd, zu künstlich wirkt, so daß wir um der natürlichen Beziehung willen zunächst den bekannten Begriff „Körper" verwenden. In diesem Buch wenden wir hauptsächlich den Begriff „Leib" an. Aber da, wo wir uns in der Arbeit dicht an der organismischen Basis des Leibes und nahe an der funktionalen Arbeit befinden, greifen wir noch auf den Begriff „Körper" zurück. Wir tun dies, um dem Übergang Rechnung zu tragen, der beide Möglichkeiten beinhalten muß.

I. Dimensionen der Leiblichkeit

Wenn wir uns nun dem Menschen in einzelnen Aspekten annähern, ihn aus verschiedenen Blickwinkeln betrachten, so befinden wir uns in dem Spannungsfeld zwischen Ganzheitlichkeit und Differenzierung. Die Differenzierung findet immer auf dem Hintergrund der innigen Zusammenhänge aller Aspekte statt und sie soll uns helfen, letztlich das Ganze besser zu verstehen.

Wir gliedern dieses Kapitel folgendermaßen:

1. Leib als Einheit von Körper, Seele und Geist
2. Leib in der Selbstwahrnehmung
3. Leib im Raum
4. Leib in der Zeit
5. Leib als „eingefleischte" Geschichte
6. Leib als soziale Realität (social body)
7. Leib als Mikroökologie

1. Leib als Einheit von Körper, Seele und Geist*

Im Vorhergehenden haben wir die innige Verschränkung von Körper, Seele und Geist, Sozialem und Ökologischem theoretisch beleuchtet und unserem Denken zugänglich gemacht. Unsere Gedanken, unsere verstandesmäßigen Konzepte, d.h. die Bilder, die wir uns von der Welt, von unserem Leibe machen, beeinflussen unser Erleben von Welt und Leib. Das alte Paradigma von der Getrenntheit von Körper und Seele und das von der Vorherrschaft des Geistes (im Sinne von Verstand), die Auffassung von der Objektivierbarkeit des Körpers, seine Instrumentalisierung und Ausbeutung, haben eine hohe Wirkkraft in unserer Gesellschaft. Also gilt es immer wieder, die Verschränkung von Körper, Seele, Geist, Sozialem und Ökologischem wahrzunehmen, ihr unsere Aufmerksamkeit zu schenken, sie zu erleben, um diese Wirklichkeit in uns wirken und wachsen zu lassen in Richtung auf ein sich stärkendes Bewußtsein von Ganzheit.

Die Auffassung der „Dialektik von Ganzheit und Differenziertheit" liegt allen Erlebnisangeboten in diesem Buch zugrunde. Es ist aber auch möglich, den Leib als Ganzheit in der Verschränkung und Untrennbarkeit der körperlichen, emotionalen und geistigen Ebene selbst zu thematisieren. Jede Ebene kann dabei als Ausgangspunkt dieses Weges dienen, auf dem das Ineinander und Miteinander leibhaft erlebt werden kann: Wir können vom Verstand ausgehen, von unseren Gedanken, Vorstellungen, Erinnerungsbildern, und damit Emotionen und körperliche Reaktionen hervorrufen *(top > down)*. Wir können ebensogut von Emotionen ausgehen und diese als leiblich verhaftet erfahren. Auch die zweckfreie „pure" Bewegung wird uns unweigerlich zeigen, in welcher Relation sie mit Gefühlen und Gedanken steht *(bottom > up)*.

1.1. Verschränkung der drei Ebenen

ERINNERN – SPÜREN – FÜHLEN

Erinnere dich an etwas, das dich im Augenblick sehr erfreut oder an ein zurückliegendes freudiges Ereignis.

---

* Zur Definition von Körper, Seele und Geist s. auch *Petzold* 1995, Bd. 2, 607.

Laß die Erinnerung daran deinen Leib erfüllen und laß dich von innen her von dieser Freude bewegen.

Achte auf deinen Gesichtsausdruck, der dabei entsteht, auf die Art deiner Bewegung, die Spannung und Dynamik in deinem Leibe. –

Gehe ebenso vor mit einem traurigen, niederdrückenden, schmerzlichen Erlebnis.

Laß die Erinnerung daran in deinem Leibe Raum gewinnen.

BEWEGEN – FÜHLEN – BEGREIFEN

Ausgangsposition: stehend oder gehend im Raum

Der Auftrag lautet, eine willkürliche Bewegung zu machen und diese eine Zeitlang zu wiederholen.

Nach einer Weile kann beobachtet werden, um was für eine Bewegung es sich handelt (welche Leibregionen involviert sind, welche Richtung und Dynamik sie hat...) und welche Gefühlsqualitäten sie hervorruft, wenn sie in der Wiederholung von einer äußeren zu einer inneren Bewegung wird. Der ganze Prozeß – Bewegung, Aufkommen eines Gefühls, Bewußtwerdung – wird begleitet vom aufmerksam reflektierenden Bewußtsein.

Ebenso ist es möglich, von einem Gefühl zu einer Bewegung, zu einem Bild und zu verstehenden Gedanken (Einsichten) zu kommen:

FÜHLEN – BEWEGEN – IMAGINIEREN

Eine Klientin fühlt sich im Laufe des Gespräches immer unwohler. Schließlich benennt sie die Empfindung. Sie hat eine Angstempfindung, die sich zu einem sie ergreifenden Angstgefühl intensiviert.
Um das Gefühl deutlicher im Leibe zu orten, kann man sie bitten, die Augen zu schließen und ihren Bewegungsimpulsen nachzugeben. Sie wird z.B. die Schultern hochziehen, den Rücken rund machen und den Kopf einziehen. Nach einem Bild für die Situation befragt, wird sie vielleicht antworten, daß eine schwere schwarze Wolke sie von hinten bedrohe. Beide Verdeutlichungen, Bewegung

I. DIMENSIONEN DER LEIBLICHKEIT

wie Bild, geben Wege der Weiterarbeit an. (Bild: „Schauen Sie sich die Wolke genauer an. Was droht Ihnen? Woher kommt sie? Hat sie ein ‚Gesicht'?"... Bewegung: „Spüren Sie in Ihre Haltung hinein. Was befürchten Sie? Aus welcher Richtung? Akzentuieren Sie die Haltung. Was wäre eine Gegenbewegung?"...)

Integratives Arbeiten entfaltet sich in solch ständiger Hin- und Herbewegung zwischen den Ebenen. Es greift Signale der einen Ebene auf, verhilft ihnen zu Prägnanz, um sie dann mit einer oder beiden anderen Ebenen zu verbinden, so daß die Verschränkung ins Bewußtsein tritt.

BEWUSSTWERDUNG DES ZUSAMMENHANGS
(Awareness und Consciousness)

Geeignet für: Gruppen

Ausgangssituation: Die Gruppe sollte sich bereits intensiv in ihrer Leiblichkeit spüren und gleichzeitig emotional berührt sein, z.B. nach Übungen von Stärke und Kraft oder Nähe und Berührung.

Ausgangsposition: Die TeilnehmerInnen sitzen, stehen oder liegen einzeln mit geschlossenen Augen.

Nimm wahr, daß dein Körper für dich jetzt über Spannung, Erregung, heftiges Atmen, Schwitzen etc. spürbar ist (materiell).

Nimm wahr, daß du im Augenblick von Gefühlen angerührt, bewegt, erfüllt bist (transmateriell).

Nimm wahr, daß du dieses körperlich-emotionale Geschehen beobachtest und es ins Bewußtsein hebst (transmateriell).

Werde dir bewußt, daß *du* es bist, die sich selbst im Augenblick auf mehreren Ebenen wahrnimmt und betrachtet, daß du die Wahrnehmende und Wahrgenommene gleichzeitig bist. Du bist vieles und doch eins, Subjekt und Objekt in einem.

Verweile dabei.

Ganzheit und Differenzierung gehören zusammen. Gäbe es nur die Ganzheit, so könnten wir sie nicht erkennen. Aber dadurch, daß aus dem einheitlichen Hintergrund immer etwas in den Vordergrund tritt, eine Kontur bekommt, wird es für uns sichtbar, spürbar, hörbar, bevor es wieder in die Einheit zurücktritt. (Figur – Hintergrund)

1.2. Imaginationen und Empfindungen als ganzheitliche Verlebendigung*

Die hohe Bewertung abstrakter Gedanken und die auf das Ideal empirischer Objektivität ausgerichteten Orientierungen unserer Kultur haben häufig das Reich der Phantasie („ein Phantast"), der Träume („Träume sind Schäume"), geringgeschätzt und abgewertet. Wirkliches und Nicht-Wirkliches wurde ausschließlich unter dem Aspekt des Trennenden gesehen. Mit zunehmender Erkenntnis der prinzipiellen Untrennbarkeit aller Ebenen wird auch immer bewußter, wie Vorstellungen, „komplexe katathyme Imaginationen" wirken. Wir sprechen bewußt von *Vorstellungen* und nicht nur von *Bildern*, da es auch akustische, kinästhetische und olfaktorische Imaginationen als „mentale Ereignisse" und „katathyme Erlebnisformen" gibt, d.h. daß eine innige Verbindung, eine Entsprechung zwischen den Thymos, den Seelenregungen und den Vorstellungen besteht. Sie schaffen Wirklichkeit, indem sie wirken: das Wunschbild eines eigenen Zuhauses bringt einen Menschen dazu, alles dafür einzusetzen, um es zu realisieren; das negative Selbstbild, das jemand von sich hat, kann verhindern, daß er positive Erfahrungen macht oder – wenn er sie macht – ernstnimmt; das Bild von der Welt als „Jammertal" führt dazu, daß sie es ist und bleibt. Die Psychologie hat dieses Phänomen der „selffullfilling prophecy", der Wirkkraft von Vorstellungen und Bildern (die man von sich, anderen und der Welt hat), eindrucksvoll belegt. Im Zuge der Hinwendung zum Inneren des Menschen wird immer deutlicher, daß die Bilder unserer Vorstellung und Erinnerung, die Bilder unserer Tag- und Nachtträume, die Regungen, Vorstellungen, Bilder unserer Seele (z.T. mythische Urbilder) wichtig und kraftvoll sind und daß wir mit ihrer konstruktiven wie zerstörerischen Kraft verbunden sind.

---

* Das Prinzip der „komplexen katathymen Imagination" wurde von *H. Petzold* entwickelt (*Petzold* 1971c, 1972f; *Katz-Bernstein* 1990).

I. DIMENSIONEN DER LEIBLICHKEIT

Die INTEGRATIVE THERAPIE arbeitet mit diesem Wissen, indem sie einerseits innere Empfindungs- und Bilderwelten aktiviert, um deren Sprachen zu verstehen und zu nutzen und zum anderen, um das Innere über von außen eingespeiste Empfindungsmöglichkeiten und Bilder zu beeinflussen.

Stimulieren wir nun die Imagination, die Welt unserer Empfindungen, inneren Bilder und Erinnerungen in komplexer Weise, so können wir erstaunlich deutliche Phänomene auf der Ebene der Körperlichkeit und der Emotionen feststellen. Verschiedene Regionen des Leibes, unterschiedliche Organe werden durch bestimmte Bilder angeregt, Muskelspannung, Durchlässigkeit der Poren, Hautwiderstand, Atmung etc. verändern sich.

Je nachdem, was das Bild vermittelt (bzw. was man darin sieht), verändert sich auch die innere Gestimmtheit: Angespanntsein oder Gelassenheit, Freude oder Abwehr (Abneigung), Diffusität oder Lebendigkeit etc. können auftreten und eins sich ins andere wandeln.

Daß wir mit „komplexen katathymen Imaginationen und Empfindungen" Gerüche, Formen, Farben, Geräusche, Atmosphären – ganze Szenen – stimulieren können, wir also nicht nur in einem „katathymen *Bild*erleben" verbleiben, macht das folgende Beispiel deutlich:

VORSTELLUNG EINER ZITRONE

Geeignet für: Einzelne, Gruppen

Ausgangsposition: sitzend

Setz dich bequem hin, schließe die Augen, atme ein paar Mal tief durch und verweile dann ein wenig bei der Beobachtung deines Atems, bis du ruhig geworden bist.

Stell dir vor, daß ich hier einen Teller voller Zitronenschnitze habe, einen für jeden von euch. Sieh, wie ich mit dem Stück Zitrone auf dich zukomme. Die gelbe Farbe leuchtet, der Saft tropft schon heraus. Bereite dich darauf vor, daß du dieses Stück gleich in den Mund nehmen wirst.

Beobachte, was in deinem Mund geschieht, an Geschmackswahrnehmungen, aber auch an taktilen Wahrnehmungen.

Vielleicht hast du auch anderswo im Leib Empfindungen (Geruch, Gesichtsmuskulatur etc.)?

Was löst die Vorstellung bei dir auf der Gefühlsebene aus (Lust, Widerwillen...)?

Laß die Vorstellung von der Zitrone und deine Reaktionen abklingen. Jetzt wende dich der Vorstellung einer deiner Lieblingsspeisen zu. Stell dir vor, du hast Hunger. Die Speise ist schon zubereitet, sie wartet auf dich.

In welchem Raum wird sie serviert? Welche Atmospäre ist in dem Raum? Kommen Personen hinzu? Kommen Erinnerungen auf? Nimm sie mit all deinen Sinnen wahr.

Welche Leibempfindungen kommen jetzt in dir auf?

Was verändert sich im emotionalen Erleben, in deiner Stimmung, deinem Befinden?

LUFTBALLON UND STEIN

Geht im Raum umher.

Stellt euch vor, ihr haltet in den Händen einen Luftballon. Berührt ihn, drückt ihn sanft, tragt ihn und spielt mit ihm, erst allein, dann mit anderen. Schließlich gibt jede ihrem Luftballon einen Stups, so daß er davonfliegt.

Danach stellt euch vor, daß ihr einen mittelgroßen Stein in den Händen haltet. Betastet seine Oberfläche (ist sie rauh oder glatt, kühl oder warm?), hebt ihn, tragt ihn, gebt ihn von einer Hand in die andere etc. und legt ihn dann irgendwo ab.

Weiterführung:

Einige der TeilnehmerInnen haben größere und kleinere Steine in der Vorstellung in den Händen und übergeben diese in großer Achtsamkeit in die Hände anderer. Diese erleben das Gewicht des empfangenen Steines und geben ihn ihrerseits weiter.

I. DIMENSIONEN DER LEIBLICHKEIT

Ähnlich kann man auch mit der evokativen Kraft von Gerüchen vorgehen:

der Geruch eines Kräutergartens, eines orientalischen Basars,
der Geruch des Hauses deiner Kindheit,
der Geruch deines/r Liebsten,
der Geruch eines Haustieres oder einer Pflanze, die du liebst.

Der Geruch, eingeschrieben ins Leibgedächtnis, ist verbunden mit Dingen, Szenen, Menschen, Ereignissen und Gefühlen. Wird er – ausschließlich mit Hilfe der Vorstellung – aktiviert, so entfalten sich die ihm verbundenen Erinnerungen und die dazugehörigen Stimmungen und Gefühle.

Alle Formen von Tagträumen und geleiteten „komplexen katathymen Imaginationen" machen sich die Kraft von Bildern zunutze:

WANDERUNG – IMAGINATION UND BEWEGUNG

Geeignet für: Gruppen

Jede von euch befindet sich allein auf einer Wanderung. (Die TeilnehmerInnen gehen im Raum umher.) Im Augenblick gehst du auf einem Asphaltweg und spürst die Härte und Unnachgiebigkeit unter deinen Füßen. Du befindest dich in einer Hügellandschaft mit Wäldern und Feldern. Zunächst führt dich der Weg in waldreichem Gelände bergauf. Du gehst und gehst. Dir wird wärmer, der relativ schwere Rucksack auf deinem Rücken wird schwerer...

Du gelangst zur anderen Seite des Hügels. Der Wald weicht. Du blickst ins offene Gelände. Du hältst inne, richtest dich auf und spürst, wie ein sanfter Wind dir über die heißen Wangen streicht und dich kühlt.

Am Fuß des Hügels entdeckst du eine einladende Wiese, durch die sich ein Bach schlängelt, und du beschließt, dort zu rasten. Du ziehst dir jetzt die Schuhe aus (TeilnehmerInnen ziehen die Schuhe aus) und gehst einen kleinen Weg hinunter. Er ist vom Regen ausgewaschen, uneben, sandig, manchmal steinig. Achte darauf, wie deine Füße reagieren. Und dann erreichst du die Wiese und spürst das Gras unter deinen Füßen. Genieße es! Du gehst durchs Gras... bis du ein schönes Plätzchen erreicht hast. Du beschließt, dich dort niederzulassen, nimmst den Riemen des schweren Rucksacks erst von der einen, dann von der anderen Schulter und setzt ihn ins Gras. Du streckst und dehnst dich ohne das Gewicht auf deinem Rücken. (Die TeilnehmerInnen tun all dies.)

Nicht weit von dir fließt ein Bach. Die Füße sind schon nackt. Du beschließt, dich und sie zu erfrischen, hockst dich nieder, hältst die Hände in das strömende Wasser, hörst das Gluckern des Baches. Dann schöpfst du mit der Schale deiner Hände Wasser und trinkst. Die nächste Handvoll Wasser schüttest du dir ins Gesicht ... und dann steigst du mit den Füßen ins Wasser...

Du gehst zurück zu deinem Lagerplatz, läßt dich nieder, holst etwas vom Proviant aus dem Rucksack, worauf du am meisten Lust hast und ißt langsam und genüßlich...

Danach streckst du dich im Gras aus. Der Boden ist warm, du räkelst dich, wirst ruhig... Raubvögel kreisen über dir und schreien. Du spürst die Wärme der Sonne auf dem Gesicht..., auf den Armen und den Beinen... Ruh dich aus...

Verabschiede dich nun langsam von diesem Platz, von den Bildern und Empfindungen. Komm in die Wirklichkeit zurück, indem du dich dehnst und räkelst. Nimm dir Zeit dazu. Öffne dann auch langsam die Augen und nimm wahr, was und wer um dich herum ist...

Der Bericht nach der Imagination wird sich um Leibempfindungen und ihre Veränderungen, entstandene Stimmungen und das gegenwärtige Befinden drehen.

„Wanderung" ist eine geleitete Imagination, die bei aller Differenzierung der Empfindungen den ganzen Menschen ansprechen will. Es ist wichtig, darauf zu achten, daß die angebotenen Vorstellungen und Bilder (hier eine Landschaft) in sich stimmig sind.

Im folgenden Beispiel, in dem die Füße in ihrer Empfindungsfähigkeit fokussiert werden, kann auch eine Aneinanderreihung von Vorstellungen im Sinne eines Imaginationstrainings dienlich sein. Ebenso wie mit den Füßen kann man auch mit Händen, Gesicht oder anderen Körperteilen verfahren.

I. DIMENSIONEN DER LEIBLICHKEIT   67

GANG ÜBER GRAS UND STEIN

Geeignet für: Gruppen

Ausgangsposition: am liebsten barfuß (auf Socken auch möglich)

Geht im Raum umher, dehnt und räkelt euch eine Weile, geht mal schneller, mal langsamer und richtet dabei eure Aufmerksamkeit auf das Abrollen der Fußsohlen. – Bleibt stehen, spürt die Fußsohlen am Boden.

Kommt wieder in Bewegung und lauft jetzt auf den Zehenspitzen... dann auf den Fersen..., dann auf den Außenkanten... den Innenkanten, und wieder ganz normal.

Nun stellt euch vor:
Waldboden, nachgiebig, schwingend, im flexiblen Kontakt mit den Füßen. – Was bedeutet das für die Füße, das Gehgefühl?

Der Wald hört auf und geht in eine Wiese über. Gras unter deinen Füßen...

Die Wiese geht über in ein Feuchtgebiet. Der Boden federt, es ist feucht, kühl. Braunes Moorwasser quillt zwischen den Zehen hervor...

Wo es dann zu feucht ist, beginnt ein Knüppeldamm, quergelegte Rundhölzer, die die Füße massieren.

Er geht über in einen Feldweg. Je trockener es wird, desto steiniger wird der Weg. Nach einer Weile führt er an eine Sandkuhle mit einem Baggersee. Die Füße genießen den weichen, warmen Sand, graben sich ein bißchen ein, gehen wieder los und bleiben stehen auf dem etwas härteren, feuchten Sand am Wasserrand, wo man Fußabdrücke hinterlassen kann. Schaut euch mit eurem inneren Auge den Abdruck eurer Füße an. Prägt ihn euch ein.

Verlaßt dann langsam den Sand und den See. Spürt wieder die sich verändernde Qualität des Bodens, den ihr hier unter den Füßen habt und beendet so die Wanderung.

EVOKATION EINER LANDSCHAFT

Im folgenden werden keine Bilder bzw. Vorstellungen vorgegeben, sondern es wird mit inneren Bildern (Real- oder Wunschbildern) und Vorstellungen gearbeitet, die von jeder einzelnen mit eigenen Details ausgestattet werden.

Ausgangsposition: Die TeilnehmerInnen liegen entspannt auf dem Boden.

Stellen Sie sich eine Landschaft vor, die Sie lieben, die Ihnen guttut. Begeben Sie sich in Gedanken dorthin und nehmen Sie sich die Zeit, bewußt in dieser Landschaft zu gehen. Halten Sie inne:
Was sehen Sie? Umgebung, Horizont...
Wie wirkt es auf Sie (heimelig, weit, vertraut...)?

Schauen Sie sich um und suchen Sie sich einen Platz, wo Sie bleiben wollen. Lassen Sie sich dort nieder:
Was ist das für ein Platz?
Welche Haltung nehmen Sie ein?
Was sehen Sie, hören Sie, riechen Sie?
Wie fühlt sich die unmittelbare Umgebung an?

Ertasten Sie sie.

Seien Sie so wach und bewußt wie möglich dort und lassen Sie sich von der Atmosphäre dieses Ortes beeinflussen.
Wie fühlen Sie sich, was für eine Stimmung hat sich in Ihnen ausgebreitet?

In dieser Art kann man vielfältige Angebote gestalten. Gibt man nur Rahmenvorschläge für das freie Wandern der Phantasie, so tritt eine allgemeine Aktivierung und Sensibilisierung aller Ebenen ein. Will man aber einen bestimmten Effekt erreichen (z.B. Ruhe, Sammlung, Fließen, Leichtigkeit...), so kann man gezielt Bilder und Vorstellungen einsetzen, die diese Qualitäten vermitteln. Insgesamt ist die Arbeit mit Vorstellungen, Empfindungen, Bildern, mit Erinnerungen sowie mit Wunsch- und Zukunftsvorstellungen ein Kernstück unserer Arbeit. Sie aktiviert, stimuliert und vergegenwärtigt, d.h. sie verlebendigt den Menschen im gegenwärtigen Augenblick auf all seinen Ebenen.

Das Prinzip der „komplexen katathymen Imagination" wurde Anfang der 70er Jahre von *H. Petzold* entwickelt (*H.G. Petzold* 1972f; vgl. auch *Katz-Bernstein* 1990). Er erweitert damit das von *Hanscarl Leuner* in den 50er Jahren entwickelte „Katathyme Bilderleben" (*H. Leuner* 1955, 1970).

2. Leib in der Selbstwahrnehmung

In der abendländisch-christlichen Kultur ist dem Leib viel Ablehnung entgegengebracht worden. Er galt als Sitz des Begehrens, der Laster und niederen Triebe, die den Menschen vom Wege zu Gott abbringen. Dualistisch wurde auch Gott getrennt vom Menschen gesehen, so daß in der Weltsicht, den Denk- und Glaubenssystemen dieselbe Spaltung herrschte wie in der Sicht auf den menschlichen Körper. Wir wollen dieser Geschichte hier nicht nachgehen. Es ist jedoch deutlich zu sehen, daß die bürgerliche Gesellschaft, die tief verwoben ist mit diesen abendländisch-christlichen Gedanken, diese Spaltung in der Erziehung wie auch im Gesundheitswesen noch nicht überwunden hat. Der Hauptstrom der Medizin dringt immer tiefer in Teilbereiche des Körpers vor und leistet in diesen Teilgebieten Enormes. Wenn den Ärzten bei Diagnostik und Behandlung jedoch aus dem Blick gerät, daß jeder Eingriff in den Leib – medikamentöser, hormoneller oder chirurgischer Art – in den Leib, in den ganzen Menschen eingreift und ihn verändert, setzen sie damit unter Umständen Entfremdung durch Fragmentierung fort. Einer Heilkunde, die sich in erster Linie pathologiezentriert auf Symptome der Krankheit richtet, fehlt das Wissen darüber, wie sie einen kranken *Menschen* behandeln muß und was Gesundheit ausmacht, denn diese ist mehr als nur die Abwesenheit von Krankheit.

Die Psychosomatik geht hier einem ganzheitlicheren Ansatz nach. Die Klassische Homöopathie lehrt schon seit mehr als 100 Jahren, daß zwei Menschen mit derselben Krankheit unterschiedlich behandelt werden müssen, eben weil sie zwei verschiedene Individuen sind. Sie hat den (kranken) Menschen immer als Einheit und als Subjekt gesehen.

Die vorherrschende Richtung der Medizin hat zur Folge, daß in der Familie, in der Schule und in der Arztpraxis zu wenig Gesundheitserziehung stattfindet, obgleich sich schon vieles wandelt. Ganzheitliche Heilkunde muß den Menschen als Subjekt ernstnehmen, ihn begleiten auf einem Weg der Selbstwahrnehmung, der ihm eine Einschätzung seiner Konstitution, seiner krankmachenden und heilenden Verhaltensweisen erlauben würde, ja die ganz grundlegend die Frage nach Ursache, Sinn und Umgang mit Krankheit im Dialog mit dem Menschen stellt und bedenkt. Da, wo dies in der Präventivmedizin und in Selbsthilfegruppen geschieht, wird die Eigenverantwortlichkeit der Menschen gestärkt.

In unserer Gesellschaft, die auf Leistung und Konsum orientiert ist, gilt die Aufmerksamkeit und Konzentration der meisten Menschen vorrangig dem herzustellenden und zu konsumierenden Produkt. Deshalb wird wenig Interesse von Seiten bestimmter Kräfte des Establishments gezeigt, die Stärkung und Entwicklung der individuellen Persönlichkeit voranzutreiben und auf diese Weise die psycho-physische und soziale Gesundheit zu fördern. Das mag unverständlich klingen, da der Staat an gesunden, arbeitsfähigen und mündigen Menschen interessiert ist. Vermutlich liegt es daran, daß für konservative Gruppierungen im Staats- und Wirtschaftswesen ein Mensch, der durch eine intensive Auseinandersetzung mit sich selbst und der Welt zu einem stärkeren Selbstbewußtsein gelangt ist, der sich einen eigenen Stand(punkt) erworben hat, einerseits kreativer und konstruktiver ist, sich andrerseits aber weniger leicht in vorgegebene Systeme einfügt, ja potentiell seinen Stand (in kleinen und großen Dingen) als Widerstand definiert. Ein selbstbewußter Mensch verhält sich als Subjekt, ist weniger kalkulierbar, weniger abhängig und weniger manipulierbar. Hier wird deutlich, daß kontinuierliche Arbeit an der Selbstwahrnehmung letztlich auch eine politische Dimension hat.

Der ganzheitliche Weg zur Selbstwahrnehmung, Entfaltung und Gesunderhaltung geht über das „eigenleibliche Spüren" (*Schmitz, H.* 1992). Seit Ende des letzten Jahrhunderts beschritten Männer und Frauen diesen Weg: *E.J. Dalcroze, F.M. Alexander, R. Laban, H. Jacobi, R. Bode, Gerda Alexander* mit der Eutonie, *Elsa Gindler* und in ihrer Nachfolge *Charlotte Selver* mit ihrer „sensory awareness". Das Spektrum erweiterte sich: Ausdruckstanz, Atemarbeit, Eurythmie gewannen an Boden. Später dann entwickelte *M. Feldenkrais* seine Methode „Bewußtheit durch Bewegung", die „Konzentrative Bewegungstherapie" baute auf der *Gindler*arbeit von *Gertrud Heller* weiter, Tanz- und Theatertherapien, Gebärdenarbeit der „Initiatischen Therapie" (*Dürckheim*) entstanden.

Ihnen allen gemeinsam ist der Versuch, den entfremdeten, instrumen-

I. DIMENSIONEN DER LEIBLICHKEIT

talisierten Körper sich wieder anzueignen und ihm Wege in die Begegnung mit sich selbst über die Begegnung mit der Welt und dem anderen zu öffnen.

Die „Beherrschung des Körpers" blieb dabei aber oft als Hintergrund (z.B. bei *Dalcroze, F.M. Alexander, R. Laban*). Der Geist sollte den Leib „transparent für Transzendenz" machen (*Dürckheim*). Die Awarenessübungen machten die Körperregionen, auf die sich die Bewußtheit richtet, subtil zum „Gegenstand" ich-bewußter Betrachtung. Erst durch *Gabriel Marcels* Idee des „Leibsubjekts", *Vladimir Iljines* Vorstellung des „Leibes als Subjekt der Leibhabe" konnte *H. Petzold* mit seinem Begriff des „Leibes als bewegendes und bewegtes Subjekt", der ein Konzept der „komplexen Bewegung" und der „Zwischenleiblichkeit" zugrunde legt, ein nicht-dualistisches Modell intersubjektivitätstheoretisch gegründeter Leiblichkeit erarbeiten und durch entwicklungspsychologische Babyforschung absichern.

Ein Weg heißt: sich dem „Aufforderungscharakter des Feldes überlassen", den „Leib tun lassen, was der Kontext ihm aufgibt und ermöglicht" ohne Interferenz der Bewußtheit. Jeder Geländelauf, jeder freie Tanz, jede spontane Mimik zeigen dies (siehe: Leben aus der Mitte, S. 211).

Ein anderer Weg heißt: lebendige Aufmerksamkeit für Leibempfindungen entwickeln für das, was hier und jetzt mit dem „Leib im Kontext" geschieht, und dies bei gleichzeitigem Loslassen von Bewertung. Das Ziel auf beiden Wegen ist der geschehende Prozeß selbst: der Prozeß des Wahrnehmungs-Handlungsvollzugs und der Prozeß des bewußten Erlebens, zuweilen die Verschränkung der beiden Prozesse. Der erste ist ein Prozeß, in dem alle Sinne stimuliert und aktiviert werden: der Hautsinn in der Berührung durch einen selbst oder einen anderen und durch Erleben von Temperaturen oder Schmerz, der propriozeptive und der kinästhetische Sinn in der Eigenbewegung und der Veränderung von Körperstellung und Raumlage, die chemischen Sinne im Riechen und Schmecken, das Gehör im Wahrnehmen von Tönen, Klängen und Geräuschen, der Gesichtssinn im Wahrnehmen von Licht, Farben und Mustern **Sinne**).

Schon das ungeborene Kind im Mutterleib bildet die Anfänge der Sinne aus, und der neugeborene Säugling ist viel wahrnehmungsfähiger als man bislang wußte. Mit der Differenzierung und Entwicklung seiner Wahrnehmung gliedert und entwickelt sich sein Leibschema, sein Selbsterleben. Und je prägnanter das Leibschema ist, desto klarer ist die leibliche und emotionale Interaktion mit der Welt und desto besser ist die Basis für den Aufbau differenzierter emotionaler und kognitiver Strukturen.

Durch die natürliche Fähigkeit des eigenleiblichen Spürens und der Außenwahrnehmung durch die beständig aktivierten Sinne und ihre Stimulierung, wird die Wahrnehmungsfähigkeit (der **perzeptive Leib**) entwickelt und ausdifferenziert. Der Leib als totales Sinnesorgan wird lebendiger. Der Mensch erspürt, ertastet, erfühlt und begreift (leibhaft und im übertragenen Sinne), erlauscht und erlebt wie er angeschaut und wahrgenommen wird und erschaut sich selbst. Durch die Wahrnehmung der Eltern und Pflegepersonen, die sich zu ihm in Beziehung setzen, vermag er allmählich eine bewußte Beziehung zu sich selbst aufzubauen. Die Beziehungspersonen geben ihm unterschiedliche Zuschreibungen und differenzieren dadurch sein Selbstbild, was wiederum seine Korrespondenzfähigkeit, das Verstehen des anderen und sein Welterleben verändert.

In der Wahrnehmungsarbeit kehren wir von den Begriffen, Bildern und Wertungen, die uns von der Welt und über uns selbst vermittelt wurden und die wir im Anschluß daran uns geformt haben, von unseren Denkstrukturen zurück zu dem Ursprünglicheren, nämlich zu den Phänomenen und zu unserem Erleben der Phänomene. Die Abstraktion (Mein linkes Bein ist zwei Zentimeter länger als mein rechtes; oder: Ich bin eine schmächtige Frau) wird wieder verflüssigt zu einem Erlebnisprozeß und stärker mit der Basis, dem Erspüren, Empfinden und Wahrnehmen verwoben. Häufig genug stimmen unmittelbares Erleben und Selbstbild nicht überein!

Die wache, bewußte Hinwendung zu sich selbst, das eigenleibliche Spüren setzt in jeder Hinsicht an der Basis an: am tastbaren, greifbaren Leib und da wieder bei alltäglichen Ruhehaltungen (Liegen, Sitzen, Stehen) und Bewegungen (gehen, laufen, springen; heben, senken, greifen, loslassen, sich aufrichten, sich beugen; atmen, summen, gäh-

I. DIMENSIONEN DER LEIBLICHKEIT

nen...). Wir nehmen sie heraus aus ihrem spontanen Ablauf, aus ihrer Zielgerichtetheit. Wir begeben uns in sie hinein, versuchen sie „von innen und außen her" zu erspüren, um zu erleben und zu erfahren, wie und was sie sind.

ACHTSAMKEIT (3 BEISPIELE)

1. Wähle, ob du stehen, sitzen oder liegen willst.

Wähle nun einen Ort in dir (linkes Knie, rechtes Auge, Hinterkopf...) und richte deine Aufmerksamkeit dorthin. Tue nichts anderes, als mit deiner gesammelten Wachheit dort zu verweilen.

2. Wähle deine Ausgangsposition frei.

Schließe die Augen.

Lege deine beiden Hände
auf das Gesicht
auf die Schultern
aufeinander
auf dein Geschlecht
auf die Knie ...

Nimm dir für alles viel Zeit.

3. Lege dich auf den Rücken.

Hebe ein Bein ein wenig an und lege es wieder ab.

Tue dasselbe mehrfach schnell und mehrfach sehr langsam.

Hebe einen Arm ein wenig, halbhoch, dann ganz hoch.

Sei so weit wie möglich in der wachen Aufmerksamkeit.

Die Erfahrungen, die in diesem konzentrierten und gesammelten Bei-sich-selbst-Sein gemacht werden, sind vielfältig: vieles wird überhaupt zum ersten Mal wahrgenommen. Dann wird erlebt, daß etwas geschieht, ohne daß man selbst absichtsvoll etwas tut. Die wahrgenommenen Phänomene können sich beispielsweise verändern, dadurch, daß die Aufmerksamkeit auf ihnen ruht. Eine Leibregion kann beginnen, sich auszudrücken, zu „sprechen" und es kann sich ein Kontakt zu ihr entwickeln etc.

Es ist nicht einfach, die Frage nach Sinn und Zweck und das Bedürfnis nach einem formulierbaren Ergebnis loszulassen und sich zu beschränken auf das, was gespürt und empfunden wird. Innerlich tauchen auch Erwartungen und Vorstellungen auf von dem, was „man" empfinden sollte und ebenso Bewertungen und Entwertungen im Bezug auf das Empfundene (z.B.: „Was ist das schon", „Die anderen spüren viel mehr als ich", „Ich bin zu ablenkbar", „Mein Atem ist nicht regelmäßig"...).

Bei dieser eigentlich so einfachen Arbeit melden sich die verinnerlichten Erfahrungen, darunter auch alle Instanzen, die den Leib als Objekt nach ihrem Bild gestalten, formen und im Griff haben wollen. Alle, die uns geprägt, geformt und auch alle, die uns verformt haben. Es ist wichtig, ihnen zu begegnen, um die guten Formungen des eigenen Selbst von den entfremdenden Überformungen unterscheiden zu lernen („Ich finde es herrlich, laut und herzhaft zu lachen, aber ich klemme die Töne ab", „Ich darf es nicht zeigen, daß es mir Spaß macht, mich anzufassen"). Wenn man sich neugierig und aufmerksam in diesen Begegnungsprozeß mit dem eigenen Leib als Erfahrung seiner selbst durch sich selbst hineinbegibt, tauchen nicht nur Wertungen auf, sondern auch Schamgefühle, Ängste, Tabus, Widerstände. Sie alle behindern die Begegnung. Je mehr es mit zunehmender Übung gelingt, Vorstellungen, Wertungen und Ängste loszulassen und die Tore der Sinne weit zu öffnen, desto freier werden wir geschehen lassen können, was geschieht. Indem wir aus dem Tun heraustreten und gelassen beobachtend dennoch in ihm verwurzelt bleiben, können organismische Selbstregulationsprozesse Raum gewinnen (z.B: Spannungen fließen ab, der Atem verändert sich, Verbote verlieren ihre Kraft, anästhesierte Leibregionen erwachen, Spontaneität stellt sich ein...). Insgesamt wird die Leiberfahrung (Leibinseln, Leibatmosphären) im Erspüren präziser und differenzierter. Wir werden uns selbst bekannter und vertrauter, d.h. ein gegründetes Vertrauen, Selbst-Vertrauen, wächst.

Der Phantasie sind bei dem Thema „Leib in der Selbstwahrnehmung"

I. DIMENSIONEN DER LEIBLICHKEIT 75

keine Grenzen gesetzt. Viele Übungen aus der Eutonie, aus der „sensory awareness", aus der Atemarbeit, aus der Feldenkraisarbeit sind inzwischen von der Gymnastik bis zur Theaterarbeit, von Selbsterfahrungs- bis zu Meditationsgruppen so etwas wie Allgemeingut geworden. Verschiedene der folgenden Angebote sind dann auch – nach Abgleichung mit den theoretischen Prämissen der IBT – aus den oben genannten Gebieten entnommen oder auf ihnen weitergebaut.

Wir wenden uns folgenden Gebieten zu:

1. Selbsterleben in Ruhe,
2. Selbsterleben in Bewegung,
3. Selbsterleben mit Objekten und in der Berührung,
4. Selbsterleben in Äußerungen des Leibes (gähnen, stöhnen).

2.1 Selbsterleben in Ruhe

AUFLAGEPUNKTE

Geeignet für: Einzelne, Gruppen

Ausgangsposition: Rückenlage

Schließen Sie die Augen und nehmen Sie wahr, was das bewirkt.

Nehmen Sie wahr, wie Sie am Boden liegen.

Erspüren Sie nun die Berührungspunkte, die Ihr Leib mit dem Boden hat: Fersen – Waden – Oberschenkel – Gesäß – Rücken – Schulterblätter – Oberarm – Unterarm – Hand – Hinterkopf.

Wie groß ist die Fläche, die Kontakt mit dem Boden hat?

Wie erleben Sie das Gewicht des jeweiligen Gliedes?

Welche Qualität hat die Berührung mit dem Boden?

Was verändert sich, wenn die Aufmerksamkeit dort verweilt?

Nehmen Sie zum Schluß noch einmal wahr, wie Sie jetzt am Boden liegen, wie Ihr Leibempfinden jetzt ist und wie Sie den Kontakt zum Boden erleben.

Um die Aufmerksamkeit zu halten, darf dieses Angebot für Ungeübte nicht zu langsam gemacht werden. Bei Geübten kann man sehr langsam vorgehen und Fragen bei jedem Auflagenpunkt stellen.

Mitte – Peripherie

Ausgangsposition: Rückenlage
Räkeln Sie sich, bis Sie eine gute Lage gefunden haben.

Atmen Sie bewußt und tief aus und geben Sie mit jedem Ausatmen mehr Gewicht an den Boden ab.

Legen Sie die Hände auf den Bauch und spüren Sie, wie dort Wärme entsteht und wie die Atemwelle Ihre Hände hebt und senkt.

Nehmen Sie diesen Ort bewußt als Mitte wahr zwischen Kopf und Füßen.

Gehen Sie nun von der Mitte aus mit Ihrer Aufmerksamkeit in die Beine zu jeweils einem Gelenk, das Sie ein wenig bewegen: Hüftgelenk, Knie-, Fuß-, Zehengelenke (li/re).
Der Atem bleibt dabei fließend und Atem- und Bewegungsrhythmus stellen sich aufeinander ein. Die Aufmerksamkeit pendelt zwischen Mitte und dem jeweiligen Gelenk hin und her.

Legen Sie nun die Arme nach oben seitwärts und gehen ebenso mit der Aufmerksamkeit von der Mitte in die Gelenke der Arme und in den Nacken.

Nehmen Sie zum Schluß wieder Ihren Bauch als pulsierende Mitte wahr. Verlängern Sie den Impuls Ihrer Atemwelle und lassen Sie Ihre Vorstellung nun strahlenförmig abwechselnd in die Beine und Arme fließen, bis Sie sich pulsierend und gelöst erleben.

Grenze – Innenräume – Organe

Gehen Sie paarweise zusammen und klopfen Sie sich gegenseitig den Rücken. Nehmen Sie unter den Berührungen den Rücken als Grenze wahr: die Aktive von außen, die Empfangende von innen her.

Wenden Sie sich dem eigenen Leib zu und beklopfen Sie ihn lebhaft von den Füßen anfangend bis zum Kopf.

I. DIMENSIONEN DER LEIBLICHKEIT

Schließen Sie nun die Augen und gehen Sie dann tastend und streichend über die Oberfläche Ihres Leibes: die Hände „schauen" und Sie machen sich eine Vorstellung von Ihren Konturen. Gleichzeitig spüren sich die Gliedmaßen in ihrer Begrenzung.

Machen Sie sich nun bewußt, wie Sie stehen, sitzen oder liegen und wie Ihre Haut Sie als Schutz und Hülle umschließt.

Wandern Sie nun mit Ihrer Aufmerksamkeit nach innen zu einzelnen Organen. Legen Sie eine Hand auf die jeweilige Leibregion, in der das Organ liegt (Lunge, Magen, Herz, Nieren, Eierstöcke...), und stellen Sie sich vor, wie dieses Organ arbeitet. (Es ist nicht so wichtig, daß die Vorstellung genau den physiologischen Gegebenheiten entspricht.) Erleben Sie, wie Ihre Beziehung zu den jeweiligen Organen ist, welche Bedeutung sie in Ihrer Vorstellungswelt, in Ihrer Kultur, in Ihrer Familie haben.

Spüren Sie sich zum Schluß als ganzes Wesen mit Außenkonturen und „Innenleben" und schließen Sie die Erkundungsreise ab.

Wahrnehmungsfluss

Partnerarbeit

Ausgangsposition: Eine liegt auf dem Rücken, die Augen geschlossen, die Partnerin sitzt ruhig daneben.

Die Aufgabe der Liegenden ist es, in sich hineinzugehen, zu lauschen, zu spüren, mit allen Möglichkeiten wahrzunehmen, sich in den Fluß des Gewahrseins hineinzubegeben, möglichst ohne zu bewerten. Das Wahrgenommene und seine Qualität soll ausgesprochen werden (meine Augenlider zittern, die Füße fühlen sich kalt an, der Atem wird immer ruhiger...).

Alles Müssen, Wollen und Tun darf/kann langsam verschwinden und immer mehr Da-Sein entstehen.

Die Sitzende hat die Rolle der Begleiterin (siehe Seite 268). Sie ist da, hört zu, so daß das Gesagte nicht in den leeren Raum fällt, sondern wohlwollend aufgenommen wird. Sie geht aber nicht ins Gespräch, korrigiert nur da, wo in dem Gesagten eine Bewertung erscheint (z.B.: Ich kann meine Augen nicht stillhalten) und ermutigt, alles Wahrgenommene wichtig zu nehmen.

ABKLOPFEN – ABSTREICHEN

Ausgangsposition: sitzend auf dem Boden oder auf einem Stuhl

Geh mit deiner Aufmerksamkeit und deinen Händen zum rechten Fuß und beginne ihn zu beklopfen in verschiedenen Variationen: fester und leichter, schnell und langsam, mit der ganzen Hand und nur mit den Fingerspitzen, und spüre, was dir am angenehmsten ist. Du kannst auch reiben, kneten, streichen.

Geh in dieser Weise vom Fuß zum Unterschenkel, zum Knie, zum Oberschenkel und die ganze rechte Seite aufwärts. An manchen Stellen des Leibes wirst du leichte, zarte Berührungen angenehmer empfinden, und an anderen kräftige, starke.

Wenn du am Kopf und am Gesicht angekommen bist, laß die Berührungen noch sanfter werden und dann ausklingen.

Spüre nach und vergleiche dabei die eine Seite des Leibes mit der anderen, d.h. die beklopfte mit der unbeklopften.

Beklopfe und berühre dann ebenso die linke Seite, indem du wieder beim Fuß beginnst und dich langsam nach oben bewegst. Beim Beklopfen von Becken und Brustraum werden rechte und linke Seite klopfend verbunden, ebenso Hals, Kopf, Gesicht.

Nachspüren!

Variationen:

1. Beim Beklopfen von Bauch- und Brustraum Töne enstehen lassen: von unten nach oben Vokale u-o-a-e-i oder Konsonanten, dabei Vibrationen im Körper entdecken lassen.

Mögliche Weiterführung: Bodypercussion, klatschend auf Leibregionen klopfen und tönen mit den anderen in der Gruppe.

2. Nach dem Beklopfen und Ausstreichen des Gesichtes kann das Gesicht noch weiter entdeckt und erkundet werden.

I. DIMENSIONEN DER LEIBLICHKEIT

Weiterführung: Tonarbeit, Arbeit am Spiegel, Masken- und Bühnenarbeit, Selbstporträt.

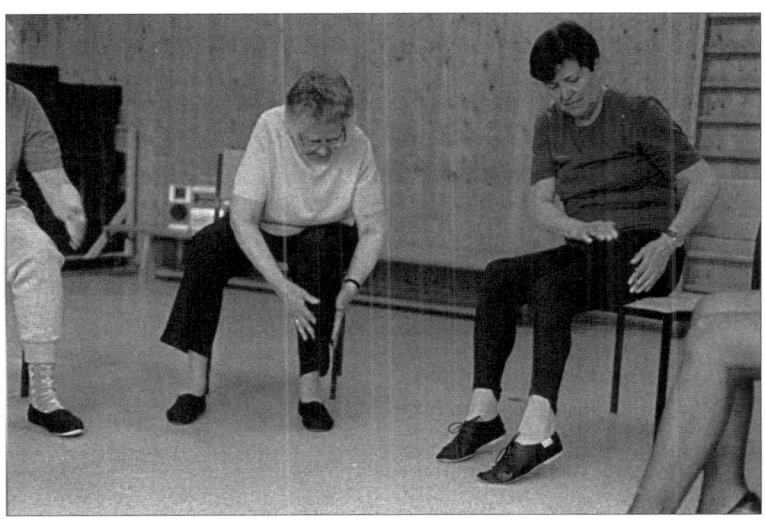

DEHNEN – STRECKEN

Ausgangsposition: liegen am Boden, sitzen auf dem Stuhl oder stehen

Beginne mit ganz kleinen, vorsichtigen Streckbewegungen.
Nimm dir als Hilfe das Bild einer Katze, die sich nach dem Schlafen dehnt.

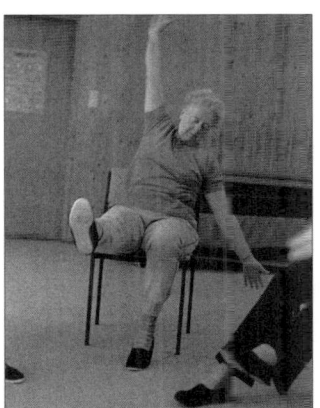

Paß dein Tempo deinen Empfindungen an, laß die Dehnbewegungen fließend sein (nicht abrupt oder ruckartig). Laß die Bewegungen von innen nach außen gehen. Geh mit der Einatmung nach außen in die Dehnung und komme mit der Ausatmung zur Ruhe, nach innen zurück.

Wecke so nach und nach deinen Leib auf. Laß Gähnen und Laute zu.

Spüre mit geschlossenen Augen nach:

Was hat sich verändert an deinen Leibempfindungen, deiner Stimmung?

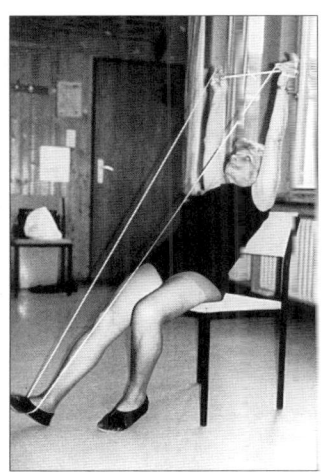

Variationen:

1. Dehnung mit Handtellern und Fersen voran.
2. Im Hocken oder Liegen. Man behält das Bild der Katze die ganze Zeit bei. Man wird zur sich dehnenden und streckenden Katze.
3. Sich dehnen mit Hilfe von Gummibändern (zwei Meter lange zusammengebundene Durchzuggummis).

2.2 Selbsterleben in Bewegung

GEHEN IM RAUM

Eine einzelne oder die Gruppenmitglieder werden aufgefordert, frei im Raum herumzugehen. Es soll kein Ziel angesteuert werden. Die Aufgabe ist es, das Gehen als Vor-gang zu erleben. Das Voran und das Gehen also. Die wache Aufmerksamkeit mag wandern: von den Füßen zu den Hüften, von der ganzen Gestalt zum Atemrhythmus, von der Beziehung zum Boden zur Beziehung zum Raum.

Die Erfahrung ist, daß die TeilnehmerInnen das Ziel außerhalb ihrer selbst immer mehr lassen können, daß sie zu sich kommen, im doppelten Sinn des Wortes: von woanders zu sich kommen und aus der matten Bewußtheit zu klarem Bewußtsein kommen. Sie werden bewußt Gehende. Aus diesen Gründen beginnen viele unserer Bewegungstherapiestunden mit einem Gehen im Raum. Es ist in seiner gesammelten Bewegtheit der ideale Ausgangspunkt, um in der Arbeit einen Schritt weiterzugehen, in welche Richtung dies auch sein möge.

Ebenso ist es überall dort einzusetzen, wo GruppenteilnehmerInnen nach einem vielfältigen Beziehungsgeschehen wieder zu sich selbst zurückgeführt werden sollen.

STEHEN ALS BEWEGUNG

Stehen ist meist ein Teil unserer Bewegung:
stehenbleiben nach einem Lauf,
innehalten im Gehen,

I. DIMENSIONEN DER LEIBLICHKEIT

stehen und warten,
stehen und sich umschauen,
jemandem gegenüberstehen...

Hier gibt es im Ausprobieren eine Vielzahl von Qualitäten zu entdecken.

LIEGEN, SITZEN, STEHEN UND GEHEN ALS BEZIEHUNG

In jeder dieser Haltungen kann man sich wahrnehmen unter dem Aspekt der Beziehung zum Boden, zum Raum, zu den anderen Menschen im Raum...

GEHEN ALS ZUSAMMENSPIEL VON EINZELBEWEGUNGEN

Ausgangsposition: stehend

Gehen Sie frei im Raum umher, kommen Sie langsam zu sich.

Verlangsamen Sie Ihre Schritte und konzentrieren Sie sich darauf, wie Sie das Gehen erleben, wie es vor sich geht:

Das Abrollen des einen Fußes, während der andere sich hebt, der Moment der Balance zwischen beiden, die Gewichtsverlagerung... Beobachten Sie die Veränderung der Haltung von Fußgelenken, Knien, Hüftgelenken. Wie verhält sich der Oberkörper, wie verhalten sich die Arme beim Gehen? usw.

Weiterführung:

Gehen Sie wieder etwas zügiger und lassen Sie die Arme seitlich vom Leib schwingen. Beobachten Sie das Zusammenspiel der Bein- und Armbewegungen, der beiden Leibeshälften, von Schritt- und Atemrhythmus. Lassen Sie zu, wie das Zusammenspiel sich entfaltet, wie die Teile sich einpendeln, und verweilen Sie eine Weile dabei.

In einer Weiterführung kann das schwingende Gehen mit Drehungen oder Sprüngen durchsetzt werden, die jede ein spezielles Zusammenspiel der Gliedmaßen und ihrer Bewegungen zeigen.

Ebenso kann man z.B. das Liegen als Ausgangsposition nehmen und, vom Liegen aus, das Rollen auf die Seite und auf den Bauch und zurück im Zusammenspiel der Teile erkunden. Dies kann fortgesetzt werden zu einem Rollen über den Boden.

Leibregionen im Kontakt zueinander

Ausgangsposition: liegend, sitzend oder stehend

Wende dich einer Leibregion zu. Sei präsent mit deiner Aufmerksamkeit von Moment zu Moment, verweile. Laß Erwartungen los, laß Vorstellungen über die Leibregion los, sei mehr und mehr da.

Nimm eine zweite Leibregion hinzu und verweile mit deiner Aufmerksamkeit bei dieser. Bringe beide nun in der Vorstellung miteinander in Kontakt, so daß in der Vorstellung eine fließende Verbindung zwischen beiden entsteht. Prüfe, ob diese Verbindung auch im Spüren, in der Empfindung auf der Leibebene zustande kommt.

In dieser Art vielfältiger Wahrnehmungs- und Vorstellungsarbeit – in der Ruhelage wie in der Bewegung – werden die „Leibinseln" (*H. Schmitz*), die wir wahrnehmen können, prägnanter. Die Landkarte unseres Leibes füllt sich mit Details. Einzelteile werden erspürt, gewinnen an Deutlichkeit und werden häufig zu anderen in Beziehung gesetzt, die Mitte und die Extremitäten, das Innen und das Außen verbunden. Oftmals werden die Teile in der Vorstellung als Teile eines Ganzen gesehen und in ihrem sinnvollen Zusammenspiel erlebt.

2.3 Selbsterleben mit Objekten und in der Berührung

Die Konzentration auf die beschriebene Weise nach innen zu lenken, ist für viele Menschen ungewohnt und nicht einfach. Deshalb kann es hilfreich sein, Leibwahrnehmung im Kontakt mit einem Gegenstand und in der Berührung zu üben. Im Zusammenspiel mit einem Gegenstand bekommt die Selbstwahrnehmung einen speziellen Akzent. Er kann Helfer sein. Wenn z.B. ein Ball in einer ausgestreckten Hand liegt und man im Ein- und Ausatmen vom Brustraum über den Arm eine

I. DIMENSIONEN DER LEIBLICHKEIT

Verbindung zum Ball herstellt, so spürt man dank des Balles Hand und Arm wesentlich besser. Wird der Ball über den Rücken gerollt, so wird die Oberfläche plastisch.

Der Gegenstand kann auch zum Partner werden, mit dem man sich im Kontakt erleben kann.

Es kann der rollende und hüpfende Ball aus dem Menschen einen Spieler machen, der seine rollenden und hüpfenden Qualitäten weckt und entfaltet.

Bewegt man sich mit einem wehenden Seidentuch, so wird die Bewegung und damit das Bewegungserleben ganz andere Qualitäten annehmen als bei dem Umgang mit einer Wolldecke.

Steht die Begegnung mit dem Gegenstand (Kugel, Ball, Decke, Naturmaterial) im Vordergrund, so kann er leicht symbolischen Charakter annehmen: die Decke wird z.B. zum verhüllenden Selbstschutz, die Holzkugel wird zur tödlichen Kanonenkugel...

Hier einige Beispiele:

LIEGEN AUF DEM SEIL

Als Material wird ein 1 Meter langes Tau von 4 cm Durchmesser benötigt. Es liegt lang auf dem Boden.

Laß dich vorsichtig auf dem Tau nieder, vom Sitzen zum Liegen, Wirbel für Wirbel abrollend.

Spüre das Tau nun genau unter deiner Wirbelsäule. Spüre die Druckstellen an Kopf und Kreuzbein, stelle eine Verbindung zwischen beiden her. Laß die Atmung ruhig ein- und ausfließen.

Nimm dann das Tau weg, lege dich auf den Boden und spüre nach: Wie erlebst du das Liegen jetzt? Wie fühlt sich die Wirbelsäule an, der Boden unter dir, die einzelnen Regionen (Kopf, Kreuzbein), der ganze Leib? Wo spürst du Wärme? Etc...

Variationen: 1. Zum Unterlegen können auch Tennisbälle und Bambusstäbe verschiedener Dicke verwendet werden.

2. Man kann die Objekte an anderen Stellen des Leibes unterlegen.

AB- UND UMROLLEN MIT DEM BALL

Partnerübung

Die eine PartnerIn liegt auf dem Bauch am Boden, die andere PartnerIn rollt mit ein oder zwei Tennisbällen über Rücken, Becken und Beine in kreisenden, leicht drückenden Bewegungen.

Nachspüren – Partnerwechsel.

Variationen: 1. Ebenso mit einem Gymnastikball abrollen.

2. Als einzelne kann man sich selbst im Sitzen oder Liegen die Körperkonturen umrollen und soweit wie möglich die Körperoberflächen abrollen.

WAHRNEHMUNGSÜBUNG MIT EINEM STEIN

Ausgangssituation: Die TeilnehmerInnen sitzen mit geschlossenen Augen und geöffneten Händen, die Gruppenleiterin legt jeder einen Stein in die Hand.

1. Der Stein wird er-tastet, ent-deckt, be-griffen in Form, Größe, Gewicht, Oberfläche, Temperatur; mit einer Hand, Wechsel zur anderen Hand, mit beiden Händen, in der Berührung mit anderen Teilen des Leibes, z.B. Gesicht.

Wie empfindest du dich selbst in der Berührung mit dem Stein?

2. Im Liegen:

Lege den Stein auf verschiedene Stellen deines Leibes und erlebe

I. DIMENSIONEN DER LEIBLICHKEIT

dich in der Berührung mit dem Stein. Spüre ihn auf der Stirn, dem Brustbein, dem Bauch usw.

Atme, sei im Kontakt mit dem Stein.

Was erlebst du?

Variation: Den Stein unter den Leib legen.

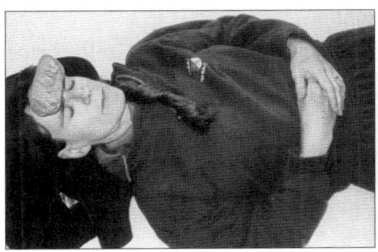 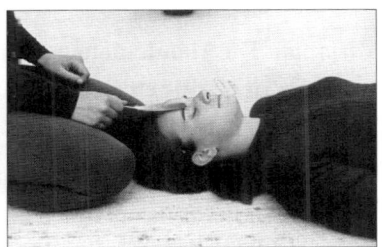

GESICHT BERÜHREN MIT EINEM OBJEKT AUS DER NATUR

Jede Teilnehmerin sucht sich etwas in der Natur, mit dem sie ihr Gesicht berühren lassen möchte, z.B. eine Feder, eine Blüte, ein Blatt.

Die eine Partnerin liegt in Rückenlage auf dem Boden, die andere kniet oder sitzt am Kopfende und bestreicht das Gesicht (z.B. von der Mitte nach außen oder erst bestimmte Stellen und dann das ganze Gesicht...)

Anschließend Austausch des Erlebten: Wie hast du dich in der Berührung erlebt?

Variation: Bestreichen des Gesichts mit einem Pinsel.

SICH BERÜHREN LASSEN VON DEN HÄNDEN EINER PARTNERIN

Ausgangsposition: paarweise, im Stehen oder Sitzen

Die eine Partnerin schließt die Augen; die andere ist ihr innerlich ganz zugewandt und legt ihre Hände auf einander gegenüberliegende Stellen des Leibes und läßt sie dort einen Moment verweilen. Die Hände sollten nicht aktiv tätig werden, sondern ruhig liegen.

Mögliche Berührungsstellen sind: Stirn-Hinterkopf, beide Schläfen, Brustbein-Stelle zwischen den Schulterblättern, Bauch-Kreuzbein,

rechte-linke Schulter, Knie vorne-hinten, Knie rechts-links, Füße seitlich, Füße vorne-Ferse.

Stelle dir den Raum zwischen den umschließenden Händen vor. Ändert sich etwas unter der Berührung? Wie fühlst du dich unter der Berührung der Hände?

Austausch – Wechsel

Variation: Die Hände nebeneinander auf verschiedene Stellen des Rückens, der Beine etc. legen (Unterstützung).

Berührung ist ein zentrales Thema in der IBT, sowohl dem eigenen Leibe in der Berührung begegnen, wie sich von einem anderen Menschen berühren lassen und ihn berühren. Das Kleinkind lernt sich, seine leibliche menschliche Form, zuallererst kennen durch die Berührung anderer Menschen und die Berührung seiner selbst. (Wir gehen im Kap. II: „Eindruck – Ausdruck" und im Kap. III: „Frühe Zwischenleiblichkeit" näher darauf ein, s. auch Exkurs Berührung S. 277.)

Bei allen Menschen, die ihre Leiblichkeit abwehren, ausblenden, die sich nicht mögen, die ein unklares Bild von sich haben, ist der Weg über die Berührung eine Möglichkeit, alte Erfahrungen durch neue zu ergänzen und damit alte Selbstbilder zu korrigieren.

Berührungserfahrungen können schnell sehr tief gehen. Man muß sich immer dessen bewußt sein, daß sie heftige Ablehnung, Traumata, Defizit- und Mißbrauchserfahrungen aktualisieren können. Es muß also immer besonders sensibel und vorsichtig gearbeitet werden.

BERÜHRUNG

Geeignet für: Einzelne, Gruppen

Ausgangsposition: auf dem Boden sitzend

Such dir eine Leibregion aus, der du dich mit verschiedenen Berührungen zuwenden willst, etwa ein Bein, eine Hand, das Gesicht. Der Körperteil kann unbekleidet sein, damit die Berührungen von Haut zu Haut spürbar sind. Es können aber auch Berührungsqualitäten durch ein Kleidungsstück gut vermittelt werden.

I DIMENSIONEN DER LEIBLICHKEIT

Laß deine Augen über das Bein oder den Arm streifen, betrachte, schaue. Was siehst du?

Schau genau hin, entdecke die Adern, die Erhöhungen, Vertiefungen, Falten, Formen. Wenn du die Leibregion nicht sehen kannst, stelle sie dir so genau wie möglich vor. Versuche, das, was du siehst, nicht zu bewerten.

Geh nun mit einer oder beiden Händen in die direkte Berührung, laß sozusagen deine Finger schauen, entdecken. Schließe dabei die Augen, dann „sehen" die Hände mehr.

Probiere verschiedene Qualitäten der Berührung aus: tupfe mit den Fingerspitzen, streiche über die Haut, streichle sanft.

Wie erlebst du das?
Wie reagiert dein Leib?
Was fühlst du, wenn du dich z.B. streichelst?

Versuche unsanftere Berührungen: klatsche, kneife, drücke. Laß die Fingernägel eindringen.

Was erlebst du, was geschieht, wenn du dies tust?
Kommen Gefühle oder Erinnerungen auf?
Welche Berührungen sind dir angenehm, welche unangenehm?

Finde selbst noch andere Formen der Berührung.

Laß zum Schluß deine Hand eine Weile auf der Leibregion ruhen und öffne dann die Augen.

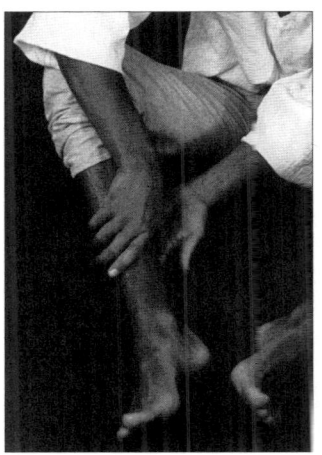

VARIATIONEN ZUM THEMA BERÜHRUNG
(bes. mit alten Menschen und Kindern)

Laß deine Fingerspitzen wie Käfer über deine Beine laufen,

sanft wie ein Windhauch über dein Gesicht gehen,

wie Regen auf dich tropfen.

Knete dich wie Kuchenteig.

Laß die Finger wie Katzenpfötchen über dich wandern.

Streiche dir übers Haar wie Großmutter es tun würde.

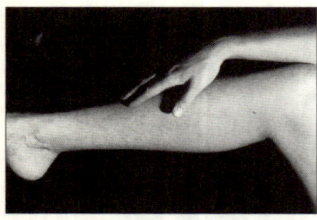
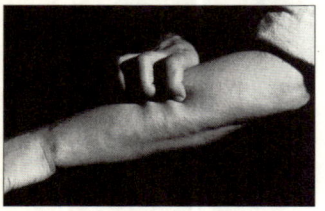

Indem wir uns Bilder vorstellen und ihre Qualitäten in unsere Berührungen einfließen lassen, werden Atmung, Spannung der Muskeln und Sehnen, der Hautwiderstand... beeinflußt (siehe Seite 62). Vorstellungen von angenehmen Berührungen öffnen und lösen, entspannen und machen hingabebereit. Die Übende befindet sich gleichzeitig in wachem, eigenleiblichem Spüren und in einer emotionalen Offenheit. Entspanntheit, Weichheit der Gesichtszüge, Lächeln können sich zeigen.

Geht die Übende in die Vorstellung von Berührungen, die als negativ empfunden werden, kann sie erspüren, wie Abwehr aufkommt und in welchen Formen körperlichen und seelischen Verschließens sie sich äußert.

Variationen: **Bewußter Wechsel zwischen angenehmen und unangenehmen Berührungen.**

Da die Berührungen, die dieses unterschiedliche Erleben auslösen, von einem selbst ausgeführt werden, wird unmittelbar erlebbar, wie positives oder negatives Selbst-Empfinden von einem selbst hervorgerufen werden kann. Dies führt zu einem Zuwachs an Selbst-Bewußtheit, Selbst-Verständnis und Handlungsfähigkeit.

DIE EIGENEN HÄNDE BERÜHREN UND BEGEGNEN SICH

Nimm eine bequeme Sitzhaltung ein, schließe die Augen, spüre dich in dieser Haltung (Berührung zum Boden, Sitzfläche).

Geh mit deiner Aufmerksamkeit zu deinen Händen: Nimm die Haltung deiner Hände wahr. Wo liegen sie auf, berühren sie sich? Wärme, Kälte usw.

Laß in jeder Hand Bewegung entstehen, bewege die einzelnen Finger, laß sie sich berühren. Welche Bewegungen kann jede Hand für sich machen?

Laß die Hände sich langsam näher kommen, sich berühren, begegnen, sich entdecken, er-tasten, be-greifen.

Was können die Hände miteinander tun? Laß die Hände etwas ausdrücken, laß einen Dialog entstehen.

I DIMENSIONEN DER LEIBLICHKEIT

Mögliche Weiterführung: Der Dialog kann verbal geführt werden.

Variation oder Weiterführung: Eine Hand kann mit verschiedenen Leibregionen in Kontakt treten.

LEIB UND GLIEDER IM KONTAKT MITEINANDER

Ausgangsposition: sitzend auf dem Boden.

Schließ die Augen, atme ein paarmal tief durch und konzentriere dich auf dich selbst.

Wende dich den einzelnen Regionen deines Leibes zu. Beginne bei den Füßen und wandere nach oben. Nimm mit deinen Händen Kontakt mit einer Leibregion auf, auf die Art, wie es spontan in dir entsteht (vielleicht wirst du dein Knie mit beiden Händen umschließen, den Oberschenkel klopfen, die Hände aufs Gesicht legen...). Laß dir Zeit dabei.

Laß schließlich einen inneren Dialog sozusagen zwischen Kopf und Leibregion oder Körperteil entstehen, z.B.
Kopf: Hallo, du, Knie! Was bist du kalt.
Knie: Ja, ich bin auch ganz angespannt. Das ist oft so.
Kopf: Oh, das tut mir leid. Muß ich mal mehr drauf achten.

Oder:

Kopf: He Bauch! Ich streichle dich gern. Du bist so schön rund und weich.
Bauch: Tut mir gut, das Streicheln. Das könnte ich stundenlang genießen.

Wenn die TeilnehmerInnen durch den ganzen Leib gewandert sind, wird das Angebot von der Leiterin abgeschlossen.

Man sollte bei diesem Angebot viel Zeit lassen, damit der Kontakt von der Oberfläche auf eine tiefere Ebene kommen kann. Der Leib wird dadurch zu einem vielfältigen, fühlenden, „sprechenden" Organismus, zu einem Leib mit vielen Gliedern, die alle ihren Beitrag zum Ganzen leisten und ihre eigene Stimme haben.

Variation: Am Morgen.

Etwas weniger tiefgehend kann man sich morgens auf diese Weise wecken und den Dialog mit den Gliedern auf den kommenden Tag beziehen.

Variation oder Weiterführung:

Nach der Begrüßung mit den Händen können verschiedene Körperteile einander begrüßen: Ellenbogen begrüßt Knie, Ferse begrüßt Gesäß...

2.4 Selbsterleben in Äußerungen des Leibes

Unsere Kultur hat den Ausdruck autonomer Äußerungen des Leibes generell weitgehend eingeschränkt. Niesen, Husten, Aufstoßen, Gähnen... alles soll möglichst unhörbar und so weit wie möglich unsichtbar vor sich gehen. Seufzen, Stöhnen und Weinen wurden ins stille Kämmerlein verbannt, nur gelacht darf werden, aber nicht zu laut.

Wir alle sind in dieser Kultur groß geworden und wissen häufig gar nicht mehr, daß z.B. ein tiefes Gähnen beim Zwerchfell ansetzt und in einem großen Bereich Spannungen löst, so sehr haben wir es schon in der Kehle erstickt. Auch Freudenäußerungen und Schmerzenslaute sind nicht erwünscht, und so haben wir die Erfahrung nicht gemacht, daß Schmerzen sich eher beruhigen, wenn man sich nicht in Muskelspannungen dagegen wehrt, sondern sich mit einem fließenden Atem und dem Zulassen von Schmerzenslauten mit der schmerzenden Stelle vereint, so daß sie auf der organischen Ebene besonders gut versorgt wird und der Körper das Notwendige zur Abhilfe tun kann.

Viele Menschen müssen eine hohe Hemmschwelle überwinden, bevor sie ein herzhaftes Gähnen, ein ungebremstes Aufstoßen, ein Stöhnen zulassen können. Verbote und Schamgefühle stehen ihnen im Wege. Und doch ist es wichtig, daß wir uns in diesem Verhalten unseres Körpers erleben, den Sinn und Zweck an uns selbst erfahren, um dann selbst zu entscheiden, wie weit wir den allgemein üblichen Anstandsregeln entsprechen wollen und wo wir sie für übertrieben oder für ungesund halten.

GÄHNEN

Das Gähnen ist eine Aktion des Organismus, die durch vielerlei Bewegung (räkeln, dehnen, Atemarbeit) angeregt wird. Die Atemmuskulatur bekommt sozusagen einen Impuls von außen und antwortet empathisch mit dem eigenen Reflex. Wenn das Gähnen also spontan auftaucht, kann man die Gruppenteilnehmer bitten, einen Moment dabei zu verweilen, die Bewegungen im Leibe zu verfolgen und das Gähnen so vollständig wie möglich zuzulassen.

Man kann es auch kollektiv künstlich erzeugen, indem die TeilnehmerInnen aufgefordert werden, so zu tun, als würden sie gähnen: man öffnet den Mund ganz weit, rollt die Zunge etwas nach hinten und atmet ein. Meist wird bei der einen oder anderen TeilnehmerIn direkt der Gähnreflex ausgelöst, und da Gähnen bekanntlich „ansteckend" ist, kann die Gruppe eine lustvolle Gähnorgie veranstalten mit allen dazugehörigen Bewegungen und Lauten.

SEUFZEN, STÖHNEN

Eigentlich könnte man viele Bewegungs- oder Therapiestunden mit einigen tiefen Atemzügen beginnen, in denen das Ausatmen besonders betont wird. Tut man das, so könnte man anregen, daß der Ausatem zu einem Seufzer der Erleichterung werden soll. Spannung und Schwere, Unruhe und Hetze können mit dem Ausatem hinausfließen, und der Seufzlaut verstärkt dieses Loslassen. Gleichzeitig kommt dieser Laut auch aus dem Gefühlsbereich, wo des Tages Müh und Last häufig als Gefühl der Belastung empfunden wird. Im Ausatemlaut werden also Körper- und Gefühlsdimension verbunden, und gerau darin liegt die Kraft und Bedeutung dieses Geschehens.

Gibt man die Anweisung, Stöhnlaute zu produzieren, melden sich noch mehr kulturgebundene und schichtspezifische Widerstände. Hier muß die Erlaubnis gegeben werden, Grenzen zu überschreiten. Im (künstlichen) Stöhnen kann zum einen der physiologische Vorgang (soweit spürbar) beobachtet werden, genauso aber der Effekt auf die Psyche.

Um den entlastenden Lauten näherzukommen, kann man natürlich wieder gut Bilder und Vorstellungen zu Hilfe nehmen: Man kann sich vorstellen, man hätte eine körperliche Verletzung oder ein schmerzliches Erlebnis zu verdauen und man würde sich selbst erlauben, mal (nach Herzenslust) ausgiebig zu jammern und zu klagen.

Wie das Stöhnen kann man auch das Jammern kollektiv tun, d.h. sich im Schmerz verbinden, gemeinsam (Atem- und Stimm-)Kraft darin finden und sogar zeitweise eine Wollust darin erleben.

In den Umgang mit Schmerzen und Schmerzlauten kann man sich auch direkt hineinbegeben:

Jede bekommt einen Besenstil, den sie vor sich auf den Boden legt und mit dem bloßen Fuß darüberrollt, von der Ferse bis zu den Zehen. Das Gewicht bleibt zunächst auf dem Standbein. Allmählich wird mehr Gewicht auf den über den Stock rollenden Fuß gegeben. Dabei treten bei den meisten Menschen an besonderen Stellen des Fußes Schmerzen auf.

Zunächst kann die Anweisung sein:

Erlebe den Schmerz und deinen Umgang damit, z.B.:
Luft anhalten,
Zähne zusammenbeißen,
weitermachen,
Druck wegnehmen,
Fußmuskel anspannen,
möglichst nicht hinspüren.

Eine zweite Anweisung kann sein:

Reguliere den Druck so, daß der Schmerz erträglich ist. Atme zum Schmerz hin. Laß auf dem Ausatem Schmerzenslaute hören.

Vergleiche die erste und die zweite Umgehensweise in ihren Wirkungen.

Variation:

Man legt sich Tennisbälle oder Steine an verschiedenen Stellen unter den Rücken.

ZITTERN

Ähnlich kann man seinen Umgang mit Zittern erforschen. Legt man sich auf den Rücken und streckt die Beine senkrecht nach oben, wobei nicht die Zehen, sondern die Fersen nach oben gedrückt werden, so stellt sich meist bald ein Zittern der Beinmuskulatur ein. Wird das Zittern sofort unterdrückt? Wenn ja, wie? Was geschieht, wenn man das Zittern zuläßt?

Gähnen, Seufzen, Stöhnen, Jammern, Schmerzen haben und Zittern: außer dem Gähnen sind dies alles lebhaftige Ausdrucksformen z.T. unangenehmer und daher oft abgewehrter Empfindungen, Gefühle und Erlebnisse. Was man abwehrt, dem entzieht man die Aufmerksamkeit, um ihm möglichst wenig Gewicht im Leben zu geben. Und was man abwehrt, das wird nicht wirklich erlebt und gelebt, sondern an den Rand, in den Hintergrund oder in den Untergrund gedrängt. Aber unser Leben ist ein Ganzes. Alle Seiten gehören dazu, sind Teile des Ganzen. Die oben genannten Anleitungen sind also ein Weg, sich vorsichtig unangenehmen Gebieten unseres Lebens anzunähern, sie wahrzunehmen, ihnen Aufmerksamkeit zu widmen und sich auf den Weg zu machen, angemessener mit ihnen umzugehen. Da der stimmliche Ausdruck gleichzeitig mit dem körperlichen und dem Gefühlsbereich verbunden ist, kann – je nach Anweisung – schnell aktuelles oder biographisches Material erscheinen (z.B.: „Meine Mutter hat immer gestöhnt, daß wir Kinder ihr soviel Arbeit machen" oder: „Ich kann das ewige Jammern meines Partners über. . nicht mehr aushalten").

Hier bieten sich also gute und schnelle Zugänge zu tiefgreifender konfliktzentrierter Arbeit. Will man nicht tiefen, so ist es wichtig, immer wieder zum gegenwärtigen Augenblick zurückzuführen, zum Explorieren des eigenen Erlebens, zum Umgang mit sich selbst, und zum Ausprobieren und Üben anderer Umgehensweisen.

Arbeit mit Lauten und Stimme kann geballte innere Kraft nach außen bringen, sie kann verschlossene Reservoirs öffnen, sowohl von Freude wie auch von Leid. Für diese Arbeit ist also immer eine gute Kompetenz und Erfahrung der Leiterin notwendig.

Zusammenfassung

Mit dem „eigenleiblichen Spüren" wird die Aktivität der Sinne nach innen gelenkt. Ein Teil der Vorgänge in unserem Leib wird wahrnehmbar: Fließen, Pulsieren, Spannungsveränderungen, Atemwirkungen... Wie eine Entdeckungsreise kann es sein: Feinheiten, Vielfältigkeiten und Zusammenhänge werden erlebt. Und wenn wir uns ansprechen und berühren lassen von unserem Leib, gewinnt er an Klarheit und an Tiefe. Er stellt sich dar als wohlgeordnetes, wenn auch nicht harmonistisches System, dem wir uns anvertrauen können, mit seiner eigenen innewohnenden „Weisheit", die wir stören und behindern können, die wir aber auch als unserem Leib eignende Qualität sehen können. Weisheit des Leibes meint hier Richtigkeit, Stimmigkeit, Zweckmäßigkeit und sinnvolles Zusammenspiel, Resultat vieler hundert Millionen Jahre Evolution.

In dem allgemeinen Erleben von Stimmigkeit und Lebendigkeit des ganzen leiblichen Systems wird jeweils in der Präsenz des Augenblicks das Individuelle erlebt: „Das, was ich spüre, bin Ich", „Ich spüre mich selbst". So wächst aus der Aufmerksamkeit die Bewußtheit (**awareness – consciousness**). Das Ich wird sich des Selbstes bewußt, das Selbst-Bewußtsein und das Ich-Bewußtsein steigt (**Ich, Selbst**).

Das eigenleibliche Spüren verändert uns also, es befreit und bringt uns unserem Ursprung näher. Wir werden fähiger, den Kontakt zu uns selbst zu gestalten, und zwar auf eine nicht-gewaltsame und besitzergreifende Weise, sondern empathisch, vertrauensvoll und achtsam. Dies gilt nicht nur für Zeiten der Gesundheit. In Zeiten von Kranksein wird sich vielleicht zunehmend weniger ein Kampf *gegen* die Krankheit entwickeln, sondern statt dessen ein Dialog mit sich selbst als krankem Menschen und eine Kooperation auf dem Weg zu erneuter Gesundheit.

I. DIMENSIONEN DER LEIBLICHKEIT

3. Leib im Raum

Verglichen mit der Tierwelt ist der Säugling motorisch gesehen ein Nesthocker (psychisch und interaktionsmäßig gesehen nicht). Da er in einer beschützten Umgebung lebt, ist es für ihn nicht nötig, sofort oder sehr bald imstande zu sein, aus Sicherheitsgründen seinen Ort zu verlassen. Er ist noch nicht mobil, er darf in Ruhe heranreifen. Sein Ort ist die warme Wiege, das warme Badewasser, der tragende Arm von Vater, Mutter, Kindermädchen. Er bestimmt seinen Aufenthaltsraum und -ort nicht selbst. Aber er ist imstande, mit Blick und Stimme den Zwischenraum zwischen sich und anderen Menschen zu überbrücken. Und es dauert nicht lange, bis er mit Händen und Füßen spielend seinen unmittelbaren Umraum entdeckt. Mit dem Drehen, Rollen und Krabbeln lernt er es dann, sich fortzubewegen, fort von seinem Platz, und zwar zunehmend immer gezielter. Er robbt oder krabbelt z.B. einem Ball hinterher oder zu einem Menschen hin. Er beginnt, einen Raum für sich zu erobern, vorwärts, seitwärts, rückwärts und schließlich nach oben. Wenn man ein Kind dabei beobachtet, sieht man, wie lustvoll dieser Vorgang ist, zumeist ist er aber auch „Arbeit". Der Zuwachs an motorischer Bewegung ist ein Zuwachs an Erleben und Erfahren. Das Kind bewegt sich in den Raum hinein, und die Welt wächst ihm sozusagen zu. Und dieser Zuwachs an Welt bestimmt wiederum sein inneres Wachstum und befähigt ihn, fortzuschreiten auf seinem Entwicklungsweg.

Konkreter Raum, Lebenswelt und Lebensgefühl sind eng miteinander verbunden. Die Welt eines Säuglings oder eines bettlägerigen Menschen ist klein. Die Welt eines Rollstuhlfahrers, eines Gefängnisinsassen oder einer Mutter von drei kleinen Kindern ist schon größer, aber jeweils auch noch sehr begrenzt. Bilder, Phantasien und Gedanken können die Grenzen hinter sich lassen und ein lebendiges Innenleben ingang halten, aber die leiblichen Erfahrungsmöglichkeiten sind dadurch nicht wirklich zu ersetzen. Ein phantasierter Ausflug zu einem Bergbach oder ein phantasierter Kontakt zu einem ersehnten Freund bringen Menschen teilweise in die Erregung und Lebendigkeit wie eine echte Begegnung, und ein Film über die Tropen bringt einen Hauch der schwülen Hitze, des Duftes und der fremden Schönheit ins

Zimmer. Die Phantasie kann viel erschließen. Sie öffnet auch die Archive des Gedächtnisses, aber das konkrete Erleben bringt in der Regel mit seinem höheren Grad an Realität ein stärkeres Wirklichkeitserleben.

Lebensraum haben bedeutet, leibhaften Kontakt zum Raum und den darin befindlichen Dingen und Menschen zu haben. Es bedeutet, einen Umraum zu haben, den unmittelbar zu jedem Menschen gehörenden Raum, den er mit seinen Armen und Beinen durchmessen kann. Es bedeutet, Zwischenraum zu haben zwischen sich und Dingen, sich und anderen Menschen. Und schließlich bedeutet es, Außenraum zu haben. Das ist der Raum, der sich von jedem einzelnen Menschen (jeder ist der Mittelpunkt seines Erlebnisraumes) rundum in die Weite erstreckt, über den gesehenen und gedachten Horizont hinaus.

Das Leben in diesen Räumen (**Lebenswelt**) steht in unlösbarer Verschränkung und Wechselwirkung mit dem Innenraum des Individuums. Dieser Innenraum entfaltet und entwickelt sich in diesem Wechselspiel von Kontext und Leibwahrnehmung, emotionalem Klima und Lebensgefühl. Sein Empfinden von Freiheit oder Eingeengtssein, von eigener Größe oder Kleinheit, seine psycho-physische Flexibilität und Mobilität entstehen in dieser Verschränkung (**Lebensgefühl**).

I. DIMENSIONEN DER LEIBLICHKEIT

Um sich Räume – konkrete Räume und Lebensräume – aneignen zu können, bedarf es der Schritte, leibhaft und im übertragenen Sinne. Das Kind tut diese Schritte, der Erwachsene häufig nicht. Wir lassen uns übergangslos mit einem Flugzeug in eine fremde Welt bringen, werden berufsmäßig an fremde Orte geschickt und viele werden durch Krieg, Flucht und Vertreibung entwurzelt und verlieren ihre Lebens- und Schutzräume. Die Zwischenräume werden dabei nicht schrittweise durchmessen, Altes wird nicht hinter sich gelassen, um sich Neues aneignen zu können, sondern Verlust von bekannten Räumen und Sicherheiten tritt abrupt und plötzlich ein.

Schritte tun heißt dann, Orientierung im neuen Raum gewinnen, die Struktur des Raumes (im großen wie im kleinen) durchschauen, Entfernungen wahrnehmen und die Bedeutung von Entfernungen begreifen. (Der Abstand von 100 km bedeutet beispielsweise mit dem Auto wenig, kann aber in einem schwer zugänglichen Berggelände Unerreichbarkeit bedeuten. Ein großer Zwischenraum zwischen zwei Menschen kann in einer Kultur Höflichkeit und in einer anderen Ablehnung bedeuten.) Der erste Schritt ist der schwierigste. Mit zunehmender Orientierung werden die Schritte sicherer, schneller, ein neuer Stand-Punkt wird gewonnen, so daß das labilisierte Gleichgewicht zwischen dem eigenen Innenraum und dem neuen Außenraum wieder hergestellt ist und der Mensch eine mitgestaltende Handlungsfähigkeit zurückgewinnt. Dann wird der Lebensraum, die Lebenswelt, wieder zum Spielraum, in dem nicht nur Überleben, sondern Leben möglich ist.

Die Labilisierung des Verhältnisses zwischen Innen- und Außenraum geschieht nicht nur durch Einwirkungen von außen. Es ist auch keineswegs selbstverständlich, daß man sich immer frei in seiner vertrauten Umgebung bewegen kann. Bei Menschen mit eingeengtem oder schlecht strukturiertem Innenraum, einem schwachen Selbst-Bewußtsein, kann es geschehen, daß die Welt sozusagen ihr Aussehen ändert, je nach dem, durch welche Brille sie angeschaut wird. So wird z.B. für einen depressiven Menschen die Welt immer grauer und immer enger, für einen psychotischen kann sie – verbunden mit dem inneren Strukturverlust – beängstigende Formen annehmen. Für Menschen mit Angstzuständen werden auch vertraute und bekannte

Orte zuweilen zu einer Bedrohung. Und neue Räume zu betreten und sie handelnd zu gestalten, kann zu einem unlösbaren Problem werden.

Diese Korrelation von Innen und Außen macht es sinnvoll, konkret und symbolisch mit Räumen zu arbeiten und zu spielen. Indem man sich den Umraum, den Zwischenraum und den Außenraum erschließt, in Korrespondenzprozesse mit ihnen tritt, sich in ihnen erlebt, sie gliedert und gestaltet, geschieht ein Aneignungsprozeß der Welt im kleinen. In Wechselwirkung damit verstärkt sich in der Innenwelt das Lebensgefühl, in der Welt um sich her zu Hause zu sein. Und in diesem Gefühl wird der Lebensraum zum Spielraum.

Körper im Raum – Raumkörper

Geeignet für: Paare, Gruppe

Partnerarbeit

Eine Teilnehmerin stellt, setzt, legt sich nacheinander hin. Die andere betrachtet sie unter der Perspektive, daß sie ein Raumkörper ist mit Ausdehnungen, einer Masse, einer Form.

Mögliche Weiterführung zu dritt:

Eine TeilnehmerIn legt oder hockt sich hin, als wäre sie bewußtlos. Sie läßt die Muskelspannung so weit wie möglich sinken und arbeitet nicht mit, wenn die beiden anderen sie jetzt von ihrem Ort zu einem anderen tragen. Wie einen Sandsack schleppen sie sie, erleben das Gewicht, legen sie nieder und formen sie. Dann kommt Leben in den „toten" Körper, und die beiden tragen nun einen lebendigen Leib und erfahren dabei das unterschiedliche Gewicht. (Der Körper wird zum Leib.)

Ausdehnung und Umraum

Geeignet für: Einzelne, Gruppen

Ausgangsposition: Lage auf dem Boden frei gewählt

Berührungsflächen durchgehen, Innenräume vorstellen.

Laß eine Hand über den Boden gleiten in Richtung Kopf, Seite, Füße. Streck den Arm weit aus und nimm wahr, wie weit er reicht, wieviel Raum du dir am Boden nehmen kannst.

Dann laß deine Hand (Arm) sich Raum nehmen in der Luft in Richtung Decke, zu den Seiten usw. Wieweit kannst du dich in den Raum über dir erstrecken?

Leg den Arm ab und erstrecke dich ebenso in den Raum mit dem anderen Arm, mit einem Bein, dem zweiten Bein, mit beiden Armen und Beinen.

Verändere deine Lage: Rücken-, Bauch-, Seitenlage – und tue dasselbe.

Spüre mit geschlossenen Augen, auf dem Rücken liegend nach und stelle dir die umfahrenen Räume noch einmal vor. Sei dir dieser größtmöglichen Ausdehnung im Raum bewußt.

Weiterführung:

Im Stehen: Streck dich so weit wie möglich in den Raum hinein, ohne deinen Platz zu verlassen. Tu dies erst mit einem Arm, dann mit dem anderen, mit beiden gleichzeitig, nach vorne, seitwärts, hinten, oben, unten. Dann nacheinander mit den Beinen.

Stell dir zum Schluß diesen Umraum vor: es ist dein Raum.

Umraum – Grenze – Innenraum

Ausgangsposition: einzeln stehend

Umraum: s. vorhergehende Übung

Grenze: Die Außenbegrenzung des Leibes (von Kopf bis Fuß) wird mit den Händen ertastet und leicht beklopft, so daß die Umrisse prägnant werden.

Innenraum: s. Grenze, Innenräume, Organe (siehe S. 76)

Zuletzt kann mit der Wahrnehmung hin- und hergewandert werden von den Innenräumen über die Grenze zu dem eigenen Umraum und umgekehrt.

Sich betasten als Leib im Raum

Ausgangsposition: sitzend, liegend oder stehend

Lege deine Hände auf deine Mitte, laß sie dort eine Weile ruhen; spüre wie sich dein Leib im Atemrhythmus hebt und senkt.

Laß dann deine Hände von der Leibmitte aus in andere Körperteile streichen. Begleite diese Bewegung mit der Ausatmung und kehre mit der Einatmung immer wieder zur Mitte zurück. Entdecke so deinen Leib.

Variation: Finde andere Formen der Berührung und Bewegung: Schlangenlinien, Kreise, Achten... und gib verschiedene Ausatemlaute (-töne) dazu: Zischen, Summen, Vokale, Konsonanten.

Bewegung von der eigenen Mitte in den Raum

(Geeignet als Fortsetzung für „Sich betasten als Leib im Raum")

Ausgangsposition: stehend mit geschlossenen Augen

Streiche wieder mit der Hand von der Mitte über die Gliedmaßen und verlasse sie an einer Stelle, z.B. an Ellbogen, Knie, Hand, und laß die Bewegung in den Raum weitergehen (mit der Ausatmung).

Finde denselben Weg zurück (mit der Einatmung) zur Mitte.

Öffne die Augen, folge deiner Bewegung zunächst am Leib entlang und laß dann den Blick über die Bewegung hinaus weitergehen in den Raum. Nimm in dieser Weise (mit Bewegung, Atemton und Augen) den ganzen Raum wahr. Kehre immer wieder zu deiner Leibmitte zurück und beginne neu.

Variation: Entdecke ebenso die Personen im Raum: Gehe deiner Armbewegung nach und berühre die Person, die du mit den Augen triffst, mit der gedachten Verlängerung deiner Hand.

Raumwahrnehmung

Geeignet für: Einzelne, Gruppen

Ausgangsposition: stehend

Ort im Raum wählen.

Die Vorderseite beklopfen, reiben, anregen.

Dann bei geschlossenen Augen mit den Händen (Handflächen zum Körper gewandt) von der Hautgrenze nach außen gehen und wieder zurück.

Dasselbe im Atemrhythmus (ausatmen beim Weggehen – einatmen beim Zurückkommen und umgekehrt).

Dann mit geschlossenen Augen real soweit nach vorne gehen, wie man sicher fühlt.

Dasselbe seitwärts und rückwärts.

Raum erspüren nach oben und unten.

Übungsziel: Kommunikation von Innen- und Außenraum, durchlässige Abgrenzung, Erhöhung der Sensibilität für den Raum, Einwohnung im Raum, Vertrauen (s. auch S. 314f)

Der Raum als Gegenüber

Geeignet für: Einzelne, Gruppen

Ausgangsposition: stehend oder gehend

Geh von deinem Platz aus in den Raum, entdecke und erforsche ihn: berühre den Boden, die Wände usw. (Beschaffenheit).

Schreite die ganze Länge, Breite, Diagonale, Ecken, Mitte, des Raumes ab; strecke dich der Decke entgegen ... (Größe).

Stell mit deinem Leib (oder Körperteilen) Formen des Raumes nach: Ecke, Diagonale, Bögen, Säulen... (Form).

Nimm nun diesen freien Raum als Gegenüber. Welche Impulse löst er in dir aus: springen, drehen, schwingen, erstarren usw.

Probiere auch eigene Formen im Raum aus (Dreiecke, Kreise, Spiralen, Zahlen, Buchstaben...) und beziehe den ganzen Raum mit ein.

Tritt damit in eine Auseinandersetzung mit dem Raum (Raum als Gegenüber).

Spüre noch eine Weile mit geschlossenen Augen nach, öffne dann die Augen und stelle fest: Wie wirkt der Raum jetzt auf dich? Ist dir der Raum vertrauter geworden? ...

Weiterführungen:

1. Nach dem Erkunden des Raumes stehenbleiben, Augen schließen, sich den Raum vorstellen mit den Fragen: Wovon habe ich genaue, ungenaue, gar keine Vorstellung?

Dann die Augen öffnen, zu dem Teil des Raumes gehen, von dem man eine ungenaue bzw. keine Vorstellung hat und feststellen, ob es einen Grund dafür gibt. Erinnert er mich an etwas? Ist er mir unangenehm? Warum?

2. Suche dir einen Platz, wo du dich wohlfühlst: Was brauchst du, um dich wohlzufühlen. (Licht, Schatten, Wand im Rücken, Blick aus dem Fenster, Nähe zur Tür...?)

RAUMERKUNDUNG IN BEWEGUNG

Geeignet für: Einzelne, Gruppen

Ausgangsposition: stehend im Raum

Setz dich in Bewegung, schlendere, spaziere durch den Raum.

Eile, renne, sei rastlos und gehetzt.

Wähle einen Ort im Raum als Ziel. Gehe nun zielstrebig darauf zu. Wenn du angekommen bist, wähle ein neues Ziel, gehe zielstrebig dorthin etc...

Bewege dich im Zeitlupentempo.

Gehe in einem mittleren Tempo und laß die verschiedenen Stadien nachklingen.

Ziel: Erleben einiger der alltäglichen Bewegungsweisen in unserem Lebensraum.

Fragen:

Was hast du erlebt?
Worauf war deine Wahrnehmung gerichtet?
Wie war jeweils die Beziehung zum Raum, zu anderen Gruppenmitgliedern?

GLIEDERUNG DES RAUMES

Geeignet für: Einzelne, Gruppen

Ausgangsposition: im Raum stehend mit einem Gegenstand

Wähle einen Ort im Raum und deponiere den Gegenstand dort.

Nähere dich ihm einige Male langsam an und geh jedes Mal an deinen Ausgangspunkt zurück. Geh dann zielstrebig zu ihm hin und wieder weg.

Lege den Gegenstand an einen anderen Ort und tue dasselbe.

Steuere nun den Gegenstand von verschiedenen Seiten her an.

Stell dich nun an verschiedene Orte des Raumes und überbrücke den Zwischenraum nur mit Blick und Aufmerksamkeit.

Fragen:

Was hast du erlebt?
Ist eine Beziehung von dir zu dem Gegenstand entstanden?
Was ist während des Tuns mit dir und deinem Raumgefühl geschehen?

Themenkreis: Strukturierung, Orientierung; innere Aneignung eines Gegenstandes; Beziehung zu einem Gegenstand im Raum macht den Raum vertraut.

GLIEDERUNG UND ANEIGNUNG DES RAUMES

Geeignet für: Gruppen

Ausgangsposition: stehend
Alle stehen in einer Ecke des leeren Raumes und sollen auf ein Kommando hin zusammen in den Raum ausschwärmen. Bei „stop" der Leiterin bleiben alle stehen und betrachten den nun bevölkerten Raum.

Mehrmals wiederholen und ausprobieren, wie man ausschwärmen will. Jede kann Ideen dazu äußern, die dann gemeinsam ausgeführt werden: rennen, sich drehend, mit großen Sprüngen, auf dem Bauch, rückwärts...

Bei der nachfolgenden Besprechung ist es gut, jeweils den Prozeß und das Ergebnis zu betrachten.

Variation: Man kann die Raumaneignung auch mit verschiedenen bekannten Formen gestalten:
Menschenschlange mit Anführerin; Polonaise; Spirale; als keilförmigen Vogelschwarm

RAUM GLIEDERN UND GESTALTEN (1)

Geeignet für: Einzelne, Gruppen

Ausgangssituation: Am Rande des Raumes liegt verschiedenes Material – Seile, Stöcke, Reifen, Decken...

Nehmt den freien, offenen Raum vor euch wahr.

Benutzt das Material, um ihn zu gliedern und unterschiedliche kleinere Räume zu gestalten (z.B.: Reifen können eine Rosette bilden, Stöcke können Teile des Raumes abtrennen, eine Stuhlreihe kann eine Bank bilden).

Begebt euch nacheinander in einen der unterschiedlichen Räume und laßt euch durch die dort entstandene Struktur und Atmosphäre zu Bewegungen animieren (z.B.: von Blütenblatt zu Blütenblatt der Rosette hüpfen, sich in der Mitte niederlassen, sich auf oder unter der Stuhlbank ausstrecken bzw. verstecken...).

I. DIMENSIONEN DER LEIBLICHKEIT

RAUM GLIEDERN UND GESTALTEN (2)

Geeignet für: Gruppen

Ausgangssituation: Am Rande des Raumes liegen bewegliche Materialien – Bälle, Seile, Tücher, Reifen...

Gebraucht die Materialien und durchmeßt mit ihnen den Raum. Jedes Material eignet sich dazu auf seine Weise:

Ball	hochspringen lassen, den Raum durchrollen, die Wand als Widerstand nehmen.
Seile	(2,50 m Springseile) durch den Raum schwingen, sich schlängeln lassen.
Tücher	flattern lassen, mit ihnen durch den Raum rennen, mit den anderen den Raum in verschiedenen Höhenebenen lebendig durchgliedern.

Ziel: Wahrnehmen und Erleben der Grenzen des Raumes sowie des ungegliederten Innenraumes, der gestaltet werden kann. In Korrespondenz mit einem Medium kreativ in der Bewegung gestalten (s. auch S. 351).

ICH IM RAUM

Geeignet für: Einzelne, Gruppen

Ausgangsposition: am Rande des Raumes stehend

Schau dir den Raum an und nimm wahr, wie er strukturiert ist: Ecken, Tür, Fenster...

Probiere verschiedene Plätze im Raum aus. Nimm dort auch verschiedene Haltungen ein und nimm wahr, wie du dich dort fühlst (z.B.: neben der Tür, in der Ecke, mit dem Gesicht zur Wand, aufrecht in der Mitte des Raumes, auf der Fensterbank sitzend, zusammengekauert unter einem Tisch, an eine Säule gelehnt...).

Fragen:

Welche Seiten in dir klingen an?
Welche Erinnerungen steigen auf?
Welche Wünsche werden wach?

Jede Räumlichkeit ist auch ein Lebensraum. So wahrgenommen aktualisiert sie im Leibgedächtnis eingeprägte Raumerfahrungen und als Antwort darauf entwickelte Verhaltensmuster.

So tauchen beim Besprechen einer solchen Erlebniseinheit vielfältige **Themen** auf:

Der Platz neben der Tür als Antwort auf Angst vor Menschen oder vor Neuem; die Angst oder Lust, sich in der Mitte des Raumes zu exponieren, gesehen zu werden; in der Ecke-Stehen als Strafe in der Kindheit; das Fenster als Fluchtpunkt des Blickes nach draußen etc.

Variationen:

Statt experimenteller Erlebniseinheiten (wie oben) können die Anweisungen natürlich auch zielgerichteter sein, etwa für ungeübtere TeilnehmerInnen oder dann, wenn man bestimmte Aspekte deutlicher herausarbeiten will.

Suche den Platz im Raum und die Haltung, die dir am liebsten ist, die dir am unangenehmsten ist.

Wo und wie möchtest du dich im Raum aufhalten, traust dich aber nicht?

Was hindert dich daran (z.B. Verbot: Stell dich nicht so in den Mittelpunkt)?

Probiere den gewünschten Platz aus und sieh, was geschieht.

Such dir einen sicheren Platz. Verlasse ihn dann und probiere, wie weit du dich entfernen kannst, ohne unsicher zu werden.

I. DIMENSIONEN DER LEIBLICHKEIT

PLATZ IM RAUM MIT DECKE

Geeignet für: Gruppen

Wähle dir einen Platz im Raum.

Nimm dir eine Decke und lasse dich auf deinem gewählten Platz nieder. Nimm dir so viel Raum auf diesem Platz, wie es für dich stimmt.

Anschließende *Fragen:*

Wieviel Raum hast du dir mit deiner Decke, mit deinem Leib genommen?

War die Decke ganz ausgebreitet, zusammengefaltet?

Konntest, wolltest du dich ausbreiten, ausstrecken, lagst du gekrümmt, eingerollt, auf der Seite, dem Bauch, dem Rücken?

Was sagt der Platz, die Decke, die Haltung über dich aus?

Wie ist das Verhältnis von dem großen Raum zu dem Raum, den du dir gewählt hast?

LANDSCHAFT ALS LEBENSRAUM

Geeignet für: Gruppen

Ort: am besten draußen

Die Teilnehmer wählen sich einen Standort mit Blick in die Landschaft (möglichst nach einem Spaziergang im Schweigen).

Schließt die Augen, öffnet die Nase und nehmt den Duft, den Geruch der Natur um euch herum auf.

Horcht nun mit großen Ohren auf alle Geräusche und Töne, die diese Landschaft füllen.

Öffnet die Augen und laßt das Bild dieser Landschaft in euch hinein.

Wie fühlst du dich in dieser Landschaft?

Ist sie dir vertraut oder fremd?

Ist sie das, was du „deinen Lebensraum" nennen würdest?

Wenn dies nicht so ist, schließ die Augen und laß „deinen" landschaftlichen Lebensraum vor deinem inneren Auge auftauchen.

Fahre mit Händen, Armen und eventuell einer Schwingung deines Leibes die Linien, Konturen, Bewegungen in dieser deiner (innerlich vorgestellten oder außen sichtbaren) Landschaft nach und erspüre sie in dir.

Werde dir bewußt, was dir daran gut tut.

I. DIMENSIONEN DER LEIBLICHKEIT

4. Leib in der Zeit

Im Gegensatz zum Raum ist die Zeit immer in Bewegung: sie strömt, sie fließt, sie verstreicht, sie verrinnt und dies fortwährend und kontinuierlich. Nichts kann sie anhalten. Wir können sie nicht beeinflussen, ja unsere Phantasie reicht nicht einmal aus, um sie uns vorzustellen in der Dauer einer Menschheitsepoche oder in der Geschwindigkeit des Lichts.

Wir erleben die Zeit als Strom, als Lebensstrom. Wie bei einem Fluß ist das Wasser eine ungeteilte Masse und doch können sich lauter einzelne Tropfen herauslösen, ihr eigenes Leben führen und sich später wieder mit dem übrigen Wasser vereinen. So löst sich auch das individuelle Leben, die Lebensspanne eines Menschen, aus dem allgemeinen Lebensstrom und taucht am Lebensende wieder in ihn ein. Anfang und Ende eines Menschenlebens sind (relativ) deutlich markiert. Das Davor und das Danach ist nur unserem erspürenden Ahnen zugänglich.

In dem Augenblick, in dem ein Mensch „auftaucht" aus dem Strom des Lebens, beginnt seine individuelle Geschichte. Er steht in seinem Zeit-Raum, der ihm gegeben ist als Gabe und als Aufgabe (**Kontinuum**).

Für jeden Menschen bildet sich ein individuelles, zu verschiedenen Zeiten unterschiedliches Erleben von Zeit heraus: ein Zeitraum, der dem einen Menschen lang erscheint, mag für einen anderen ganz kurz wirken. Zu einem Zeitpunkt scheint die Zeit zu rennen, zu einem anderen stillzustehen, abhängig von dem subjektiven Lebensgefühl. Zeitgefühl und Lebensgefühl sind also gekoppelt. Zeit ist also relative, persönliche (an die Person gebundene) Zeit, die allerdings von der „sozialen Zeit" des Kulturkreises imprägniert ist.

Zeit ist nicht greifbar. Wir können die verfließende Zeit überhaupt nur wahrnehmen, weil wir Unterschiede, Zeitpunkte, Abläufe, Anfänge und Enden, zeitliche Entwicklungen wahrnehmen können und nicht zuletzt Rhythmen, die uns die Zeit gliedern.

Sie durchziehen den Kosmos, die Natur und mit ihr auch den Menschen. Die kosmischen Rhythmen werden durch die Wissenschaft immer tiefer ergründet: alle Teilchen sind in Bewegung, alles Leben ist Welle, Schwingung, und jede Schwingung hat ihren Rhythmus. Dies gilt im kleinen: die subatomaren Teilchen in einem „leblosen" Stein haben ihren Schwingungsrhythmus, und es gilt im großen: das Kreisen der Planeten hat einen eigenen Rhythmus, und das Konzert der Planetenrhythmen ist sozusagen die Hintergrundsmusik zu unseren irdischen und persönlichen Rhythmen (vgl. *J.E. Berendt*, „Die Welt ist Klang").

Was sind das für Rhythmen? Es sind zyklische Rhythmen, die sich in Phasen gliedern wie beispielsweise der Ablauf eines Jahres. Diese zyklische Wiederholung von Frühling, Sommer, Herbst und Winter ist in ihrem Vollzug aber gleichzeitig spiralig, diskontinuierlich kontinuierlich, denn kein Jahr gleicht dem anderen, obwohl es dieselben Phasen durchläuft. Auch unser Leben kennt diese Phasen von Innehalten, Ruhen, Kräftesammeln des Winters, den Aufbruch, die Öffnung, das Wachstum des Frühjahrs, das Blühen und Befruchten des Sommers, das Reifen des Herbstes. Dieser Zyklus wiederholt sich mehrfach in den Lebensphasen des Menschen, aber auch das ganze Leben selbst läßt sich als eine solche spiralige Entwicklung vom Frühling bis zum Winter beschreiben. Als Unterteilung des Jahresrhythmus haben wir den Wochen- und den Monatsrhythmus, orientiert an dem „wachsenden" und dem „abnehmenden" Mond, dessen wechselnde Kräfte großen Einfluß auf das Wasser unserer Erde haben, auf die Gezeiten, damit auf das Laichverhalten von an den Küsten lebenden Meerestieren, auf das Wachstum der Pflanzen, auf den Fruchtbarkeitszyklus der Frauen, auf den Zeitpunkt von Geborenwerden und Sterben.

Zudem wird unser Leben gegliedert durch Zweier-Rhythmen: Nacht und Tag entstehen dadurch, daß die Erde die Sonne umkreist und jeweils einen Teil ins Licht hält. Damit geht unser Wechsel von Wachen und Schlafen, Aktivität und Ruhe, Anspannung und Entspannung einher. Dieser Wechsel ist grundlegend für unsere menschliche Konstitution, ebenso wie die beiden Zweierrhythmen in unserem Leib: der Herzschlag mit Systole – Diastole, der Atem mit Ein- und Ausatem. (Den Atem kann man auch als Dreierrhythmus definieren: einatmen – ausatmen – Pause). Der Atem ist die Verbindung zwischen Außen und Innen. Der Sauerstoff, der von Pflanzen aller Art im Sonnenlicht her-

I. DIMENSIONEN DER LEIBLICHKEIT

gestellt wird, strömt uns im Einatem zu: in der „inneren Atmung", der Blutzirkulation hat er mit seinem unermüdlichen Rhythmus, seiner pulsierenden Tätigkeit, eine zentrale Stellung. Ohne seine Aktivität gäbe es keine Durchblutung des Gehirns und somit keine Bewußtheit. Die Gehirntätigkeit selbst vollzieht sich auch in ständigen feinen Rhythmen, die wir als Wellenbewegungen aus dem EEG kennen. Bei Nacht, in den Ruhephasen, produziert das Gehirn andere Wellen als bei Tag und im Tiefschlaf andere als in einer aktiven Traumphase.

Das bewegte, rhythmische Geschehen im Menschen ist damit noch längst nicht beschrieben. Die Peristaltik der Verdauungsorgane, ein ständiges Anspannen und Lösen, das sich in einer Wellenbewegung durch die Därme fortsetzt, sei hier noch genannt. Sie dient der Ernährung und der Ausscheidung der Schlacken. Pausenlos wird Erhaltungs- und Erneuerungsarbeit im Organismus geleistet.

Geregelt ungeregelte, nichtlineare Rhythmen durchziehen, tragen und gestalten unser Leben, die sich eher mit chaostheoretischen Begriffen als mit klassisch harmonikalen fassen lassen. Ohne sie gäbe es kein Leben. Sie sind ein Kunstgriff der Natur, um bewegtes Leben in einer umgrenzten Form möglich zu machen. Würde z.B. eine Fließbewegung immer weiter fließen, so würde der Organismus ausfließen. Würde eine Anspannung immer weiter gehen, so wäre eine Verklumpung und Bewegungslosigkeit die Folge. Erst der Wechsel von Spannung und Lösung, von Fließen und Stauen, von Richtungsumkehrungen erhält die Form und die Bewegung. Gegensätzliche Kräfte werden also zugelassen und in einem fließenden Gleichgewicht, einer „unausgewogenen Balanciertheit" gehalten. Und somit ist die „mannigfaltige Eu-rhythmie", der „vielfältige gute Rhythmus", der nicht wie in Bewegungslehre und -therapie der Anthroposophen harmonistisch gesehen wird, sondern als „geordnete Ungeordnetheit", als „dissipative Strukturiertheit", eine wichtige Grundlage unserer Gesundheit.

Wenn wir uns also in der INTEGRATIVEN BEWEGUNGS- UND LEIBTHERAPIE mit Zeit, Zeitgliederung und Rhythmus befassen, leisten wir wiederum Basisarbeit. Im Erleben und in der Bewußtwerdung der grundlegenden natürlichen Rhythmen im eigenen Organismus und in der großen Natur können wir lernen, diese anzuerkennen als wichtige Träger unseres Lebens und in ihnen erleben, daß wir in einer guten, verläßlichen Ordnung stehen. Grundvertrauen kann sich hier stabilisieren, vorausgesetzt, daß die naturgegebenen Rhythmen im Laufe des Lebens nicht schon massiv verformt und gestört sind. Der zunächst verläßliche, fast regelmäßig erscheinende Atemrhythmus kann durch Ängste unregelmäßig geworden oder durch erstickende Asthmaanfälle selbst zur Quelle von Angst geworden sein. Die Eutonie, der mobile Spannungsausgleich in den Muskeln, kann verlorengegangen sein, so daß z.B. der eine Mensch seine nervöse Überspannung, der andere seine depressive Unterspannung nicht mehr regulieren kann. Dann kann vorsichtig, aber gezielt Aufbauarbeit geleistet werden, in diesen Fällen z.B. Atemarbeit und Spannungsregulierung über die „Progressive Relaxation" nach *Jacobsen* oder die „Relaxative Organgymnastik" nach *Petzold* und *Berger* (siehe S. 258).

Die Zeitgliederungen, die Rhythmen des Leibes wirken sich in allen Bereichen des Lebens aus. Die, die unserem Bewußtsein zugänglich sind, bieten uns die Möglichkeit, sie in einem gewissen Maße bewußt zu verändern und mitzugestalten. Unbewußt geschieht diese Mitgestaltung unser Leben lang, sogar so sehr, daß z.B. das Bild unseres Atems im Respirogramm darüber Auskunft geben kann, wie der Austausch zwischen der Außenwelt und der eigenen Innenwelt sich im Laufe des Lebens geformt hat und wie es mit Hineinnehmen und Loslassen, mit Gejagtsein und Ruhepausen etc. im Leben steht (siehe S. 128).

Es ist möglich, die unbewußte Mitgestaltung der eigenen Rhythmen zu erkunden: Wie verändert sich meine Atmung, wenn ich Angst habe? Welche Rhythmen und Zyklen sprechen bei mir bei Druck und Streß an? Wie verändern sie sich? Darüber hinaus ist es möglich, mit Veränderungen zu experimentieren oder mit Lassen und Ge-lassen-heit schädlichen Überformungen zu erlauben, sich aufzulösen, damit die Eigenrhythmen, die eigene Zeit, sich wieder einstellen können.

I. DIMENSIONEN DER LEIBLICHKEIT

RUHE

Geeignet für: Einzelne, Gruppen

Ausgangsposition: liegend, sitzend oder stehend im Raum

Schließe die Augen und werde still.
Erlaube dir, nichts zu tun, nichts zu müssen.

Du hast keine Aufgabe, kein Ziel.

Wie erlebst du Zeit?

Welche Qualität hat sie?

Wird sie gegliedert, wodurch, in welcher Weise...?

Variation oder Weiterführung: Wechsel zwischen einer Zeit mit heftigen Bewegungen (etwa tanzen oder schütteln) und einer Zeit des bewegungslosen Liegens oder Stehens.

Ruhe und Zeitverlauf bekommen einen anderen Charakter als im ersten Beispiel.

TEMPO

Geeignet für: Einzelne, Gruppen

Ausgangsposition: gehend im Raum

Laßt eine Bewegung entstehen in einer euch angemessenen Geschwindigkeit. Es mag „nur" ein einfaches Gehen sein, oder eine Bewegung, die den ganzen Körper mit einbezieht.

Verändert nun die Dynamik, d.h. laßt die Bewegung allmählich immer schneller werden bis zum äußersten Extrem – laßt sie wieder langsamer werden ...und immer langsamer, bis sie zu einer Zeitlupenbewegung wird (eventuell wiederholen).

Wechselt nun ohne langsamen Übergang zwischen Zeitlupe, mittlerer und schneller Bewegung.

Wie erlebst du Zeit?

Hat sich dein Zeitempfinden geändert?

Wie erlebst du den Zeitrhythmus?

Welches Tempo ist dir angenehm?

Wie hast du den Tempowechsel erlebt?

Themenkreis: Zeitlupe – Gewahrsein des Augenblicks, Präsenz; Schnellebigkeit, Hetze, Getriebensein, Sehnsucht nach Ruhe, eigenes Lebenstempo...

RHYTHMUS, VORGEGEBEN

Geeignet für: Einzelne, Gruppen

Ausgangssituation: ein Trommler, der verschiedene Rhythmen spielt, oder speziell zusammengestellte Cassettenmusik

Ausgangsposition: Die TeilnehmerInnen liegen, sitzen oder stehen, und die Musik mit einem bestimmten Rhytmus füllt den Raum.

Laß den Rhythmus in dich hinein, ohne dich zu bewegen. Sei aufmerksam, wo und wie der Rhythmus deinen Körper trifft.

Laß zu, daß der Rhythmus dich in Bewegung bringt. Wenn eine Bewegungssequenz entsteht, wiederhole sie mehrmals und beobachte, wie sie durch den Rhythmus strukturiert wird.

Auf diese Weise können verschiedene Rhythmus- und Musiktypen angespielt und erlebbar gemacht werden. Als Kontrast zu klaren Rhythmen kann man auch Musikstücke ohne festen Takt einfügen. Wie wird Zeit dann von den TeilnehmerInnen erlebt?

RHYTHMUS, SELBST ERZEUGT

Rhythmus kann auf vielerlei Weise auch von den TeilnehmerInnen selbst hergestellt werden:

Klatschen in die Hände und auf Körperteile;

Töne erzeugen mit allerlei „Instrumenten" im Raum, wie Löffel, Flaschen, klopfen auf Stuhlbeine;

Mit der Stimme Laute, Geräusche erzeugen;

In der Bewegung stampfen, klatschen, schnalzen...

I. DIMENSIONEN DER LEIBLICHKEIT

Hier sind die TeilnehmerInnen selbst an der Reihe, aktiv zu strukturieren und verschiedene Zeitabläufe „herzustellen": zerstückelte, fließende, tropfende, rollende ... Zeit.

ATEM, HERZSCHLAG, PULS

Der Atem ist für uns wohl die spürbarste leibliche Zeitstruktur im kleinen. Mit seinem Ein und Aus ist er regelmäßig, verläßlich, immer wiederkehrend.

In der Entwicklung des Kindes liegt vor dem eigenen Atemrhythmus noch der Rhythmus des mütterlichen Atems und ihres Herzschlages. Er ist tief in das Leibgedächtnis eingegraben und ist zweifellos eine wichtige Struktur unseres Grundvertrauens.

Beide beziehen sich nicht nur auf die Zeit, sondern auch auf den Raum: Herzschlag ist Pulsation, die Atembewegung ebenso.

Um das Vertrauen in diese unmittelbare Lebensäußerung des Leibselbst zu verstärken, um sich der eigenen „Natur" zu versichern und sich mit ihr zu verbünden, ist der beobachtende Mitvollzug des Herzschlages und des Atemrhythmus ein wichtiger Zugang.

Etwa so:

GruppenteilnehmerInnen tun sich paarweise zusammen. Abwechselnd beobachten sie aneinander in verschiedenen Haltungen die Atembewegung. Zunächst nur mit den Augen, dann auch mit den Händen, die auf den Rücken, den Bauch, die Flanken aufgelegt werden.

Dann versuchen sie jeweils bei der anderen den Pulsschlag zu erspüren, erst am Handgelenk, dann an der Halsschlagader oder an den Schläfen.

Danach ertasten und erspüren sie Atem und Puls bei sich selbst. Wie wird dies erlebt?

Eine mögliche Weiterführung (stabilisierend):

Ausgangsposition: sitzend oder liegend, einzeln

Erspüre deinen Puls.

Stell dir vor, wie bei jedem Herzschlag das Blut durch deine Adern gepreßt wird und dich mit Sauerstoff und Nährstoffen versorgt.

Begleite den Puls jeweils mit einem Ton.

Überlaß dich für eine Weile ganz diesem nährenden, rhythmischen Geschehen.

ATEM UND BEWEGUNG

Ähnlich kann man sich in vielen Variationen der Beobachtung des Atems überlassen. Verstärkt wird die Wirkung, wenn man den Atemrhythmus in eine Bewegung (sich öffnen und schließen, S. 189) übernimmt und wenn man sich dann ganz dieser Atembewegung, diesem „Bewegungsatmen" überläßt, so daß man zu einem atmenden Rhythmus wird.

Finde eine Bewegung und mache diese im Atemrhythmus (entweder 2er-Rhythmus: ein und aus, oder 3-er-Rhythmus: ein – aus – Pause).

Mache dann die Bewegung schneller bzw. langsamer, so daß Bewegung und Atem entkoppelt sind. Beobachte, was das in dir verändert.

Kehre zum Schluß wieder zurück zur anfänglichen Atembewegung.

Bei Menschen mit schweren Störungen in der Beziehung zu ihrem Körper und seinen Funktionen, sind diese „Übungen" mit großer Vorsicht einzusetzen. Sie müssen eher mit strukturierten Rhythmen von außen an sich selbst und ihre eigenen Rhythmen herangeführt werden.

LUNGENFLÜGEL – FLÜGELSCHLAG

Geeignet für: Einzelne, Gruppen

Ausgangsposition: stehend

Die Hände werden auf Brust, Bauch und Flanken gelegt, um den eigenen Atemrhythmus wahrzunehmen.

I. DIMENSIONEN DER LEIBLICHKEIT

Dann wird der Atem bewußt vertieft, wobei man sich vorstellt, daß die Lungenflügel sich seitwärts weiten. In der Atempause liegen die Hände dabei auf dem Bauch, und während des Einatmens bewegen die Ellbogen sich seitwärts vom Körper weg in der Verlängerung der Lungenflügel.

Schließlich lösen sich die Hände vom Bauch, die Arme werden seitwärts geführt, und man stellt sich vor, die Arme wären Vogelschwingen und diese bewegen sich nun synchron mit dem Atem. Man stellt sich vor, man sei ein großer Vogel (z.B. ein Reiher), der mit langsamen, ruhigen Flügelschlägen über einer freundlichen Landschaft dahinfliegt.

Meist entsteht hierbei eine tiefe Beruhigung durch das Bild der großen Schwingen und die Synchronizität von Bewegung und Atem.

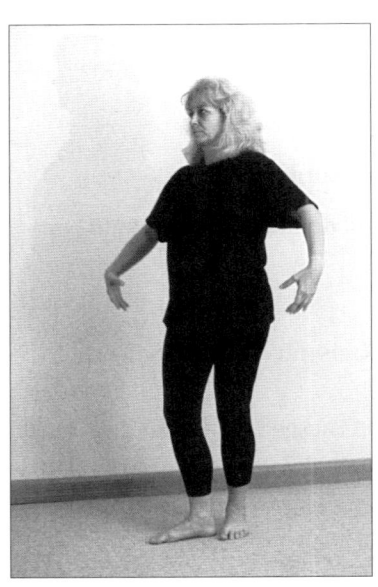

Persönlicher Rhythmus

Geeignet für: Gruppen

Den ganzen Körper beklopfen und begreifen und so „bei sich selbst ankommen".

Lege deine Hände vors Gesicht wie schützende Blütenblätter und laß dich im Winde wiegen wie eine Knospe.

Dein Atem schwingt gemeinsam mit dem Wiegerhythmus. Nimm nun deinen Namen hinzu (Vorname oder Vor- und Nachnamen) und bringe ihn in diesen Rhythmus hinein. Vielleicht werden sich Atem und Bewegung durch den Rhythmus des Namens ändern. Experimentiere so lange, bis Atem, Name und Wiegerhythmus eins sind. Bleibe eine Weile darin.

Nun bringe im Stehen den Namensrhythmus in die Füße und stampfe ihn.

Gehe nun durch den Raum, tritt auf (auf den Boden und vor anderen) mit deinem Namen und deinem Rhythmus. Erlebe dich dabei. Experimentiere mit verschiedenen Arten des Auftretens.

Wie fühlst du dich dabei?

Welche(n) Namen hast du gewählt (Vornamen, Kosenamen)?

Kannst du dich mit deinem Namen identifizieren?

Ist dein Name zu einem Rhythmus geworden?

Wie trittst du mit deinem Namen und deinem Rhythmus auf?

Variation:
Namen in Bewegung umsetzen im Kreis mit anderen (S. 372).

Wie in der Einleitung zu diesem Kapitel ausgeführt, ist der Zeit-Raum, in dem wir leben, durch wesentlich mehr Rhythmen gegliedert als hier gezeigt. Die hier beschriebenen Beispiele geben nur eine Anregung, wie man mit diesem Thema vorgehen kann.

Wer sich tiefergehender mit der Thematik von Zeit und Rhythmus beschäftigen möchte, findet bei der Atemtherapie (*Middendorf, Schaarschuch*), bei der Tanztherapie (*Willke, Schoop, Haselbach*) und bei der Musiktherapie (*Loos, Hagemann-Frohne*) ein reiches Anregungsfeld.

5. Der Leib als „eingefleischte" Geschichte

Jeder Mensch ist einmalig. Er hat ein eigenes Gesicht und nicht nur das: er hat eine eigene Gestalt, eine unverkennbare Haltung. Am Ton der Stimme, am Klang der Schritte ist er identifizierbar. Und doch heißt dies nicht, daß er vor 15 Jahren schon dieser war oder in 15 Jahren derselbe sein wird. Im Gegenteil: das Leben als Prozeß prägt, verändert und läßt keinen Stillstand zu. Das Heute ist morgen schon Geschichte. Der Mensch erlebt nicht nur Geschichte, sondern ist durch sie geprägt und geformt. Sie hat ihre Spuren hinterlassen, wie Falten im Gesicht, und hat sich in sein ganzes Wesen eingegraben, „eingefleischt".

Kaum erblickt er als Individuum das Licht der Welt, ausgestattet mit gewissen Grundmustern und Entwicklungsmöglichkeiten, so wird er schon zum Faktor in seinem System Familie („der heißersehnte Sohn", „der Kindergeldempfänger" etc.) und im größeren System Staat (der potentielle Soldat, der Verdiener von Rentengeldern für die Pensionskasse etc.). Er wird Teil der Systeme und ihrer Dynamiken. Es gibt kein Entrinnen. Vom ersten Tage an wird er vielfältig verflochten, verknüpft, eingebunden. Die ihn umgebende Zivilisation und Kultur mit ihren Werten setzt sich um in Erziehungsmaßnahmen, in Interaktionsformen der Eltern, in häusliche Atmosphären, in ökonomische Verhältnisse. So wird der Mensch von Geburt an über Elternhaus, Schule, Berufswelt und herrschende Werte bis zu seinem Tode mitgeformt durch die Gesellschaft, die Weltverhältnisse (**Mikro, Meso-, Makro-, Megastrukturen**). Formung von außen und Gestaltung von innen ergeben in einem subtilen Wechsel- und Zusammenspiel den Werdungsprozeß eines Menschen.

An jedem Zeitpunkt seines Lebens kann der Mensch innehalten und sich als Gestalt, als Form, als Ausdruck und momentanes Ergebnis seines Werdungsprozesses betrachten. Und er kann von anderen als solches gesehen werden. Ausgehend von der Auffassung der innigen Verschränkung aller Aspekte und Ebenen der Person und ihres Kontextes, kann man sagen, daß der Mensch – in dem, was er ist und wie er ist – seine Geschichte spiegelt, daß er nicht nur eine Geschichte *hat*, sondern geradezu seine Geschichte verkörpert, seine Geschichte *ist*. Sein Leib, sein Wesen, seine Ausstrahlung, alles kann Auskunft geben über die Aspekte gelebten und ungelebten Lebens, über die Daseinsverwurzelung, den Stand in der Gegenwart und die Zukunftszugewandtheit.

Oberflächlich kann man „Körpersprache" vielleicht lesen (z.B. ein verkniffener Mund, ein gesenkter Kopf, fahrige Bewegungen). Aber es gilt, darüber hinaus tiefer vorzudringen und die Sprache des Leibes lesen zu lernen, einmal in ihrer *Gesamtheit* und zum anderen im *Detail* bis hinunter zu ihrer organismischen Basis: Atemmuster, Muskelspannung, Haltung der Wirbelsäule, Integration der Gliedmaßen in das Ganze, Reaktionen des Magen-Darmtraktes, Blutdruck, Hormonzyklus, Abwehrkräfte... Alles dies, was so häufig als naturgegeben angesehen wird, ist mitgeformt durch eigene Geschichte. Eine überängstliche oder eine erdrückende Mutter kann einem nicht sehr vitalen Kind die Luft nehmen. Und wenn es diesem nicht gelingt, sich später aktiv und aggressiv zu befreien, sondern sich im Zwang der Wiederholung eine ähnliche Partnerin sucht, wird sein Atemmuster diese Geschichte spiegeln. Die Patienten der psychosomatischen Kliniken haben Krankengeschichten dieser Art, in denen häufig die zugrundeliegenden Konfliktkonstellationen nicht mehr lesbar sind. Der Leib ist nur zum Teil ein offenes Buch, zu einfallsreich ist unser Repertoire an Verschiebungen, Verschlüsselungen, Verschüttungen, Verdrängungen und Verdunkelungen. Die Sprache eines Kindes, die einstmals deutlich und hörbar war, nämlich ein Suchen und Schreien nach Stillung und Zuwendung, kann sich beim Erwachsenen in rastlose sexuelle Begegnungen verwandeln, die aber nie die Qualität einer echten Beziehung erreichen und deren tieferer Grund dem Akteur unbekannt bleibt.

Von Anfang an wird der Mensch geformt, zuweilen verformt. Die zarten Ansätze seiner Entfaltung wurden geweckt, gefördert oder auch gefordert und überfordert. Einige vom familiären oder gesellschaftlichen Umfeld geschätzten Aspekte mögen sich gut entwickelt, ja überentwickelt haben. Andere wurden abgelehnt oder verboten und sind abgedrängt worden, verloren gegangen. Ungleichgewichtige Konstellationen sind entstanden, die krankhaften Entwicklungen Vorschub leisten. Erst intuitiv und später auch bewußt geht der Mensch im Laufe seines Lebens kreativ mit den Einflüssen seines Umfeldes um, befreit

I. DIMENSIONEN DER LEIBLICHKEIT

sich, schafft sich seine Nischen, paßt sich an, rebelliert, leistet, verweigert, experimentiert. Und dies alles geschieht in dem Gesamtsystem der verwobenen Textur von Organismischem, Emotionalem, Geistigem und Sozialem.

Wenn wir im therapeutischen Prozeß innehalten, gilt es also auch die Gesamtheit zu betrachten und zu beschreiben und die uralte Frage zu stellen: „Wer bin ich?" Um diese Frage nicht abstrahierend philosophisch zu beantworten, sondern leibphilosophisch, stellen wir die Frage: „Wie bin ich?" zuerst. Diese Frage bezieht sich auf das Jetzt: „Wie bin ich jetzt?", umschließt aber auch die Geschichte: „Wie bin ich geworden?", „Wie habe ich mich entwickelt?" und die Zukunft: „Wie werde ich sein?"

In dieser Selbstbegegnung gehen wir von dem Sichtbaren aus, von dem *Offen-Sichtlichen*: Mimik, Gestik, Haltung, Verhältnisse der Gliedmaßen zueinander, vom Stehen, vom Gehen, von der Atmung, der Spannung, dem Einsatz von Kraft, von einfacher Bewegung im Raum. Wenn man über dieses Offensichtliche mit sich selbst in Kontakt kommt, werden unweigerlich *Zusammenhänge* deutlich zwischen innen und außen und zwischen verschiedenen Ebenen: Etwas nimmt mir den Atem, etwas zieht mir den Boden unter den Füßen weg, ich suche Rückendeckung... Schon sind Emotionen, Affekte, Wünsche nicht mehr vom leiblichen, sichtbaren Phänomen zu trennen. Ebenso unweigerlich führt der Weg zu *Mustern*, d.h. *Strukturen* auf allen Ebenen: die leise Stimme, die sich nicht durchsetzt, aber den anderen zwingt, sehr genau hinzuhören, die unwillkürliche Verspannung im Kreuz immer, wenn Leistung gezeigt werden soll. Immer wieder praktiziertes Verhalten wird langsam zu einem Muster, einem Atemmuster, einem Beziehungsmuster, einem Emotionsmuster, einem Gedankenmuster. Und aus diesen Mustern weben sich *Lebensmuster* und *Lebensstile* (**Stil**).

Sind die Muster erkannt, so wird es möglich zu fragen, wie sie entstanden sind. Man tritt ein in die *Geschichte des Gewordenseins*, fragt nach dem Kontext, der Lebenswelt, in der sich die Muster und Strukturen entwickelt haben. Man fragt nach der Sprache, nach der Aussage, die darin verborgen ist, und nach dem Sinn, den sie in dem Kontext hatten und eventuell noch haben.

Über die individuelle Geschichte hinaus begegnen wir in dieser Arbeit der Geschichte allen Lebens: geboren werden, sich entfalten, Individuum werden, reifen, altern und sterben.

Die Bewußtwerdungsarbeit, die in diesem Kapitel beschrieben wird, versucht über das *Wahrnehmen und Erfassen offensichtlicher Phänomene vom Lebensaugenblick zur Lebensgeschichte und zum Lebensentwurf vorzudringen, vom einzelnen Teil zum Zusammenhang, von den Phänomenen zu den Strukturen, zu den Entwürfen, von einer Perspektive zum umfassenden Blick* (**Strukturen**).

Für dieses hochgesteckte Ziel ist eine Methodenvielfalt nötig. Leib- und Bewegungsarbeit und kreative Vorgehensweisen paaren sich. Techniken wie die Arbeit mit Imagination, mit gemalten Leibbildern, aus Ton geformten Leibskulpturen und die Panoramatechnik werden vorgestellt. Schließlich auch das „Quergehen" durch verschiedene Medien (**intermediale Quergänge**). Die vielfältige Stimulierung erreicht eine hohe Aktivierung des Leibgedächtnisses, so daß ein breites und vieldimensionales Bild des eigenen Lebens aufscheinen kann. Lebensgeschichtliche Zusammenhänge können begriffen, verstanden, erklärt werden. Somit werden in dieser umfassenden Selbstbegegnung Möglichkeiten geschaffen, herauszutreten aus einer *Haben*-Beziehung zum Leben („Ich habe eine Geschichte") in eine *Seins*-Beziehung („Ich bin meine Geschichte"). Gleichzeitig geht mit dem Begreifen und Verstehen die Möglichkeit einher, daß der Blick sich verändert, daß aus dem Kontinuum heraus die Einzelteile eine andere Bedeutung bekommen, daß das Ganze anders gedeutet wird, der Sinn und der Wert anders gesehen und erlebt werden. Die Frage „Wer bin ich?" kann für diesen Zeitpunkt des Lebens eine Antwort bekommen.

Ziel dieser Arbeit ist darüber hinaus, daß das eigene Leben angenommen werden kann in seiner Schönheit, Vielfalt und Buntheit, aber auch in seiner Verletztheit und Unvollkommenheit, so daß aus der Annahme die Voraussetzung für eine Aussöhnung und vielleicht eine Versöhnung wachsen kann. Und je mehr Aussöhnung oder auch Versöhnung mit der Vergangenheit besteht, desto freier wird der Weg in die Mitgestaltung der Zukunft.

I. DIMENSIONEN DER LEIBLICHKEIT

Wir gliedern dieses Kapitel folgendermaßen:

1. Sprachliche Hinführung zum Leibe
2. Leibregionen und -funktionen als Ausdruck der Geschichte und der Erstreckung in die Zukunft
3. Der Mensch im Symbol
4. „Eingefleischte" Geschichte in der Gesamtschau und in Lebensabschnitten – Lebenspanorama

5.1. Sprachliche Hinführung zum Leib

REDEWENDUNGEN

Gruppenarbeit:

Die Gruppe teilt sich in mehrere Kleingruppen auf.

Jede Kleingruppe sucht Redewendungen aus dem Sprachgebrauch, die gleichzeitig mehrere Ebenen des Leibes ansprechen.

Jede Kleingruppe stellt ihre gefundenen Begriffe oder Sätze ohne Worte in Bewegung dar, die anderen raten, was dargestellt wird.

Beispiele:

Jeder hat sein Kreuz zu tragen.

Etwas fällt mir in den Schoß.

Den Kopf verlieren.

Etwas ist mir auf den Magen geschlagen.

Mir schlägt das Herz höher.

Ich habe es mit Hängen und Würgen geschafft.

Mir kommt die Galle hoch.

Mein Blick ist getrübt.

Einzelarbeit:

Suche eine Redewendung aus, die etwas mit dir zu tun hat (z B.: „Ich habe mein Kreuz zu tragen.").

Laß diesen Satz auf dich wirken. Laß Bilder in dir entstehen. Erspüre, wie der Satz in deinem Leben und in deinem Leib Gestalt gewonnen hat und drücke dies in Mimik, Gestik, Haltung und Bewegung aus.

Weiterführung (erlebnisorientiert): Die Phänomene im Leib werden erforscht und weiterentwickelt (z.B. Starre auflösen). Es können Möglichkeiten gesucht werden, die Haltungen zu verändern (z.B. das Kreuz abwerfen, jemand anderen stützen oder mittragen lassen). Übergänge zwischen alter und neuer, erwünschter Haltung können geübt werden (z.B. verhärteter Rücken richtet sich in Zeitlupe immer wieder auf).

Weiterführung (konfliktorientiert): Erinnerungen vertiefen (Was löst der Satz bei dir aus? Woher, von wem kommt er?), Haltung und Bewegung intensivieren, verstärken und dynamisieren lassen, bis Bilder oder Worte nach oben kommen...

EIGENSCHAFTSWÖRTER

Ebenso beinhaltet unsere Sprache zahlreiche Eigenschaftswörter, die körperlich-seelischen Ausdruck verdeutlichen bzw. etwas über die Persönlichkeit eines Menschen aussagen: halsstarrig, herzlos, standfest, blindwütig, handfest, hochnäsig, unterwürfig, ein aufrechter, geradliniger Mensch.

Hier nun drei *Beispiele,* wie man mit diesen Eigenschaftswörtern arbeiten kann:

1. Man kann gemeinsam solche Wörter suchen. Danach wird jeweils eines vorgegeben. Jede übernimmt dieses Wort in ihren Leib, experimentiert damit, drückt es aus, erspürt sich.

2. Manche Wörter (wie hochnäsig und unterwürfig) kann man in einer Haltung ausdrücken. Es sollen Paare gebildet werden, von denen die eine die andere im Sinne des Wortes skulpturiert. Jene kann sich als Skulptur erspüren mit den Möglichkeiten und Einschränkungen, die diese Haltung in sich birgt. (Wer hochnäsig ist, kann jemand anderem nicht in die Augen schauen...)

I. DIMENSIONEN DER LEIBLICHKEIT

3. Jede Teilnehmerin soll Worte aussuchen, die etwas mit ihr zu tun haben (deren Qualität sie an sich selbst vielleicht tendentiell kennt, die sie besonders ärgerlich findet bei anderen...). Indem sie mit diesen experimentiert, konfrontiert sie sich mit Teilen (vorhandenen oder abgewehrten) von sich selbst.

Allgemeine Lebensthemen

Allgemeine Lebensthemen, die wiederum schon plastisch, leibbezogen in unserer Sprache vorhanden sind:

Nicht auf die Beine kommen;

Ein Stehaufmännchen sein;

Das Gefühl haben, nicht gesehen zu werden;

(K)einen eigenen Standpunkt haben;

Immer unter Druck und in Spannung sein;

Sich kleinmachen (lassen);

Zwischen den Stühlen sitzen.

Alle diese *Themen* kann man weiterführen voraus in die Zukunft oder zurück in die Geschichte.

1. Was für eine Geschichte hast du mit diesem Thema? Gehe in deinem Leben zurück. Wie war es im Elternhaus? Was hast du bewußt, unbewußt, verbal und atmosphärisch über dieses Thema gelernt, was hast du in dich hineingenommen?

Setze diese Geschichte in Bewegung um.

2. Mit all diesen Themen kann verändernd an der Haltung und Bewegung gearbeitet werden: „Keinen Standpunkt haben" = am Stand arbeiten; „Nicht auf die Beine kommen" = knien und krabbeln und immer wieder den Übergang zum Stehen üben...

3. Man kann sich in bezug zu dem Thema eine Wunschvorstellung für die Zukunft machen und dieses Wunschbild in Haltung und

Bewegung umsetzen, damit experimentieren und sich schließlich den anderen mit dieser neuen Haltung präsentieren.

„Eingefleischte" Strukturen

Ziel: Entdecken von entwickelten Verhaltensmustern

Geeignet für: Einzelne, Gruppen

Ausgangssituation: Die einzelne oder die Gruppe befindet sich in einer speziellen Situation (Neuanfang, Abschied). Die Frage ist: Wie verhalte ich mich in Situationen von Neuanfang bzw. Abschied? (Oder beim Anknüpfen von Beziehungen, in Niederlagen, bei Verlust oder Überforderung?...)

Geh im Raum umher.

Sei dir der Situation des Neuanfangs (= aktuelle Situation) bewußt. Wie gehst du in diese Situation hinein?

Finde deine eigene typische Geste oder Bewegung dazu.

Laß dich nieder, schließ die Augen.

Geh in Gedanken dahin zurück, wo die letzte ähnliche Situation war (Neubeginn in einer Arbeitsstelle, Umzug...).

Geh noch weiter zurück und laß alle wichtigen Neuanfänge deines Lebens vor dir auftauchen. Kannst du einen roten Faden, ein Muster finden?

Bring das Muster in Bewegung und vergleiche es mit der ersten Bewegung.

Weiterführungen:

1. Stelle dich den anderen mit dieser Bewegung vor.

2. Male ein Bild mit diesem typischen Grundmuster.

3. Einzelarbeit

I. DIMENSIONEN DER LEIBLICHKEIT

5.2. Leibregionen und -funktionen als Ausdruck der Lebensgeschichte und der Erstreckung in die Zukunft

HÄNDE *(BEISPIEL ALTENGRUPPE)*

Legen Sie Ihre Hände einmal vor sich auf den Tisch oder auf die Oberschenkel, in den Schoß, mit den Handflächen nach unten und betrachten Sie die Außenflächen Ihrer Hände, die Haut, die sich um Ihre Hände spannt, die Form der Hand, die einzelnen Finger, die Knochen, die durch die Haut deutlich werden.

Bewegen Sie vorsichtig einzelne Finger, die ganze Hand. Drehen Sie die Hände herum und betrachten Sie ebenso die Innenfläche: die Linien, die das Leben eingegraben hat, die Haut, wie sie im Laufe des Lebens geworden ist.

Lassen Sie Erinnerungen auftauchen: Was haben Sie mit Ihren Händen schaffen müssen? – geschaffen?

Wenn Sie möchten, lassen Sie Ihre Hände diese Tätigkeiten noch einmal ausführen (zufassen und hergeben, loslassen, streicheln, klopfen, klatschen, schreiben, stricken, nähen usw.).

Was davon können die Hände heute noch?

Ebenso lassen sich auch Gefühle ausdrücken: Zärtlichkeit, Wut, Angst, Kraft...

Wer will, kann dann in der Runde von den Erinnerungen, die auftauchten, erzählen.

Zum *Abschluß* kann ein Abdruck der Hände, entweder als Einzelbild oder Gruppenbild, hergestellt werden: die Hände werden in Fingerfarben getaucht und auf Papier gedrückt.

FÜSSE

In gleicher Weise kann mit den Füßen gearbeitet werden, mit dem *Thema:* Meine Füße – stehen im Leben und gehen durchs Leben, mein Weg, meine Standfestigkeit, mein Gleichgewicht...

Das Bild der Füße kann man herstellen, indem man die Umrisse

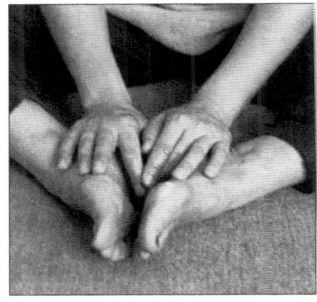

zeichnen läßt und diese dann mit Finger-, Wachsmal- oder Wasserfarben ausmalt.

Mögliche Weiterführung: Vorstellung der Bilder und Gedanken in der Runde, sich auf die gemalten Füße stellen und zum Tanz kommen.

SINNESORGANE

Hier ein Beispiel, in dem die Arbeit am Gesicht mit dem Hauptakzent auf den Sinnesorganen vorgestellt wird: Augen, Ohren, Nase, Mund, Haut.

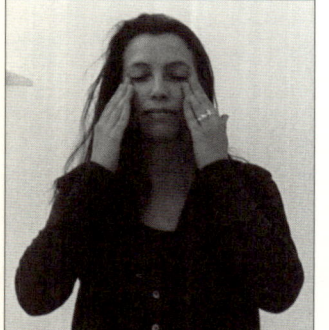

Betastet, erkundet, entdeckt euer Gesicht: Laßt die Finger über die Haut gleiten und spürt, was euch angenehm ist oder unangenehm. Wie bist du berührt worden (zärtlich, sanft, rauh, gar nicht)? Wie berührst du dich selbst?

Laßt eure Finger ebenso Nase, Augen, Mund und Ohren entdecken.

Welche Beziehung hast du zu ihnen?

Welches Sinnesorgan ist stärker entwickelt (schwächer ausgeprägt)?

Was fällt dir zu deinen Augen, der Nase, dem Mund, den Ohren ein? (Ich muß alles sehen, unter Kontrolle haben! Halt den Mund! Ich bin ganz Ohr!)

Male ein Selbstbildnis, auf dem die Bedeutung deiner Sinnesorgane zum Ausdruck kommt.

ATEM ALS LEBENSMUSTER

Es werden zwei gegensätzliche Situationen nacheinander angeboten:

1. Zwei Partnerinnen sitzen sich gegenüber. Die eine hat die Aufgabe, die andere eine Zeitlang anzuschauen, ohne etwas zu sagen. Die Angeschaute nimmt wahr, wie es ihr dabei geht und wie ihr Atem sich dabei verhält. (Situation, die Unsicherheit und Druck schafft.)

I. DIMENSIONEN DER LEIBLICHKEIT

2. Alle liegen auf dem Rücken, und es wird eine entspannende, ruhige Musik eingespielt. Wie verhält sich der Atem jetzt?

Beim Berichten des Erlebten kann weiter gefragt werden, was den TeilnehmerInnen über das Verhalten ihres Atems in verschiedenen Situationen ihres Alltags bekannt ist.

ATEMBEOBACHTUNG

Ausgangsposition: sitzend, stehend oder liegend – einzeln

Gehen Sie mit der Aufmerksamkeit nach innen.

Wandern Sie mit Ihren Händen über den Leib und finden Sie Stellen, wo der Atem Sie bewegt. Probieren Sie auf Bauch, Brust, Schlüsselbeinen, Flanken...

Spüren und horchen Sie genau hin:

Wie ist der Einatem: fließend, stockend...?

Wie ist der Ausatem: tief, kurz und plötzlich...?

Gibt es eine Pause nach dem Ausatmen?

Sind Aus- und Einatem im Gleichgewicht?

Lassen Sie Ihre Hände die Atembewegung übernehmen und in einer Bewegung verdeutlichen. Wiederholen Sie diese vielfach und lassen Sie sie auf sich wirken.

Variationen:

Die Atembewegung einer anderen zeigen – gespiegelt bekommen.

Die Atembewegung einer anderen zeigen – übertrieben gespiegelt bekommen.

Die Atembewegung einer anderen zeigen – verbale Rückmeldung darüber bekommen.

Mit den TeilnehmerInnen kann erarbeitet werden (oder darüber informiert werden), was einatmen and ausatmen beinhaltet, physiologisch und im übertragenen Sinne, und was es mit der Pause auf sich hat. Davon ausgehend, kann jede Teilnehmerin ihr erlebtes

Atemmuster betrachten und assoziieren, ob es etwas über ihre Art zu leben aussagt: fehlende Pause = eventuell Angst vor der Ruhe. „Was ist, wenn ich nicht aktiv bin?" Oder: Ausatem im Vergleich zum Einatem gering: „Ich nehme viel von anderen in mir auf, kann es aber nicht wieder loswerden." Oder: Durchgängig flache Atmung: „Ich möchte lieber nicht auffallen."

GESICHT ALS SPIEGEL DES LEBENS

Ebenso wie der ganze Leib sagt auch das Gesicht, als ein Teil des Leibes, viel über die Lebensgeschichte eines Menschen aus.

Es ist Ausdruck gelebten Lebens, mit seinen schönen und schmerzlichen Seiten. Seine Betrachtung kann einerseits positive Gefühle zu sich selbst verstärken, sie kann aber auch in die Auseinandersetzung und zur Trauerarbeit führen. Gelebtes und Ungelebtes wird deutlich; der Verlust an Jugend und Schönheit wird schmerzlich erfahren.

Deshalb bedarf die Konfrontation mit dem eigenen Gesicht und die Arbeit am Spiegelbild sorgsamer Begleitung. Die nachfolgenden Übungen sollten deshalb in Partnerarbeit durchgeführt werden, bei denen die Partnerin stützende, zuhörende, annehmende und akzeptierende Funktion hat. Dies bewirkt, daß die oft schmerzliche Auseinandersetzung nicht in einem Raum von Alleinsein und Einsamkeit geleistet werden muß, sondern von einer liebevoll annehmenden Begleiterin mitgetragen wird (siehe S. 268). Damit kann ein Prozeß in Gang kommen, in dem Abwehr und Vermeidung in Annehmen, Trauer und vielleicht sogar Versöhnung verwandelt werden.

MEIN JETZT-GESICHT – ARBEIT MIT SPIEGEL

Geeignet für: Einzelne, Paare, Gruppen

Ausgangssituation: zusammenfinden als Paare, Verteilen der Rollen

Eine der beiden betrachtet sich in einem Handspiegel und erzählt, was sie sieht und denkt. Die Hände können durch Berührung des Gesichts das Gesprochene begleiten. Die andere hört nur zu; danach Rollentausch.

I. DIMENSIONEN DER LEIBLICHKEIT

Je nach dem, wie man die Anleitung gestaltet, kann man das Erleben mehr auf der Oberfläche halten (Was siehst du? Wie findest du das? Was gefällt dir, was nicht? Was kannst du besser, was weniger gut akzeptieren?) oder in die Tiefe gehen lassen (Was sagt dein Gesicht aus? Welche Ausdrucksqualitäten hat es? Was hat sich eingeschrieben im Laufe deines Lebens?)

Weiterführung: Tritt in einen Dialog mit deinem Spiegelbild.

MEIN KINDERGESICHT – ARBEIT MIT KINDERFOTO UND SPIEGEL

Ausgangssituation: wie oben

Betrachtung des eigenen Gesichtes auf dem Foto von früher.

Schwerpunkte der *Fragen* können sein:

Wie wurdest du angeschaut von Vater/Mutter? (liebevoll, wertend, streng, abweisend...)

Was siehst du an Ähnlichkeiten mit anderen Personen? (Vater, Mutter, Tante..)

Halte das Kinderfoto so vor den Spiegel, daß du gleichzeitig dein Kindergesicht und dein aktuelles Gesicht sehen kannst. Laß einen Dialog entstehen zwischen deinem Gesicht von damals (Foto) und deinem Gesicht heute (Spiegelbild).

Was hat sich verändert, was ist ähnlich, was konnte man damals schon erkennen?

MEIN ALTERSGESICHT – ARBEIT MIT SCHMINKE

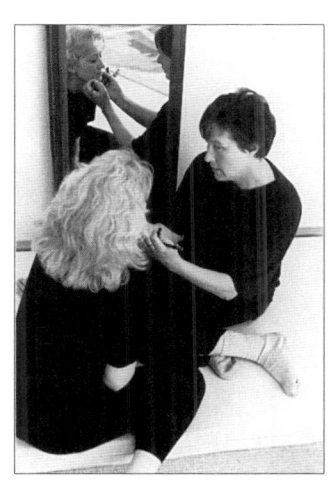

Thema: Altern

Partnerarbeit: Die eine betrachtet sich im Spiegel und phantasiert, wie sie wohl im Alter aussehen wird. Sie beschreibt und zeigt Falten, Runzeln, Tränensäcke usw.

Die andere zeichnet mit Augenbrauenstift oder Schminke nach, bis etwas von diesem phantasierten Altersgesicht sichtbar wird. Danach Austausch zu zweit:

Wie ist es dir ergangen?

Was löst das Altersgesicht bei beiden aus?

INTEGRATIONSARBEIT

(*Weiterführung* der vorhergehenden Übungen)

Ausgangssituation: allein

Das eigene Gesicht mit geschlossenen Augen betasten, beklopfen, streicheln – Hände ganz um das Gesicht legen.

Hände in geringem Abstand zum Gesicht halten und Atem (Töne) in den Zwischenraum fließen lassen.

Gesicht erspüren.

Einfache Papiermaske herstellen und bemalen.

Partnerarbeit: Das Gesicht mit selbstgewählten Materialien bestreichen lassen, z.B. Pinsel, Feder, Blüte, Blatt.

Gipsabdruck vom Gesicht herstellen lassen und mit Farben bemalen.

HALTUNG UND BEWEGUNG ALS AUSDRUCK VON EINGEPRÄGTER LEBENSGESCHICHTE

Ausgangssituation: Alle TeilnehmerInnen stehen oder sitzen im Halbkreis oder an den Seiten des Raumes, so daß Freiraum entsteht. Jeweils eine Teilnehmerin stellt oder setzt sich in die Mitte des Raumes (Haltung) oder geht durch den Raum (Gang).

1. Beobachtet die Haltung bzw. den Gang in der Gesamtfunktion und in dem Zusammenspiel der Teile. Sprecht eure Beobachtungen aus. Dies können sein:

Haltungsbeobachtung: Sitzen oder Stehen:

Wo kann ich Atembewegung erkennen? Ist die Atmung gleichmäßig, tief, flach?

Wie ist die Muskelspannung insgesamt? Gibt es Muskelverspannungen (-verdickungen) an bestimmten Stellen?

I. DIMENSIONEN DER LEIBLICHKEIT

Welche Form hat die Wirbelsäule? Wie ist die Aufrichtung, wo ist der Schwerpunkt (Mitte), Verkrümmung...?

Wie steht der Kopf auf dem Hals? ...

Bewegungsbeobachtung im Gehen:

Ist die Bewegung fließend, gebremst? Wo gebremst?

Ist der Kopf aufrecht getragen, geneigt? Blick der Augen?

Ist der Hals gestreckt – eingezogen (nach vorne oder hinten)?

Ist der Brustraum eingefallen – gebläht?

Ist der Rücken aufrecht – elastisch – gebeugt?

Ist das Becken schwingend – festgehalten – nach vorne oder hinten gekippt?

Sind die Beine kraftvoll, stark – schlaff – starr?

Sind die Füße im Kontakt zum Boden – zehenbetont – fersenbetont?

Sind die Arme mitschwingend im Gehrhythmus – liegen am Körper an, stehen ab?

Sind die Schultern hängend – hochgezogen?

Sind die Hände geöffnet – verkrampft?

Basierend auf diesen grundlegenden Beobachtungen der einzelnen Funktionen und des Zusammenspiels der Teile, soll nun ausgesprochen werden, welcher Eindruck durch Haltung und Bewegung entsteht.

2. Geh aus der Rolle der Beobachterin in die der empathisch-intuierenden Begleiterin.

Laß diesen Menschen, so wie er sitzt, steht, geht, auf dich wirken. Was siehst du? Welche Resonanz klingt in dir an?

Dies könnte sein:

Du wirkst auf mich: fest verwurzelt – standfest – aus dem Gleichgewicht gebracht – unter einer Last gebeugt usw.

Weiterarbeit mit Leibinterventionen: Die innere Resonanz kann in eine Geste in Form einer Berührung münden.

Um zu einer stützenden Leibintervention **zu kommen,** kann man fragen: Was braucht dieser Rücken? – Die Resonanz kann z.B. nahelegen: „Rückenstütze". Jemand legt die Hände mit leichtem Druck auf die Schulterblätter, oder jemand bietet den eigenen Rücken als Stütze an.

Ebenso sind konfrontierende Interventionen **möglich,** z.B. durch Spiegeln von Haltung und Bewegung und durch Übertreibung der hervorstechenden Merkmale.

Provozierende Leibinterventionen **können (wie die konfrontierenden) in die konfliktzentrierte Arbeit führen, z.B. Berührungen an traumatisierten Stellen des Leibes (Druck auf Rückenverhärtungen mit dem Ziel, Erinnerungsbilder entstehen zu lassen).**

Weiterarbeit mit verbalen Interventionen (ebenfalls stützend, konfrontierend, provozierend):

Intensiviere die Haltung (z.B. Rundrücken) und versuche, dich zu befreien (von der Last auf deinen Schultern – z.B. durch Abschütteln).

Laß die Bewegung (z.B. des Armes) weiter werden.

Probiere einmal eine oder mehrere andere Möglichkeiten aus.

Finde die gegensätzliche Bewegung (Gegenpol) und experimentiere.

Laß, während du die Bewegung machst, einen Satz oder ein Wort entstehen.

Anschließend an 2. können von den TeilnehmerInnen auch freie Assoziationen, in Form von Phantasien, geäußert werden, die sich auf die Lebensgeschichte oder die Lebenssituation beziehen:

„Dein Gang ist so unsicher, vielleicht gab es niemand, der dich auf deinen ersten Schritten begleitet hat?" (Biographie)

„Hast du im Augenblick keinen festen Boden unter den Füßen?" (Lebenssituation)

Dann sollte anschließend ein Gespräch folgen, entweder in der Gruppe oder zu zweit, oder Einzelarbeit in der Gruppe.

Weiterführung: Die Protagonistin darf sich etwas wünschen, was sie immer entbehrt hat, oder neue Haltungen zeigen, um damit im Sinne einer Neuorientierung alte Muster aufzulösen:

Sich väterlich an der Hand führen lassen;

Sich von liebevollen Blicken auf dem Weg begleiten lassen;

Sich angstfrei aufrichten;

Sicher und selbstbewußt geradeaus schauen.

HALTUNG ALS AUSDRUCK DES AUGENBLICKS

Geeignet für: Einzelne, Gruppen

Ausgangssituation: jeder Anfang, z.B. am Beginn einer Therapiestunde, nach einem Wochenende (im Klinikalltag), nach dem Urlaub...

Gehen im Raum.

Bleib im Gehen in der eingenommenen Haltung und Gangart und spüre deinen Körper durch.

Wie gehen die Füße über den Boden?

Wie ist die Spannung in den Beinen?

Wie bewegt sich das Becken?

Welche Haltung hat der Rücken?

Wie steht der Kopf auf dem Nacken?

Wohin ist der Blick gerichtet? ...

Finde ein Wort oder einen Satz zu dieser Haltung, der die Stimmung wiedergibt, die sich darin ausdrückt. Sprich Wort oder Satz laut aus, während du gehst.

Werde dir bewußt, was diese Haltung und dieses Wort mit deiner momentanen Situation zu tun haben. (Eventuell: Inwieweit sind sie auch ein Ausdruck deiner jetzigen Lebenssituation?)

Variation:

Skulpturieren

(Diese Übungsform wurde von *H. Petzold* 1967 entwickelt.)

Gehen im Raum.

Haltung in einer Skulptur einfrieren (und wieder auflösen).

Haltung in ihren Besonderheiten verstärken, wieder einfrieren. Erspüren, wie Muskeltonus, Atem und Gefühlslage dadurch beeinflußt werden.

Die Skulptur wieder in Bewegung, vielleicht in einen Tanz bringen:

Welche Bewegungsmöglichkeiten hat sie?

Experimentiere mit Variationen und Gegenbewegungen zu den ursprünglichen.

Erspüre immer wieder den Zusammenhang zwischen Haltung und Stimmungslage, die körperlich-emotionale Verschränkung.

DIE GEGENWÄRTIGE LEBENSSITUATION ALS MOMENT IN DER LEBENSGESCHICHTE

Geeignet für: Einzelne, Gruppen

Ausgangsposition: Die TeilnehmerInnen sitzen oder liegen mit geschlossenen Augen.

Überlasse dich deiner Atembewegung, bis du zur Ruhe gekommen und bei dir selbst angekommen bist.

Werde dir deiner jetzigen Lebenssituation bewußt. Laß Bilder aufsteigen von Menschen um dich, von deiner Arbeitssituation, deiner Gesundheit, Sorgen, Freuden...

Strebe keine Vollständigkeit an, sondern orientiere dich an dem, was sich selbst in den Vordergrund bringt.

Öffne die Augen. Finde Symbole für die aufgetauchten Bilder und baue damit deinen momentanen „Lebensraum" um dich auf (mit Stühlen, Bällen, Stöcken, Kissen, Tieren, Steinen...).

Begib dich in die Mitte und spüre, wie es dir dort geht. Laß dieses Gefühl deutlich zum Ausdruck kommen, in Haltung, Tönen...

Gespräch.

Mögliche Weiterführung:

Wende dich nun jedem Symbol zu. Spüre, was für eine Beziehung zwischen dir und ihm besteht (du und deine Zukunftsangst, du und deine pubertierende Tochter...) und laß dich davon bewegen. Drücke die Gefühlsqualitäten in Mimik, Gestik, Gebärden, Hinwendung oder Zurückweichen aus. Übernimm entweder nur deinen eigenen Part oder deinen und den des Symbols im Wechsel.

Laß auf diese Weise wichtige Teile, die deine jetzige Lebenssituation ausmachen, klarer, prägnanter werden, in ihrem Zusammenhang mit dir.

Begib dich zum Schluß noch einmal in die Mitte, schaue dich um, spüre und verbalisiere, was du erlebt hast.

Mögliche Weiterführung:

Fragen wie: Bist du zufrieden mit der Situation oder willst du etwas ändern? Was? Wie?

Was hast du vielleicht an Wichtigem „vergessen", was ist nicht aufgetaucht? (Weiterarbeit damit)

Baue die Situation aus Symbolen um dich herum nach deinen Wunschvorstellungen zukunftsgerichtet um.

5.3. Der Mensch im Symbol

Dialog mit einem Tier (einem Baum, dem Wind, dem Meer...)

(Diese Übungen wurden von V. *Iljine* 1909 inauguriert.)

Geeignet für: Einzelne, Gruppen

Man leitet eine Phantasiereise an bis zu dem Ort der Begegnung, an dem das Tier auftaucht (der Baum etc. sich befindet).

Nähere dich an, so daß der Abstand zwischen dir und dem Tier richtig, gut, stimmig ist.

Schau, nimm intensiv wahr, was du siehst und spürst.

Was geschieht in dir bei dieser Annäherung, was fließt zwischen euch?

Sprich aus, was dich bewegt (innerlich). Kommt eine Antwort zurück? Gibt es einen weiteren Dialog?

Bilder der Tiefe werden geweckt, die mit Persönlichkeitsanteilen verbunden sind und die so miteinander in Dialog treten können.

IDENTIFIKATION MIT EINEM TIER, EINEM BAUM, DEM WIND...

Nach einem warming-up, das in die Bewegung und in ein intensives Leibempfinden geführt hat, kann man folgendermaßen verfahren:

Schließ die Augen, bewege dich weiter und verwandle dich in ein Tier. Folge dabei deiner spontanen Eingebung, ohne lange zu suchen.

Laß die Bewegungen des Tieres immer deutlicher werden, arbeite das für dich Wichtige heraus, verstärke es. Erspüre die Impulse die in dir als Tier aufsteigen und gib ihnen nach. Gib Töne zu den Bewegungen.

Wie fühlst du dich als dieses Tier?

Was sind deine Stärken, deine Schwächen?

Welche Impulse stiegen auf? Konntest du sie zulassen und wie ging es dir damit?

Welche deiner Fähigkeiten, Bedürfnisse oder Wünsche drückt das Tier für dich aus?

Weiterführung: Öffne die Augen, betrachte deine Umwelt mit deinen Tieraugen und agiere und reagiere in ihr.

Variation: Man kann auch Tiere für die Identifikation vorgeben: Katze, Pferd, Vogel...

I. DIMENSIONEN DER LEIBLICHKEIT

Möchte man bestimmte Stimmungen erzeugen, bestimmte Qualitäten hervorrufen, so kann man ein entsprechendes Tier einführen: einen Vogel oder einen Schmetterling für Leichtigkeit, einen Löwen für Stärke, einen Affen für Beweglichkeit...

Es ist auch denkbar, ein Tier vorzugeben, dessen unterschiedliche Erscheinungsformen durchexperimentiert werden können.

Beispiel:

Pferd: **Ackergaul, Kutschpferd, Brauereipferd, Dressurpferd, Rassepferd, Wildpferd, Springpferd, Fohlen...**

Boot: **Kajak, Ruderboot, Segelboot, Ausflugsdampfer, Kriegsschiff, Öltanker...**

GELEITETE IMAGINATION UND IDENTIFIKATION

Die Methode der geleiteten Imagination wurde von *R. Desoille* und *A. Virell* entwickelt und kam von dort in die IBT, wo sie von *H. Petzold* zur „komplexen katathymen Imagination" ausgearbeitet wurde (s. S. 62). Die Identifikationstechnik wurde von *J.L. Moreno* zuerst verwandt und von *F.S. Perls* systematisch entwickelt und kam von dort in die IBT.

Es ist gut möglich, eine geleitete Imagination und eine freigewählte Identifikation zu verbinden. Die Imagination führt in eine bestimmte Welt hinein, und die Benennung der dort vorhandenen Dinge schafft eine bestimmte Atmosphäre. Ist diese aufgebaut, können die TeilnehmerInnen einen Teil des entstandenen Bildes wählen, um sich damit zu identifizieren und herauszufinden, was der gewählte Teil mit ihnen zu tun hat. Man kann z.B. atmosphärisch einführen:

Ein Gang durch einen Garten (Teich mit Pflanzen, Blumen, Kräutern, Gemüsen, Beerensträuchern, Obstbäumen, ein Feuerplatz...).

Gang durch einen Park (alte Bäume, Springbrunnen, Brunnenfiguren, Statuen, Parkbank, alte Grabsteine...).

Leben im Wald in der Dämmerung (Moos, Waldboden, Ameisen, Dickicht, Tiere, Vögel...).

Der Urwald erwacht.

Ein Märchen.

Wo zieht es dich hin, wo bleibst du hängen, was erregt deine Aufmerksamkeit?

Wähle einen Teil. Lebe dich ein, identifiziere dich so weit wie möglich.

Bei der Verbalisierung des Erlebten kann man die TeilnehmerInnen bitten, in der Identifikation zu bleiben und von sich zu erzählen als Parkbank, Brunnenfigur, fruchtbare Gartenerde...: „Ich bin eine Parkbank und stehe unter einer alten Blutbuche..." Wenn es in den Berichten nicht schon offensichtlich geworden ist, kann man fragen:

Welcher Teil von dir hat in dieser Pflanze (Statue, Bank) Gestalt bekommen?

SEILFIGUR ALS SYMBOL

Geeignet für: Einzelne, Gruppen

Ausgangssituation: Jede wählt ein Seil (2,50 m, 5 m oder 10 m zur Wahl oder alle nehmen die gleiche Länge).

Erkunde das Seil in bezug auf Material, Stärke, Geschmeidigkeit usw. und probiere aus, was du damit tun kannst. (Man kann variieren: nur im Sitzen oder auch im Stehen oder in Bewegung.)

Leg das Seil auf den Boden und laß eine Form entstehen.

Gib ihr einen Namen.

Variation: Die Figur kann auch im Kontakt mit dem eigenen Körper entstehen, z.B. „Verstrickung"...

Die *Weiterarbeit* kann geschehen, indem erst die anderen TeilnehmerInnen äußern, was sie sehen und dann erst diejenige, die die Figur gelegt hat, oder umgekehrt.

Form und Dynamik der entstandenen Figur können in den Leib hineingenommen und dann im Raum bewegt werden.

I. DIMENSIONEN DER LEIBLICHKEIT

LEIB ALS BILD (BODY CHART)

(Diese Übung und Methodik wurde von H. Petzold 1965 entwickelt.)

Geeignet für: Einzelne, Personen, Gruppen

Jeweils eine TeilnehmerIn legt sich auf ein großes Blatt Papier und läßt von einer anderen ihre Umrisse mit einem Malstift umfahren, so daß der Körperumriß lebensgroß auf dem Papier ist. (**Vorsicht bei Menschen, die Schwierigkeiten mit direktem Körperkontakt haben!**) Oftmals ist es besser, daß jede TeilnehmerIn frei ihre Umrisse klein oder groß aufs Papier malt, weil dabei größere prospektive Möglichkeiten sich erschließen (jemand malt sich ohne Hände oder Füße etc.).

Wenn alle Formen auf dem Papier sind, wird der Körper angeregt, sensibilisiert, aufgewärmt durch: abklopfen, abstreichen, hüpfen.

So angeregt, legen sich die TeilnehmerInnen in die gemalte Umrißform (oder bleiben davor stehen), und es folgt zunächst eine geleitete Imagination:

Gehe mit deinem Blick nach innen, spüre dich so genau wie möglich, nicht nur in deiner Leiblichkeit, sondern auch in deinen Gefühlen, Träumen, Phantasien, Gedanken. Sie alle haben einen Ort in dir und um dich herum. Erlebe dich in dieser leiblichen Ganzheit.

Wie sind deine Grenzen?

Wie sieht es in dir aus? (Im Kopf, in der Kehle, in der Herzgegend, im Unterleib...).

Wo gibt es deutliche Punkte, Barrieren, eingegrabene Erinnerungen, Sehnsüchte?

Laß Farben und Formen auftauchen!

Dringt etwas von innen nach außen über die Grenze? Wo, wie?

Kommt etwas von außen nach innen? Wo? Wie?

Wandere neugierig in dir selbst herum und bringe das Gesehene und Gespürte dann aufs Papier.

Variationen:

1. Man kann ein Bild von sich selbst als Kind (z.B. 10jährig), als Erwachsene (30jährig) oder prospektiv als alter Mensch malen lassen.

2. Es ist auch möglich, mehrere Bilder in einen Umriß zu malen: etwa das Bild von heute mit dem Bild des 10 jährigen Kindes darin. Oder die 10jährige, die 30jährige und die 50jährige.

Diese Version läßt Veränderungen, d.h. Entfaltungen, aber auch Verluste etc. deutlich sichtbar werden. Dem müßte dann eine angepaßte Phantasiereise vorausgehen.

TONSKULPTUR

(Diese Methode wurde 1965 von *H. Petzold* und *J. Sieper* in die therapeutische Arbeit eingeführt und von *H. Petzold* [1969b] für die Einzel- und Familienarbeit [Familienskulptur] erstmalig beschrieben.)

Vorübung: ausführliches Durchspüren des Körpers im Stehen und in der Bewegung

Nimm dir einen Klumpen Ton und laß dich damit an deinem Platz nieder. Schließ die Augen und laß die Hände den Kontakt mit dem Ton aufnehmen: Spüre die Beschaffenheit des Tons und laß Finger, Hände und Arme ihre Impulse in den Ton drücken, schlagen, streichen, formen... (auch treten, stampfen des Tons mit den Füßen ist möglich).

Laß nun mit geschlossenen Augen eine menschliche Figur unter deinen Händen entstehen. Plane nicht, sei offen für das, was von innen heraus Gestalt finden will.

I. DIMENSIONEN DER LEIBLICHKEIT   143

Variationen:

1. Das Formen der Tonskulptur im Gehen und damit in der Bewegung schafft größere Distanz und wirkt damit weniger regressiv.

2. Formen von Körperteilen (Augen, Becken, Knie); oder keinerlei Vorgabe.

Die Tonarbeit – was es auch ist – drückt immer etwas von der Gestalterin, der Schöpferin aus, trägt ihren Stempel, der im Laufe ihres Lebens geprägt, graviert wurde.

Die *Möglichkeiten der Weiterführung* sind vielfältig, wir greifen einige mit Bewegungsarbeit heraus.

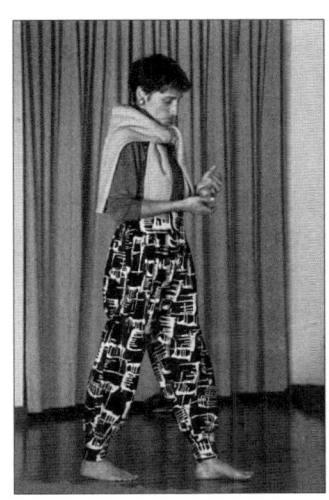

1. Setze, stelle, lege deine Tonfigur vor dich hin, schau sie an und laß dich berühren von dem, was dir entgegenkommt.

Welchen Lebensraum braucht sie: eine Wand im Rücken, offenen Raum vor sich, Schutz und Wärme durch eine Decke?

Gib ihr den „richtigen" Platz und baue andeutungsweise den Lebensraum.

2. Beginne wie oben

Erspüre die Figur in ihren Stärken und Bedürfnissen. Antworte darauf mit Berührungen der Figur oder mit Gesten zu ihr hin. (Verneige dich vor ihr, wenn sie hoheitsvoll grüßt oder streiche ihr über den Kopf, wenn sie ein einsames Kind ist.)

Nimm die Tonfigur in die Hände und steh oder geh mit ihr in dem Raum umher.

Wie trägst du sie?

Wo – unter deiner Jacke, hinter deinem Rücken, auf deinen Armen?

Will sie gezeigt, versteckt, geschützt werden?

Beweg dich zusammen mit deiner Figur (Wiegen, Freudentanz...).

3. Setz die Figur vor dich hin, nimm dieselbe Haltung ein wie die Figur und erspüre in dir selbst, wie der Stand ist, wo die Figur stark

ist, wo Blockaden liegen, ob es Brüche gibt... Werde dir bewußt, was sie mit dir, deiner Geschichte, deinem Leben zu tun haben.

Wenn du länger in der Haltung bleibst, kommen eventuell innere Bewegungen auf: Tränen, Schmerzen... Erspüre die leiblichen Impulse, die gestaut, festgehalten, unterdrückt sind... und versuche, ihnen den Weg frei zu machen, so daß sie aus der Fixierung in die Bewegung kommen können.

4. Setz die Figur vor dich hin.

Erspüre die Bewegungsimpulse in ihr, die immanenten Dynamiken: eine Hand, die sich öffnet; eine zaghafte Aufrichtung...

Nimm sie in deinen Leib hinein, intensiviere sie, um ihnen Prägnanz zu verleihen und entwickle sie gegebenenfalls in der Bewegung weiter.

5.4. „Eingefleischte" Geschichte in der Gesamtschau und in Lebensabschnitten – Lebenspanorama

Um sich selbst in seiner eigenen Geschichte und in seinem Lebensganzen (lifespan) klarer und bewußter zu sehen und sich tiefer zu verstehen, gibt es viele kreative und bewegungstherapeutische Annäherungen und solche, die verschiedene Medien nacheinander verwenden (**intermediale Quergänge**).

Ein Zugang, der den Lebenslauf bis zum Jetztzeitpunkt erleben läßt, ohne zu tief zu gehen, ist der folgende:

Vogelflug

Der Einzelne oder die Gruppe wird in Schritten von fünf bis zehn Jahren relativ schnell vom Jetzt-Zeitpunkt zurück in Kindheit und Babyzeit geführt.

Dann wird die Lebensspanne anhand von Skulpturen (eingefrorenen Körperhaltungen) der einzelnen Lebensphasen spontan dargestellt.

I. DIMENSIONEN DER LEIBLICHKEIT

Stell dir vor, du bist ein Säugling. Lebe dich einen Moment in das Säuglingsdasein mit Bewegungen ein. Spüre deine Stimmung dabei, bringe sie in den Ausdruck und friere diese Haltung ein.

Ebenso:

> Krabbelalter
> Trotzalter
> Pubertät
> Verlassen des Elternhauses
> Partnerschaft
> Beruf usw.

Ohne lange Einstimmung soll das Wort „Trotzphase" oder „Pubertät" auf den Menschen treffen und einen spontanen Ausdruck der jeweiligen Zeit aus dem Leibgedächtnis zutage fördern. Immer wird hier individuelles Material zum Vorschein kommen, selbst wenn es nicht direkt angesprochen ist. Gleichzeitig wird auch Kollektives aus unserem Kulturkreis kommen, aus unserer Zivilisation (Pubertät verläuft hier anders als in anderen Kulturen). Die dargestellten Statuen können auch Erlebtes in der eigenen Geschichte abwehren und statt dessen Wunschbilder darstellen, was sich in einem anschließenden Gespräch erweisen wird.

Der „Vogelflug" kann in der aktuellen Lebensphase beendet oder auch in einer prospektiven Arbeit nach vorne bis zum Tode fortgesetzt werden.

Jede Lebensphase kann nun in ihrer körperlichen, emotionalen, geistigen und sozialen Entwicklung tiefer und intensiver erspürt und durcherlebt werden. Dadurch kann man Kontakt bekommen zu guten, stabilen Strukturen, zu reichen, befriedigenden Zeiten sowie zu „Löchern", Defiziten, Störungen, Einbrüchen... (Vorschläge zur Nachsozialisation, zum Anfüllen von Defiziten, siehe Kapitel III, 1).

Hier drei ausführliche *Beispiele:*

Babyalter, „Trotzphase", Abschied vom Elternhaus.

BABYZEIT

Leg dich hin, mache dich klein, kuschle dich ein, wiege dich hin und her, vielleicht einen Daumen oder einen Deckenzipfel im Mund. Fühle dich warm und wohlig.

Schaue, spiele mit den Händen vor den Augen, laß die Füße sich bewegen, absichtslos, ziellos, die Hände finden die Füße. Du schaust, verfolgst aufmerksam Bewegungen, entdeckst...

Wechsle nun Spiel- und Entdeckungsphasen mit Rückzugs- und Ruhephasen ab.

Entdecke das Rollen auf die Seite und wieder zurück, irgendwann bis auf den Bauch. Experimentiere, hebe den Kopf und erkunde deine Umwelt aus dieser Perspektive. Dein Kopf ist groß und schwer und fällt manchmal ganz plötzlich herunter...

Irgendwann gelingt es dir, in der Bauchlage den Hintern hochzustemmen. Du kommst auf die Knie, robbst vorwärts... Dinge ziehen dich an, die du ergreifen willst...

Bei deiner Fortbewegung begegnest du anderen, die sich genau so fortbewegen wie du. Es geht drunter und drüber mit kennenlernen, betatschen, kneifen, beißen, kuscheln, Decke wegziehen, Socken klauen...

Wie fühlst du dich bei der Entdeckung der Welt, mit anderen, wenn du wieder alleine bist.

Nun kannst du sitzen und knien, übst es, dich hochzuziehen, fällst hundertmal und stehst wieder auf, gewinnst langsam die Sicherheit des Bodens unter dir und fängst an, dich auf zwei Beinen fortzubewegen...

Einzelne Phasen können jeweils von außen unterbrochen werden:

Du darfst jetzt nicht mehr spielen, es ist Zeit zum Schlafen, oder: genug gelaufen, ab ins Laufställchen...

Wie werden diese Unterbrechungen erlebt und beantwortet?

I. DIMENSIONEN DER LEIBLICHKEIT

AUSDRUCK DES EIGENEN WILLENS („TROTZPHASE")

Ausgangssituation: Gruppe, viele Gegenstände im Raum

Ihr seid etwa drei Jahre alt, entdeckt, erobert den Raum. Ihr entwickelt eigenen Willen, testet euch und die anderen aus.

Erlebe, wie du dich für dich selbst und für das, was du willst, einsetzt. Machst du dich deutlich sichtbar und hörbar? Setz dich mit dem ganzen Leib für dich ein: stampfen, Fäuste ballen, Gesichtsausdruck.

Experimentiere mit Stimme und Worten wie „nein", „ich will", „das ist meins".

Welches Verhalten erlebst du bei dir? Wie reagierst du auf die Aktionen und Provokationen der anderen?

Variation: Die Hälfte der Gruppe geht in die Rolle von Eltern oder anderen Erwachsenen, die etwas von den „Kindern" wollen: „Komm mit!", „Zieh deine Schuhe aus!", „Laß das!"

Mögliche Weiterführung: Die GruppenteilnehmerInnen werden wieder erwachsen.

Sie nehmen Kontakt miteinander auf und setzen sich als Erwachsene auseinander, d.h. sie sprechen Ungesagtes aus, zeigen verbal oder leiblich Kritik, Durchsetzungswillen, Habenwollen etc.

Wie gelingt es dir, für dich selbst einzustehen? Sind die Aktions- und Reaktionsmuster noch ähnlich oder dieselben wie als Kind?

WEGGANG AUS DEM ELTERNHAUS

Ausgangsposition: Die TeilnehmerInnen stehen im Raum mit geschlossenen Augen.

Geh in Gedanken zurück in die Zeit, als du aus deinem Elternhaus gingst.

Wie alt warst du, wo habt ihr damals gewohnt, wie war das Haus, die Umgebung, mit wem hast du zusammengelebt (soziales und ökologisches Umfeld)?

Wie war die Atmosphäre im Haus, die Beziehung der Menschen untereinander, deine Beziehung zu ihnen (Atmosphären und Szenen)?

Welche Eindrücke hat dies damals in deinem Leib hinterlassen. Spüre sie in Atem, Muskeltonus, Haltung (Prägung)?

Was hat dich bewogen, von zu Hause auszuziehen? Wie bist du gegangen? Neugierig, freudig, zögernd, ängstlich, verletzt... (memorativer Leib)?

Erlebe dieses Weggehen noch einmal in der Bewegung auf der körperlichen und emotionalen Ebene (Anknüpfen an Leibgedächtnis). Laß das, was dich bewegt (Freude, Stolz, Neugier, Trauer, Angst...), in die Bewegung fließen und nach außen sichtbar zum Ausdruck kommen (expressiver Leib).

Vom Erleben und Vertiefen einzelner Lebensphasen gehen wir nun zur Gesamtschau, dem LEBENSPANORAMA.

Das Lebenspanorama wurde 1968 von *H. Petzold* als Methode biographischer Arbeit mit Bildgeschichten entwickelt. Sie zählt zu den wichtigsten diagnostischen Methoden der IT, besonders in der Form des „dreizügigen Karrierepanoramas", das die „Kette guter Erfahrungen, negativer Erfahrungen und von Defiziterfahrungen" aufzeichnet (**Lebenspanorama**).

Um zum Malen eines **Lebenspanoramas** zu kommen, bedarf es einer Hinführung. Wir benutzen dazu eine Rückführung auf dem Lebensweg in Form einer

VERGANGENHEITSPROJEKTION ALS ZEITREISE

(Diese Technik wurde 1909 von *V. Iljine* eingeführt und von *H. Petzold* [1979k, 207] ausgearbeitet [s. auch *Petzold/Orth* 1993, in *Petzold, Sieper*: „Integration und Kreation"].)

Hinführung: Tiefenentspannung

I. DIMENSIONEN DER LEIBLICHKEIT

Will man das Lebenspanorama nicht auf bestimmte Aspekte fokussieren, so ist eine sehr offene Vergangenheitsprojektion erforderlich.

Man leitet die TeilnehmerInnen an, Jahr für Jahr, Lebensphase für Lebensphase zurückzugehen und zu „schauen", was ihnen dazu einfällt, welche Menschen „erscheinen", welche Ereignisse hochkommen, welche Bilder und Szenen, welche Empfindungen und Gefühle auftauchen.

Im folgenden führen wir eine Vergangenheitsprojektion aus, die sich an drei Säulen der Identität orientiert (Leiblichkeit, Beziehungen, Arbeit) und die dadurch eine begleitende Struktur anbietet.

Ausgangsposition: Die TeilnehmerInnen liegen entspannt auf dem Rücken.

Spüre dich von Kopf bis Fuß, wie du daliegst. Spüre dich in deiner Leiblichkeit.

Wie geht es dir in deiner jetzigen Lebensphase mit Gesundheit, Krankheit, Kraft, Zärtlichkeit, Sexualität?

Wie geht es dir, wie fühlst du dich, wenn du mit dir alleine bist?

Laß Bilder auftauchen und Empfindungen zu den Bildern. Vielleicht tauchen zu den Bildern und Gedanken auch Farben auf.

Wende dich nun deinen Kontakten und Beziehungen zu. Laß Menschen vor deinem inneren Auge auftauchen, die dir nahestehen, die dir wichtig sind. Wie fühlst du dich in diesen Beziehungen? Welche sind wohltuend, welche schwierig, welche kräftezehrend oder zerstörerisch? Welche Menschen stehen außerhalb dieses inneren Kreises? Bist du zufrieden mit deinem sozialen Netz?

Schau als drittes auf deine berufliche Situation. Laß Bilder auftauchen von deiner Arbeitsstelle (oder Arbeitslosigkeit), von deinen Kollegen (oder der Abwesenheit von Kollegen). Wie geht es dir damit? Gibt es Farben, die sich deiner Arbeit zuordnen lassen?

Geh nun um ein Jahr zurück. Schau auf dich alleine: Gab es etwas Besonderes, einen Einschnitt, eine besondere Entwicklung in diesem Jahr? (eine Operation, einen Kraftzuwachs...) Schau auf deine Beziehungen, gab es da Veränderungen? (ein Kind, das aus dem

Hause geht, eine sich anbahnende Partnerschaft...) Wie war das letzte Berufsjahr?

Geh nun fünf Jahre zurück. Wo lebst du zu der Zeit? Was ist deine damalige Situation? Betrachte die fünf Jahre, laß sie an dir vorübergleiten und schau, welche Veränderungen und Entwicklungen es in den drei Gebieten gegeben hat. In der Leiblichkeit: Gesundheit, Kraft, Schwangerschaft oder Abbruch, Krankheit, Sexualität...

Im Bereich der Beziehungen: Partnerschaften, Liebe, Freundschaft, Verstrickungen, Tod eines Elternteils, Krebs einer Freundin...

Im beruflichen Bereich: Arbeitslosigkeit, Suche, Veränderungen der Arbeitsstelle, des Arbeitsgebietes... Verhältnis von Arbeit und Freizeit...

Geh weitere fünf Jahre zurück und tue dasselbe.

Geh weiter zurück bis zum Ende deiner Berufsausbildung.

Geh zurück zum Anfang deiner Berufsausbildung. Hast du selbst entschieden, welche Ausbildung du machen wolltest? Wie ging es dir in der Ausbildung? Hattest du Unterstützung? Gab es Krisen?

Geh zurück zu deinem Weggang aus dem Elternhaus. Wann und wie hat sich der vollzogen? Geh in Gedanken noch einmal in das Haus hinein, geh durch die Räume, spüre die Atmosphäre, schau dir die dort zurückbleibenden Menschen an und verlasse das Haus. Was fühlst du?

Geh zurück zur Phase der Pubertät: Wie geht es dir mit der Veränderung deines Leibes? Schamhaare, Stimmbruch, spontaner Samenerguß? Busen, Blutungen, Verliebtheit, Melancholie? Wer hat dich aufgeklärt? Hast du Freundinnen, Freunde, mit denen du dich austauschen kannst? Wer ist deine erste Liebe? Wie sind die ersten erotischen und sexuellen Erfahrungen? Laß den Blick deiner Mutter auf dir ruhen. Hat sie sich gefreut, daß du eine Frau bzw. ein Mann wirst? Laß den Blick deines Vaters auf dir ruhen. Wie sieht er dich?

Geh zurück zum Alter von 10 Jahren. Wo lebst du? Wie? Mit wem? Laß Bilder, Menschen, Szenen aus der Zeit auftauchen. Was bist du für ein Kind mit 10 Jahren?

Geh zurück zum Alter von 6 Jahren. Wo lebst du? Mit wem? Erinnerst du dich an die Grundschule, die Einschulung? Was bist du für ein

Kind mit 6 Jahren und im Grundschulalter? Fallen dir bestimmte Szenen ein?

Geh weiter zurück in die Kleinkindzeit. Nimm auch Fotos zuhilfe, die dir in den Sinn kommen. Mit wem spielst du, sitzt du bei Vater oder Mutter etc. auf dem Schoß? Was für eine Atmosphäre herrscht im Haus? Fallen dir irgendwelche Szenen ein? Wie geht es dir als Kind?

Geh zurück in die Säuglingszeit, stell dir vor, du liegst im Arm deiner Mutter. Du liegst in der Wiege, im Bettchen. Wie ist die Verbindung zwischen dir und deiner Mutter? Was für ein Gefühl hast du? Wie geht es dir?

Geh zurück zur Zeit rund um deine Geburt. Wo und wie erblickst du das Licht der Welt? In welche Situation und Atmosphäre wirst du hineingeboren? Sprich das Datum deiner Geburt laut aus.*

Versuche, in der Vorstellung dich in den Mutterleib zu versetzen. Es ist ein dunkles, warmes, enges Gehäuse. Du bist geborgen, aber überall stößt du an Grenzen. Bald wird es Zeit, daß du dich auf den Weg machst, hinauszugehen.

Geh weiter zurück. Du schwimmst im Wasser, kannst dich drehen und wenden und herumturnen. Du wirst versorgt mit allem, was du brauchst. Der regelmäßige Herzschlag deiner Mutter gibt Struktur und Halt.

Geh noch weiter zurück. Du bist noch ganz klein. Alles ist schon an dir zu erkennen. Alles ist schon da, aber will noch entwickelt werden. Du hast alles, was du zum Leben brauchst.

Geh zurück zum Zeitpunkt deiner Empfängnis. Lieben deine Eltern sich? Ei und Samenzelle vereinigen sich, von beiden Elternteilen etwas. Der Ausgangspunkt für einen neuen Menschen ist geschaffen. DU. Deine Zeit beginnt. Aus dem großen Strom des Lebens tauchst du auf, hebst dich heraus, entwickelst dich zu deiner einmaligen, individuellen Form, um dann, am Ende deines Lebens, wieder in diesen Strom einzutauchen.

Komm langsam wieder in die Gegenwart zurück und in diesen Raum.

---

* Anm.: Fortsetzung erst, wenn alle bei dem Tag ihrer Geburt angekommen sind.

Schau nun nach vorne in die Zukunft. Wie wird sich dein Leben entwickeln? Wann und wie wird es zuende gehen?

Wenn du bereit bist, ergreife spontan Farben und gestalte deinen Lebensweg von der Empfängnis bis zur Jetzt-Zeit und weiter in die Zukunft bildlich in Farbe und Form oder schreibe die dir wichtigen Stationen auf.

5.5. Die Arbeitsweise der „intermedialen Quergänge"

Wir stellen hier vier „intermediale Quergänge" in dem großen Thema: „Leib als eingefleischte Geschichte" vor:

Gemaltes Panorama – Bewegung
Visualisierung – szenisches Spiel
Maske – Bewegung – Text
Bewegung – Visualisierung – Bild – Bewegung

DAS GEMALTE PANORAMA UND DIE BEWEGUNGSARBEIT

Wenn man sich dem eigenen gemalten Lebenslauf in seiner ganzen Länge von Geburt bis Tod gegenübersieht, kann dies leicht eine Überforderung sein. Darum ist es wichtig, sich bei der Weiterarbeit auf einzelne Aspekte oder Teilabschnitte zu beschränken und je nachdem stabilisierend, klärend oder aufdeckend zu arbeiten.

Hierzu einige *Beispiele*:

1. Rolle das Panorama vor dir aus, laß deine Augen darüber wandern und finde einen Teil des Bildes, der positiv auf dich wirkt, wo du gerne hinschaust und verweilst.

Stell dich vor diesen Teil des Bildes, nimm Farbe, Form und Bewegungsstruktur, Bewegungsdynamik in dich auf und laß dich dadurch in Bewegung bringen. Erlebe sozusagen das Bild in seiner Qualität noch einmal in dir.

Wenn du magst, spiele mit Tempo und Größe der Bewegung und verstärke das Ganze mit eigenen Geräuschen oder Tönen. Laß das Positive, Kraftvolle von dir Besitz ergreifen (= positive Verstärkung, Ressourcen).

I. DIMENSIONEN DER LEIBLICHKEIT

2. Wähle einen Teil des Panoramas, der uneindeutig oder dir unklar ist.

Finde die verschiedenen Qualitäten heraus, vielleicht widerstreitende Impulse. Setz sie gleichzeitig oder nacheinander in Bewegung um. Spüre dabei, ob Erinnerungen, Bilder auftauchen oder Zusammenhänge entstehen, die zur Klärung beitragen (= Klärung).

3. Such dir einen Teil des Panoramas heraus, den du dir in deinem Leben anders gewünscht hättest oder wünschen würdest, oder geh von der Jetzt-Zeit in die Zukunft.

Laß auf dich wirken, was auf dem Bild ist (oder wie das Panorama endet). Was hättest du dir gewünscht, was wünschst du dir? Drücke diese Sehnsüchte, Wünsche, Strebungen in dir in deinen Bewegungen aus (= Weiterentwicklung).

4. Wähle einen Teil des Panoramas, auf den du nicht gerne schaust (= Vermeidung, Konfliktarbeit).

5. Wähle ohne Vorgabe einen Teil des Panoramas. Setz ihn in Bewegung um und sieh, was geschieht.

Diese Bewegungsarbeit kann einzeln oder in der Gruppe gemacht werden. In der Gruppe kann jede für sich arbeiten oder paarweise, d.h. eine arbeitet, die andere begleitet die Arbeit wohlwollend, stützend (siehe S. 268, 270).

Die **Themen**, die mittels der Panoramatechniken bearbeitet werden können, sind vielfältig:

Geschichte der *leiblichen Entwicklung*, der *Bewegungssozialisation*, *Sexualität*, *Krankheit* und *Gesundheit*.

Entwicklung der *Emotionalität* (Umgang mit Gefühlen, verstecken, zeigen oder ausleben, Akzeptanz oder Tabuisierung von Gefühlen in der Ursprungsfamilie, Delegationen von Gefühlen...).

Geschichte des *Lernens*, der *Leistung*. Beruf, eigene Entscheidungen.

Geschichte verschiedener *Rollen*: Berufsidentität, Partnerschaft (Beziehung), Rolle als Mann oder Frau, Rolle als Führungsfigur, Rolle als Helfer...

Insgesamt Geschichte der *Individuation* im sozialen Netzwerk über die Zeit.

Soll ein bestimmtes Thema fokussiert werden, so wird die Rückführung auf dem Lebensweg entsprechend angepaßt.

VISUALISIERUNG UND UMSETZUNG IN SZENISCHES SPIEL

Thema: Pubertät, Geschlechtsidentität

Ausgangsposition: TeilnehmerInnen sitzen im Raum mit geschlossenen Augen.

VISUALISIERUNG Versetz dich zurück in die Zeit deiner *Pubertät*. Wo hast du damals gewohnt, mit wem zusammen? Hast du Geschwister, an denen du Pubertät erlebt hast? Erinnere dich an die ersten Zeichen körperlicher Veränderung (Behaarung, Stimmbruch, Busen...). Wie war das mit Samenerguß, Blutungen? Was waren deine Gefühle, Ängste, Phantasien? Wer waren deine vertrauten Freunde, Freundinnen?

Mit welchen Augen begleitete dein Vater/deine Mutter deinen Weg der Reifung? Wie fühltest du dich in deinem Körper? Wie waren die ersten Kontakte mit dem anderen Geschlecht?

SZENISCHES SPIEL Bewege dich wie als 13 bis 16jährige im Raum. Schau, ob du anderen begegnest, denen es ähnlich geht wie dir. Tut euch zusammen und laßt Szenen von früher entstehen. (Mutproben bei Jungen, Mädchengruppe macht sich über die „blöden" Jungen lustig, ärgern, Anmache, Flirt.)

Verbaler Austausch.

MASKE – BEWEGUNG – TEXT

Thema: Emotionalität

Ausgangsposition: TeilnehmerInnen sitzen mit geschlossenen Augen auf dem Boden.

I. DIMENSIONEN DER LEIBLICHKEIT

Hinführung: Was war dein Vater für ein Mann? Wie stand er zu Gefühlen? Welche konnte er ausdrücken, welche nicht? (ebenso Mutter, Großmutter...) Welche Gefühle waren in deinem Elternhaus erlaubt, erwünscht, welche wurden vermieden, welche waren tabu? Wie intensiv durften Gefühle gezeigt und gelebt werden?

Welche Seiten kennst du selbst an dir? Welche Gefühle kannst du gut ausdrücken, welche weniger gut? Vor welchen hast du Angst, welche wünschst du dir?

Stelle eine Maske her (aus Karton, bemalen, bekleben. Bei mehr Zeit und geübteren Leuten eine Gipsmaske des Gesichts, die dann entsprechend bemalt, dekoriert werden kann), mit einem der folgenden *Themen*:   **MASKE**

Mein „anderes" Gesicht oder mein fremdes Gesicht;

Mein unterdrücktes Gesicht;

Mein Wunschgesicht o.ä.

In Bühnenarbeit (nach *Iljine*) kann man sich nun dem in der Maske Gestalteten annähern, es zum Leben erwecken und damit einen Schritt zur Integration tun.   **BEWEGUNG**

In dem Moment, in dem du die Maske aufsetzt, geschieht etwas in dir. Du wirst ein anderer, eine andere. Laß es zu und beginne, dich aus dieser Identität heraus zu bewegen. Laß dich von innen her führen und bewege, gestalte dein „anderes, fremdes..." Gesicht.

TEXT Schreib nach der Bühnenarbeit einen kurzen Text oder ein Gedicht.

(Siehe *Weiß* 1990; *Sommer* 1991)

BEWEGUNG – VISUALISIERUNG – BILD – BEWEGUNG

Thema: Entstehung von Krankheiten

BEWEGUNG Einen Standort, einen Standpunkt haben, seine Wünsche durchsetzen, sich für sich selbst stark machen.

Eventuell auch Rückgang in die „Trotzphase" von drei Jahren (siehe S. 147) mit dem starken und leiblichen Erleben von: „ich will", „ich mache meine Wünsche hörbar", „ich stehe zu mir", „NEIN".

VISUALISIERUNG *Ausgangsposition*: sitzend mit geschlossenen Augen

Werde wieder erwachsen und laß vor deinem inneren Auge noch einmal dieses trotzige Kind auftauchen, das kämpft um die Erfüllung seines Bedürfnisses und um den Respekt vor seinem Standpunkt. Den meisten von uns ist es im weiteren Leben vielfach nicht gelungen, sich durchzusetzen, sich abzugrenzen oder seine Bedürfnisse erfüllt zu bekommen.

Spüre, was mit dir geschieht, wenn es dir im Leben nicht gelungen ist/gelingt, etwas durchzusetzen, klar zu sein in einem Konflikt, den anderen zu erreichen mit dem, was dir wichtig ist, oder dich klar abzugrenzen.

Die Bedürfnisse und Gefühle, die nicht in den Kontakt einfließen können, sondern die geschluckt, gestaut, verneint werden (müssen), gehen in dich hinein und können zu einer Störung werden oder zu einer Krankheit. Stell dir vor, daß es so weit kommt:

Geht die Störung/Krankheit eher in den körperlichen oder in den psychischen Bereich (Depression, Selbstwertproblematik...)?

Welche Krankheiten oder Symptome bildest du? Was machen diese wiederum mit dir? Stell sie dir bildlich vor: Entzündungen brennen,

I. DIMENSIONEN DER LEIBLICHKEIT

Atemschwierigkeiten machen eng und führen zu Unterversorgung, Muskelanspannungen bringen Verpanzerungen...

Mögliche Weiterführung:

Und schau dir die Diagnose- und die Therapiemethoden an, die eingesetzt werden müssen, wenn sich die Symptome verfestigen.

Male ein Leibbild mit diesen Störungen und Symptomen. **MALEN**

Such dir eines der Symptome aus und identifiziere dich mit ihm. **BEWEGUNGSARBEIT**
Werde dieses Symptom mit seinen Eigenschaften und setze es in Bewegung um. Gib ihm Geräusche, Töne. Erlebe, welche Aktivität es entfaltet.

Partnerarbeit: eventuell Menschen mit ähnlichen Störungen – Rücken, Kopfschmerz...

Eine ist „der Kopfschmerz" oder „die Angst", die andere das „Opfer". Rollentausch.

Erlebe dich in der Rolle des Täters und des Opfers und erspüre das Zusammenspiel zwischen beiden.

Was ist das Charakteristische deines Symptoms?

Kannst du Zusammenhänge zwischen dir und deinem Symptom erkennen?

6. Leib als soziale Realität („social body")

Wie schon gesagt, wird das Neugeborene nicht nur in seine individuelle Geschichte hineingeboren, sondern gleichzeitig in sein soziales und kulturelles Umfeld. Seine angelegte Fähigkeit zur Körpersprache zeigt eine soziale Qualität. Der Leib ist gemacht, soziale Rollen zu verkörpern, ist disponierte Sozialität, ja, evolutionsbiologisch betrachtet, Niederschlag sozialen Lebens. Deshalb kann der Leib niemals nur als Individuum, als selbstgenügsame Größe gesehen werden. Er ist schon immer Teil der sozialen Realität und damit ist die Sozialwelt nicht nur etwas, das „außen" ist. Sie ist eine „eingeborene" Realität. Sieht man den Leib auf diese Weise, nämlich als „social body", so ist der trennende Dualismus Individuum/Gesellschaft, einzelner/Gemeinschaft überwunden.

Weiterführung dieses Themas in Kapitel III: „Der Leib in seinen Relationen".

HALTUNGEN UND BEWEGUNGEN IN UNTERSCHIEDLICHEN KULTUREN

Nimmt man zwei unterschiedliche Kulturkreise, so kann man beispielhaft erlebbar machen, wie eine kulturelle Gemeinschaft ihre Mitglieder leibhaft prägt und sozialisiert.

Nehmen wir beispielsweise (sehr schematisiert) die europäische und die schwarz-afrikanische Kultur und in ihnen die Haltungen und Bewegungen des Sitzens (bzw. Hockens), Gehens und Tanzens, so könnte man folgendermaßen vorgehen:

Die TeilnehmerInnen *sitzen* und stellen sich vor, wo, wie und wieviel sie selbst (oder durchschnittliche Europäer) heute sitzen: am Schreibtisch, am PC, bei der Arbeit, im Auto, am Fernseher... Sie verändern dabei ihre Sitzhaltung gemäß ihren Vorstellungen.

Dann *gehen* sie im Raum umher und machen sich bewußt, wie, wo und wieviel sie selbst (oder durchschnittliche Europäer) gehen: meist schnell, zielgerichtet und zielbezogen, auf Asphalt, neben Autos, wenig spazieren und wandern.

I. DIMENSIONEN DER LEIBLICHKEIT

Tanzen: Mit oder ohne Musik werden kurz verschiedene Formen europäischen Tanzens ausprobiert: Volkstanz, klassischer Paartanz, Discotanz...

Danach wird zum anderen Kulturkreis übergegangen.

Die noch einigermaßen ursprünglich lebenden Afrikaner sitzen wenig oder gar nicht auf europäische Art und Weise. Sie sitzen auf dem Boden oder hocken. Die TeilnehmerInnen *hocken* sich hin, wobei einige feststellen werden, daß ihnen das gar nicht mehr gelingt. Im Hocken wird das Essen vorbereitet, die Kinder versorgt, Handwerk betrieben, gewartet, sich unterhalten, Handel betrieben...

Dann *gehen* die TeilnehmerInnen und stellen sich ein „afrikanisches" Gehen vor: wenig Asphalt, große Entfernungen, langsames Tempo, Lasten auf dem Kopf oder ein Kind auf dem Rücken. Sie erspüren Art und Qualitäten dieses Gehens.

Tanzen: Rhythmus oder Musik wird sofort in Bewegung umgesetzt. Sie ergreifen den ganzen Leib und werden immer zum gemeinschaftlichen Ereignis.

FRAUENWELT – MÄNNERWELT

Geeignet für: Gruppen

Ausgangssituation: Die Frauen und die Männer finden sich jeweils in einer Gruppe zusammen. Besteht die Gruppe nur aus Frauen, befaßt sich eine Gruppe mit der Männerwelt.

Beide Gruppen stellen sich nun das Leben zur Jahrhundertwende vor. Konkrete Erinnerungen an das, was sie von ihren Großeltern wissen, können einfließen.

Nun suchen sie nach typischen Männer- bzw. Frauenbewegungen (auch nach gemeinsamen) aus dem beruflichen und häuslichen Alltag der damaligen Zeit.

Nach Beendigung stellt die eine Gruppe der anderen jeweils ihre gefundenen Bewegungen vor. Dabei kann jeweils angespürt werden, wie diese Bewegungen den Leib prägen, und es kann ein Gefühl dafür entstehen, wie unterschiedlich Männer- und Frauenleben damals noch war.

Man erinnere sich an das Kinderlied:

„Zeigt her eure Füße, zeigt her eure Schuh,
und sehet den fleißigen Waschfrauen zu."

Variation:

Man kann sich den Männer- bzw. Frauenwelten auch unter der schichtspezifischen Perspektive annähern: einen Tagesablauf von einem Fabrikbesitzer und einem Fabrikarbeiter, von einer Dame des gehobenen Bürgertums und einer Arbeiterin (zur Jahrhundertwende und heute) imaginieren lassen...

In einer Weiterentwicklung können die unterschiedlichen Lebenswelten in Bewegung, Sprache, im szenischen Spiel etc. umfassender dargestellt und erlebt werden.

Geschlechtersozialisation

Alle TeilnehmerInnen bekommen einen STAB. Sie sollen damit experimentieren und sich zu Bewegungen anregen lassen.

Fragen:

Welche Bewegungen entstehen? Sind die bei Frauen spontan auftauchenden Bewegungen andere als die bei Männern? Wie unterscheiden sie sich in Dynamik, Krafteinsatz, Raumbeanspruchung, Gefährlichkeit?

Was sagt dies über Frauen- bzw. Männersozialisation aus? Gibt es diese Unterschiede heute noch? Wie sah die eigene Erziehung zum Mädchen bzw. zum Jungen aus? Welche Vorstellungen hat man selbst über Haltungen und Bewegungen von Männern bzw. Frauen?

I. DIMENSIONEN DER LEIBLICHKEIT

7. Leib als Mikroökologie

Die soziale grundsätzliche Koexistenz zeigt: der Mensch ist selbst eine Ökologie, entstanden aus und verwoben mit dem spezifischen ökologischen Umfeld. Er ist in Mikro-, Meso- und Makroökologien eingebunden, von denen er nicht getrennt existieren kann. Die Atmung zeigt dies genau so wie die Wahrnehmung. Die Augen wurden in der evolutionären Interaktion mit der Welt „sonnenhaft" (*Goethe*). Erlebt sich der Mensch im kleinen als Teil seines ökologischen Umfeldes und im großen als Teil des Biotops Erde, wird der Gegensatz Mensch/Welt überwunden, denn das „nächste Stück Natur", mit dem wir in Kontakt sind, ist unser Leib.

Weiterführung dieses Themas siehe „Der Mensch im Kosmos, S. 384.

„NATÜRLICHE" PRÄGUNG 1

Die Frage „Wo komme ich her?", die Spurensuche in der eigenen Geschichte führt zur Berührung mit sozialen Aspekten wie der schichtspezifischen und kulturellen Zugehörigkeit, und sie führt gleichzeitig zur Berührung mit Aspekten der eigenen „natürlichen" Prägung.

Das Haus hinterm Deich im unmittelbaren Kontakt mit Ebbe und Flut, die Wohnung im 5. Stock eines Hochhauses in einer Millionenstadt, das Einfamilienhaus im Dorf in einer sanften Landschaft – sie prägen ihre Bewohner. Zu ihnen gehören Wind in den Haaren, der Geschmack des Salzwassers auf den Lippen, die Angst vor der Springflut, das Lichtermeer und der Geruch der pulsierenden Stadt, das Bild der reifenden Kornfelder...

Jede kann sich auf die eigene Spurensuche begeben:

Wo und wie hast du deine Kindheit verbracht? Was erinnerst du, was kannst du leiblich noch (wieder) davon erspüren?

Wandere in Gedanken zurück zur Herkunft deiner Eltern, deiner Vorfahren (das Bauerngeschlecht der väterlichen Linie, die slawische Großmutter, die Bergarbeitergenerationen...).

Stelle dir vor, wie sie durch ihr ökologisches Umfeld geprägt sind und welche Ausläufer dieser Prägungen dich erreicht haben (die Liebe zum Wasser, zur Bergarbeitersiedlung...) und mit deinen eigenen Prägungen verschmelzen.

„NATÜRLICHE" PRÄGUNG 2

Die TeilnehmerInnen sitzen mit geschlossenen Augen und stellen sich vor:

Zunächst einen Einwohner der Breitengrade nahe am Nordpol, wo die Sonne im Winter nicht oder nur wenig über den Horizont steigt und im Sommer nur kurz oder gar nicht mehr untergeht und wo das Jahr im Zyklus der Jahreszeiten verläuft. Sie versuchen sich vorzustellen, was das für Körper, Aktivität, Lebensgefühl... bedeutet.

Dann stellen sie sich Menschen vor, die dicht am Äquator leben, wo die Sonne morgens früh in einigen Minuten die Nacht zum Tage macht und wo früh am Abend innerhalb weniger Minuten die Nacht einfällt. Es gibt dort keinen Zyklus von Jahreszeiten, sondern einen Wechsel von Trockenzeit und Regenzeit.

Was mag das für Lebensrhythmus, Lebensgestaltung, Lebensgefühl bedeuten?

Abrundung

Der Mensch, der sich als „inkarnierte" Geschichte (*Merleau-Ponty, Marcel*) erleben kann, stellt auch immer wieder die Frage nach Determiniertheit und Freiheit. Diese Frage können wir nicht beantworten. Aber es ist deutlich, daß die Gegenüberstellung mit dem eigenen Leben ein tiefgreifender und weiterführender Akt ist. Indem man sein Leben deutet und nach seinem Sinn befragt, stellt man die Verbindung zur Zukunft her. Die Fragen: „Bin ich zufrieden mit dem, wie es ist?" und: „Will ich in meinem Leben etwas verändern?" stellen sich von selbst. Der erreichte Bewußtseinsgrad erhöht in jedem Fall das eigene Freiheitspotential. Die Mitbestimmung am eigenen Leben wird größer. Man läßt sich weniger durch die Ansprüche anderer oder der

Umstände leben, sondern verstärkt den eigenen Lebens- und Veränderungsprozeß in eine selbstgewählte Richtung. Dies wird umso eher möglich, je besser man Verstrickungen und Verkettungen durchschaut („Ich habe mich immer noch nicht von meiner Mutter gelöst, deshalb kann ich meine Frau gar nicht richtig sehen."), je klarer die eigenen Verhaltens- und Beziehungsmuster sind („Ich manövriere mich in der Beziehung immer in die Opferrolle.") und je mehr unbewußte Lebensmotti ins Bewußtsein treten („Leben ist Kampf." „Ich bin ein Versager.").

Was die organismische Basis des Menschen angeht, so wissen wir, daß die ihr innewohnende Tendenz zur gesunden Selbstregulierung entscheidend beeinflußt, gestärkt oder geschwächt wird durch die Lebenseinstellung, die ein Mensch hat. Diese Tendenz gilt natürlich für den ganzen Menschen. Jedes Leben drängt ursprünglich nach einer guten Ordnung. Wenn nun die Lebenseinstellung im Vertrauen zum Leben verankert ist, wenn der Verstand positive, konstruktive Gedanken denkt und man Bilder von Freude und Lebenszugewandtheit imaginiert, so erhöhen sich die Immunkräfte im Körper und die Lebensqualität steigt. Dies ist experimentell belegbar und somit ein wissenschaftlicher Beweis für die innige Verflechtung aller Schichten im Leibselbst. Die Gelassenheit und die positive Lebenseinstellung, die aus der Aussöhnungs- und Versöhnungsarbeit entstehen können, verstärken und vergrößern somit die Qualität des Lebens auf der körperlichen, seelischen und auf der geistigen Ebene und tragen dazu bei, daß das Leben sich in einer „guten" Ordnung weiterentwickeln kann.

II. Dynamiken des Leibes

1. Leben im Wechselspiel von Eindruck und Ausdruck

Jener Mensch macht Eindruck auf mich.

Eine eindrückliche Erfahrung.

Ein eindrucksvolles Schauspiel.

Das hat sich mir tief eingeprägt.

Ein prägendes Erlebnis.

Ein einschneidendes Ereignis.

Unsere Sprache ist voll von derlei Ausdrücken. Der Mensch lebt von seinen Anfängen an in einem Umfeld, das einen Aufforderungscharakter hat und somit Eindrücke möglich macht. Der Herzschlag der Mutter ist für den Embryo ein Eindruck. In der Zeit nach der Geburt hinterlassen die zarten oder groben Hände der Mutter, der Pflegepersonen, Eindrücke über das sensible Organ Haut, Einwirkungen, auf die das Kind mit Empfindungen und Gefühlen, mit Unlust, Schmerz oder Lust reagiert. Der Blick, mit dem das Kind angeschaut wird, drückt Gefühlsqualitäten aus, die auf das Kind einwirken und die von ihm schon in den ersten Tagen reflektorisch mit Mimik und Gestik, dann mit Vorläufergefühlen und vom 3. Monat an mit Gefühlen und Gefühlsausdruck beantwortet werden.

Dieses Wechselspiel zwischen Eindruck und Ausdruck ist der „Spielraum", in dem wir uns bewegen.

Wir wollen hier keine neuro-physiologischen und keine neuro-motorischen Konzepte darstellen, aber eine Theorie, auf die wir uns beziehen, kurz umreißen.

Der menschliche Leib ist dazu ausgerüstet, das Umfeld wahrzunehmen. Evolutionsbiologisch gesehen wurden die Sinne und ihre Wahrnehmungsleistungen in der Interaktion mit dem Kontext ausgebildet. Deshalb sind Wahrnehmung und Handlung, Sensorik und Motorik, Perzeption und Aktion unlösbar verschränkt. Neben genetischen Vorgaben stehen durch Lernprozesse erworbene Handlungsmöglichkeiten. Die ökologische Wahrnehmungs-Handlungstheorie von *J.J. Gibson* und *E.J. Gibson* und die sozialökologische dynamische System-

theorie (**Wahrnehmung-Verarbeitung-Handlung**) von H. Petzold besagen, daß Wahrnehmungen immer schon entsprechenden Handlungsmöglichkeiten gegenüberstehen, das Umfeld und der Organismus immer schon in einem spezifischen Wahrnehmungs-Handlungsverhältnis stehen, also eine strikte innen-außen-Polarisierung bzw. Aufteilung, nicht möglich und sinnvoll ist. Die phänomenologische Psychologie (M. Merleau-Ponty, H. Schmitz) hat dies erkannt. Die ökologische Psychologie bezeichnet die unlösbare Verschränkung von Organismus und Umfeld mit all den Handlungsmöglichkeiten, die dieses Umfeld bietet und die der Organismus wahrnehmen und ausüben kann, als *affordance*. Die spezifischen Aktionsmöglichkeiten des Organismus im Rahmen des *affordance*-Konzeptes nennt man *effectivities* als die Art und Weise, wie der Mensch (das Tier) in seinem Kontext wahrnehmend und handelnd effektiv werden kann. Sie werden durch die Leistungsmöglichkeiten und die Bedingungen des Feldes begrenzt. Derartige Begrenzungen (*constraints*) sind Leistungsfähigkeit von Muskeln und Gelenken, Wahrnehmungs- und Gehirnkapazität. In den *affordances* der Umgebung sind die *effectivities* bereits enthalten, mit gegeben. Viele unserer Übungen zielen darauf, sich wahrnehmend vom Umfeld beeindrucken zu lassen, d.h. neue *affordances* aufzufinden, das Spektrum der *effectivities* zu erweitern und die Innen-Außen-Polarisierung aufzulösen. Sie zielen darauf, Menschen für die Wahrnehmungs-Handlungs-Verschränkung zu sensibilisieren, denn in jedem Moment unseres Lebens nehmen wir wahr und handeln mit unserem Leib, meist ohne es zu bemerken.

Erlebnisangebot:

BEWUSSTWERDUNG DES EIGENEN AUSDRUCKS

in Mimik, Gesichtsausdruck, Muskelspannung, Kopfhaltung, Sitzhaltung, Stand, Gang, Tanz, Gestik, Stimme... (siehe auch S. 118ff)

Beispiele:

Friere deine Sitzhaltung ein.

Schaue sie dir „von außen" an.

Schließe die Augen und erspüre sie „von innen" her!

Was sagt sie aus?

Ebenso kann man mit dem Gesichtsausdruck oder dem Gang etc. verfahren:

Einfrieren! Eine Partnerin übernimmt den Ausdruck und die Haltung, spiegelt sie, so daß der Ausdruck von beiden gesehen und erspürt werden kann (was zu einer Überprüfung des eigenen Eindrucks führt).

Um den unmittelbaren Zusammenhang zwischen Eindruck und Ausdruck und erneutem Eindruck zu erleben, sind z.B. folgende Erlebnisangebote denkbar:

Leibliche Berührung als Eindruck

Partnerarbeit

Ausgangsposition: Eine Partnerin sitzt oder liegt, die andere ist aktiv.

Die Aktive soll versuchen, sie auf der körperlichen Ebene zu „beeindrucken", d.h. sie drückt mit Finger, Hand, Fuß usw. an verschiedenen Stellen in den Leib und läßt wieder los. Auch runde und kantige, leichte und schwere Objekte sind gut einzusetzen (Bälle, Stöcke, Steine...).

Die Liegende erspürt den Impuls und die Form und Qualität der Einwirkung, die in ihrem Leib entsteht. Weiterhin kann sie erleben, was für einen Eindruck im übertragenen Sinne es bei ihr hinterläßt, wenn sie gedrückt, gehalten, eingeengt wird und welche Impulse auftauchen, um auf diesen Eindruck mit einem Ausdruck zu reagieren.

Gebe ich die Anregung:

Nimm diesen Ausdrucksimpuls wahr und gib ihm nach, so wird die unmittelbare Verkettung von Eindruck, Resonanz, Emotion und Ausdruck erlebbar.

Gebe ich die Anweisung:

II. DYNAMIKEN DES LEIBES

Nimm deinen Ausdrucksimpuls wahr und gib ihm nicht nach, so wird erlebbar, wie Eindrücke im Leib „hängenbleiben", wie während des Prozesses entstehende Gefühle gehemmt oder blockiert werden, auf welche anderen Reaktionen ausgewichen wird (leiblich z.B. durch Mitgehen mit dem Druck, psychisch und leiblich durch Desensibilisierung, Aufbau von Muskelspannung...).

Viele Partnerübungen beschließen wir mit dem „Nachspüren" nach dem Auseinandergehen. Auch hier handelt es sich um das Erspüren des gerade erlebten Eindrucks: die Hände der anderen an den Füßen, den Rücken der anderen am eigenen Rücken, das Gewicht des Armes, den man getragen hat...

Weitere Partnerarbeitsangebote:

EINDRUCK UND AUSDRUCK

Ausgangsposition: Zwei Personen stehen einander gegenüber.

Die eine Partnerin versucht nun, auf die andere Eindruck zu machen, z.B. durch plötzliches, wildes Gestikulieren;

durch aggressives Verhalten, Angriffslust;

durch doppelte Botschaften;

durch hilflos-depressives Verhalten ..

Die andere beobachtet den Ausdruck und den Eindruck, den es auf sie selbst macht (auf der leiblichen, emotionalen, gedanklichen Ebene).

Wieder ist es möglich, selbst nicht sichtbar zu reagieren, sondern sich als Reservoir von Eindrücken zu erleben, oder

der eigenen Reaktion Ausdruck zu verleihen (z.B. Abwehrgeste, Zuwendung, Schrei...) und dadurch wieder die andere zu beeindrucken, die ihrerseits wieder reagiert.

Dieses Wechselspiel kann schnell und langsam vonstatten gehen, so daß einmal die spontane Reaktion und einmal die Beobachtung der einzelnen Schritte im Vordergrund steht.

Man kann auch die eigene Be-eindruck-barkeit selbst zum Thema machen. Wenn man sich z.B. erinnert, durch welches Ereignis oder durch welchen Menschen man in letzter Zeit stark beeindruckt worden ist, kann man sich *fragen***:**

Auf welcher Ebene, in welchem Sinne hat er/es einen beeindruckt?

Führte der Eindruck zur Anregung eigener Gedanken/Aktivitäten oder zur Verwirrung und Hilflosigkeit?

Erlebte man sich selbst als stark oder schwach beeindruckbar?

Eindrücke kommen nicht immer von außen, sind nicht immer frisch und aktuell. Wir können uns ebenso gut von vor langer Zeit internalisierten Botschaften immer wieder neu beeindrucken lassen: „Wenn du deine Kraft und deinen eigenen Willen zeigst, wirst du nicht mehr geliebt", „Wenn du nach den Sternen greifst, wirst du auf der Nase landen."

Unser eigener Ausdruck ist nicht ausschließlich eine Reaktion auf Eindrücke von außen. Vieles ist spontane Aktivität, manches auch Reproduktion alter Erfahrungen. Jede kann solche heute noch beeindruckenden Botschaften auftauchen lassen und dabei an sich erleben, wie sie sie leiblich, emotional und in ihrem Denken beeinflussen und eventuell den Lebensausdruck einschränken.

In unserer Kultur entwickelt sich auch in jedem Menschen das Bedürfnis eines ganz eigenen und individuellen Ausdrucks, und jeder bringt auch die Möglichkeiten dazu mit.

Diese Ausdrucksmöglichkeiten und -fähigkeiten sind im Laufe des Lebens gewachsen, entwickelt, erprobt, oft aber auch beschnitten, eingeschränkt und verkümmert oder reduziert auf sozial anerkannte und erlaubte Formen. Insofern ist der Ausdruck, den wir zulassen, häufig nicht klar, nicht vollständig, verzerrt (Beispiel: Wenn der Ausdruck von Wut nicht erlaubt ist, kann er sich in unterschwellig aggressive Freundlichkeit verwandeln). Die meisten aktualen Störungen in Beziehungen beruhen auf dem eingeschränkten und verzerrten Ausdrucksverhalten von Menschen.

Wenn ich dem Leibe erlaube, sich wieder freier in den Ausdruck und in die Ausdrucksbewegung hineinzubegeben, wieder expressiver Leib

II. DYNAMIKEN DES LEIBES

zu werden, der aus seinen Einschränkungen (**Domestizierung** und **Kolonialisierung des Leibes**) heraustritt, wird er sich selbst neu entdecken, reicher und bunter in seinen Ausdrucksformen werden. Gleichzeitig wird der Ausdruck deutlicher und offener das innere Gefühlsgeschehen spiegeln, so daß die zwischenmenschliche Interaktion klarer verläuft.

In unserer Arbeit geht es also um Wiedergewinnung von *Wahrnehmungs-, Resonanz- und Ausdrucksfähigkeit, Ausdrucksvielfalt, -intensität und -volumen*.

Zwei Annäherungsweisen sollen hier näher beschrieben werden:

1. Wir gehen von Leibregionen und Haltungen aus, die wir in Bewegung bringen und mit deren Möglichkeiten wir experimentieren. Zusammenhänge zwischen Bewegungsausdruck und ausgedrücktem (darin verborgenem) Gefühl werden im Prozeß von selbst deutlich.

DER LEIB AUF DEM WEG ZU SEINEN GEFÜHLEN

Beispiel: der Kiefer

Die TeilnehmerInnen experimentieren mit Haltungen und Bewegungen des Unterkiefers und entdecken den Zusammenhang mit bestimmten Gefühlen. Werden noch Töne dazu eingeführt, werden Ausdruck und Erleben noch wesentlich verstärkt.

Als Gefühl*themen* kommen z.B. Langeweile, Resignation, Drohung, Aggression, Trotz und Erstaunen auf.

Ähnliches kann man mit Gesicht, Becken, Füßen etc. tun.

Beispiel: Experimentieren mit Kopfhaltungen

geneigt, gesenkt, Blick schräg von unten, Kopf starr aufrecht, zurückgenommen, Nase vorn.

Beispiel: Haltungen des ganzen Leibes

Stehen mit durchgedrückten Knien und in die Seiten gestemmten Händen, gebeugt, schlapp, erstarrt.

Es kann jeweils allein gearbeitet werden, auch jeder für sich in der Gruppe oder in Partnerarbeit.

2. Die andere Möglichkeit ist die, von den uns bekannten Gefühlen auszugehen und alte und neue Ausdrucksformen für sie zu finden.

EMOTIONEN FINDEN LEIBHAFTIGEN AUSDRUCK

Beispiel: Wut

Überlegen Sie mal, ob Sie zur Zeit auf jemanden wütend sind oder wann Sie zum letzten Mal wütend waren.

Versetzen Sie sich in die Situation und spüren Sie die Wut, z.B. im Gesicht, in den Kiefern, den Beinen...

Wenn Sie sie nicht unmittelbar spüren können, stellen Sie sich vor, sie wären wütend (oder wie sieht jemand aus, der wütend ist).

Experimentieren Sie nun damit, wie Sie Wut spielerisch und lustvoll oder kraftvoll und ernsthaft mit verschiedenen Körperteilen und Bewegungen ausdrücken können (mit den Ellbogen, mit den Fersen, mit dem Hintern...). Verlassen Sie auch Ihre gewohnten Vorstellungen und lassen Sie die Wut oder die Vorstellung von Wut sich in Ihrem ganzen Leibe ausbreiten („meine Augen sind wütend", „meine Knie sind wütend"...).

Welche Körperteile eignen sich für den Ausdruck von Wut, welche nicht?

Austausch

Ebenso kann man mit Freude, Gier, Lust, Angst, Langeweile... verfahren.

Variation:

Partnerarbeit

1. Zwei PartnerInnen zeigen sich zurückhaltend, schüchtern, gelangweilt etc. und verstärken sich dadurch gegenseitig.

2. Eine ist ausgelassen, fröhlich etc., die andere läßt sich beeindrucken und gibt verbal oder in Gesten Rückmeldung über das, was sie sieht bzw. grenzt sich ab.

(Siehe S. 316)

Variation: Emotionen mit Bewegung und Stimme zusammen in den Ausdruck bringen.

Ziel dieser Arbeit ist es, alte Beschränkungen zu erkunden (z.B. „Du darfst dich nur verbal äußern") und gegebenenfalls zu überschreiten, verfestigte Panzerungen anzugehen, „verbotene" Gefühle in den Blick zu nehmen, sich ihnen anzunähern und sie vielleicht sogar als lustvoll zu erleben. Insgesamt wird also die *Ausdrucksfähigkeit* erhöht, die *Ausdrucksvielfalt* erweitert und die *Ausdrucksintensität* verstärkt.

Bei dieser Arbeit, in der sich durch die Lust des Experimentierens häufig Erinnerungskanäle zur Kindheit öffnen und das Leibgedächtnis aktiviert wird, stoßen wir unweigerlich an Grenzen: Angst taucht auf, daß die geweckten Emotionen übermächtig werden könnten. Verbote tauchen auf, die hindern oder ängstigen, Familientabus drängen ans Licht.

Einerseits können nun diese Grenzen „umspielt" werden, indem man die Botschaften und Verbote in den Blick nimmt und indem man sich schrittchenweise die Erlaubnis gibt, dieses oder jenes „Verbotene" zu tun (zu treten, zu tanzen, zu brüllen wie ein Löwe...) und so den eigenen Freiraum erweitert. Andererseits muß hier zu konfliktorientierter Arbeit übergegangen werden, indem die „eingefleischte Geschichte" bearbeitet wird (siehe S. 118ff).

Umspielen von Ausdrucksgrenzen

Partnerarbeit

Eine PartnerIn verbalisiert und verkörpert (in Haltung, Blick etc.) das Verbot oder die Botschaft, die die andere internalisiert hat (z.B. kontrolliere dich, sei nicht überschwenglich, sei nicht laut, ordinär...).

Die andere erprobt ein neues Verhalten, versucht, sich nicht mehr so einschränken zu lassen, sondern mit Bewegung und Tönen den eigenen Spielraum zu erweitern (z.B. einen Tanz der überschwenglichen Freude zu gestalten oder mit Stampfen und lauten Tönen sich Gehör zu verschaffen).

Die *Beeindruckbarkeit* und die *Ausdrucksfähigkeit* von Menschen ist sehr unterschiedlich. Manche sind im Laufe ihrer Geschichte zu weichem Wachs geworden, immer reagierend auf Anforderungen und Eindrücke von außen. Andere haben eine unsensible Starre aufgebaut, ursprünglich um eine Überflutung von außen überleben zu können. Beides verhindert, daß das Eigene in angemessener Weise heraus und Fremdes auf angemessene Weise hinein kann. Hier geht es also um ein Arbeiten an der *Resonanzfähigkeit* und *Empathie* (siehe S. 255) einerseits und der *Abgrenzung* und *Selbstbestimmtheit* andererseits.

Hierzu bietet die BEWEGUNGSARBEIT MIT DEM GONG interessante Möglichkeiten:

Resonanz und Abgrenzung

Ziel: berührbarer, resonanzfähiger werden

Geeignet für: Einzelne, Gruppen

Ausgangssituation: Die TeilnehmerIn steht vor dem Gong.

1. Der Gong wird angeschlagen, oder sie schlägt ihn selbst an und erspürt mit den Händen und dem Gesicht die Vibrationen unmittelbar vor dem Gong. Allmählich entfernt sie sich weiter vom Gong, aber nur so weit, daß sie die Schwingungen des angeschlagenen Gongs noch spüren kann. Nun kann sie sich nach allen Richtungen drehen, sich auf eine Leibregion konzentrieren und die Schwingungen besonders dort ankommen lassen. Sie kann ihr Vorstellungsvermögen hinzunehmen und sich vorstellen, daß die Schwingungen auf sie treffen, durch sie hindurchgehen und hinter ihr weitergehen.

Weiterführung: Einschwingen des Atems auf den Rhythmus des Gongs.

II. DYNAMIKEN DES LEIBES

Zusätzlich kann später auf dem Ausatem ein Summton entstehen. D.h. die Übende läßt sich in ihrer Atembewegung vom Gong berühren und antwortet aus ihrer Resonanz heraus mit dem summenden Einschwingen auf den Gong.

Variation: Sich durch Klänge und Rhythmen des Gongs bewegen lassen, in eine Resonanzbewegung gehen.

2. Das Gegenteil davon ist die Abgrenzung gegen die Macht des Gongs.

Wird der Gong kontinuierlich oder laut angeschlagen, kann er instabile Menschen leicht überfluten. Hier ist äußerste Vorsicht geboten.

Die Übende/die Gruppe steht in einem relativ großen Abstand zum Gong und hat die Aufgabe, genau zu erspüren, wann das Spiel des Gongs ihr zu heftig, zu mächtig wird.

Wenn dieser Punkt erreicht ist, sollen sie sich mit Haltung, Abwehrgesten und einem Nein der eigenen Stimme dagegen abgrenzen, sich selbst *nicht* einschwingen, sondern sich selbst verteidigen und standhalten.

3. Eine andere Möglichkeit, den Weg aus der (subjektiv erlebten) „Opfer"position oder der des Fähnchens im Winde zu finden, ist, drei verschiedene Positionen zu erleben:

die Position des Opfers, der Mißbrauchten, Überfluteten;

die Position der Macht, d.h. den Gong selbst heftig anschlagend (hier kann Rache gefühlt werden oder auch Identifikation mit dem Aggressor);

die eigene vorsichtige Annäherung an das Spielen des Gongs, was zu einem Dialog führen kann, in dem der Gong und der Gongspieler in ein Gespräch treten.

Nicht nur Töne erzeugen Resonanzen in uns, sondern auch Emotionen, Bilder, Landschaften, Ausstrahlung von Menschen... Alles kann uns berühren, bewegen, etwas in uns in Schwingung bringen. Und diese innere Bewegung können wir in einer äußeren Bewegung Gestalt werden lassen. Der Phantasie sind hier kaum Grenzen gesetzt:

Hier einige Möglichkeiten:

RESONANZBEWEGUNG

1. SICH BERÜHREN, BEEINDRUCKEN, INNERLICH BEWEGEN LASSEN

bei oder nach dem Anblick eines Bildes;

bei oder nach dem Hören von Musik;

nach einem Tagtraum oder Traum;

nach einer Leibwahrnehmung, einer Phantasiereise oder einer Meditation.

Das innere Erleben soll in freier Bewegung nach außen kommen, das innere Bewegt-Sein in einem äußeren Bewegt-Sein deutlich werden.

2. SICH BEEINDRUCKEN LASSEN VON EINEM ANDEREN MENSCHEN

Jemand erzählt einen Traum;

spielt seine eigene Musik, Melodie, Rhythmus;

zeigt sein gemaltes Bild, seine Tonarbeit...;

erzählt sein Märchen, seine Geschichte...;

nach einer Einzelarbeit in der Gruppe.

Die TeilnehmerInnen schauen, lauschen, erspüren ihre eigene Resonanz und bringen sie in Bewegung zum Ausdruck. *Ziel* ist die Übung der eigenen Resonanzfähigkeit und Empathie. Eigenes

klingt an: Ich bewege das, was durch den anderen bei mir angeklungen ist. Gleichzeitig können die Atmosphären und Ausdrucksqualitäten, die als Resonanz entstehen, auch Interpretationshilfe sein für diejenige, die etwas vorstellt. (Ein getanzter Traum bekommt für den Träumer ein anderes Gesicht; der eigene Rhythmus wird durch die bewegte Empathie der anderen zur gemeinsamen Musik etc.)

KLÄRUNG VON EINDRÜCKEN (1)

Ausgangssituation: morgens (z.B.)

Geeignet für: Einzelne, Gruppen

Gehen Sie im Raum umher!

Gehen Sie dabei in Gedanken zurück zum letzten Abend, dann langsam in die Nacht hinein.

Was haben Sie in den Schlaf mitgenommen?

Wie haben Sie geschlafen? Was erinnern Sie von den Träumen?

In welcher Stimmung sind Sie wach geworden?

Spüren Sie, was Ihnen jetzt noch davon in den Gliedern hängt. Nehmen Sie noch bewußter wahr, wie es sich z.B. in Schwere der Glieder, Dynamik der Bewegung oder Wachheit der Augen ausdrückt.

Verstärken Sie das Gespürte bewußt, bis es in der Bewegung immer prägnantere und klarere Formen annimmt.

Benennen Sie mit einem Wort oder Satz das, was sich zeigt und bleiben Sie dabei noch eine Zeitlang in der entstandenen Bewegung.

Weiterführung:

Bleiben Sie weiterhin in der Bewegung und geben Sie sich die Erlaubnis, daß die Bewegung sich verändern darf und von selbst neue Qualitäten annimmt.

Nehmen Sie wahr, wohin die Bewegung Sie führt und welchen Einfluß die neuentstandene Bewegung auf Ihre Stimmung hat.

Dieses Angebot kann in vielerlei Situationen eingesetzt werden, nämlich überall da, wo es gilt, unklare, diffuse oder heftige Eindrücke zu klären und nach außen zu bringen. Der Einstieg kann z.B. in einer Patienten- oder Klientenrunde geschehen nach einem Wochenende, aber auch nach einem Gespräch über Tod, Gewalterfahrung etc. Er kann dann helfen, die im Inneren entstandenen Stimmungen oder Gefühle wahrzunehmen, zu klären und nach außen zu bringen.

In Gruppen, die in Wahrnehmung, Resonanz und Ausdruck geübt sind, kann dieses Angebot jederzeit gemacht werden, um die Bewußtheit für die Verschränkung zwischen innen und außen (affordances und effectivities) zu erhöhen und den Übergang zwischen beiden in vielfältiger Art zu üben.

KLÄRUNG VON EINDRÜCKEN (2)

Nimm die Stimmungen oder die Gefühle wahr, die jetzt in dir sind (im Sitzen, Gehen oder Stehen).

Laß sie hineinfließen in den Ausdruck deines Gesichts, in die Bewegung deiner Hände (Gesten, Bewegungen).

Laß Töne dazu entstehen und bewege dich, bis du dir selber klar wirst (oder: bis du gänzlich zum Ausdruck dieser Atmosphäre und Gefühle wirst).

Das *Ziel* dieser Art des Arbeitens ist es, die Wahrnehmung dessen, was in einer bestimmten Situation innen ist, zu üben, diffuse Empfindungen und Gefühle zu klären, Festgehaltenes loszulassen oder kreativ weiterzuentwickeln.

Beispiel: Jemand erzählt vom Sterben eines Elternteils.

Wenn danach dieses Angebot gemacht wird, können die diffusen Gefühle von Trauer, Ärger, Mitleid etc. prägnanter werden, so daß daraus vielleicht eine Mitleidsgeste oder ein Trauerritual entstehen kann.

II. DYNAMIKEN DES LEIBES

KRANKHEITSSYMPTOME ALS AUSDRUCK VON EINGEDRÜCKTEM

Starke Eindrücke führen häufig zu Symptomen auf der körperlichen Ebene des Leibes: Kopfschmerz, Bauchdruck, Sehstörungen, Gangstörungen, Schwindel... Oft hilft die Umgangssprache uns, die Leibsprache zu verstehen.

Etwas macht mir Kopfzerbrechen.

Es liegt mir wie ein Stein im Magen.

Es zieht mir den Boden unter den Füßen weg.

Etwas verschlägt mir die Sprache.

Etwas macht mich ganz schwindelig.

Am Leitseil solcher Ausdrücke kann man sich mit den Symptomen beschäftigen. Man kann sie zum Mittelpunkt der Wahrnehmung machen, sie so genau wie möglich erfassen, und das, was man fühlt, noch verstärken. In der Konzentration und Verstärkung geschieht bereits etwas: das Symptom verwandelt sich. Gleichzeitig können Bilder, Assoziationen und Ahnungen auftauchen von dem, was zu dem Symptom geführt hat.

Beispiel 1: „Etwas liegt mir wie ein Stein im Magen"

Wähle dir einen Stein aus, der annähernd dem Stein entspricht, der dir im Magen liegt.

Leg dich auf den Rücken und plaziere den Stein auf den Stein im Magen. Verweile mit deiner gesammelten Aufmerksamkeit bei den Steinen und beobachte, was geschieht. (Häufig „erweicht" sich der Stein, bekommt eine andere Form und eine weniger harte Konsistenz.)

Dialogisiere mit dem Stein und frage ihn, woher er kommt, was er in deinem Magen macht, was er dir sagen will...

Nimm den realen Stein vom Bauch. Spüre, was nun geschieht.

Beispiel 2: Kopfschmerzen

Schließen Sie die Augen. Spüren Sie genau hin:

Wo schmerzt es Sie?

Wie ist die Art des Schmerzes/Druckes (stechend, hämmernd, ein Ringdruck)?

Suchen Sie sich nun ein passendes Material aus (Ball, Decke, Stock, Kissen...), greifen Sie es mit den Händen und drücken Sie den Druck/Schmerz hinaus, drücken Sie ihn aus, genau so, wie Sie ihn innen spüren. Tun Sie es immer wieder und nehmen Sie bei der Bewegung ihren Ausatem hinzu.

Wandern Sie hin und her zwischen dem Schmerz im Kopf und der Kraft in Ihren Händen. Wie ist der Schmerz jetzt? Was ist das für eine Kraft? Drückt sie ein Gefühl aus?

Nicht immer steht das Symptom in einer direkten Verbindung mit der eindrücklichen Szene oder Situation. Wenn ein immer wiederholter Eindruck aus irgendwelchen Gründen keinen Ausdruck bekommen darf, dann ist er im Leib wie in einem Gefängnis eingeschlossen und beginnt dort im Untergrund Wege und Umwege zu suchen, um irgendwo und irgendwie ans Licht zu kommen, oft in einer Krankheit. Der Leib ist dann krank geworden, weil eine Selbstregulation im Sinne eines Ausgleichs zwischen Eindruck und Ausdruck nicht möglich war. Wenn es soweit gekommen ist, der Mensch psychosomatisch krank ist, dann können wir die Sprache der Symptome nicht mehr verstehen, und es ist ein langer und mühevoller Weg, sich den ursprünglichen Konstellationen und Atmosphären anzunähern, in der die Einengungen und Schädigungen ihren Ursprung nahmen.

Die Wichtigkeit des ständigen Wechselspiels von Wahrnehmung und Handlung, Eindruck und Ausdruck für eine leibliche und psychische Gesunderhaltung wird hier noch einmal besonders deutlich.

2. Leben im Spannungsfeld der Gegensätze

Die Tatsache, daß wir uns ein Bild von der Welt machen können, beruht auf der Fähigkeit, Unterschiede wahrzunehmen. All unsere Sinne arbeiten ständig, nehmen Informationen auf, und unser Gedächtnis und unser Denkvermögen vergleicht Wahrgenommenes mit früheren Erfahrungen und mit denen anderer Menschen. Sie werten, ordnen ein anhand von Rastern, die sich im Laufe der Zeit aufgebaut und differenziert haben: diese Farbe ist heller als jene, dieser Ton ist tiefer als jener, dieser Schmerz ist stechend, jener ist dumpf, dieser Zeitpunkt liegt später als jener, dieses Haus ist höher als jenes... Zahlreiche Rasterpunkte gliedern unser Ordnungssystem und geben uns etwas Sicherheit in der unüberschaubaren Vielfältigkeit unserer Welt. Und sie geben uns die Möglichkeit, miteinander zu kommunizieren, dadurch, daß wir in Ko-respondenzprozessen einen Konsens über Wertigkeiten und Bedeutungen von Wahrnehmungen hergestellt haben und immer weiter herstellen.

Im Bereich der Technik ist es meist nicht so schwierig, Maße zu finden. Im Bereich der Gefühle und der Werte ist dies schon viel schwieriger. Wir haben keine klaren Maßeinheiten und also keine „Meßlatten". Gefühle gehörten über lange Zeit nicht zu den Forschungsthemen, und so stand die Emotionsforschung lange am Rande. Das hat sich in letzter Zeit grundlegend gewandelt.

In der Psychotherapie versuchen Menschen über die Selbsterfahrung sich in ihre Gefühle hineinzubegeben, um sie besser differenzieren zu lernen und auf diesem Wege mehr „Gefühlsgenauigkeit" zu entwickeln. Je mehr man Emotionen differenzieren kann und Verbalisationshilfen bekommt, desto bekannter und benennbarer wird die Welt der Gefühle und dadurch meist auch weniger bedrohlich. Alles, was uns unbekannt ist, macht Angst. Wenn ich beispielsweise Haß nicht von Wut unterscheiden kann, kann schon das Aufkommen von Wut Angst machen. Wenn ich Traurigkeit und Depression nicht differenzieren kann, wird vielleicht eine sinnvolle Trauer schon unterdrückt werden müssen aus Angst vor einer Depression. Wenn man sich auf diesen für viele Menschen unbekannten inneren und zugleich zwischenmenschlichen Bereich einläßt, kann man differenzieren lernen.

Man kann lernen zu erspüren, zu „wissen", ob ein seelischer Schmerz einen tiefer oder anders trifft als eine frühere Erfahrung. Man kann lernen, den Grad der Offenheit oder Verschlossenheit, den man einem anderen Menschen gegenüber zeigt einzuschätzen. Man kann wahrnehmen, daß man sich bestimmten Menschen gegenüber groß, anderen gegenüber klein fühlt. Man kann lernen wahrzunehmen, wie man seine Gefühle hemmt oder blockiert in dem Moment, wo sie ins Fließen geraten und nach außen drängen.

Nicht, daß es ein festes, objektives System mit fixierten Rasterpunkten gibt, nein: Erfahrungen werden gemacht und – wie schon gesagt – mit anderen eigenen Erfahrungen und mit denen anderer Menschen verglichen. Sie werden gedeutet und beziehen so aus dem gemeinsamen, übergreifenden Wertesystem (Beschreibung einer Depression, Beschreibung eines Trauerprozesses) ihre Deutung. Diese Deutungen und Bedeutungen sind immer relativ und relational. Im Laufe der Zeit entsteht aber so in jeder Kulturepoche und auch in jedem Menschenleben ein Spektrum von Quantitäts- und Qualitätsdifferenzierungen, das die innere und äußere Welt systematisiert und ordnet.

Begrenzt wird diese Welt durch die Begrenztheit unserer Sinne: z.B. hören und sehen wir unendlich viel schlechter als die meisten Tiere. Andererseits schieben wir mit der Entwicklung der Technik unsere Grenzen hinaus. Wir konstruieren uns feinere Ohren, Augen, Bewegungsapparate etc.

Auch unsere Vorstellungskraft und unsere Fühlfähigkeit sind begrenzt, so daß unsere Erlebniswelt sozusagen Begrenzungen hat und äußerste Ränder. Sie hat ein Oben und Unten, ein Innen und Außen, ein Mehr und ein Weniger. Diese „Enden", die äußersten Punkte menschlichen Erlebens und Verhaltens nennen wir Extreme. Im Positiven wie im Negativen, im Erfreulichen wie im Beängstigenden machen sie uns deutlich, zwischen welchen Polen menschliches Leben sich abspielt. Ebenso, wie wir unser Gehirn nur zu einem Teil nutzen, so nutzen wir auch nur einen Teil unserer Möglichkeiten, diesen Raum zwischen den Extremen zu erleben, zu erfahren und darin zu handeln.

Es ist daher möglich, sich an den bekannten Erlebnis- und Verhaltensweisen entlangtastend, im Experiment die Grenzen hinauszuschie-

II. DYNAMIKEN DES LEIBES

ben, sich den gegensätzlichen Polen anzunähern und das Spektrum dazwischen in seiner Spannung und Dynamik zu erforschen.

Als bekannte Muster in der Emotionalität kennen wir Menschen, die „himmelhoch jauchzen und zutode betrübt" sind, die sich hin- und hergerissen fühlen und einen emotionalen Stil der Bipolarität entwickelt haben. Sie haben Mühe, ihre Mitte zu finden (**emotionaler Stil**). Ihr Gegenbild hat sich auf ein sicheres, verläßliches Mittelmaß eingeschworen und meidet alle Extremerfahrungen.

Allerdings geht es in unserer Arbeit nicht um Typisierungen von Stilen, sondern darum herauszufinden, wie das eigene Temperament, die eigenen Möglichkeiten sich überhaupt haben entwickeln können und wo die familiäre und gesellschaftliche Sozialisation das eigene Potential eingeschränkt hat, wo Gebote und Verbote gar nicht zugelassen haben, das eigene Spektrum auszuprobieren, wo Rollenerwartungen die eigene Individualität behindert haben etc. Freiräume und Spielräume gilt es zu entdecken, Einschränkungen, Verformungen, Tabuisierungen, Ängste gilt es aufzufinden, um an ihren Grenzen zu experimentieren. Hilfreich ist hierbei das Ausprobieren entgegengesetzter Rollen (Mann – Frau, Handelnde – Passive) und gegensätzlicher Qualitäten (hart – weich, egozentrisch – selbstverleugnend), um zu erspüren, wo ungelebtes Leben verborgen liegt.

Wir alle kennen auch das Phänomen der „zwei Seelen in der Brust"; zwei gegensätzliche Strebungen im Innern, die uns jede auf ihre Seite ziehen wollen und die uns dadurch lähmen und handlungsunfähig machen, wenn sie gleichstark sind. In diesem Fall geht es um das Spannungsfeld innerer Polaritäten, die es aufzudecken und zu überwinden gilt, damit man wieder aus der Lähmung ins dynamische Spiel kommt. Spannungen können so groß werden, daß sie in die Zerrissenheit oder die Gespaltenheit führen, besonders dann, wenn die Spannungen unbewußt oder unterdrückt bleiben. An der Lösung und Integration kann nur gearbeitet werden, wenn das Spannungsfeld wahrgenommen wird. So ist in allem Experimentieren und Üben vor allem das Wahrnehmen dessen, was ist, (auf der leiblichen, der emotionalen und der Beziehungsebene) wichtig. Die Weiterarbeit hat dann unterschiedliche Schwerpunkte: Werden Einengungen, Verkrustungen,

Defizite wahrgenommen, so geht es um das *Erweitern von Einengungen* und das *Erarbeiten von Verlorenem*. Werden extreme Verhaltensweisen wahrgenommen, so geht es um das Erarbeiten, ja Üben von *Übergängen* und dem *Spektrum zwischen den Extremen*. Werden innere Ambivalenzen wahrgenommen, so geht es um *Klärungen* und das *Erarbeiten von Handlungsmöglichkeiten*.

Unser *Ziel* ist der flexible, experimentierende Mensch, der sich im Lebensvollzug selbst erfahren will und der imstande ist, sich aus drohenden Lähmungen zu befreien und die differenzierte Vielfalt dynamisch zu leben, ein Mensch, der differenziert, integriert und nicht spaltet.

2.1. Gegensätze und Spannungsfelder

Ein grundlegendes Gegensatzpaar im menschlichen Leben ist das von „Engung" und „Weitung". „Leiblichsein bedeutet in erster Linie: zwischen Enge und Weite in der Mitte zu stehen und weder von dieser noch von jener ganz loszukommen", sagt *H. Schmitz* (1992, 45) und meint damit die sehr leiblich erlebbaren, miteinander konkurrierenden Kräfte (körperlicher, emotionaler und geistiger Natur) von Hemmung und expansivem Drang, von Spannung und „Schwellung", wie er es auch nennt. Sie stacheln sich gegenseitig an, so daß ein Spiel mit wechselnder Dominanz entsteht, in dem Extreme, aber auch Ausgleich möglich ist.

„ENGUNG – WEITUNG"

1. *Geeignet für*: Einzelne, Gruppen

Ausgangsposition: stehend im Raum, Augen geschlossen

Stell dir einen vollbesetzten Omnibus oder eine U-Bahn bei Büroschluß vor. Die Menschen stehen dichtgedrängt. Du bist eine von ihnen. Du spielst dich ein auf die Situation, du „nimmst dich zusammen", beanspruchst wenig Raum, versuchst vielleicht, Körperkontakten auszuweichen.

Endlich bist du am Ziel. Du steigst aus bei der Haltestelle am Park. Du hältst inne und genießt die ersten frischen, freien Atemzüge. Du erweiterst dich in die dich einladende Abendfrische hinein.

II. DYNAMIKEN DES LEIBES

Auf welche Art machte sich die Vorstellung von der Menschenmenge in dir bemerkbar?

Was veränderte sich bei der Weitung?

2. Stell dir vor, es ist kalt. Du bist draußen und frierst. Was tust du, was geschieht in dir, damit du der Kälte standhältst?

Endlich bist du zu Hause. Du läßt ein warmes Bad einlaufen und stellst dir vor, wie dein kaltgewordener Körper in das warme Wasser gleitet und sich langsam wohlig darin ausbreitet.

3. *Ausgangsposition*: liegend

Stell dir vor, du hast dich gemütlich zur Mittagsruhe ausgestreckt. – Du wirst ruhig. – Du überläßt dich der Wärme und den schwächer werdenden Empfindungen. Da geht schrill das Telefon. Du erschrickst und stehst auf. – Nach dem Telefonat legst du dich wieder nieder und überläßt dich erneut dem Wechsel in die Weitung.

4. Stell dir vor, dich trifft ein plötzlicher unerwarteter Schmerz. Du könntest schreien, aber unterdrückst aus irgendeinem Grund den Schrei. Spüre, was in dir geschieht, wenn du den Schrei festhältst. –

Stell dir nun vor, daß du dem Schrei den Weg bahnst, den Mund öffnest, erst wenig, dann größer, bis der Schrei – in der Vorstellung oder real – durch den geöffneten Mund, ja durch den ganzen Leib, nach draußen dringt.

(Siehe auch S.166ff)

DOMESTIZIERUNG 1

Geeignet für: Einzelne, Gruppen

Suche dir einen Platz im Raum. Steh dort und nimm deine objektive Größe und Breite wahr (mit den Augen und den Händen).

Mach dich nun allmählich immer breiter. Nimm mit Armen und Beinen so viel Raum ein wie möglich. Bleib dabei im Bewegungsfluß und laß gleichzeitig deinen Atem all deine inneren Räume füllen.

Laß nun deine Bewegungen kleiner werden. Werde allmählich in deinen Innenräumen und in deinen Bewegungen immer enger, eingeschränkter, so als gäbe es lauter Einengungen um dich herum.

Tu dies, bis du ganz eng und klein bist und deine Atemwelle die einzige Bewegung ist, die du noch wahrnehmen kannst.

Von dort aus mach dich Schritt für Schritt wieder auf den Weg in die Weite und den Raum. Erlebe, wie sich allmählich alles wieder öffnet.

Themen:

Eingeengtheit, Begrenzung, Grenzen, Normen, Muster, Rollen usw.

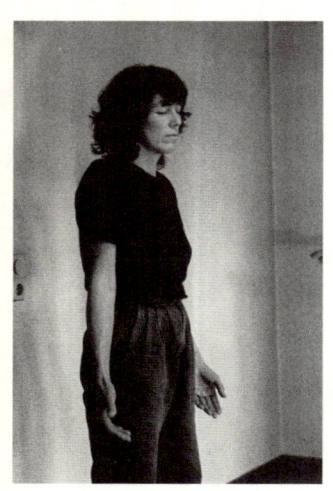

DOMESTIZIERUNG 2

Geeignet für: Einzelne, Gruppen

Finde einen Platz. Umschreite seine Ausdehnung. Stelle dich in seinen Mittelpunkt und durchmiß den Raum um dich herum, seitwärts und nach oben mit den Bewegungen deiner Arme. Genieße Bewegungsfreiheit und Reichweite (siehe auch S. 98).

Nun werden einengende Botschaften ausgesprochen:

„Mach dich nicht so breit!"

„Nimm dich nicht so wichtig!"

„Sei nicht so lebhaft, weniger raumgreifend!"

„Bescheidenheit ist eine Zier!"

(Oder aus dem eigenen Leben bekannte Botschaften.)

Stell dir vor, daß du mit diesen oder ähnlichen Forderungen immer weiter eingeschränkt wirst – langsam aber sicher, Schritt für Schritt, zwingend – bis du dich kaum noch rühren kannst. (Nimm dir viel Zeit dazu, so daß du jeden neuen Schritt der Einengung spüren kannst.)

Erspüre deinen Atem- und Bewegungsraum in der Enge.

Erspüre, *wie* du dich einschränkst.

II. DYNAMIKEN DES LEIBES

Erspüre, *was* du dabei fühlst.

Was geschieht mit dir in der eingeschränkten Haltung?

Weiterführung:

1. Wechsel von der Einschränkung zur Weitung:

Löse langsam die eingeengte Haltung wieder auf, atme tiefer, erlaube deinen Lebensgeistern wieder zu erwachen und erweitere dich wieder in den Raum hinein.

2. Individuelle Fortsetzung im eigenen Impuls:

Bleibe an dem Punkt der stärksten Einengung, bis du einen eigenen Impuls von innen erspürst. Folge ihm.

Die Impulse gehen in zwei Richtungen, in die aktive: Ausbruch, Schrei, Explosion in die Bewegung hinein, oder in die Erstarrung, in die hilflose Bewegungsunfähigkeit, Resignation und Leere.

Die individuelle Geschichte der Domestizierung und Kolonialisierung des eigenen Leibes wird hier oft so deutlich, daß konfliktorientiertes Arbeiten sich anschließen kann oder muß (siehe S. 118).

BLOCKIEREN – FLIESSEN LASSEN

Geeignet für: Einzelne, Gruppen

Die TeilnehmerInnen gehen durch den Raum und lassen eine fließende Bewegung entstehen. Wenn die Therapeutin ruft: „stop", schneiden sie die Bewegung ab und hemmen den Bewegungsfluß. Bei „weiter" kann die Bewegung wieder aufgenommen werden. Mehrmals wiederholen.

Variation: Die TeilnehmerInnen erarbeiten sich eine fließende und schwingende Bewegung von einem Punkt im Raum zu einem anderen. Bei jedem „stop" müssen sie zum Ausgangspunkt zurück und erneut beginnen.

Fragen:

Wie erlebst du die Frustration im eigenen Fluß?

Was bewirkt das Abgeschnittenwerden in dir?

Hast du eine Gefühlsreaktion wahrgenommen?

Hast du diese ausgedrückt oder gehemmt, blockiert?

Wie gehst du normalerweise mit solchen Frustrationen um?

Wo schneidest du dich selbst ab (mit Verboten etc.)?

Erstarren – Verflüssigen

Geeignet für: Einzelne, Gruppen

Die TeilnehmerInnen stehen und machen sich hart und starr. Sie erspüren die Haltung, die Spannung, den Atem. Sie erkunden, ob ihnen diese Haltung bekannt ist.

Dann schmelzen, erweichen sie die Haltung langsam, erst die Gesichtszüge, den Nacken, so daß der Kopf hängen kann, und weiter hinunter bis zum Hängen oder Liegen...

Variation: Die Anweisung kann mit psychischen Botschaften arbeiten, die mit Starre und Weichheit zu tun haben:

Laß dich nicht so hängen!

Kopf hoch, Zähne zusammenbeißen!

Halt dich gerade!

Du darfst dich hängenlassen.

Du darfst dich ausruhen.

Du darfst dich erweichen lassen.

Geben – Nehmen

Die Arbeit mit gegensätzlichen Richtungen und Qualitäten kann gut am Atem verdeutlicht werden. Er ist unsere spürbarste Verbindung zwischen innen und außen, zwischen dem Ich und der Welt, der wir im ständigen Austausch verbunden sind.

Schwerpunkt 1: Nehmen

Die Arme öffnen sich in der Einatmung – schließen sich über dem Brustbein oder Bauch in der Ausatmung.

Die innere Haltung soll sein: Ich öffne und weite mich, schöpfe, nehme auf und lasse dann den Atem in der Vorstellung durch mich hindurch bis zu den Füßen fließen.

Schwerpunkt 2: Geben

Die Arme öffnen sich in der Ausatmung – schließen sich über dem Brustbein oder Bauch in der Einatmung.

Die innere Haltung soll sein: Ich gebe meinen Atem frei in die Welt und sammle mich in meinem Zentrum, während ich Luft in mich aufnehme.

Folgende *Fragen und Interventionen* können während oder nach der Übung hineingegeben werden:

Welche Qualitäten hat der Atem für dich im Augenblick (Lebensenergie, Kraft, Emotionen, Ideen, Wärme, Frische...)?

Spüre die verschiedenen Qualitäten des Atems.

Was ist dir vertrauter, zu nehmen oder zu geben?

Wird dir das auch über deinen Atem deutlich?

Bist du im Gleichgewicht von: geben und nehmen, kommen und gehen, innen und außen, zu dir hin und von dir weg, festhalten und loslassen?

Sich öffnen – Sich schliessen 1

Wie der Wechsel von geben und nehmen, so gehört der Wechsel von sich öffnen und sich schließen zu den Grundthemen, den Grundbewegungen des Menschen. Er öffnet sich für sich selbst und verschließt sich wieder. Er öffnet und verschließt sich im Kontakt mit anderen. Und er lebt in kosmischen Rhythmen: er öffnet sich dem Tag, dem Licht, einer neuen Lebensphase; er beschließt einen Tag, schließt die

Augen, beschließt sein Leben. So vielfältig wie das Thema sind auch die Möglichkeiten der Variationen (siehe S. 109ff).

Beim Arbeiten mit Gegensätzen ist es möglich, Extrempositionen aufzufinden und einzunehmen, d.h. abwechselnd sich zusammenzurollen oder ganz eng zu machen, um danach im Liegen oder Stehen eine extrem geöffnete Haltung einzunehmen, die wieder von einer ganz geschlossenen Haltung abgelöst wird. Dies allein bringt schon viel Erlebnismaterial zutage. Der Wechsel zwischen den Extremen wird noch spürbarer, wenn man ihn jeweils mit dem Schlag einer Trommel angibt.

Eine mögliche *Weiterführung* ist die, nach den Extrempositionen die eigene momentane Position zwischen offen und geschlossen zu finden, zu erspüren und den anderen deutlich zu machen.

SICH ÖFFNEN – SICH SCHLIESSEN (ALLEIN) 2

Geeignet für: Einzelne, Gruppen

Ausgangsposition: Die TeilehmerInnen sitzen, die Leiterin schlägt regelmäßig eine Klangschale an.

Laß den Klang in dich hinein – durch dich hindurch – lausche – schwinge dich ein!

Laß jeden Klang dich wecken zu einer kleinen Bewegung der Öffnung und geh im Verklingen wieder zu dir zurück, in dich hinein.

Experimentiere dabei mit Öffnung der Räume zwischen verschiedenen Körperteilen und Leibregionen (z.B. dem Raum zwischen den Zehen, zwischen den Beinen, zwischen Rumpf und Beinen, zwischen Kopf und Schultern, zwischen den Schulterblättern...).

Je nach Geübtheit der Gruppe läßt man völlig frei experimentieren oder man gibt ein paar Beispiele oder man benennt die Räume Schritt für Schritt.

Öffne dich nun beim Ton der Klangschale mit deinem ganzen Leib in einer fließenden Bewegung, die beim Verklingen sich wieder fließend in eine Schließbewegung verändert. Laß einen Tanz der gegensätzlichen Bewegungen entstehen.

II. DYNAMIKEN DES LEIBES

Weiterführung:

Gestalte diesen Tanz zusammen mit anderen. Wenn du jemandem begegnest, schau, wie weit du dich öffnen willst. Laß dich aus der Begegnung heraus bewegen, so daß ein Zusammenspiel entsteht.

Variation: Man kann den Focus für eine Weile auf die Öffnungsbewegung legen und deren Qualitäten erspüren: Raum nehmen, präsent sein, in der Welt sein... Danach legt man ihn für eine Weile auf die Schließungsbewegung: sich klein machen, sich schützen, sich verstecken, zu sich nach Hause gehen...

Am Schluß kommt man wieder zu einer ausgewogenen Bewegung zwischen beiden Polen.

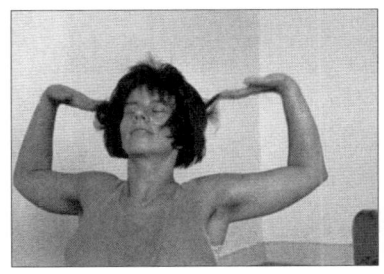 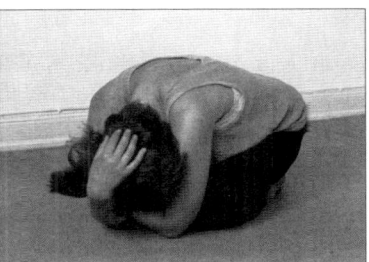

SICH ÖFFNEN – SICH SCHLIESSEN (IM KONTAKT MIT ANDEREN) 3

Nimm die Menschen um dich herum wahr, während du deine eigenen Öffnungs- und Schließbewegungen machst.

Wenn sich zwei von euch begegnen, bleibt voreinander stehen, bestimmt den Abstand zwischen euch und schaut, wie weit ihr euch füreinander öffnen möchtet. Probiert es aus mit Atem, Gesten und Bewegungen. Laßt es von innen her kommen. Zwingt euch zu nichts. Antwortet nicht auf die vermeintlichen Erwartungen der anderen.

Spüre, wenn es genug ist, wenn der Impuls der Distanz, des Schließens kommt, gib ihm nach und beende den Kontakt (siehe auch S. 347, 349).

Wie wichtig das Üben von Öffnen und Schließen auf allen Ebenen ist, macht uns wieder unser Sprachgebrauch deutlich. Es gibt „verschlossene" Menschen, an die kommt man nicht heran. Und die modernen „Psychos" sagen: „Ich habe einen Block" oder: „Die ist aber zu". Hier geht es um eine verfestigte ständige oder momentane ungewollte Verschlossenheit, die Leben hemmt und blockiert.

Hier noch ein paar Möglichkeiten, dieses Thema zu erleben und zu üben:

Öffnen von einzelnen Leibregionen 4

Als Ausgangspunkt ist es gut, die Hände **zu nehmen. Man legt sie aufeinander oder ineinander, erspürt diese Haltung und öffnet sie dann. Dies kann man bedächtig und achtsam mehrmals auf verschiedene Weisen tun. Man kann es auch auf dem Rhythmus des Atems geschehen lassen.**

Dann legt man die Hände (im Stehen oder Liegen) auf den Bauch, **erspürt ihren Schutz und entfernt sie langsam ein wenig vom Bauch, bevor man sie wieder niederlegt. Auch hier kann man dies in einer sehr langsamen Bewegung oder im Atemrhythmus tun.**

Dann legt man die Hände aufs Herz. Beim Entfernen der Hände stellt man sich vor, daß das Herz **sich öffnet und beim Niederlegen wieder schließt.**

Ebenso kann man verfahren mit der Kehle, **dem** Mund, **den** Augen, **dem** Scheitelpunkt…

Öffnen und Schliessen über Bilder aus der Natur 5

Im Geiste entstehende Bilder haben immer die Tendenz, den ganzen Menschen zu ergreifen und innerlich zu bewegen. Wir machen uns dies auch hier zunutze, indem wir die durch das innere Bild angestoßene Bewegung nach außen umsetzen lassen.

Man kann den Mund öffnen wie das Maul eines Löwen, die Hände wie eine Muschel, die Nase wie die eines sichernden Rehs, den ganzen Menschen wie den Kelch einer Blüte…

Man kann sich schließen wie eine Muschel, sich einrollen wie eine Katze, sich einigeln wie ein Igel, sich schützen wie eine Schildkröte…

Und man kann jeweils eigene Bilder finden lassen, die aus dem Inneren der TeilnehmerInnen und der momentanen Befindlichkeit oder ihrer Lebensmuster kommen.

Das Thema „Sich Öffnen – Sich Schließen" kann in der weiteren Aufarbeitung jeweils auf der situativen Ebene oder auf der der Lebensmuster betrachtet werden.

Weitere grundsätzliche Polaritätenpaare sind die von männlich – weiblich, rund und gerade:

RUND – ECKIG/GERADE

Geeignet für: Einzelne, Paare, Gruppen

Ausgangsposition: im Stehen oder Liegen

Schließe die Augen und laß deine Hände über deinen Leib gleiten und runde Formen entdecken: Kurven, Wölbungen, Vertiefungen, Höhlen, runde Linien...

Nimm wahr, wie du dich berührst: mit Fingerspitzen, die Linien nachfahrend, streichelnd, zupackend...

wo du verweilst, zögerst, weitereilst, welche Region du vielleicht ausläßt.

Welche Assoziationen tauchen jeweils auf (Zärtlichkeit, Scham, Weichheit, Wärme, Dunkel...)?

Dann finde in ähnlicher Weise gerade und eckige Linien und Formen und nimm wahr, welche Assoziationen dazu auftauchen (Strenge, Härte, Klarheit, Richtung, Kraft...).

Löse deine Hände von dir und laß die Arme zunächst die runden Linien und Formen in der Luft darstellen. Danach die geraden, eckigen. Experimentiere abwechselnd damit! Was ist dir vertrauter?

Weiterführung und Variationen:

1. Runde und eckige Bewegung im Raum umsetzen, z.B. mit den Füßen Linien und Formen laufen, mit den Armen schwingen, mit dem ganzen Körper darstellen, drehen...

2. Schneller, langsamer, im Wechsel von schnell und langsam; kleine enge und große weite Bewegungen.

3. Ein Teil der Gruppe macht runde Bewegungen, die anderen schauen zu. Diese zeigen danach eckige/gerade Bewegungen.

Wie wirkt es auf dich?

4. Finde in der Gruppe jemand, der die gegensätzliche Bewegung zu deiner macht. Experimentiert gemeinsam.

5. Finde jemand, der ähnliche Bewegungen hat. Laßt etwas Gemeinsames entstehen.

GEGENSÄTZE IN DER SPANNUNG (BALL – STAB)

Geeignet für: Einzelne, Gruppen

Für jede TeilnehmerIn liegen in der Mitte des Raumes ein Gymnastikball und ein Stab bereit.

1. Wähle ein Medium, Ball oder Stab, für dich aus, das dich im Moment am meisten anspricht. Wende dich ihm zu, erkunde Form, Beschaffenheit, Gewicht... Überlaß dich deinen Händen und laß dann allmählich Bewegungen entstehen: Welche Impulse löst der Ball/Stab in dir aus? Experimentiere damit und setze deinen ganzen Leib mit ein. Welche Resonanz spürst du in deinem Leibe bei diesen Bewegungen?

Ball: rollen, schwingen, kreisen, springen, Spirale, Dehnung, rund, weich, sanft, springlebendig...

Stab: stampfen, schlagen, kämpfen, Rhythmus, Struktur, hart, geradlinig, kraftvoll, stark.

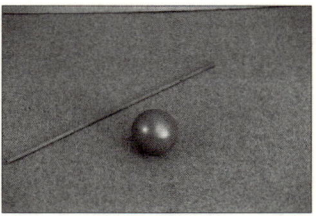

2. Nimm nun das andere Medium und verfahre ebenso:

Was entdeckst du?

Wie geht es dir mit diesem (dir eher fremden, ungewohnten) Medium?

Welche Impulse löst es in dir aus?

Variation: Suche dir eine Partnerin mit

1. gleichem
2. gegensätzlichem Medium

und experimentiert gemeinsam damit.

Da Dinge, Geräte (wir nennen sie in unserem Zusammenhang „Medien") jeweils eigene innewohnende Qualitäten haben, mit denen sie etwas in dem Menschen, der sie anschaut oder benutzt, anregen, können wir für das *Spektrum zwischen rund und gerade, hart und weich, starr und fließend* noch mehr Medien einsetzen.

Beispiel: In der Mitte des Raumes liegen verschiedene Medien: Bälle in verschiedenen Größen, Stäbe, Seile, Tücher, Kissen, Steine... Die GruppenteilnehmerInnen sollen ein Medium wählen, das zu ihrer momentanen Stimmung paßt, und damit experimentieren. Es können auch

1. nacheinander verschiedene
2. mehrere gleichzeitig

benutzt werden.

Weiterführung: Übergänge

Die TeilnehmerInnen können versuchen, zwischen zwei Medien Übergänge in der Bewegung zu finden: der Stab kann in weichen, runden Formen geführt werden und so zum Ball überleiten. Das Kissen kann schwer zur Erde niedergelegt werden, um *zum Stein überzuleiten.*

Weiterführung: Übergänge und Integration

Die TeilnehmerInnen wählen sich jeweils drei Medien und experimentieren mit den unterschiedlichen und gegensätzlichen Qualitäten. Sie finden Übergänge dazwischen und stellen sich schließlich der Gruppe vor mit einer Bewegungssequenz, in der sie die drei Medien in ihren Qualitäten verbinden.

Der Inhalt dieser Erlebnisangebote hat natürlich ein breites Spektrum, so daß die *verbale Fortführung* in verschiedene Richtungen gehen kann:

Welche Qualitäten hast du wahrgenommen?

Was war dir vertraut, was ungewohnt oder fremd?

Hast du mit dem Fremden experimentieren können?

Hat sich dabei etwas verändert?

Bewegst du dich lieber mit anderen, die die gleichen Bewegungen haben oder lieber mit den Gegensätzlichen?

Gelang es, Übergänge zu finden?

Wie war es mit der Verbindung mehrerer Medien? War es eine Aneinanderreihung oder eine Integration?

KLEIN – GROSS

„Sei wie ein Veilchen im Moose,
bescheiden, sittsam und rein,
und nicht wie die stolze Rose,
die immer bewundert will sein."

Als Kinder sind wir klein und wachsen erst langsam zur Größe eines Erwachsenen heran. Die Körpergröße spiegelt dabei aber nicht immer die Größe des Selbstwertgefühles wieder. Es gibt kleine Persönchen mit einem hohen Selbstwertgefühl und große und physisch starke Personen, die sich innerlich ganz klein fühlen. Wert und Unwert, Macht und Ohnmacht, Stolz und Bescheidenheit, Egozentrismus und Selbstaufgabe und das ganze Spektrum dazwischen sind hier die auftauchenden *Themen*.

Geeignet für: Einzelne, Paare, Gruppen

Geht durch den Raum und findet verschiedene Möglichkeiten, euch groß (klein) zu machen (auf Zehenspitzen gehen, sich auf einen Stuhl, Tisch stellen; in die Knie gehen, unter einen Tisch kriechen, sich auf dem Boden zusammenrollen).

Experimentiert und erlebt euch in den verschiedenen Möglichkeiten.

II. DYNAMIKEN DES LEIBES

Variationen:

1. Paararbeit: Eine ist die Erwachsene, die andere das Kind, das klein ist, die Perspektive von unten nach oben hat. Beide gehen in eine freie Interaktion. – Rollentausch.

2. Paararbeit: Eine macht sich in Statur und Ausdruck groß, überlegen, hochnäsig... die andere klein, untertänig, unterwürfig... – Rollentausch.

3. Arbeit mit Vorstellungen und inneren Bildern: stehen, sich fühlen wie ein Baum, ein König, eine Rose, eine Giraffe...; hocken, sich fühlen wie ein Mäuschen, ein Gänseblümchen...

Bei allem kann gefragt werden:

Was hast du in welcher Rolle erlebt, entdeckt?

Was liegt dir, was fällt dir schwer?

Wie bist du, wie würdest du gerne sein wollen?

Kannst du über Bewegung und Bilder dein Gefühl von Größe bzw. Kleinheit beeinflussen?

Weiterführungen:

Arbeit am Stand: Aufbauend von den Füßen bis zum Scheitel zu einem „freien, aufrechten Stehen" (siehe S. 216).

Transfer in die Lebenssituation: Wo bist du/machst du dich in deinen Beziehungen/Beruf klein oder groß?

Eintauchen in die Lebensgeschichte: Welche ausgesprochenen oder unausgesprochenen Botschaften und Prägungen in bezug auf klein und groß hast du mitbekommen?

In ähnlicher Weise kann mit vielen Gegensatzpaaren gearbeitet werden.

ZUWENDUNG ZU SICH SELBST – ZUWENDUNG ZU ANDEREN

Ziel dieses Angebotes ist es zu erfahren, wie es ist, sich selbst und anderen – im Wechsel – etwas Gutes zu tun und darin zu einer Ausgewogenheit zu kommen (siehe auch Kap. III 1.2 und 1.3).

Geeignet für: Paare, Gruppen

Je nach Vertrautheit der TeilnehmerInnen bietet sich an: abklopfen einzelner Leibregionen, Füße massieren, Kopf halten.

Beispiel:

Bei sich selbst sein, sich die Füße massieren.

Zu jemand anders gehen, ihr die Füße massieren.

Sich wieder sich selbst zuwenden und Gesicht betasten.

Wieder zu jemandem gehen, Rücken klopfen etc.

Die Leiterin gibt jeweils den Zeitpunkt des Wechsels an.

Variation: Die TeilnehmerInnen bestimmen selbst den Zeitpunkt des Wechsels. Wenn eine fertig ist, schaut sie herum, um eine andere zu finden, die auch gerade wechseln will.

Fragen:

Bist du gerne mit dir und deinem Leibe beschäftigt?

Wie lange?

Wie ist es, bei jemand anders zu sein?

Bist du kreativ in der Zuwendung zu dir und anderen?

Wo bist du länger, lieber?

Hast du klare Impulse, wann du wechseln möchtest?

Bei dieser Art von Angeboten wird immer wieder die Frauensozialisation deutlich mit ihrem Akzent auf dem „Sorgen für" und der Tendenz zur Selbstvernachlässigung. Darüber hinaus ist man auch mitten in der Problematik der Helfer, die ihren Selbstwert aus dem „Tun für" beziehen.

VORGEGEBENE STRUKTUR – SPONTAN ENTSTEHENDE STRUKTUR

Geeignet für: Gruppen

Die Gruppenleiterin gibt genau strukturierte Anweisungen:

Gehen im Raum in Variationen: Wechsel des Tempos, verschiedene Formen (geradlinige, kreisförmige, dreieckige, Achten usw.), vorwärts, rückwärts, seitwärts, in Paaren, zu dritt, in einer Reihe, nebeneinander, hintereinander, gegenüber usw.

Dann kündigt sie das Ende der Vorgaben an. Die TeilnehmerInnen sollen nun selbst alleine und miteinander zu Bewegungen und Strukturen finden.

Zunächst entsteht Chaos, eine Unordnung mit einiger Ratlosigkeit, bevor sich langsam neue verschiede Ordnungen einstellen, die aus Eigeninitiative und Kooperation entstehen.

2.2. Übergänge, Ambivalenzen und Integration

ÜBERGÄNGE ZWISCHEN ZWEI POLEN

Viele Übergänge von Bekanntem zu Neuem führen in eine Krise, eine Phase von Chaos und Unsicherheit. Aber durchaus nicht alle. Die alltäglichen Veränderungen haben ihre eigene selbstverständliche Ordnung. Sie ist uns meist unbewußt, da unsere Aufmerksamkeit eher auf Zustände gerichtet ist als auf Übergänge. Und doch sind sie wichtig. Weil wir unsere Wahrnehmung nicht darauf richten, finden wir uns überraschend in einem anderen Zustand vor, ohne zu wissen wie wir dahin gekommen sind. „Ich bin total erschöpft und weiß überhaupt nicht, warum.", „Heute früh war ich noch so gut gelaunt und jetzt fühle ich mich plötzlich traurig." Was ist geschehen und *wie* hat diese Veränderung stattgefunden? Es gilt, Auge und Ohr und die gesamte Wahrnehmung für dieses WIE zu schärfen. Hilfreich ist dabei, selbst Zwischentöne – im realen und im übertragenen Sinne – zu produzieren und so Brücken zwischen Schwarz und Weiß und zwischen Alles oder Nichts zu bauen.

1. Man kann beispielsweise mit Tönen arbeiten:

Die TeilnehmerInnen stehen im Kreis oder im Raum verteilt. Zunächst machen sie einen ganz leisen Ton. Danach auf Anhieb einen lauten. Dann ist es die Aufgabe, Zwischentöne, d.h. mehrere halblaute Töne einzubauen. Schließlich soll ein gleitendes Anschwellen vom ganz leisen bis zu dem ganz lauten Ton entstehen.

Der Akzent soll dabei zunächst immer wieder auf der Unterscheidung liegen: leise – laut mit nichts dazwischen, dann auf den vielen Lautstärkequalitäten, die dazwischen liegen.

Weiterführung:

Nach dem anfänglichen Üben kann man dem Anschwellen das Abschwellen folgen lassen und ein „Konzert der Übergänge" anschließen, in dem es ganz laute, leise und vor allem sich verändernde Töne gibt. Mit den Lautstärken kann man auch die Tonhöhen verändern und die Töne gleiten lassen.

2. Eine andere Möglichkeit ist es, mit der Muskelspannung zu üben:

Die TeilnehmerInnen stehen, sitzen oder liegen. Man läßt sie eine Leibregion, etwa das Gesicht oder die Bauch-Becken-Region zusammen mit dem Einatmen ganz fest anspannen. Dann wird zusammen mit dem Ausatem die Spannung losgelassen und die TeilnehmerInnen erspüren und beobachten, wie dieser Wechsel von der Überspannung zu einem entspannteren Zustand (auf allen Ebenen) sich vollzieht. Ebenso kann man den Übergang beobachten, wenn man sich erneut in einer Leibregion oder insgesamt in einen Überspannungszustand versetzt.

Die Bewußtwerdung dieser Übergänge im Spannungsbereich der Muskeln liegt allen Entspannungsverfahren zugrunde. Wenn man die Pole erspüren und den Übergang von einem zum anderen beeinflussen kann, ist man nicht mehr Opfer eines unerwünschten Zustandes, sondern kann sich den eigenen adäquaten Zustand von „Wohlspannung" erarbeiten (siehe auch S. 257).

Übergänge zwischen Positionen

Vom Liegen zum Stehen

Ausgangssituation: Nach einer Entspannungsübung am Boden sollen die TeilnehmerInnen auf die Füße kommen.

II. DYNAMIKEN DES LEIBES

Bei ruhiger Musik sollen sie, am Boden liegend, sich räkeln und dehnen, sich vom Rücken auf den Bauch rollen, in den Vierfüßlerstand und zum Knien kommen und dann allmählich spielerisch zum Stehen.

Die Wahrnehmung soll wiederum auf den Übergängen liegen.

Variationen:

1. Finde den für dich angenehmsten Weg vom Liegen zum Stehen. Geh immer wieder den gleichen Weg zurück, als wenn ein Film zurückgespult wird und beginne von neuem.

2. Dasselbe mit Musik

3. Jemanden auf die Füße bringen – Partnerarbeit

Die aktive PartnerIn versucht die eher passive PartnerIn auf verschiedene Weisen auf die Füße, d.h. zum Stehen zu bringen.

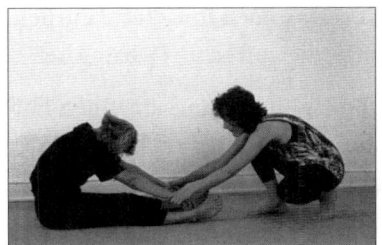 

Bewußtmachende Fragen:

Wie erlebst du dich in der Veränderung: in der Berührung zum Boden, der Verteilung vom Gewicht zum Boden hin, in der Unsicherheit zwischen nicht mehr liegen und noch nicht stehen?

Wie hast du den Unterschied erlebt zwischen aktiv zum Stehen kommen und passiv zum Stehen gebracht werden?

Aufrichtung

Die TeilnehmerInnen stehen, sollen aber im Stehen eine hängende, müde, schlaffe Haltung einnehmen. Dann sollen sie sich „Wirbel für Wirbel" vom Becken her aufrichten. Als Hilfe dazu können sie sich

einen Faden vorstellen, der am Scheitelpunkt des Kopfes befestigt ist und ihn langsam in Richtung Decke nach oben zieht. Am Schluß können sie sich eine unsichtbare Krone auf den Kopf setzen.

Wieder können die Pole – die schlaffe und die aufgerichtete Haltung – wahrgenommen werden und der selbstgeschaffene Übergang dazwischen.

Vom Stehen zum Gehen

Nimm dich mit geschlossenen Augen in dieser aufrechten Haltung wahr. Spüre deine Füße im Kontakt zum Boden. Verteile dein Gewicht gleichmäßig auf der ganzen Fußsohle. Laß wie ein Baum Wurzeln in den Boden wachsen.

Komm nun vorsichtig ins Schwanken, vor und zurück (Zehen – Ferse), wie ein Baum im Wind. Die Wurzeln halten dich am Boden fest. Bleibe mit dem ganzen Fuß in Bodenkontakt.

Komme ebenso ins Schwanken von rechts nach links, und zurück. Dabei wechselt das Standbein. Behalte die aufrechte Haltung bei.

Löse dann die „Wurzeln" aus dem Boden, hebe langsam einen Fuß und setze bewußt die Ferse auf, rolle über den ganzen Fuß ab – der andere Fuß löst sich gleichzeitig vom Boden.

Setze so bewußt Fuß vor Fuß, geh Schritt für Schritt, langsam, ohne unnötigen Kraftaufwand. Finde dein Gleichgewicht, deinen Rhythmus und dein Tempo!

Indem wir uns der pausenlos geschehenden Übergänge bewußt werden, wächst unser Wissen darüber, *wie Veränderung geschieht*. Und dies ist ja eine zentrale Frage in der Therapie: Wie geschieht ungewollte Veränderung zum Schlechten? Und wie kann ich Veränderung zum Besseren gestalten? Der eine Fuß muß den Boden loslassen, um einen neuen Schritt vorwärts zu tun, sonst ergibt sich kein Fort-schritt. Und zwischen Liegen und Stehen muß die Unsicherheit ertragen und gestaltet werden, ehe man zur Aufrichtung kommt.

Bevor wir nun Schritte nach vorne tun können, bevor Entwicklung stattfinden kann, müssen hemmende, lähmende *Ambivalenzen* angegangen und beseitigt werden.

II. DYNAMIKEN DES LEIBES

AMBIVALENZ: ICH MÖCHTE – ABER...

Geeignet für: Einzelne, Gruppen

Jede sucht sich zwei Plätze im Raum. Der eine heißt: „Ich möchte", der andere heißt „Aber".

Geh erst auf den Platz „Ich möchte". Werde dir eines Wunsches bewußt. Laß ihn von dir Besitz ergreifen, bewege dich entsprechend (z.B. mehr Ruhe für sich haben wollen = sich gemütlich niederlassen; Tanzunterricht nehmen wollen = tanzen...).

Geh dann auf den Platz „Aber". Nimm Haltung, Mimik und Gestik an, die in dem Aber steckt und erlebe dich dabei.

Setz dieses „Spiel" fort mit verschiedenen Wünschen und Abers.

Ziel ist das Erleben und Bewußtwerden der Ambivalenz, der Blockierungen, der widerstreitenden Kräfte, der alten Botschaften und Prägungen.

Variation:

Geeignet für: Gruppen

Die Exponentin ist die Regisseurin des Geschehens und sie bringt den Streit der unterschiedlichen inneren Kräfte sozusagen auf die Bühne. Sie wählt Leute aus der Gruppe, die die verschiedenen Kräfte in ihr versinnbildlichen und wählt Medien, die die Art des Kampfes deutlich machen, z.B. ein schwacher Wunsch = eine kleine, leise Frau, ein starkes Aber = ein großer Mann, dazwischen ein dicker Stock auf dem Boden, der beide gar nicht in Kontakt kommen läßt.

In dem Akt und dem Resultat der Gestaltung wird der innere Zustand der Klientin sichtbar, offen ersichtlich, offensichtlich. Diese Evidenz des Geschehens hat bereits ihre Wirkung: die Kräfte können nicht mehr im Untergrund arbeiten und dort ihr Unwesen treiben. Wenn das Bewußtsein einen klaren Blick auf die Vorgänge hat, muß das Ich sich damit befassen. Es kann nicht länger die Augen verschließen, sondern muß sich seiner eigenen gestaltenden Verantwortung bewußt werden für das, was ist und das, was nicht ist. Und Verantwortung übernehmen heißt auch, den Blick in die Zukunft zu lenken mit der Frage: Will ich wirklich etwas verändern?

Variation: „Ich möchte" und „Aber" sind mit zwei Personen besetzt (s.o.). Sie halten ein Tau zwischen sich und versuchen, die andere wegzuzerren. Die Protagonistin geht in die exzentrische Position (eventuell zusammen mit der Therapeutin). Sie schaut sich das Tauziehen der unterschiedlichen Kräfte von außen an und erlebt dabei, was für ein innerer Kampf sich bei ihr abspielt. Sie kann dabei erkennen, daß es sich bei „Ich möchte" und „Aber" in Wirklichkeit um „Ich möchte" und „Ich möchte nicht" handelt.

Diese Art der Inszenierung eines inneren Geschehens bringt *Prägnanz* eben dieses Geschehens. Es bringt *Distanz* zum Geschehen und damit einen neuen *Handlungsspielraum*.

Dieser ist jedoch nicht automatisch vorhanden. Auch hier müssen *Übergänge* geschaffen werden, damit konkrete Schritte möglich sind. Der erste Schritt könnte sein, daß die Protagonistin ihr angesichts der herrschenden Situation aufkommendes Gefühl (z.B. Ärger, Wut, Ratlosigkeit...) erspürt und leiblich ausdrückt. In dieser Bewegung kann sie ihre Kraft finden, die vielleicht dazu führt, den Widerstand oder die Hemmung zu überwinden, die sie hindert, etwas an der Situation zu ändern.

KONFLIKT ZWISCHEN ZWEI BEDÜRFNISSEN

Ausgangssituation: Die Exponentin sitzt in der Mitte und beschreibt ihre innere Zerrissenheit: „Ich gehe immer auf die Anforderungen und Probleme anderer Menschen ein und möchte mich eigentlich um meine eigenen Dinge kümmern."

Die GruppenteilnehmerInnen sitzen mit Bällen im Kreis um sie herum und symbolisieren die Anforderungen von außen. Sie rollen die Bälle zu der Frau in der Mitte mit einem Satz, z.B.: „Mir geht es gar nicht gut. Kannst du nicht nachher nochmal bei mir vorbeischaun?" oder: „Du bist immer so hilfsbereit. Ich bin dir so dankbar, wenn du die Kleine nochmal nimmst. Ich muß nämlich zum Arzt."... Die

Exponentin erlebt sich in der Mitte zunehmend eingedeckt mit Anfragen von außen und kommt durch ihre grenzenlose Hilfsbereitschaft unter Druck. Die Pole, die in ihr selbst lokalisiert sind, drohen sie zu zerreißen (Ich möchte – Ich möchte nicht; Ich muß immer hilfsbereit sein – Ich bin total erschöpft; Wenn ich nein sage, werde ich nicht mehr gemocht – Ich will nicht mehr etc.). Sie erlebt, was psychisch und physisch mit ihr geschieht.

Weiterführungen:

Wenn sie selbst keinen Weg aus der Ambivalenz findet, kann die Gruppenleiterin den Prozeß unterbrechen und *fragen*:

Was fühlen Sie gerade? Sprechen Sie ihre Gefühle und Gedanken aus.

Wann ist es Ihnen zuviel geworden?

Haben Sie Ideen, wie Sie sich anders verhalten könnten?

Sie kann mit ihr (und der Gruppe) Handlungsmöglichkeiten überlegen, die ihr den nötigen Raum für sich selbst lassen, z.B. kann sie üben:

1. den Ball zu stoppen und damit nonverbal ein Nein auszudrücken;

2. den Ball zurückzugeben mit „Nein!" und

3. den Ball zurückzugeben mit den Worten: „Ich nehme deine Kleine gern. Aber morgen leider nicht, da habe ich schon etwas vor." Etc.

Oder: sie kann sich in den Kreis stellen, während die anderen sitzen, sich dadurch größer machen und sich die Situation einmal von oben ansehen *(Distanz, exzentrische Position, Heraustreten aus der Involvierung)*.

Über die Verstärkung des Leidensdruckes und über seine Komprimierung auf einen Zeitpunkt wächst die Bereitschaft, nach neuen Lösungen zu suchen und Neues auszuprobieren. In dieser Anweisung befinden wir uns gleichzeitig im *erlebniszentrierten* wie im *konfliktzentrierten* Vorgehen.

Bekanntes Verhalten – Gegenteiliges Verhalten

Geeignet für: Einzelne, Gruppen

Dieses Erlebnisangebot muß thematisch vorbereitet sein.

Der Arbeitsraum wird mittels Stöcken oder Seilen etc. deutlich sichtbar in zwei Teile geteilt. In dem einen Raum bewegen sich die GruppenteilnehmerInnen im alten, ihnen bekannten Muster. In dem anderen Raum können andere, gegenteilige Muster ausprobiert werden:

sich schwerfällig	–	sich leichtfüßig bewegen
arrogant	–	bescheiden sein
sich schuldig	–	sich wütend fühlen
Verantwortung tragen	–	sich versorgen lassen

Es sollte mehrfach zwischen beiden Räumen hin- und hergewechselt werden, um äußere und innere Haltung auf beiden Seiten genau zu erspüren, ebenso wie den Wechsel, den Übergang dazwischen.

Bewußtmachende Fragen,

die in der anschließenden Gesprächsrunde gestellt werden können:

Auf welcher Seite haben Sie sich wohler gefühlt?

Ist Ihnen auch die Gegenseite zu Ihrem bekannten Verhaltensmuster nicht fremd?

Wie ist es, sich darin zu bewegen?

Wollen Sie etwas an Ihrem alten Verhalten verändern?

Mögliche Weiterführung: Normalerweise wird deutlich, daß das Extremverhalten in der Regel nicht angemessen und wünschenswert ist. Deshalb kann in einem nächsten Schritt der Arbeitsraum in drei Teile geteilt werden: seitlich die beiden Extreme und in der Mitte der Raum für das angemessene, erwünschte Verhalten.

Nun wird erneut experimentiert, um herauszufinden, welches Maß, welche innere und äußere Haltung für den einzelnen erstrebenswert erscheint.

II. DYNAMIKEN DES LEIBES

Ziel:

Erforschen von Gegensätzen.

Erkennen von ungelebten Anteilen.

Finden der eigenen Zielvorstellung und des eigenen Maßes.

Zwei mögliche weiterführende Einzelarbeiten zu dem Thema:

ERKUNDUNG UND VERÄNDERUNG VON VERHALTENSMUSTERN

1. Beispiel:

Bei jemand ergeben sich große Schwierigkeiten, von einem Muster zur anderen Seite überzuwechseln. Das bekannte Muster ist: Unter Druck geraten, den Kopf einziehen, den Atem verflachen, unscheinbares, ausdrucksloses Gehen. Alles emotionale Bewegtsein bleibt innen.

Das gegenteilige Muster wäre: Aufrecht gehen, sich zeigen, mit Gesten (und Tönen) etwas von seinem Inneren nach außen bringen.

Nun kann zunächst an Haltung und Bewegung gearbeitet werden:

Richte dich auf, laß den Kopf aus den Schultern wachsen und schau herum. Wie geht es dir damit?

Wer oder was hindert dich, das zu tun?

Gib den inneren Druck in einer Bewegung deiner Hände (Füße, Fäuste – die Intuition sagt einem, welche Leibregion die Impulse zurückhält) nach außen.

Wer oder was hindert dich daran, das zu tun?

Für jedes deutlich werdende Hindernis (bestimmte Menschen, äußere Umstände, innere Botschaften, Ängste) wird ein Stein (o.ä.) an die Grenze zu dem Raum mit dem neuen Verhaltensmuster gelegt.

Dann kann man mit der Klientin in die exzentrische Position gehen und sich die beiden Räume, die Hindernisse und Widerstände von außen anschauen und ein Gespräch darüber führen.

Thematisch taucht hier vielleicht die Sicherheit des Verharrens im Alten auf; Angst vor Neuem mit seinen Implikationen; Verlustangst bei selbstbewußterem Verhalten; der Gewinn, der aus dem alten Verhalten gezogen wird...

Mit diesem klaren Wissen um die Hindernisse und Widerstände kann die Klientin sich wieder den Symbolen (Steinen) zuwenden und entscheiden, welche sie aus dem Wege räumen will und kann, welche sie vielleicht nur etwas zur Seite rücken kann, um den Blick auf das Neue frei zu machen. Sie kann experimentieren und probieren, wie weit ihre innere und äußere Haltung sich zum jetzigen Zeitpunkt verändern darf.

2. Beispiel:

Das bekannte Muster ist:

Zu viel Verantwortung übernehmen und darunter gebückt gehen.

Der wünschenswerte Zustand:

Weniger übernehmen, weniger tragen.

Der Raum ist wieder in zwei Teile geteilt. Nun wird an der Grenze zum neuen Verhalten ein Mensch postiert, der die Gabe hat, Verantwortung abzunehmen. Die Klientin muß – Stück für Stück – all ihre Verantwortung benennen und sie der Person in die Hände legen.

„Befreit" geht sie in den anderen Raum und erspürt sich dort. Eventuell entdeckt sie, daß sie sich ohne die Last der Verantwortung gar nicht vorstellen kann, daß sie sich gar nicht zu bewegen weiß, daß sie sich nackt und leer fühlt. Wenn sie sich über die Verantwortung definiert, wird sie vielleicht folgendes erleben:

körperliche Ebene – sie kann gar nicht befreit gehen;

emotionale Ebene – Verwirrung, Identitätsverlust;

kognitive Ebene – Erkenntnis: Ich brauche Verantwortung, um jemand zu sein, Lebenssinn.

Mögliche Weiterarbeit: Üben von Loslassen, Aufrichten, zur eigenen Mitte kommen;

II. DYNAMIKEN DES LEIBES

Eigenleibliches Spüren im umfassenden Sinne;

Arbeit an der Geschichte von Verantwortung im eigenen Leben und in der Familie.

GEGENSÄTZE – ÜBERGÄNGE – INTEGRATION

Geeignet für: Einzelne, Gruppen

Geh durch den Raum, mach eine Bewegung oder laß eine Bewegung entstehen! Wiederhole sie mehrfach und bleib eine Weile dabei.

Stop! Verharre einen Moment in der eingefrorenen Bewegung.

Stell dir dann eine Bewegung vor, die ganz anders ist als die erste. Entwickle und erspüre sie eine Weile.

Stop! Einfrieren! Entwickle nun noch eine dritte, andersartige Bewegung.

Nun erinnere alle drei Bewegungen. Schaffe Übergänge zwischen ihnen und füge sie schließlich zu einer Bewegungsfolge zusammen.

Hier wird auf einfache Art die Selbst-Wahrnehmung in der Bewegung und in der eingefrorenen Bewegungsskulptur geschärft. Das Erspüren von unterschiedlichen Bewegungs- und Ausdrucksqualitäten wird geübt und darüber hinaus das Schaffen von Verbindungen, von ganz konkreten Übergängen, um schließlich zu einem integrierten Ganzen zu kommen.

GEGENSÄTZE – DIALOG – INTEGRATION

Geeignet für: Einzelne, Gruppen

Ausgangsposition: stehend im Raum.

Ausgangssituation: Die TeilnehmerInnen sollen leiblich oder emotional bereits bewegt sein.

Man kann auch ein gemaltes Bild in seiner Bewegungsdynamik zum Ausgangspunkt nehmen.

Bringt die innere oder äußere Bewegtheit, die ihr verspürt, in einen kurzen Bewegungsablauf. Wiederholt diesen mehrfach.

Verstärkt die Bewegung! Noch mehr! Erlebt euch darin und werdet euch bewußt, welcher Teil von euch sich hier ausdrückt.

Stop! Innehalten! Formt eine gegenteilige Bewegung. Laßt nun diese in euch zur Entfaltung kommen. Intensiviert sie und werdet euch bewußt, daß auch diese Bewegung Teile von euch ausdrückt.

Geht nun in einen Dialog: Die 2. Bewegung sagt etwas zur 1., diese antwortet etc. Sie kommen in ein Gespräch, wobei die Sprecherin jeweils den Standort wechselt.

Beispiel: 2. Bewegung: „Mein Himmel, was warst du gerade hektisch und aufgebracht, das ist ja nicht auszuhalten."

Standortwechsel

1. Bewegung: „Und du so ruhig und unauffällig. Mensch, das wird doch gleich langweilig."

Standortwechsel

2. Bewegung: „Aber ich werde todmüde, wenn ich dein Gehampel anschaue. Das muß doch sehr anstrengend sein."

1. Bewegung: „Ja, da hast du allerdings recht..."

Entwickelt nun als Konsequenz aus diesem Dialog eine 3. Bewegung, die beide vorherigen Bewegungen verändert und zu einer neuen integriert. Gebt euch in diese Bewegung hinein, erlebt, lebt sie und erspürt, welche Lebens- und Bewegungsmöglichkeiten sie euch eröffnet.

Wenn man in diesem Angebot nicht von einer beliebigen Bewegung ausgeht, sondern von einer bereits vorhandenen emotionalen, die nach außen gebracht wird, erreicht man mit dieser Übung eine beachtliche Tiefe.

Die Arbeit in dem Spannungsfeld der Gegensätze macht auf einfache Art deutlich, wie in der Bewegung auf allen Niveaus (**Tiefungsebenen**) integrativ gearbeitet werden kann.

3. Leben aus der Mitte

In unserer Zeit, die geprägt ist von Hochgeschwindigkeit, Reizüberflutung, wirbelnder Vielfalt und dem Streben nach immer mehr, wird das Verlangen nach dem notwenigen Gegenpol immer stärker. Es ist das Verlangen nach Rückzug, Innehalten, Sammlung, Besinnung, zu-sich-selbst-Kommen. Es ist die Suche nach innerer Ruhe, dem Loslassen des Alltäglichen, Abstand gewinnen, um sich zu orientieren, Sinnfragen zu stellen, zum Wesentlichen zu kommen. Es geht darum, den Wert der Stille zurückzugewinnen. Auf diesem Wege haben sich uns verschiedene Meditationsformen des Ostens (Zen, Sufitanz, Tai-chi, tibetische Bewegungsmeditation etc.) wie auch unserer westlichen Tradition (gegenständliche Meditation, Kontemplation, Herzensgebet etc.) wieder eröffnet, in denen viel Weisheit um das „Leben aus der Mitte" liegt. Diese Wege zu finden und zu beschreiben ist mühsam, da weder der Wert noch die Wege Teil unserer Sozialisation ausmachen und sie sich dem auf Aktivität gerichteten hektischen Leistungsbetrieb unserer Gesellschaft entgegenstellen. Das Wechselspiel zwischen *actio* und *contemplatio* ist gestört. Es gleicht eher einem Hin- und Hergerissen-Sein zwischen zwei Polen: zwischen der Überaktivität, der Überforderung einerseits und der Erschöpfung, der Kraftlosigkeit andererseits. Aus dieser Situation heraus wird nach dem Sinn, nach der „Mitte" gefragt.

Was haben wir für ein Bild von Menschen, von denen wir sagen, daß sie „in sich ruhen" und „aus ihrer Mitte leben"? Sie wirken gesammelt in einer ruhigen und doch gleichzeitig wachen Präsenz. Ihre Aufmerksamkeit ist nicht „besetzt" von der Vergangenheit oder der Zukunft, sondern ihre Kraft ist spürbar gesammelt im Augenblick, und sie steht für eine aufnehmende oder eine nach außen gerichtete Aktivität zur Verfügung. Ein Mensch, der seine „Mitte" gefunden hat, hat sie nicht als festen Besitz. Er muß sich immer wieder um sie bemühen. Das hilft, sich selbst zu relativieren, sich in seiner eigenen Geschichte zu verstehen, seine Zukunft ins Auge zu fassen und sich im Zusammenhang seiner Lebenswelt zu sehen. Weil er sich selbst versteht, hat er dadurch etwas Selbst-Verständliches. So ist er für andere spürbar leibhaft anwesend als Individuum mit eigener Kontur und gleichzeitig als Mit-Mensch, als Ko-Existierender.

Er ist das Gegenbild zu dem Menschen, der sich „in die Welt geworfen" erlebt, als „Opfer", als „Spielball der Mächte" innerhalb und außerhalb seiner selbst.

„Leben aus der Mitte" ist eine Metapher, eine psychologische Qualität, der man sich über Geistes-, Herzens- und Körperarbeit annähern kann. Die *Verbindung zum Boden*, die Arbeit am *Schwerpunkt in der Leibmitte*, die Bewußtwerdung und *Öffnung der Atemräume* und des *Herzens* und die Arbeit an der *Aufrichtung* sind wichtige Zugänge.

Der Bezug des Menschen zum Boden, zur Erde, ist ein existentieller. „Von Erde bist du genommen (Schöpfungsmythos), zu Erde wirst du werden" heißt es in der Bibel und in unserem Beerdigungsritual. Die Erde birgt auch alle unsere menschlichen Vorfahren aus Millionen Jahren. Wir stehen und gehen sozusagen leiblich auf ihnen, auf unserer Geschichte. Ebenso aber auch die Schwerkraft, deren Gesetzen wir gehorchen müssen und die uns unseren Platz deutlich macht, indem sie uns immer wieder zur Erde zieht. Gleichzeitig sind wir die einzigen Vierbeiner, die sich auf der schmalen Grundfläche der Füße aufgerichtet haben und die damit ausgespannt, ausgestreckt sind zwischen Himmel und Erde. Die in dieser Aufrichtung aufsteigende Wirbelsäule ist zusammen mit Becken und Beinen unser tragendes System. Ihre Verformungen und ihre Verschleißerscheinungen sagen auch etwas über die Lebensgeschichte aus, über die Belastungen, über die Verkrampfungen (die zu Verschleiß führen), über den Selbstwert und darüber, wie der Mensch sein Leben trägt. Biegsam soll sie sein, diese Säule, flexibel und doch fest. Halt soll sie geben ohne zu erstarren. Sie soll dem Menschen möglich machen, sich zu beugen, wo es nötig ist (unter schweren Säcken oder unter einem Schicksalsschlag), aber auch kraftvoll die Herausforderung der menschlichen Aufrichtung anzunehmen, nämlich ein aufrechter Mensch zu sein mit einem „aufrechten Gang".

Das Herz hat für einen Menschen unserer westlichen Welt real und metaphorisch eine große Bedeutung. Neben der Präsenz des Menschen, der „in seiner Mitte" ruht, ist die Sprache des Herzens wichtig, der Grad der Herz-lichkeit, mit der der Mensch sich der Mitwelt zuwendet. Hat er ein „Herz aus Stein", kann sein Herz vor Freude

aufgehen oder im Mitleiden mit anderen bluten? Mitfühlende Zuwendung, emotionaler Austausch, Liebe und innige Zuneigung verbinden wir mit dem Herzen.

Man könnte sagen, der Mensch verbindet sich über Atem und Herz mit der Horizontalen, mit der Mit-Welt. In der Aufrichtung verbindet er sich mit der Erde, dem Urgrund und mit dem Himmel, der Lichtkraft, dem Geistig-Spirituellen (wobei es nichts zur Sache tut, ob man dies weltimmanent oder transzendent versteht).

„Mitte", „Herz", „aufrechter Gang" bleiben bei aller leiblichen Verknüpfung psychologische Qualitäten. Unter einem krummen Rücken kann sich ein sehr aufrechter Mensch verbergen, und auch alle Machtmenschen handeln „aus der Mitte". Es gibt keine einfache Parallelität zwischen körperlichen und geistigen Qualitäten. Die Richtung der eigenen Handlungen muß jeder Mensch selbst bestimmen.

Trotzdem kann es für viele Menschen hilfreich sein, am Bodenkontakt, an der Aufrichtung, am Herzen zu arbeiten, um sich diesen inneren Ganzheitsqualitäten, dem „Leben aus der Mitte" anzunähern.

3.1. Aufrichtung

Die imaginäre Mittelachse

Alle TeilnehmerInnen bekommen einen kräftigen Stab. Sie gehen damit durch den Raum und halten ihn in allen möglichen Positionen vor sich: diagonal weit weg, quer direkt vor der Brust, längs vor der rechten oder linken Seite... Ebenso gehen sie mit dem Stab hinter sich. Schließlich werden sie aufgefordert, den Stab senkrecht einmal vor sich und einmal hinter sich zu halten und bewußt mit diesem senkrechten Stab durch den Raum zu gehen. Erfahrungsgemäß wird die Aufrichtung in der Korrespondenz mit dem aufgerichteten Stab klarer und bewußter.

Dann halten die TeilnehmerInnen inne, verbinden sich über die Fußsohlen gut mit dem Boden und führen nun den Stab vor ihrer gedachten Mittelachse nach oben und nach unten, wobei sie leicht in die Knie gehen. Wenn der Stab nach oben bewegt wird, atmen sie ein, wenn er nach unten bewegt wird, aus.

Dann halten sie den Stab hinter sich an die Wirbelsäule und atmen ebenso. Die Aufgabe ist, sich mit Stab und Atem wahrzunehmen. Danach wird der Stab niedergelegt, und sie spüren nach.

Variation: Im Stand stellen die TeilnehmerInnen sich ihre Aufrichtungsachse vor und bewegen eine Hand oder beide (die Fingerspitzen zeigen zum Leib) entlang dieser Achse mit dem Atem nach oben und unten.

Im Erleben verbinden sich hier *Aufrichtungsachse, Wirbelsäule, Atemsäule* und die *Verbundenheit mit Himmel und Erde*.

Der Mensch ist biomechanisch von der Mittelachse bestimmt. Sie läuft teilweise durch die tragende Wirbelsäule, welche die beiden Körperseiten, rechts und links verbindet.

Es ist keineswegs selbstverständlich, daß der Mensch sich symmetrisch erlebt und schon gar nicht, daß er beide Seiten gleich benutzen kann. Normalerweise sind wir sehr einseitig geübt und dadurch in der Wahrnehmung und in der Aktionsfähigkeit einer Seite unterentwickelt. Für das Bewußtsein unserer Aufrichtung ist es gut, sich der Unterschiedlichkeit der Seiten bewußter zu werden und sie etwas mehr auszugleichen.

DIE RECHTE UND DIE LINKE SEITE

1. Mit rechts und links etwas tun.

Die TeilnehmerInnen werden aufgefordert, etwas mit der rechten Hand zu tun und dann dasselbe mit der linken und den Unterschied wahrzunehmen: einen Stein aufheben, halten, tragen und wieder niederlegen; einen Ball rollen, prellen, werfen, fangen; ebenso mit den Füßen, z.B. einen Gegenstand fortbewegen...

2. Mit rechts und links berühren.

Die TeilnehmerInnen werden aufgefordert, einen Gegenstand mit der rechten Hand zu ertasten, zu erspüren. Dann mit der linken. Dann ertasten sie an sich selbst eine Leibregion (z.B. das Gesicht) erst mit rechts, dann mit links. Schließlich berühren und ertasten sie eine Leibregion einer anderen TeilnehmerIn (z.B. einen Fuß) erst mit der einen, dann mit der anderen Hand.

3. Mit rechts und links bewegen.

Die TeilnehmerInnen werden aufgefordert, sich mit oder ohne Musik zu bewegen. Zunächst einmal in einer sich frei entwickelnden Bewegung. Sie nehmen wahr, ob und inwieweit sie die beiden Seiten unterschiedlich bewegen. Dann soll die Bewegung einmal von der rechten, einmal von der linken Seite ausgehen bzw. angeführt werden.

Nach dem Austausch des Wahrgenommenen und dabei Erlebten kann man zu *symmetrischen Bewegungen* übergehen. Die TeilnehmerInnen gestalten nun ihre Bewegungen rechts und links gleich und erspüren ihre Seiten und sich als Ganzes. Danach oder unabhängig davon *malen* sie auf einem großen Blatt mit einer Kreide in jeder Hand gleichzeitig mit rechts und links symmetrische Muster.

4. Die rechte Hand ertastet die linke Seite und umgekehrt.

Die TeilnehmerInnen liegen auf dem Boden. Nachdem sie ein paarmal kräftig ausgeatmet haben, schließen sie die Augen und gehen mit der Wahrnehmung erst in die eine Seite und danach in die andere. Sie erspüren sich „von innen her" und beobachten, ob sie Unterschiede feststellen können.

Dann geht die rechte Hand dazu über, die linke Seite abzutasten.

Danach geht man andersherum vor: die linke Hand betastet die rechte Seite.

Zum Schluß verbindet man beide Seiten: die TeilnehmerInnen stellen sich vor, daß ein warmer Strom waagerecht durch Ober- und Unterkörper fließt und beide Hälften integriert. Sie können diese Verbindung auch selbst mit den Händen (einmal rechts, einmal links) unterstützen.

Diese Verbindung und Reintegration am Schluß ist äußerst wichtig. Für Menschen, die nicht gut integriert sind, die ein brüchiges Leibselbst haben, kann eine Übung, die sehr lange eine Seite von der anderen trennt, gefährlich werden und Spaltungstendenzen anstoßen oder unterstützen. Diese Tendenzen haben wir alle in irgendeiner Form. Unsere Sprache sagt es: „Ein Auge zudrücken", d.h. nur die eine Hälfte sehen und die andere ausblenden. Oder „die linke Hand soll nicht wissen, was die rechte tut". Ein Mensch auf dem Weg zu Bewußtheit und Integration *will* wissen, was die andere Hand tut.

Im Gespräch nach einem oder mehreren dieser Angebote wird immer wieder deutlich, wie unterschiedlich bei vielen Menschen die beiden Seiten im Leben geworden sind. Bei Linkshändern taucht oft eine (Leidens-)Geschichte auf, die sie damit haben, ebenso die Arbeitsgeschichte mit Überbelastung einer Seite. Wenn man weiterfragt und die TeilnehmerInnen aussprechen läßt, was sie mit der rechten bzw. linken Seite verbinden, so kommen wir oft zu den Polaritäten aktiv und passiv, männlich und weiblich, Verstand und Gefühl. Hier gibt es also gute Möglichkeiten der Aktivierung und Integration.

STAND – AUFRICHTUNG – HALTUNG

Diese drei Elemente sind untrennbar miteinander verbunden, und alle Körper- und Leibtherapien beschäftigen sich damit, die Bioenergetik, die Eutonie, die Tanztherapie... Es gibt viele und gute funktionale Übungen für diesen Bereich (s. auch *Höhmann-Kost* 1991, 57, 85; s. auch *Alexander*technik), so daß wir uns hier beschränken.

Die Ganzheitlichkeit und tiefe Aussagekraft, die der Stand eines Menschen hat, wird uns wieder von unserer Sprache her deutlich.

STAND, Standfestigkeit, Standpunkt, standhaft...

AUFRICHTUNG, aufrichtig, aufrecht, Richtung, richtig...

HALTUNG, Halt, Haltlosigkeit...

Geeignet für: Einzelne, Gruppen

Stelle deine Beine hüftbreit auseinander – das entspricht der größtmöglichen Standsicherheit und Bewegungsfreiheit.

Setze die Füße parallel und erspüre, wie sich dein Gewicht auf den beiden Füßen verteilt. Bleibe mit der Aufmerksamkeit bei den Füßen und stell dir vor, du hättest große, breite Füße wie eine Ente. Spüre, wie sich deine Füße vergrößern und wie sich der Kontakt mit dem Boden verändert. Sei einen Moment ganz aufmerksam nur bei diesem Kontakt zwischen Füßen und Boden.

II. DYNAMIKEN DES LEIBES

Wandere mit der Aufmerksamkeit nun hinauf zu den Schultern. Hebe nun die Schultergelenke etwas an und laß sie langsam in Richtung Boden sinken. Tue das mehrfach. Das Kinn nähert sich dabei dem Brustbein, der Nacken streckt sich. Spüre die Schwere zum Boden hin.

Werde dir nun deiner Wirbelsäule bewußt und stelle dir vor, sie wäre eine Schlange. Beginne gemächlich, sie schlangenhaft durchzubewegen, von oben nach unten und von unten nach oben. Knie, Becken, Schultergürtel und Kopf sind in die Bewegung einbezogen. – Laß nun die Bewegung und das Bild von der Schlange los – stehe. Richte nun die bewegliche Wirbelsäule vom Kreuzbein her nach oben langsam und bewußt auf.

Laß dich am Schluß von einem unsichtbaren Faden an deinem Scheitelpunkt in Richtung Decke hochziehen und stell dir vor, etwas auf dem Kopf zu tragen (eine unsichtbare Krone, ein Gefäß mit Wasser).

Wie erlebst du dein Stehen jetzt?

Wie ist die Verbundenheit mit dem Boden, mit dem Himmel?

Wie erlebst du deine Aufrichtung?

Wo hast du Halt? Was ist deine Haltung?

Weiterführung: Die TeilnehmerInnen formulieren einen kurzen Text oder ein kleines Gedicht mit dem Titel „Ich stehe" oder „Hier stehe ich" oder „Standpunkt".

Variation: Steh in der aufgerichteten Haltung (s.o.), die Arme seitlich hängend. Erspüre folgende Haltungen, indem du sie abwechselst:

die Handflächen weisen zu den Schenkeln,

die Handflächen weisen nach hinten,

die Handflächen weisen nach vorn.

Diese minimalen Veränderungen bewirken in der äußeren und inneren Haltung sehr viel. Wendet man die Handflächen nach hinten, so bekommen die Schultern eine leichte Drehung nach vorn, was eine Wölbung des Rückens bewirkt. Es ist ansatzweise die Haltung von Unterwürfigkeit oder Depression. Wendet man die Handflächen nach vorne, erfolgt eine weitere Öffnung des Oberkörpers. Es ist sozusagen die Haltung einer Darbietung des ganzen Menschen. Es verwundert also nicht, daß es sich hierbei um eine alte Gebetshaltung handelt, die ausdrückt: „Hier *bin* ich" und: „Hier bin *ich*."

Sich gründen – die Mittelachse umspielen

Suche dir einen Platz im Raum, wo du stehen willst. Setze die Füße hüftbreit auseinander und laß die Knie locker. Zunächst liegt dein Gewicht auf beiden Füßen. Leg nun dein Gewicht auf einen Fuß und beuge das entsprechende Knie. Dann verlagere das Gewicht langsam auf den anderen Fuß, indem du das gebeugte Knie streckst und dich bewußt über deine Mittelachse zum anderen Fuß bewegst, das Knie beugst und das Gewicht auf diesem Fuß wahrnimmst. Tu dies mehrfach und nimm den Atem dazu: beim Hochgehen zur Mitte wird eingeatmet, beim Verlagern des Gewichtes wird ausgeatmet. Spüre, was mit deinem Gewicht und dem Kontakt zum Boden geschieht.

Laß nun in deiner Vorstellung von den Fußsohlen Wurzeln in den Boden wachsen, die dir Halt und Sicherheit geben. Spüre, ob sie in die Tiefe oder eher in die Breite wachsen. Fühle dich wie ein Baum! Laß dein Ausatmen in der Vorstellung entlang deiner Mittelachse nach unten zu den Wurzeln in den Boden gehen. Die Erde hält und trägt dich.

Laß das Bild vom Baum los. Stell dir nun vor, daß ein Pendel von deinem Steißbein senkrecht nach unten hängt, entlang deiner gedachten Mittelachse. Komm nun vorsichtig ins Schwingen nach vorne und hinten, von den Zehen zur Ferse und zurück. Die Füße bleiben dabei am Boden, nur das Gewicht verlagert sich. Nimm wahr, wann das Pendel jeweils über die Mitte geht. Laß die Bewegung ausklingen. Dann schwinge ebenso von rechts nach links und zurück. Nimm deine Mitte wahr. Laß auch diese Bewegung wieder ausklingen. Das Pendel hängt nun im Ruhezustand.

Verbinde nun diese vier Punkte: vorne-Seite-hinten-Seite zu einer kreisförmigen Bewegung. Die Wirbelsäule bleibt dabei aufgerichtet, das Kreisen kommt aus den Fußgelenken. Laß dieses Kreisen dann in eine Spirale übergehen und immer kleiner werden, bis das Pendel zur Ruhe kommt. Dann setze es vom Mittelpunkt der Spirale wieder in Bewegung zu langsam größer werdenden Kreisen um die Mittelachse. Schließlich wieder zurück zur Ruhestellung des Pendels. Spüre nach! (Verwurzelung, Stand, Mittelachse, Aufrichtung)

DER ATEM UMSPIELT DIE ACHSE

Finde wieder einen guten Stand; beide Füße sind gleich belastet. Stell dir eine senkrechte Mittellinie vor, die deinen Leib in zwei Hälften teilt.

Gehe nun mit der Einatmung in die Streckung. Nimm dabei beide Arme nach oben und laß dann mit der Ausatmung deine Hände über die rechte Körperhälfte nach unten gleiten (Gesicht-Hals-Brust-Bauch-Beine-Fuß-Boden). Gehe dann wieder mit der Einatmung auf demselben Weg (rechte Seite) zurück nach oben bis zur Streckung und mit der Ausatmung die linke Körperhälfte abwärts, dann mit der Einatmung die linke Seite aufwärts usw. Spüre jeweils die Mitte in der Streckung und den Übergang zur anderen Seite. Finde deinen Atemrhythmus und laß Atem und Bewegung synchron werden.

Aufrichtung ist nie ein Zustand. Es ist immer eine Aktivität. Pausenlos muß ein feines Zusammenspiel vieler Teile stattfinden, damit wir flexibel und gerade stehen können. Dieser Zustand ist bedroht: jeder Stein kann uns zum Stolpern bringen, der Windstoß eines vorbeifahrendes Lasters kann uns zur Seite drücken, eine schlimme Nachricht kann uns in den Knien weich werden lassen oder uns den Boden unter den Füßen wegziehen. Dann wird sich zeigen, wieviel Halt ein Mensch hat und wie gut seine Verwurzelung ist. *Balance halten, fallen lernen und sich auffangen gehören also ebenso zu Stand und Aufrichtung.*

3.2. Balance

LABILES GLEICHGEWICHT

Die TeilnehmerInnen stehen zunächst in einer guten Aufrichtung und nehmen diese wahr. Dann gehen sie durch den Raum.

Nun werden Anweisungen gegeben, wie sie gehen sollen: einmal mit dem Kinn voraus, dann mit dem Bauch voraus, dann seitwärts mit der Hüfte voraus, mit den Knien voraus etc. Sie werden feststellen, wenn sie die gleichmäßige Gewichtung um die Mittelachse auflösen, müssen sie mit einer anderen Leibregion kompensieren, wenn sie nicht aus dem Gleichgewicht geraten wollen. Nachdem sie dies erfahren haben, sollen sie wieder zu ihrem eigenen gewohnten Gehen zurückkommen. Dies wird dann mehr und mehr verlangsamt, bis die TeilnehmerInnen im Zeitlupentempo gehen. Nun geht es darum, ganz in diesem Gehen zu sein und den Balanceakt jedes Schrittes wahrzunehmen. Bei jedem Schritt gibt es einen Moment, wo nur *ein* Fuß die Erde berührt, bevor der Mensch neue Sicherheit gewinnt, die im nächsten Schritt wieder aufs Spiel gesetzt werden muß. So ist das Gehen des Menschen Sinnbild des Fort-Schritts in seinem Leben, das ein fortwährendes Aufgeben und Wiederfinden der Balance ist. In diesem umfassenden Sinn kann eine einfache Gehübung weitergeführt werden, indem Verbindungen zwischen der Art des Gehens und der Art des durch-das-Leben-Gehens gezogen werden.

Wenn man die Balance verliert, fällt man. Das **Fallen** gehört zum Stehen als sein Gegenbild. Jedes Kind weiß dies, denn es lernt das Laufen gleichzeitig mit dem Fallen. Fallen ist etwas Natürliches, es will nur wieder gelernt sein. Die Erwachsenen haben es verlernt, es gehört nicht mehr zum notwendigen, selbstverständlichen Bewegungsrepertoire. Im Gegenteil: jedermann ist darauf bedacht, nur nicht zu fallen, weder im konkreten, noch im übertragenen Sinne. Das Fallen hat im Laufe des Lebens häufig eine Verbindung zum Versagen bekommen oder hat sich mit anderen angstmachenden Inhalten verbunden. Auf der konkreten Ebene kann man sich dem Thema in vielfacher Weise annähern (s. *Höhmann* 1991, 93ff).

Wir beschränken uns auf Erlebnisangebote, bei denen man erfahren kann, wie der Körper sich beim Fallen sozusagen selbst zu Hilfe eilt, um zu verhindern, daß er fällt, und bei denen man erleben kann, daß man fallen, aber dann auch wieder aufstehen kann.

Sich fallen lassen – Sich auffangen

Die TeilnehmerInnen stehen am besten im Kreis oder in einer Linie. Sie stellen sich vor, daß sie sich gleich nach vorne fallen lassen werden und lassen in sich aufkommen, was Fallen für sie bedeutet (z.B. sich weh tun, sich blamieren, sich schämen...). Nun sollen sie sich zunächst mit gestrecktem Körper ein wenig nach vorne beugen, um zu erfahren, wo der Punkt liegt, jenseits dessen sie sich nicht mehr halten können, sondern fallen. Sie können die Erfahrung machen, daß kurz vor dem Verlust der Balance der Oberkörper nach vorne abknickt und die Füße sich mit hoher Spannung sozusagen am Boden festhalten und das Fallen verhindern.

Beim nächsten Schritt sollen sie in der gestreckten Haltung bleiben, sich nach vorne fallen lassen und erleben, daß sie sich selber auffangen können. Mit zunehmendem Vertrauen in die eigene Reaktion kann das Fallen selbst länger ausgedehnt werden.

Diese Art von Fallen kann auch nach hinten und – mit Kreuzschritt zum Auffangen – seitwärts geübt werden.

Fallen und Aufstehen

In einem Teil des Raumes liegen ein paar Matten aufeinander gestapelt oder ein Haufen Decken. Die TeilnehmerInnen laufen darauf zu und lassen sich hineinfallen. Zunächst geschieht dies vorsichtig. Nach einigen Wiederholungen kann es Spaß machen, verschiedene Formen des Fallens auszuprobieren und zu erleben, wie sich das anfühlt. Mit der Zeit können die Matten oder Decken abgetragen werden, so daß der jeweilige Fall tiefer ist.

Wieder können Angst und Kontrolle erlebt, aber ebenso kann die Erfahrung gemacht werden, daß der Körper noch genau weiß, wie er

„richtig" fallen kann. Und nach jedem Fallen kann man bewußt erleben, wie man wieder auf die Füße kommt.

GLEICHGEWICHT IM TUN

(Arbeit mit Stäben)

Geeignet für: Einzelne, Paare, Gruppen

Als gute *Vorübung* kann man den Stab auf dem Boden unter der Fußsohle rollen und sich darauf stellen. Dadurch verstärkt sich das Gefühl für den Bodenkontakt, eine wichtige Voraussetzung für das Gleichgewicht.

Die TeilnehmerInnen werden dazu angeregt, den Stab senkrecht auf der Hand oder dem Zeige- und Mittelfinger zu balancieren. Als Hilfe wird angeboten, den Blick an einem Punkt auf dem Stab zu fixieren und ruhig zu atmen.

Anschließend kann ausprobiert werden, den Stab auf dem Kopf längs oder quer zu balancieren; zuerst im Stehen, dann im Gehen. Wieder wird der Blick möglichst an einem Punkt im Raum fixiert, der Atem nicht angehalten. Beim Gehen auf die Gewichtsverlagerung achten.

Dann nimmt jede den Stab senkrecht in die Hand und gibt ihn vor dem Körper in die andere Hand. Mit der Vergrößerung des Abstan-

des kommt es zum Werfen und Fangen. Dasselbe mit Gewichtsverlagerung und nachfedern.

Weiterführung: Partnerarbeit

Dieses Werfen und Fangen kann nun in verschiedenem Variationen mit einer gegenüberstehenden Partnerin ausprobiert werden: mit einem und zwei Stäben, Wechsel rechte – linke Hand, gerade – diagonal, vergrößern – verkleinern des Abstandes usw.

Bei allen Übungen kann man betonen:
Finde mit deinen Augen einen Ruhepunkt!
Behalte Bodenkontakt!

Diese Art von Übungen geben sofort Rückmeldung darüber, wie gut jemand in seiner Mitte ruht. Wenn die Bewegung in einer Einheit von Atem, Zentriertheit, Gelassenheit und Flexibilität geschieht, gelingt sie. Sobald die Aufmerksamkeit kurzfristig woanders weilt, sobald man Druck hat, es besonders gut machen zu wollen, sobald der Rhythmus nicht mehr stimmt, verliert man seine Mitte und der Stab wird fallen oder ungenau fliegen und gefangen werden.

So ist es mit vielem: die Übungen gelingen nur wirklich gut, wenn man „bei sich" ist, sie aus der Mitte heraus tut.

3.3. Mitte, Einklang

Kreisen aus der Mitte

Finde einen guten Stand und beginne, die Handgelenke sanft zu kreisen. Nimm nach und nach die Gelenke des ganzen Körpers hinzu: Ellbogen – Schultern – Hals – WS (Brust-Becken) – Hüfte – Knie – Füße. Wenn du alle Teile einbezogen hast, entsteht ein ganzkörperliches Kreisen.

Aus dem Kreisen entwickle Schwünge und Drehungen in den Raum um dich herum.

Verlaß nun deinen Platz und fülle mit deinen Schwüngen und Drehungen den Raum.

ATMEN – ZWISCHEN MITTE UND WEITE

Geeignet für: Einzelne, Gruppen

Ausgangsposition: Zentriertes Stehen im Freien oder mit dem Blick aus dem Fenster nach draußen. Die Hände werden vor dem Herz-Lungenraum zusammengelegt. Die Daumen zeigen dabei zum Brustbein.
Öffne mit der Einatmung Hände und Arme zu einer empfangenden Geste nach oben und finde in der Ausatmung zur Ausgangsposition zurück.

Mach mit der nächsten Einatmung einen kleinen Schritt diagonal nach vorn rechts und zurück. Der rechte Arm begleitet den Schritt in einer öffnenden Bewegung.

Dasselbe mit der linken Seite; dann wieder mit beiden Armen nach oben im Stand. Der Blick geht jeweils über die Armbewegung hinaus in die Weite und kommt wieder zurück.

ATMEN AUS DER MITTE

Geeignet für: Einzelne, Gruppen

Ausgangsposition: gut gegründetes Stehen

Konzentriere dich auf deinen Bauch-Beckenbereich. Nimm dir Zeit, mit den Bewegungsmöglichkeiten deines Beckens zu experimentieren. Stell dir dann vor, daß du von großen Plastikbällen umgeben bist. Stoße diese Bälle nun beiseite, indem du mit dem Becken kurze, kräftige Bewegungen seitwärts und nach vorne und hinten machst, am besten jeweils zweimal in eine Richtung. Laß deinen Atem bei diesem Stoßen frei. Wie gestaltet er sich?

Komm zur Ruhe. Schließ die Augen. Spüre in der Ruhestellung die Bewegung in deiner Mitte. Spüre den Atem, sowohl im Becken wie im Brustbereich.

Wende deine Aufmerksamkeit dem Boden unter dir zu. Spüre den Kontakt deiner Fußsohlen mit der Erde. Beginne nun, tief „in die Erde hinein" auszuatmen und mit dem Einatem „aus der Erde" zu deiner Mitte zurückzukommen. Wie ist die Beziehung zwischen der Erde und dir?

Wende dich als nächstes dem Raum oberhalb von dir zu. Atme in der Vorstellung von der Mitte aus durch die Schädeldecke nach oben und komme von dort beim Ausatmen wieder zu dir zurück. Wie erlebst du den Raum oberhalb von dir, und wie sieht die Verbindung zwischen dir und diesem Raum aus?

Nun wende dich dem Raum vor dir zu: atme bewußt hinein und komme zurück. Erkunde im Atmen deine Beziehung zu diesem Raum.

Ebenso erspüre den Raum hinter deinem Rücken. Stell dir vor, daß dein Rücken sich im Einatem nach hinten öffnet und sich im Ausatem wieder schließt.

Verharre zum Schluß in Ruhe in deiner Mitte und füge in deiner Vorstellung alle diese Räume zusammen zu deinem Umraum.

Male das, was du erlebt hast.

MITTE ALS SYMBOL

Hinführung: Aktivierung und Flexibilisierung des Beckens in funktionaler Arbeit

Ausgangsposition: Die TeilnehmerInnen stehen einzeln im Raum.

Lege eine Hand auf den Bauch, die andere auf das Kreuzbein. Werde dir des Raumes dazwischen bewußt und atme in diesen Raum hinein. Bleib eine Weile dabei. Lege nun beide Hände auf den Bauch und atme in die Hände hinein. Halte nun die Hände in einem kleinen Abstand vom Bauch und fülle auch diesen erweiterten Raum mit Atem und Atembewegung. Dein Bauch ist sozusagen eine atmende Erde/Kugel. Wofür könnte diese Kugel stehen? Laß sie zu einem Symbol, einem Wunsch etc. werden.

Variation: Die TeilnehmerInnen stehen, und es wird ein Gymnastikball benutzt, um den Bauch-Beckenraum durch Ab- und Umrollen spürbar zu machen. Dann wird der Ball vor den Bauch gehalten und beim Atmen als Gegendruck benutzt. Entsteht eine Beziehung zu dem Ball, so kann er im weiteren Verlauf der Übung mit symbolischer Funktion besetzt werden.

Da der Bauch-Beckenraum der Sitz von Kraft, Vitalität etc. ist, tauchen häufig folgende **Themen** auf: Lebenskraft; Wünsche, das Eigene zu verstärken; Ich-Kraft; Wünsche in bezug auf Sexualität; die Kraft, sich zu wehren etc.

TÖNENDE MITTE

Geeignet für: Einzelne, Gruppen

Ausgangsposition: Die TeilnehmerInnen sitzen auf einer Decke im Schneidersitz, auf den Knien oder auf einem Meditationskissen oder -hocker.

Sitz aufrecht, laß die Arme aus den Schultergelenken hängen und bilde mit Armen und Händen vor dem Unterleib eine U-förmige Schale (die Hände liegen ineinander).

Schließ die Augen und folge deinem Atem in den Bauch.

Beginne zu summen und erkunde die Vibrationen in deinem Inneren.

Experimentiere nun mit dem Vokal U. Probiere zunehmend tiefere Töne auf einem langen, fließenden Ausatem und laß die Schale, die sich aus Unterleib und Armen formt, sich immer mehr füllen.

Halte inne. Greif nun abwechselnd mit der rechten und der linken Hand in die Schale, mach eine Wurfbewegung und artikuliere dazu ein offenes A, wirf sozusagen dieses A wie einen Vogel hinaus ins Freie. Du kannst das A auch auf einer Tonleiter oder auf einem sich höher ziehenden Ton sich hinaufschwingen lassen.

Wechsle nun zwischen dem zentrierenden U und dem nach außen gehenden A.

Ziel: zentrieren, vitalisieren, in die Welt gehen, zurückkommen

GEBEN UND EMPFANGEN – HERZ

Geeignet für: Einzelne, Gruppen

Ausgangsposition: Die TeilnehmerInnen stehen gut gegründet oder sitzen auf einen Stuhl oder auf dem Boden.

Schließ die Augen. Spüre den Kontakt deiner Füße mit dem Boden.

Leg eine Hand auf dein Herz, die andere auf den Bauch. Der Atem füllt ruhig beide Räume unter den Händen.

Halte nun beide Hände wie eine offene Schale vor das Sonnengeflecht. Konzentriere dich auf dein Herz. Was wünschst du dir, sozusagen als Nahrung für dein Herz?

Streck langsam die Arme mit den geöffneten Händen nach vorn und laß dir die Schale in deiner Vorstellung füllen mit dem, was du dir gewünscht hast. Nimm das Empfangene „an dein Herz". Verweile so. (Eventuell wiederholen)

Konzentriere dich auf die Kraft deines Herzens. Strecke Arme und Hände aus mit der Vorstellung, daß du diese Kraft (oder Wärme etc.) gezielt an jemanden abgibst oder sie verströmst.

GRUNDTON

Ausgangssituation: nach einer anstrengenden oder anspannenden Sitzung, oder in einer Situation, in der Müdigkeit auftaucht

Geeignet für: Einzelne, Gruppen

Ausgangsposition: sitzen oder stehen

Dehnt und räkelt euch nach Herzenslust, schafft Raum und Bewegung in Leibregionen, die es nötig haben, gähnt.

Atmet lang aus und laßt das Gähnen oder den Ausatem in einen Ton übergehen. Wiederholt diesen Ton spielerisch mehrmals und experimentiert, bis ihr so etwas wie einen momentan stimmigen Grundton gefunden habt. Laßt euch von dem eigenen Grundton ganz erfüllen.

Experimentiert nun mit verschiedenen Tonqualitäten und Lautstärken (summen, heulen, knurren...) des Grundtons. Folgt dem jeweiligen Ton mit dem Leib, der Gestik, der Bewegung.

Umspielt nun den Ton mit anderen Tönen nach oben und unten und kehrt dabei immer wieder zu eurem Grundton zurück. Er ist die Mitte, von der aus in Atem, Ton und Bewegung das Umfeld erkundet wird.

Schließt das Ganze mit dem Grundton ab.

Mögliche Weiterführung: Sich im Raum bewegen mit Grundton und Variationen und nun bewußt die Töne der anderen hören und gemeinsam aus allen Tönen einen Klangraum bilden.

Variation: Gehen um eine Mitte

Man sucht sich einen festen Punkt im Raum. Er ist die Mitte, die man mit Schritten, Figuren, Entfernungen umspielt und zu der man immer wieder zurückkommt. Man geht jeweils mit dem Blick seinen Weg voraus und ist sich der Lage des Fixpunktes immer bewußt.

Einklang

Geeignet für: Einzelne, Gruppen

Entwickle eine einfache Bewegung (mit den Armen oder dem Rumpf oder liegend mit Armen oder Beinen).

Wiederhole sie ständig und mache eine passende Melodie dazu (Tonabfolge).

Erspüre, welche Gestimmtheit diese spezielle Bewegung und diese Töne in dir erzeugen.

Laß Bewegung, Töne und Gestimmtheit solange zusammenfließen, bis sie mehr und mehr zu einer Einheit werden.

In diesem Fall haben wir das Übungsangebot so aufgebaut, daß wir

von außen nach innen gegangen sind. Man kann dies genauso gut anders herum tun und von der inneren Gestimmtheit ausgehend, nach außen zur Bewegung kommen:

Gestimmtheit wahrnehmen,
Töne/Melodie dazubringen,
beides in eine Bewegung fließen lassen,
in der Wiederholung verschmelzen lassen.

Weiterführung: Auch nach einer Einzel- oder Gruppenarbeit kann ein Angebot in diesem Sinne gemacht werden: Die entstandene Gestimmtheit **kann in einen** Tanz **mit eigener** Melodie umgesetzt und so zum Einklang gebracht werden.

III. Der Leib in seinen Relationen

Frühe Zwischenleiblichkeit

Wachsen in Geborgenheit und Weg in die Eigenständigkeit

Die Geburt, die Ent-Bindung ist für Mutter und Kind nicht nur ein Übergang, sondern ein einschneidendes Erlebnis. Eine besondere Art der Bindung wird gelöst und mit einem Schnitt, dem Durchtrennen der Nabelschnur, eindrücklich beendet.

Was wird aus dem Grundvertrauen werden, das in aller Regel in der nährenden, sichernden Geborgenheit des Uterus entstanden ist? Der letzte Teil der Entbindung wird „Austreibungsphase" genannt, was manchem die Assoziation zur Vertreibung aus dem Paradies nahelegt. In was für eine Welt wird es getrieben? Wird es vertrieben? Oder wird es willkommen geheißen in einer liebevoll zugewandten Atmosphäre, die ihn von nun an umgeben wird? Dies ist die Kardinalfrage am Anfang eines Menschenlebens, denn in den ersten Lebensjahren entscheidet sich, ob der Säugling und das Kleinkind sein im Mutterleib entwickeltes Grundvertrauen (**Grundvertrauen**) erhalten und ausbauen kann, ob es geschwächt wird und sich nur mühsam erhält oder ob es sich allmählich in Mißtrauen verwandelt. Es ist die Frage nach dem emotionalen Feld, den bedeutsamen Atmospären und Milieus (**prävalentes Milieu**), die die Gemeinschaft und die Gesellschaft dem Neugeborenen bieten. Sind es Atmosphären, die bergend, schützend sind und gleichzeitig stimulierend und offen für die Veränderung durch das neue Leben? Gibt es Raum zur Entfaltung in Geborgenheit, oder sind es Atmosphären, die konfliktgeladen, chaotisch oder erdrückend sind. Vom ersten Moment an fließen diese Atmosphären über die offenen Sinne in den Säugling hinein, be-ein-flussen ihn in die jeweilige Richtung, ohne daß er sich verschließen könnte. Da er aber schon von Anfang an interaktionsbereit ist, treffen die Atmosphären und Angebote (**affordances**) des Kontextes auf sein mitgebrachtes Potential an Handlungsmöglichkeiten (**effectivities**), und er antwortet bereits individuell mit einer eigenen Reaktion (z.B. wird ein „robuster" Säugling anders auf eine bedrückende Atmosphäre

reagieren als ein überempfindlicher). Die Interaktion, die organismisch und motorisch schon im Mutterleib stattfand, setzt sich fort zwischen ihm und seinen Bezugspersonen (**caregivers**).

Der Dialog (**Kontakt**) in dieser sog. vorsprachlichen Phase ist keineswegs ohne Sprache. Im Gegenteil, der ganze Leib spricht: die erhobenen Ärmchen, die strampelnden Beinchen, das abgewendete Gesicht, die zum Weinen gekräuselten Lippen, die Augen, das Gurren der Kehle... Der Leib drückt sich aus und spricht für sich. Durch evolutionäre Verhaltensprogramme, die sich bei allen Menschen finden, wissen wir intuitiv, wie wir auf die Sprache des Säuglings und Kleinkindes antworten können. Es entsteht ein Dialog zwischen Leib und Leib im Wechsel von Impuls und Antwort (**Zwischenleiblichkeit**). Die Antwort einer Seite bringt wiederum beim Dialogpartner eine Reaktion hervor. Ein Beispiel: Das Kind wird unruhig, beginnt in unglücklichem oder forderndem Ton zu schreien, macht mit Lippen und Kopf Suchbewegungen. Die Mutter nimmt es hoch, schaut es an, spricht beruhigend mit Worten oder Lauten zu ihm und legt es an die Brust. Das Kind saugt, nimmt auf, die Mutter gibt, die Milch fließt. Der Muskeltonus des Kindes sinkt und nach einer Weile schläft es gesättigt mit entspannten Gesichtszügen ein. Die Mutter bekommt ein zufriedenes Gefühl und ist bestärkt in dem Vertrauen, daß sie die Bedürfnisse des Säuglings erkennen und befriedigen kann. Der Säugling seinerseits macht die Erfahrung, daß seine „Sprache" etwas bewirkt, daß er gehört und gesehen wird, und daß er Antwort bekommt.

Dieser Ko-respondenzprozeß (von lat. *co respondere* = aufeinander antworten) ist sozusagen „das tägliche Brot" zwischen Säugling oder Kleinkind und den ihm zugewandten Personen. Und wie wir wissen, besteht das tägliche Brot nicht nur aus Nahrung, die den Organismus ernährt und erhält, und die Versorgung besteht nicht nur aus einem technischen Akt von Baden und Wickeln. Jede Zuwendung zum Kind, jede Berührung, jeder Blick, hat einen emotionalen Gehalt. Sie kann liebevoll, tragend, respektvoll, unsicher, ambivalent, unklar, widerstrebend, abweisend, bemächtigend, grenzüberschreitend sein. Und von diesem emotionalen Gehalt und dessen Kontinuität oder Diskontinuität hängt es ab, ob das Kind in der versorgenden Zuwendung auch emotional genährt wird mit liebevoller Berührung, Wärme, Angenommensein, gehalten und getragen werden. Das Kind seinerseits nährt die ihm zugewandten Personen durch Zufriedenheit und gute Entwicklung oder frustriert und überfordert sie durch Unzufriedenheit, „unverständliche" Signale und hohe Anforderungen.

In diesem dialogischen Raum zwischen Kind und Mutter fließt also ein emotionaler Strom hin und her, und es entsteht ein Band, eine Bindung, die die Qualität dieses emotionalen Stromes hat und die beide beeinflußt (naturwüchsige Bindung, **attachement**).

Die zahllosen Kontakte des Säuglings (**Kontakt**) und Kleinkindes sind, wie schon gesagt, zwischenleiblich, leibsprachlich und höchst differentiell. Zwei Leibsubjekte kommunizieren miteinander: Haut berührt Haut, Blicke begegnen einander in Freude, Laute stimulieren den Lebensausdruck der Stimme, ein Lächeln wird beantwortet und läßt das Herz höher schlagen... Körper- und Seelendimension sind spürbar ungetrennt.

Anfänglich erlebt der Föte sich noch in einer weitgehenden Konfluenz mit dem mütterlichen Leib (**Konfluenz**). Ein Gegenüber entsteht für ihn erst im Laufe der Entwicklung seiner Wahrnehmungs- und Gedächtnismöglichkeiten. Die leibsprachlichen Kontakte bilden die Grundlage hierfür: in der Berührung werden vielfältige Qualitäten erfahrbar, im Angesprochenwerden mit der Stimme wird Entfernung, Dimension des Raumes erfahrbar, aber ebenso das Gemeintsein und um Antwort Gefragtwerden oder das Erdrücktwerden durch die Mächtigkeit einer bedrohlichen Stimme, oder einer, die keine Ruhe gibt, auch wenn das Kind Rückzug möchte. Die Dynamik des eigenen Leibes wird erfahrbar in Bewegungsexperimenten wie: sich ausstrecken, sich zusammenziehen, anklammern und loslassen, schreien und sich beruhigen, Finger und Zehen sich begegnen lassen... Alle diese Experimente werden (im motorisch-affektiven Austausch) mit anderen Personen oder alleine ausgeführt. Die dabei gemachten Erfahrungen werden im Leibgedächtnis gespeichert, d.h. im Gehirn neuronal verknüpft.

Die Wahrnehmung des Innenraums (**Propriozeption**) und die des Außenraumes (**Exterozeption**) wächst und differenziert sich ständig

und führt letztlich zur Vorstellung einer Grenze zwischen der Innen- und der Außenwelt und dem Erleben eines Getrenntseins von Selbst und anderen. Diese Grenze wiederum hat mehrfache Wirklichkeiten. Sie ist Demarkation und Berührung zugleich, ist Schutz und Markierung der Begrenzung eines eigenen Leibes, und sie ist Ort des Kontaktes mit dem anderen Leib. Das Entstehen der Grenze ist der Beginn einer neuen Möglichkeit, nämlich der Begegnung zweier Subjekte.

Die Erfahrungen, die in dem dynamischen, differentiellen und ganzheitlichen Prozeß interaktionaler und experimentierer der Welt- und Selbsterforschung gemacht werden, und die Konsequenzen und Verhaltensweisen, die der Säugling darin entwickelt, ebenso wie das Ergebnis seines Abtrennungsprozesses, werden in den verschiedenen Formen des Gedächtnisses gespeichert. Sie bauen sein **archaisches Leib-Selbst** auf und gehen in sein Selbstbild ein.

Die Wichtigkeit dieser frühen interaktionalen, leibsprachlichen Entwicklung für die spätere symbolsprachliche Entwicklung ebenso wie für die Entfaltung der Empfindungsfähigkeit, des Gefühls und der im Menschen angelegten Beziehungsfähigkeit steht außer Frage. Die INTEGRATIVE BEWEGUNGS- UND LEIBTHERAPIE stellt hier einen Rahmen bereit, in dem die Qualitäten dieser frühen, leibsprachlichen Interaktionsphase näherungsweise aktiviert und durch die Möglichkeiten der erwachsenen Persönlichkeit vertieft und erweitert werden können, um die basalen Fähigkeiten ganzheitlicher und differentieller Kommunikation zu stärken und die Grenzen des Selbst deutlicher in der Doppelfunktion von Abgrenzung und Kontaktmöglichkeit wahrzunehmen.

Ist der komplexe Prozeß der frühen Selbstwerdung durch Defizite, Störungen, Konflikte oder Traumatisierungen gestört, so muß ein „Weg der Heilung und Förderung" hier seinen Anfang nehmen. Dazu bedarf es Therapeutenpersönlichkeiten, die fähig sind, sich so ganzheitlich einzulassen (ohne sich selbst zu verlieren und ohne Grenzen zu überschreiten in Richtung von Bemächtigung oder Mißbrauch), daß sie eine Atmosphäre mütterlicher und väterlicher Zuwendung, körperlich-emotionaler Empathie und Angstfreiheit zu schaffen vermögen, in der eine Art stellvertretender „Beelterung" (**Parenting und Reparenting**), ein ansatzweises Nachholen des frühen Dialoges stattfinden kann (**Wege der Heilung und Förderung**).

Ein wichtiges Ziel der Nachbeelterung ist auch, daß die PatientInnen/KlientInnen fähig werden, Sorge für sich selbst zu tragen, „self caring", Selbstempathie zu entwickeln, ihre Bedürfnisse zu erforschen und bis zu einem gewissen Grade auch selbst zu regulieren und zu befriedigen (**Selbstempathie**), denn Säuglinge können durchaus sich selbst beruhigen und regulieren (state regulation) und brauchen keineswegs immer die Mutter. Diese natürliche Fähigkeit des Menschen gilt es zu stärken. Die Erwachsenen können erkennen, daß in ihnen immer noch archaische Kindschemata wirksam sind, z.B. Aspekte einer bedürftigen Vierjährigen, aber vielleicht auch Qualitäten einer sehr lebendigen Siebenjährigen. Diese Schemata gilt es wahrzunehmen, um sie in ihrer Wirksamkeit in der Erwachsenenpersönlichkeit zu nutzen (Kreativität) oder abzugrenzen (Hilflosigkeit). Es gibt kein „inneres Kind" – eine beliebte Metapher der Psychoszene –, es gibt Relikte archaischer Persönlichkeitsschemata, die differenziert gesehen werden müssen und nicht mit einer solchen Metapher nivelliert werden dürfen.

Die Erlebnisangebote zum Thema „Frühe Zwischenleiblichkeit" sind im großen ganzen der Realität abgeschaut, dem, was täglich in der Wirklichkeit zwischen Kind und Betreuungspersonen geschieht – Säuglinge haben von den ersten Lebenstagen an intensive Kontakte zu mehreren Personen und stellen mit diesen dichte dyadische Konstellationen her. Deshalb wählen wir hier (außer bei den Angeboten zur Konfluenz) die Arbeit zu zweit, in der therapeutischen Dyade.

Wir gliedern in:

1. Positive Konfluenz

2. Grundvertrauen

3. Grundbedürfnisse

4. Blick-,Gesichts-, Stimm- und Berührungsdialog

III. DER LEIB IN SEINEN RELATIONEN

5. Leib- und Bewegungserforschung
6. Grenzerfahrung und Loslösung
7. Welterforschung und Weltgestaltung

Im Prinzip sind alle Themen untrennbar miteinander verbunden. So begegnen sie sich auch in den Erlebnisangeboten. Viele Übungen werden in Partnerarbeit beschrieben, können aber auch im Sinne der Selbstsorge in veränderter Form allein gemacht werden.

1.1. Positive Konfluenz

In der IBT verwenden wir den Begriff Konfluenz nicht im biologischen Sinne, sondern wir sprechen von Konfluenz als dem Zustand umfassender Verbundenheit und weitgehender Unabgegrenztheit.

Das Ungeborene befindet sich im Mutterleib in einer Art paradiesischem Zustand. Alles, was nötig ist, ist (normalerweise) vorhanden, und der kleine Organismus wächst und entwickelt sich in einer Interaktion zwischen seinen evolutionären Entwicklungsprogrammen und dieser nährenden und schützenden Umgebung. Die physiologischen Funktionen von Mutter und Kind greifen ineinander, ihre Lebensräume sind ungetrennt, und sie nehmen sich nicht oder nur wenig als getrennte Wesen wahr. Dieser Zustand einer innigen Einheit, eines konfluenten, grenzenlosen Daseins des Kindes in den ersten Schwangerschaftsmonaten ist im Leibgedächtnis eingeschrieben, wenn das Kind auf die Welt kommt. Die Sehnsucht nach Zuständen der Verschmelzung, die viele Menschen als ewige Suche nach der Ureinheit auf ihrem Lebensweg bis zum Sterben begleitet, mag hier ihre Wurzeln haben. Das Sterben wird in vielen Religionen und in den Nahtod-Erlebnissen vieler Menschen als ein Übergang in eine Ureinheit gesehen und erlebt.

In den ersten nachgeburtlichen Lebensmonaten nimmt das Konfluenzerleben des Säuglings ab und weicht dem Erleben des Wechsels zwischen vielfältigen emotionalen Lagen und Leibzuständen, der Anspannung und des Unwohlseins, aber auch des grenzenlosen Wohlseins und des Wegsinkens in den Schlaf. Die frühe intrauterine

Einheit ist nicht mehr selbstverständlich, nicht mehr verfügbar, und die Prozesse der Selbstwerdung nehmen ihren Lauf.

Wenn wir nun Erlebnisangebote zum Thema „Positive Konfluenz" machen, so schaffen wir die Möglichkeit, daß der einzelne Leib sich näherungsweise in einen „Gruppenleib" hinein erweitert, so daß das Erlebnis der Verbundenheit stärker ist als das Erlebnis des Getrenntseins. Dadurch wird die Daseinsgewißheit als unbewußte Leiberinnerung an das intrauterine Milieu und die Sicherheit und Geborgenheit der Zeit danach, sowie das dort gewachsene Vertrauen auf die Verläßlichkeit des Daseins und der eigenen Zugehörigkeit aktiviert und gestärkt (**Daseinsgewißheit**).

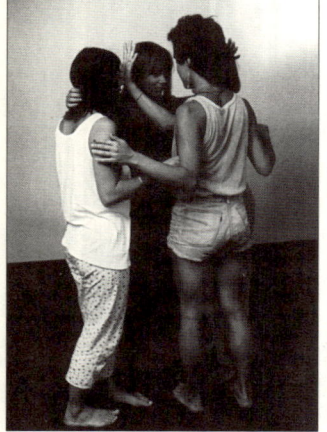

Jedes Angebot zur Konfluenz (Aufgabe von Verantwortung, von Kontrolle, von Exzentrizität) muß sich deutlich zwischen Konfluenz und Selbständigkeit hin und her bewegen, um nicht einer pathologischen Konfluenz (kollusives Beziehungsverhalten, Suchttendenzen) in die Hand zu arbeiten (**maligne Regression**).

Sich überlassen in Geborgenheit

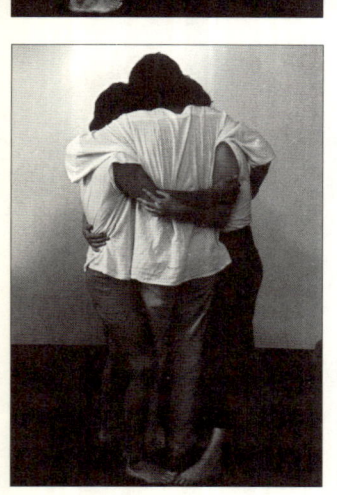

Geeignet für: Gruppen

Ausgangsposition: Die TeilnehmerInnen (6-8) bilden stehend einen Kreis, Schulter an Schulter.

Eine Person geht in die Mitte und schließt die Augen. Sie kann sich nun zur Seite, nach vorne, nach hinten fallenlassen und wird von den sie umgebenden Händen der GruppenteilnehmerInnen gehalten und bewegt.

Weiterführung: Nachdem die TeilnehmerIn in der Mitte sich eine Weile passiv hat bewegen lassen, kann sie aktiv Impulse der im Kreis Stehenden aufnehmen und weiterführen, so daß ein Wechselspiel entsteht.

Variation: Sich in einer Decke tragen und wiegen lassen.

Variation: als Partnerübung

III. DER LEIB IN SEINEN RELATIONEN

Beide PartnerInnen stehen hintereinander. Die eine legt ihre Hände auf den Rücken der anderen und gibt sicheren Halt, so daß die Vordere sich vertrauensvoll ihr überlassen kann. Die Hände können nun wandern und neue „Stützpunkte" am Rücken finden. Sie können aber auch mit sicherem Halt die Partnerin sanft bewegen (eventuell auch mit Musik).

Daraus kann wiederum ein Wechselspiel entstehen: Impulse werden gegeben, aufgenommen und weitergeführt.

KREIS UND RHYTHMISCHE MUSIK

Geeignet für: Gruppen

Ausgangsposition: Die TeilnehmerInnen stehen im Kreis, einfache rhythmische Musik.

Die TeilnehmerInnen sollen zunächst Musik und Rhythmus in sich aufnehmen. Eine TeilnehmerIn entwickelt dann eine Bewegung aus der Musik heraus oder stampft deren Rhythmus und alle anderen nehmen ihn auf, schwingen sich ein und bleiben eine Weile in dieser gemeinsamen Bewegung. Dann entwickelt jemand anderes eine neue Bewegung, die aufgenommen und zur Gemeinschaftsbewegung wird.

KREIS UND WANDERNDE STÖCKE

(L. Sheleen)

Ausgangsposition: Stehend im Kreis, alle haben einen Stock (Besenstiel oder kleiner).

Alle halten den Stock senkrecht vor sich. Die Stöcke werden nun im gemeinsamen Rhythmus weitergegeben, und zwar so, daß man den Stab vor sich aufstößt, während man ihn mit beiden Händen umfaßt hält. Dann geht die rechte Hand mit Stab nach rechts weiter und übergibt den Stab, während gleichzeitig die linke Hand einen Stab vom linken Nachbarn erhält. Es entsteht ein Zweierrhythmus: auf „1" stoßen alle Stöcke auf den Boden, auf „2" erfolgt die lautlose Übergabe.

Das Individuelle (Ich-Gefühl) und das Gemeinsame (Wir-Gefühl) verstärken sich in dieser Übung wechselseitig; das führt zu einem Gefühl, eins zu sein mit der Gruppe, ohne daß Individualität und Ich-Stärke verlorengehen.

Meditative Kreistänze

Der Kreis ist die geometrische Form der vollkommenen Geschlossenheit und Gleichheit aller dazugehörigen Punkte. Bringt man nun Musik und Bewegung dazu, etwa in Form von Kreistänzen, so ist der Boden für Gemeinschaftserlebnisse vorbereitet. Nimmt man eine ruhige, fließende, meditative Musik, die in sanften, mantrahaft wiederholten Schritten und Bewegungen getanzt wird, so weicht das Denken dem Empfinden, die eigenen Bewegungen werden gleitend und verschmelzen mit denen der anderen.

Es gibt inzwischen eine Reihe ausgearbeiteter meditativer Tänze. Man kann aber auch selbst und mit einer Gruppe zusammen einfache Tanzformen entwickeln.

Kreis als Resonanzraum

Ausgangsposition: Die TeilnehmerInnen stehen im Kreis in Schulterfassung oder mit den Händen auf den Hüften der NachbarIn.

Zunächst wird der Boden gespürt, nach unten geatmet, der Kreis und die Gemeinsamkeit wahrgenommen. Dann beginnen alle zu summen und nehmen dabei ihren eigenen inneren Resonanzraum wahr. Wenn alle sich selbst gut spüren und hören, horchen sie nach den anderen und stimmen sich dann gemeinsam auf einen Ton oder einen Dreiklang ein und bleiben eine Weile in diesem selbstgeschaffenen Klangraum.

Nach einer gewissen Zeit wird der Zusammenklang aufgelöst, indem sich jede individuell zu ihrer Zeit herauslöst.

Weiterführung mit dem *Thema* Abgrenzung und Eigenständigkeit: Der Einklang löst sich auf, indem jede mit der Zeit einen eigenen

Ton findet, vielleicht einen dissonanten zu den übrigen oder ein Geräusch, und sich über diesen abgrenzt, entgegensetzt, Kontrast hören läßt etc.

Man kann auch Phasen von Einklang (Konfluenz) und individuellen Tönen (Individuation) abwechseln.

BEWEGUNG NACH MUSIK

Ausgangsposition: liegend

Hinführung über Entspannung

Die TeilnehmerInnen liegen mit geschlossenen Augen und lassen die Musik in sich hinein und durch sich hindurch gehen. Sie können sich vorstellen, daß die Musik auf der Haut tanzt, durch die Finger- und Fußspitzen hereinkommt, sie innerlich anrührt und bewegt.

Im 2. Schritt wird die Musik wiederholt. Jetzt lassen sich die TeilnehmerInnen mit geschlossenen Augen von der Musik bewegen. Sie versuchen, sich und ihren Atem so weit wie möglich auf die ihnen nun schon bekannte Musik einzustimmen, mit ihr zu summen, zu fließen, mit ihr konfluent zu werden.

GRUPPENLEIB

Dieses Angebot kann nur aus dem *Prozeß* heraus entstehen:

Nach tiefgreifenden Einzelarbeiten (Tod, Gewalt, Trennung, Mißbrauch), die so an die Substanz gehen, daß die TeilnehmerInnen die Stärkung des kollektiven Bodens „Wir" brauchen, um nicht zu sehr involviert und angegriffen zu werden.

Am Ende eines Gruppenprozesses, der aus der Vereinzelung zum Kollektiven, zum lustvollen Verschwimmen der Grenzen geführt hat.

Alle legen sich auf den Boden, jede mit dem Kopf auf den Bauch einer anderen. So sind alle untereinander verbunden. Unter dem Kopf wird die Atmung des lebendigen „Kopfkissens" wahrgenommen, und die eigene Atembewegung fließt in den auf einem selbst ruhenden Menschen weiter. Wenn nun ein entlastendes tiefes Seufzen bei jemandem aufkommt, so kann es sich über den ganzen „Gruppenleib" oder einen Teil davon ausbreiten. Ebenso (oder noch stärker) ein Lachen, das den Bauch hüpfen läßt. Meist setzt es sich fort, breitet sich wellenmäßig aus und ergreift alle Köpfe und Bäuche.

Ist die Stimmung ruhiger, nach innen gekehrter, so kann ein gemeinsames Summen dazugenommen werden, das dann all die Innenräume der Einzelnen füllt und alle gemeinsam einhüllt.

Ziele:

Unmittelbares leibliches Spüren,

Weichwerden an den eigenen Grenzen,

Über-Einstimmung,

Angstfrei Teil eines großen Ganzen sein.

Wichtig ist es zu erlauben, wieder einen eigenen Willen zu haben, die Konfluenz aufzulösen, auszusteigen, sich abzusetzen, wieder eigene Grenzen zu spüren.

 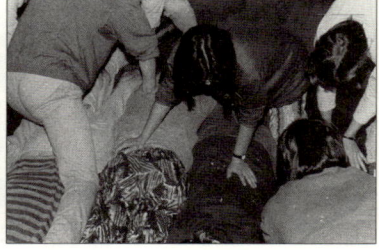

„ROBBENINSEL"

Ausgangssituation: Die Gruppe befindet sich in einem Stadium der Regression (Kleinseinwollen, keine Verantwortung tragen wollen...), mit dieser Übung kann diese Phase aufgenommen und zur positiven Konfluenz geführt werden.

Die Hälfte der Gruppe legt sich, auf einer mit Decken gestalteten „Insel", auf den Bauch und stellt Felsen dar. Die anderen stellen

sich vor, sie wären Robben (Seelöwen, Seekühe), die nun beginnen, sich auf der Insel auf allen Vieren fortzubewegen. Dabei „watscheln" sie (nur mit den Händen!) über die am Boden liegenden „Felsen", suchen sich ihren Weg schwerfällig und unbeholfen. Nach einer Weile erwachen die „Felsen", dehnen und räkeln sich, während die Robben zu Boden sinken; dann findet der Wechsel statt. Später lassen sich auch diese „Robben" müde zu Boden sinken, und alle ruhen gemeinsam auf- und nebeneinander.

Mögliche Weiterführung:

1. Es kann sich eine eigene Dynamik entwickeln.

2. Eine Möglichkeit, die Konfluenz aufzulösen, wäre, die schlafenden „Robben" mit einer sanften Trommelmusik zu wecken und den Rhythmus in die „Flossen", dann in die Hände übernehmen zu lassen: Die Hände klopfen auf den Boden, den eigenen Leib und den der anderen. Am Schluß nehmen die Füße den Rhythmus im Stand auf, jede für sich.

3. Die Rückführung zum menschlichen Individuum kann auch über die Metamorphose, die Umwandlung in ein anderes Tier und dann später in die eigene Gestalt geschehen.

Ziel: Gruppenzusammenhalt, Gemeinschafts-„Wir"-Gefühl, gemeinsamer Boden, Aufgehobensein, fraglose Zusammengehörigkeit, lustvolles Berühren.

1.2. Grundvertrauen

Grundvertrauen entwickelt sich aus zwei Quellen, einmal aus der koexistiven Verbundenheit mit dem Leib der Mutter, der alles Lebensnotwendige bereitstellt, und zum anderen aus der Erfahrung des fraglos funktionierenden Organismus und dessen Fähigkeit zur Selbstregulation, Selbstaktivierung und Selbstberuhigung. In Übungen versuchen wir, Möglichkeiten bereitzustellen, Grundvertrauen zu bekräftigen, zu erweitern, nachzusozialisieren, beispielsweise durch die Annäherung an die frühen Erfahrungen des Gewiegt- und

Getragenwerdens. Beides gehört zum „täglichen Brot", zur „emotionalen Nahrung" des Babys und des Kleinkindes und wird – wenn es angemessen und im empathischen Dialog mit dem Kind geschieht – zur tragenden Lebenserfahrung. Wer diese tragende Lebenserfahrung in ausreichendem Maße gemacht hat, wird sich eher als andere auch später getragen fühlen bzw. andere Menschen mittragen können.

In den folgenden Erlebnisangeboten können jeweils beide Rollen, die der Tragenden und die der Getragenen, geübt werden und der Wechsel zwischen beiden. Dadurch erlebt man sich sowohl in der Kind- als auch in der Elternrolle. Das ebnet den Weg zum „self caring", zur Selbstempathie, zur „inneren Zwiesprache" mit sich selbst, zum Dialog zwischen Ich und Selbst, zwischen Dimensionen der eigenen Identität bzw. Persönlichkeit, zwischen Aspekten innerer Kindschemata und dem Erwachsenen. Eine Wirkung und eine tiefergehende Erfahrung wird sich nur einstellen, wenn beide sich einlassen können und die Haltungen und Bewegungen nicht mechanisch, sondern in einer „inneren Resonanz" ausgeführt und mit einer inneren Bereitschaft angenommen werden.

„DU BIST WILLKOMMEN"

Diese Übung hat die Qualität eines Rituals, das nur im richtigen Moment eines Gruppenprozesses eingesetzt werden kann, damit nicht ein gekünsteltes Klima entsteht. Es muß vom Prozeß her stimmig sein, sonst wird eventuell romantisierender Kitsch produziert, eine Gefahr, in der viele Übungsangebote stehen, wenn sie nicht kompetent und prozeßorientiert angewandt werden.

Geeignet für: Gruppen

Die Gruppe sitzt im Kreis. Eine TeilnehmerIn geht in die Mitte. Sie ist das neu in die Welt gekommene Kind. Sie setzt oder legt sich und macht sich klein, je nach eigenem Bedürfnis.

Die anderen nennen sie auf verschiedene Art bei ihrem Namen – mütterlich, wohlwollend, zärtlich, rufend... Eventuell auch mit Sätzen wie: „Es ist schön, daß du da bist", „Du bist willkommen",

III. DER LEIB IN SEINEN RELATIONEN

nach dem Namen, und sie berühren sie vielleicht mit einer freundlichen Geste, die in Empathie aus der Betrachtung dieses „kleinen Wesens" aufsteigt.

Es kann eine dichte, akzeptierende Atmosphäre in der Gruppe entstehen, die bei derjenigen in der Mitte das Gefühl von Gewollt- und Angenommensein stärken kann, aber ebensosehr das (eventuelle) Defizit deutlich spürbar machen kann. Hier wird häufig Trauer aufkommen, die wiederum in einem tragenden Kreis gemeinsam ausgehalten und ertragen werden kann. Nachdem die erste Woge von Trauer (oder Berührtsein) abgeebbt ist, kann diejenige eventuell von allen auf Händen getragen – ins Leben getragen – werden.

SICH ANVERTRAUEN, TRAGEN UND WIEGEN LASSEN (IN EINER DECKE)

Geeignet für: Paare, Gruppen

Ausgangsposition: Partnerarbeit. Eine TeilnehmerIn liegt auf dem Rücken auf einer Decke.

Die PartnerIn kniet sich bequem auf den Boden in Höhe eines Armes, hebt dort vorsichtig die Decke an und bewegt sie: der Arm wird in der Decke gehalten, gehoben, getragen, gewiegt, geschüttelt. Es folgen: der andere Arm, nacheinander die Beine und zum Schluß der Kopf.

Es soll langsam, sanft und empathisch vorgegangen werden. Die Decke, die zwischen den PartnerInnen ist, schafft Abstand vor zu viel direkter Nähe und macht auch ängstlichen Menschen möglich, etwas durch andere mit sich geschehen zu lassen und so Vertrauen zu üben.

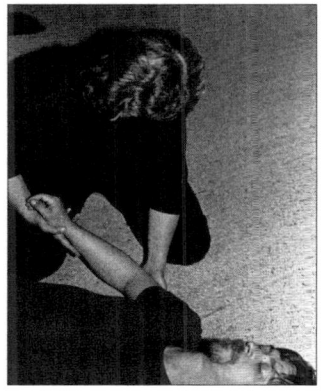

Variation: Die ganze Gruppe faßt die Decke rundum, hebt sie an und wiegt eine TeilnehmerIn in der Decke; dazu eventuell leise sanfte Musik bzw. Summtöne oder auch ein Wiegenlied.

Variation oder Weiterführung: Arme, Beine, eine Hand oder der Kopf können auch ohne Decke in direkter Berührung der

Partnerin anvertraut werden. Dabei ist es wichtig, die Körperteile mit sicherem Griff zu halten und respektvoll und einfühlsam vorzugehen.

 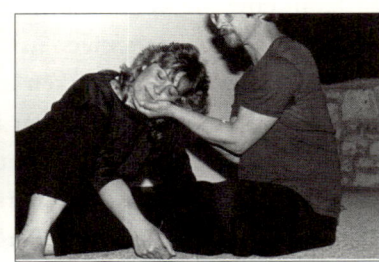

Auf dem Rücken und auf Händen getragen werden

Partnerarbeit.

Die eine PartnerIn bietet sich an, die andere mit dem ganzen Leib zu halten und zu tragen. Beide probieren zusammen verschiedene Haltungen und Positionen aus: Rücken an Rücken; Waage; eine kniet, beugt sich nach unten und die andere legt sich über ihren Rücken...

Gruppenarbeit.

Die ganze Gruppe trägt jemanden auf Händen: unter dem Rücken der Liegenden fassen die gegenübersitzenden Gruppenmitglieder ihre Handgelenke und heben die Liegende langsam hoch. Dies sollte langsam und vorsichtig geschehen, damit die Liegende sich den Tragenden anvertrauen kann. Geht das Heben zu schnell, entsteht Angst und dadurch Anspannung, die Wachsamkeit und Kontrolle instand hält. Die Gruppe kann die Liegende sanft wiegen, seitwärts und vor und zurück, heben und senken, dabei summen und singen und ihr so ein außergewöhnliches Erlebnis vermitteln.

Die Gruppe kann eine einzelne auch ganz hoch heben, so daß sie über den ausgestreckten Armen schwebt, und sie mit Gesang oder Lachen durch den Raum tragen, sie herausheben aus den anderen, sie feiern, zum Geburtstag oder einfach, weil es sie gibt.

III. DER LEIB IN SEINEN RELATIONEN

GEWICHT ABLEGEN – VERTRAUEN ÜBEN

Es sollen sich Dreiergruppen bilden. Alle drei stehen nebeneinander. Die Frau in der Mitte soll nun ihre Arme waagerecht zur Seite strecken, und die beiden anderen sollen jeweils einen dieser Arme stützen und tragen, so daß die Frau in der Mitte das Gewicht der Arme so gut wie möglich abgeben kann.

Den Tragenden wird gesagt: Versucht, eure Bereitschaft zu tragen zu vermitteln.

Der Übenden wird gesagt: Leg deine Arme in die Hände der TrägerInnen. Laß dich los, vertrau dich an. Laß den Atem fließen und laß bei jedem Ausatem noch etwas mehr los.

SICH VON DER ERDE TRAGEN LASSEN UND AUF EINER WOLKE SCHWEBEN

Wir können uns selbst nicht tragen und können uns in diesem Sinne nicht selbst beeltern. Aber dafür gibt es die immer verfügbare „Mutter Erde", von der wir uns auch in jeder Nacht, wenn wir Kontrolle und Aufrichtung aufgeben, tragen lassen. Wie viele Verkrampfungen und Schlafstörungen zeigen, ist aber auch dieses vollständige Loslassen und Ruhen auf der Erde nicht selbstverständlich, nicht einfach.

Wir üben es, indem die TeilnehmerInnen in verschiedenen Haltungen auf dem Boden liegen: auf dem Rücken, dem Bauch, auf der Seite, in der Embryohaltung...

Immer werden die Auflagepunkte angesprochen, der Kontakt mit dem Boden, die Art des Kontaktes, die Abstände zwischen Gliedern und Boden...

Und immer wieder wird der Atem angesprochen. Beim Ausatmen kann immer noch etwas mehr an Lösung geschehen und Vertrauen zur tragenden Qualität des Bodens zurückgewonnen werden.

Weiterführung oder Variation: Man kann Vorstellungen dazunehmen, die den Muskeltonus senken und die Empfindung der Schwerelosigkeit erhöhen: auf einer Wolke dahinziehen oder auf einem fliegenden Teppich schweben etc.

Sich tragen lassen bewirkt:

Entspannung der Muskeln des tragenden Stützsystems;

Loslassen von Druck, Haltung, Selbstkontrolle;

Anvertrauen, Hingabe, Ruhe;

Ruhe bewirkt Selbstregulation der organismischen Systeme.

Am Anfang des Sich-tragen-Lassens kann sich der innere Druck erhöhen. Angst, fallengelassen zu werden, kann das Kontrollbedürfnis steigern und damit auch Muskel- und Atemspannung erhöhen. Je besser es gelingt, sich tragen zu lassen, desto deutlicher können die Veränderungen auf allen Ebenen wahrgenommen werden:

Auf der gedanklichen Ebene: „Ich merke, ich werde gehalten. Ich kann also meine Kontrolle verringern oder aufgeben."

Auf der emotionalen Ebene: „Es ist ein wunderbares Gefühl, mich überlassen zu können und zu dürfen."

Auf der organismischen Ebene: „Die Spannung sinkt, Ruhe und Ausgeglichenheit kehren ein."

Gewiegt werden und wiegen

Geeignet für: Einzelne, Paare, Gruppen

Stellt euch das Bild einer Wiege vor, die beweglich ist und geschaukelt werden kann. Sucht Bilder, Vorstellungen, die etwas von diesem Wiegen und Schaukeln enthalten: Wiegen wie ein Baum im Wind; wiegende Welle, Hollywood-Schaukel, Schaukel, Schiffschaukel, Pendel...

Wähle ein Bild aus, das dir zusagt und begib dich in dein Bild hinein: laß die Bewegung von innen her geschehen; – Werde zum Baum, zur Welle,... Laß dazu Summtöne im Rhythmus des Hin und Her oder eine Melodie entstehen.

Variation: Paararbeit

Im Stehen: Eine TeilnehmerIn ist der Baum, verwurzelt sich – die andere ist der Wind. Der Wind bewegt (wiegt) den Baum.

III. DER LEIB IN SEINEN RELATIONEN

Mit Menschen, die Nähe gut zulassen können, kann man die Bilder und Symbolisierungen loslassen und ganz direkt wie in der frühen Zwischenleiblichkeit zwischen Mutter und Kind wiegen und sich wiegen lassen.

Im Sitzen: Eine TeilnehmerIn sitzt zwischen den Beinen der anderen. Sie lehnt sich mit dem Rücken an deren Vorderseite und überläßt sich der anderen, die sie wiegt. (Es ist gut, dazu zu summen oder eine wiegende Musik einzuspielen.) Diese Haltung gibt gleichzeitig auch Schutz und Geborgenheit.

Variation: Die PartnerInnen stehen oder sitzen Rücken an Rücken und wiegen hin und her. Sie können das gemeinsam tun, es kann aber auch eine von beiden das Wiegen initiieren und die andere sich dem anvertrauen.

SICH SELBST WIEGEN

Im Sinne der Selbstberuhigung und der Sorge für sich selbst kann man sich auch selbst wiegen: im Sitzen, kniend, in der Bauch- und Rückenlage, mit angezogenen Beinen oder ausgestreckt. Musik und Summton beeinflussen die innere Gestimmtheit.

SICH EINSCHWINGEN AUF DEN ATEM

Eine für uns selbst wahrnehmbare Hin- und Herbewegung in unserem Leib ist der Atem. Jede Beobachtung des Atems, in der man sich mehr und mehr dem Rhythmus und der Bewegung hingibt, kann das Vertrauen in den eigenen Organismus, seine Kraft, Ausgewogenheit und Fähigkeit zur Selbstregulation stärken.

Finde ein Bild für den Atemfluß und gib dich eine Weile dem Bild und dem Fluß hin.

Variation: Füge dem Atemfluß eine für dich passende Bewegung hinzu.

Wiegen, in welcher Form auch immer, ist ein Anknüpfen an frühe, Geborgenheit gebende Bewegungserfahrung. Der tragende, nicht enden wollende Ur-Rhythmus des Hin und Her macht hingebendes Vertrauen möglich, ohne Angst vor Veränderung oder Herausfallen. Es beinhaltet also Sicherheit, Halt, Struktur, Geborgenheit und kosmische Zugehörigkeit (siehe S. 384ff).

FÜHREN UND GEFÜHRT WERDEN

Geeignet für: Paare, Gruppen

Die eine Partnerin schließt die Augen. Sie wird geführt. Die andere umfaßt und hält sie so, daß sie deutlich führen kann: an der Hand, am ganzen Arm, um die Taille, an der Schulter. Sie soll damit übermitteln: Ich führe dich, du kannst dich mir überlassen, ich bin da! – Während des Spazierganges kann die Führende ihre Phantasie spielen lassen: sie kann komplizierte Wege gehen, vorwärts und rückwärts, verschiedene Tempi, sie kann die andere hinsetzen lassen, mit ihrer Hand über Dinge oder Materialien streifen, sie sozusagen mit den Händen sehen lassen etc.

Diese Phase kann 5 bis 20 Minuten dauern. Es erfolgt ein Rollentausch. – Danach ein *Austausch* zu zweit:

Was waren deine Erfahrungen?

Hat sich im Laufe der Zeit etwas in dir verändert?

Was fiel dir leichter: zu führen oder geführt zu werden?

Was tat dir gut, was hat dir gefehlt?

In der Rolle der Führenden kommen folgende *Fragen* dazu:

Traue ich mir selbst zu, jemanden sicher zu führen?

Was vermittle ich nonverbal, Sicherheit oder Unsicherheit?

Ist sie bereit, mich in der führenden Rolle anzunehmen?

Mögliche Weiterführung: Die Hälfte der Gruppe steht im Raum mit geschlossenen Augen. Eine „Sehende" tritt zu jemandem, führt eine Weile und stellt sie wieder ab; dann kommt jemand anderes.

Auf diese Weise kann mehrmals gewechselt werden. Dabei kann die „Geführte" noch differenzierter feststellen, wie es ihr mit dem Überlassen geht, und inwieweit das auch mit der führenden Person und dem Kontakt zwischen beiden zusammenhängt.

Eine ganze Gruppe führen

Die erste führt die Gruppe an. Bis zu acht Personen bilden eine Schlange, wobei sich jede an den Schultern der Vorderen festhält. Die erste führt nun die Gruppe durch den Raum – nur sie hat die Augen offen – in verschiedenen Möglichkeiten: schneller, langsamer, in Schlangenlinien... Nach einer gewissen Zeit hängt die erste sich hinten an und übergibt damit der nächsten die Führung.

Im Austausch in der anschließenden Runde geht es um die *Fragen*: Wie ging es dir als Führende – in der Mitte – als Letzte?

Sich von einem Ton führen (leiten) lassen

Hinführung: Arbeit an Bodenkontakt und Wahrnehmung des Raumes um einen herum.

Partnerübung: Eine TeilnehmerIn schließt die Augen, die andere lockt sie mit Tönen durch den Raum. Dasselbe auch rückwärts oder seitwärts. Die Führende ist für die Sicherheit zuständig, dafür, daß es keine Kollisionen gibt.

Selbstvertrauen

Die TeilnehmerInnen gehen blind in einem abgedunkelten leeren Raum umher und erkunden ihn: mit den Füßen, den Händen und Armen, mit allen Sinnen. Nach und nach können Gegenstände in den Raum gebracht werden: Decken, Stühle...

Sie können sich auch gegenseitig blind mit den Händen erkunden, wenn sie einander begegnen.

SELBSTVERTRAUEN – ALLEINE BLIND GEHEN

Geeignet für: Einzelne, Gruppen

Hinführung über Zentrierung:

Einige Minuten den eigenen Bewegungsimpulsen folgen. Tun, was einem selbst gut tut.

Den oberen Atemraum weiten, z.B.: Schultern beim Einatmen nach hinten drücken - ausatmen; dann Schultern beim Einatmen nach vorne drücken, in den Rundrücken hineinatmen – ausatmen.

Weiten des Beckenraumes: Knie beim Einatmen nach außen bewegen (etwas in die Knie gehen), mehrmals wiederholen.

Die Wahrnehmung zu den Füßen lenken und zum Boden (grounding). Dann alle Sinne öffnen, um den Raum um sich herum wahrzunehmen.

Nun wird mit geschlossenen Augen vorsichtig Schritt für Schritt in den Raum gegangen.

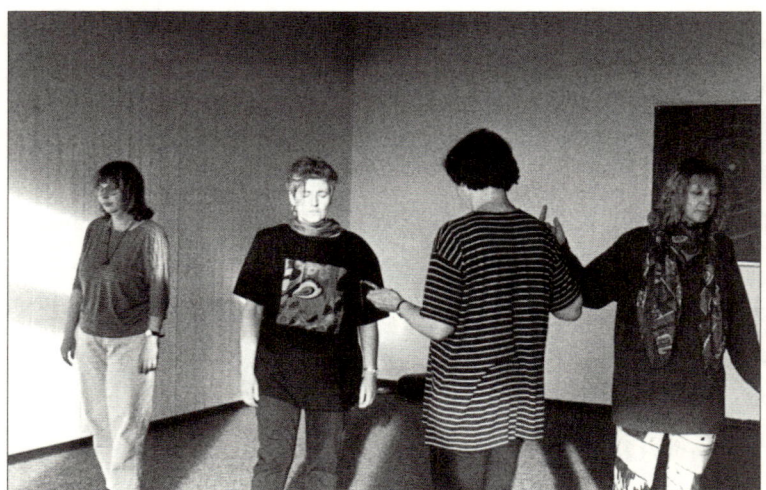

Hierbei sind *zwei Möglichkeiten* denkbar:

1. Man kann frei experimentieren lassen.

2. Man kann auch stützend arbeiten und damit Selbstvertrauen und Selbstwertgefühl aufbauen mit Interventionen wie: Setze

einen Fuß vor den anderen. Erspüre jedesmal den Kontakt zum Boden. Atme in den Raum aus, in den du gehen willst. Gehe nur so schnell, wie du dich wirklich sicher fühlst. Spüre, wie deine Sicherheit und dein Selbstvertrauen langsam wachsen...

Der Kontakt zum Boden, zu sich selbst und zum Raum macht es möglich, daß im Gehen, im sich Orientieren sozusagen Boden gewonnen wird und das Selbstvertrauen steigt.

Mögliche Weiterführung: Wenn du jemandem begegnest, öffne die Augen, schau und sag etwas über dich selbst (über deine momentane Erfahrung). Die andere bestätigt verbal und in der Bewegung (z.B. Kopfnicken) die Aussage.

Wiederholung mit jemand anderem. Dies verstärkt zusätzlich das Vertrauen, daß das eigene Erleben „richtig", „stimmig" ist.

Im Erlebnisbereich **„führen und geführt werden"** setzt sich das Thema *Vertrauen* und *Mißtrauen* fort und erweitert sich ins Thema *Selbstvertrauen*.

Unsere Augen sind die Sinnesorgane, mit denen wir uns weitgehend orientieren und die Situation um uns herum abtasten, aus deren Beurteilung wir Konsequenzen für unser Handeln ziehen. Wenn wir blind handeln sollen, fühlen wir uns zunächst amputiert.

Da die meisten von uns sozialisiert sind im Sinne des Spruches „Vertrauen ist gut, Kontrolle ist besser", treten verständlicherweise bei diesen Erlebnisangeboten, bei denen der Sehsinn als Orientierungs- und Kontrollorgan aufgegeben wird, folgende **Themen** auf:

Hilflosigkeit, Angst, Kontrollbedürfnis, Mißtrauen, Zweifel, aber auch: wachsendes Vertrauen, Entlastung von Verantwortung, Kindsein, in die Welt geführt werden, Neugier...

1.3. Befriedigung von Grundbedürfnissen

Da das Kind noch nicht imstande ist, seine Bedürfnisse selbst zu erfüllen, ist es in hohem Maße davon abhängig, ob die Äußerung seiner Bedürfnisse wahrgenommen wird und wie darauf geantwortet wird. Der Säugling tut sein Bestes, um sich so deutlich wie möglich verständlich zu machen und damit eine Erfüllung (Stillung, Befriedigung) herbeizuführen. Gelingt dies, so wird auch hier ganz generell sein Grundvertrauen bestärkt durch die Erfahrung, daß die Welt ihm sozusagen wohlgesonnen ist.

Zu den Grundbedürfnissen, die immer wieder in den Vordergrund kommen, gehören das Bedürfnis nach Wärme, nach Schlaf, nach Nahrung, nach Pflege, nach emotionaler Zuwendung (Liebe), nach Sicherheit und Schutz, nach Entlastung in Spannungszuständen, nach multipler Stimulierung, nach Interaktion und Kommunikation. In der spielerischen Interaktion, die sich um diese Bedürfnisse herum entfaltet, bekommt der Säugling nicht nur das, was er braucht, sondern er macht auch Erfahrungen, die ihm den Zusammenhang zwischen seinem Verhalten und den jeweiligen Konsequenzen deutlich machen. Das bedeutet, daß in der Befriedigung der Grundbedürfnisse auch das Bedürfnis zu lernen, zu verknüpfen und zu integrieren, erfüllt wird. Mit dem Erkennen der Zusammenhänge wächst auch die Lust an der Wiederholung und an weiteren Experimenten. Die Eigeninitiative und die Zielgerichtetheit (**Intentionalität**) des Säuglings nehmen zu.

Gelingt die Interaktion rund um die Befriedigung der Grundbedürfnisse schlecht (weil die Mutter oder die Pflegepersonen überfordert sind, weil es ein „schwieriger" Säugling ist, weil die Temperamente zu verschieden sind...), wird die offene, direkte Interaktion und Kommunikation (Schreien > Stillung) gestört. Wenn beispielsweise ein Säugling in seinem Bedürfnis nach Interaktion und Kommunikation und Stimulation immer wieder die Ärmchen hebt, um aufgenommen zu werden, und wenn dies über einen langen Zeitraum hinweg immer wieder nicht geschieht, so wird sich diese weltzugewandte Haltung (leiblich und intentional) des Babys letztlich in eine resignierte Unterspannung oder vielleicht in eine unruhige, nicht gestillte Überspannung verwandeln.

Eine über lange Zeit fortgesetzte Nichterfüllung von Grundbedürfnissen kann zu einer Desensibilisierung des Kindes gegenüber eben diesen Bedürfnissen führen, um nicht immer wieder den Schmerz der Nichterfüllung spüren zu müssen. Und es kann zu einer Inaktivierung der zu den Bedürfnissen gehörigen Bewegungsimpulse kommen. Im obigen Beispiel: die Arme strecken sich nicht mehr dem anderen Menschen entgegen, sondern bleiben im zwischenmenschlichen Kontakt eher inaktiv und schlaff.

Unsere Erlebnisangebote versuchen, diesen Weg gleichsam zurückzugehen, nämlich zu üben, Bedürfnisse in sich selbst zu erspüren und sie auf verschiedenen direkten Wegen verbal und leibsprachlich, d.h. mit den dazugehörigen Bewegungsimpulsen kenntlich zu machen.

Wieder handelt es sich hier um Arbeit in der Dyade. Wieder werden Eltern- und Kindrolle getauscht, so daß in beiden Rollen eine Sensibilisierung für sich und für die andere stattfinden kann mit dem Ziel, empathisch und selbstempathisch zu werden und aus der Resonanz heraus zu handeln.

Exkurs: Empathie

Empathie ist eine Voraussetzung für mit-menschliches Fühlen, Denken und Handeln. Die Möglichkeit dazu ist biologisch vorbereitet, und sie ist Grundlage jeder Beziehung: der Eltern-Kind-Beziehung, der Beziehung zwischen erwachsenen Menschen, wie der therapeutischen Beziehung. Sie gibt dem Menschen die Möglichkeit, sich identifikatorisch einzufühlen in das, was im anderen geschieht, ohne sich selbst zu verlieren, ohne konfluent zu werden. Sie fußt auf Intuition genauso wie auf Sensibilität, Spürfähigkeit und Lebenserfahrung.

Wenn Menschen ihre Sensibilität, ihre Intuition, ihre Empathiefähigkeit geübt haben (mitschwingen und abgrenzen, Barrieren auflösen und Grenzen wahren), so können sie in einer Mutter (Betreuer)-Kind-Beziehung, wie in einer therapeutischen Beziehung das Kind oder den Patienten einfühlsam begleiten auf dem Weg des Spürens und Fühlens, des Differenzierens und Integrierens, auf dem

Weg des Ko-respondierens mit sich und anderen. Aus ihren eigenen Spür- und Fühlerfahrungen können sie bei dem Kind oder dem Patienten aus ihrer größeren Klarheit heraus manchmal schon Empfindungen oder Gefühle wahrnehmen und differenzieren, bevor sie an der „Oberfläche" sind. Und aus der Identifikation heraus können sie die Frage „Was braucht dieser Mensch jetzt?" beantworten. Therapeutische wie „mütterliche" Interventionen kommen dann aus der leiblichen oder emotionalen Berührung zweier Menschen und münden in einen Dialog.

Empathie ist heilend und dies auf vielfältige Art und Weise:

Empathie ist *mitfühlend*, sie baut eine Brücke zu dem anderen Menschen und läßt ihn spüren, daß er nicht allein ist.

Empathie ist *bestätigend*, sie signalisiert dem anderen, daß er „gesehen", gespürt, verstanden ist und dies bestärkt ihn in dem, was er selbst gerade spürt.

Empathie *berührt* den anderen unmittelbar, wobei der Empathierende sich selbst ebenso durch den anderen in seinem eigenen Sein berühren läßt. Empathie braucht dazu nicht unbedingt Worte, sie bedient sich des Blickes, der Geste, der Berührung. Ihre Interaktionsformen sind die der „frühen Zwischenleiblichkeit".

Empathie *ermutigt*, sich einzulassen. Wenn bei einem Klienten ein vages Gefühl von Traurigkeit aufsteigt, das er geneigt ist wegzuschieben, so kann die Intervention des Therapeuten: „Ja, es ist auch schwer, was Sie da erlebt haben", den Klienten ermutigen, sich – getragen von dem gemeinsamen Boden – wirklich der Trauer hinzugeben.

Empathie *eröffnet Wege*, sie schafft den Boden dafür, daß Schmerzen, Probleme, Krisen angeschaut und ausgehalten und gemeinsam Lösungen gefunden werden können. Beispiel: Ein Kind weint, weil es sich verletzt hat. Die Mutter nimmt es auf den Arm (sie trägt die Schmerzen mit), schaut sich die Wunde an und signalisiert, daß sie weiß, wie weh das tut. Dann schlägt sie vor, gemeinsam zur Kühlung auf die wehe Stelle zu blasen und dann ein Pflaster darauf zu kleben. So lernt das Kind eine Möglichkeit, in Zukunft mit solchen Ereignissen umzugehen.

III. DER LEIB IN SEINEN RELATIONEN

Empathie ist *auf Entwicklung gerichtet*. In der Beziehung Mutter (Betreuungsperson)-Kind bedeutet dies, daß die Mutter sich intuitiv auf die Entwicklungsstufe des Kindes einstellt („intuitiv parenting") und gleichzeitig einen Schritt weitergeht. Sie spricht schon mit ihrem Kind in „normaler" Sprache, auch wenn das Kind vieles noch gar nicht verstehen kann. Ebenso zielen die aus der Empathie aufsteigenden Fragen des Therapeuten auf den nächsten notwendigen Schritt des Klienten.

Empathie fließt von einem zum anderen und sie tut ihre Wirkung nur, wenn beide dieses Fließen zulassen. Wenn dies geschieht, dann ist es möglich, daß das Kind über das Berührt-, Bestätigt-, Ermutigt-, Verstandenwerden Empathie für sich selbst, Selbstempathie, aufbaut (bzw. die KlientIn ihre Selbstempathie regeneriert und stärkt) und daß aus dem einseitigen Empathieren ein wechselseitiger Prozeß „mutueller Empathie" wird, die die Beziehung zwischen diesen zwei Menschen stärkt.

SPANNUNGSLÖSUNG

Partnerarbeit

Die eine liegt auf dem Bauch. Die andere kniet daneben, legt die Hände leicht auf verschiedene Teile des Rückens (perzeptive Hand), wobei unter dieser wohltuenden Berührung eine Verringerung der Muskelspannung im Rücken stattfindet. Die Liegende weilt mit ihrer Aufmerksamkeit jeweils am Ort der Berührung.

Wenn Vertrauen entsteht, kann diese lösende Handauflegung beinahe überall am Körper stattfinden (Spannungslösung findet nicht mehr statt, wenn erotische oder sexuelle Erregung eintritt). Die Empfangende kann liegen, sitzen oder stehen, die spannungslösende Hand kann auf eine angespannte Stirn gelegt werden, auf müde Augen, auf die Kiefernmuskeln, aufs Herz, den Magen, den Bauch, die Oberschenkel, die Knie, an die Fußsohlen...

Die Hand kann ruhen, aber auch aktiv werden (interventive Hand), kreisen, streichen.

In diesem Angebot erspürt die aktive Partnerin empathisch, wo bei der anderen Spannungen sitzen. Diese überläßt sich und reagiert (z.B. mit einer wohligen Streckung oder zufriedenen Tönen).

Variation oder Weiterarbeit: Will man zusätzlich die Wunschäußerung verstärken, kann man das Angebot etwas anders gestalten. Die Empfangende spürt in sich hinein und bittet um Hilfe bei der Spannungslösung in bestimmten Leibregionen. Die Aktive reagiert hierauf, indem sie die Bitten erfüllt. So entsteht ein Dialog zwischen Wunschäußerung und Wunscherfüllung.

Spannungen selbst lösen

Um zu erfahren, wie man seine Muskeln in hohem und in niedrigem Spannungszustand empfindet, ist der Wechsel von Anspannung und Entspannung hilfreich. Spannt man eine Muskelpartie stark an, so wird sie in ihrer Spannung spürbarer, tritt heraus aus der Allgemeinspannung. Damit wird ein Unterschied zu den anderen Muskeln wahrnehmbar. Löst man nun die Spannung bewußt, so kann ein noch größerer Unterschied zwischen beiden Zuständen der Muskulatur wahrgenommen werden. Gelingt es, die rezeptive, gelöste Aufmerksamkeit bei dem ganzen Prozeß zu halten, bei dem Zustand der Anspannung, dem Zustand der Entspannung und dem Prozeß dazwischen, so bekommt man immer klarere Empfindungen. Dies ist wichtig, um schon in einem frühen Stadium Anspannungen und Überspannungen bei sich selbst zu erleben und nicht erst dann, wenn sie bereits zu Schmerzen geführt haben oder chronisch geworden sind.

Den Weg der Spannungslösung über den Zwischenschritt des Aufbaus von vermehrter Anspannung hat *E. Jacobsen* in seiner *„Progressiven Muskelrelaxation"* zu einer gut handhabbaren Methode verarbeitet. *Petzold* und *Berger* haben durch das Beifügen von Atemtechniken und imaginierten Entspannungs-Vorstellungen muskuläre, respiratorische und mentale Relaxation zur **„Relaxativen Organgymnastik"** bzw. **Isotonik** (*Petzold* 1988, 113ff) verbunden. Im *Jacobsen*-Training wird jeweils eine Muskelpartie fest angespannt,

III. DER LEIB IN SEINEN RELATIONEN

wahrgenommen und gelöst. Nimmt man den Atem hinzu – Anspannung bei der Einatmung und Loslösung bei der Ausatmung – (wenn dies nicht von selbst geschieht), so wird der Effekt noch wesentlich verstärkt, und der Atem gewinnt an Tiefe und Kraft und an Regelmaß.

Diese Methode ist ausgezeichnet geeignet, um bei sich selbst Spannungen zu lösen. Unterstützend wirken noch Vorstellungen von lösendem warmem Wasser, das Körperregionen umspült oder einem leisen Wind oder Vorstellungen der Verlängerung des Armes, des Beines oder einer lösenden Hand und weiterhin relaxierende Atemtechniken (Einatmen durch leicht geöffneten Mund, Zunge gegen den Gaumen gestellt).

Um chronische Spannungen zu lösen, reicht es nicht aus, in der angegebenen Weise allein oder im zwischenleiblichen Kontakt an der Spannung zu arbeiten. Hier muß meist auch aufdeckend nach den Ursachen und Hintergründen gefragt werden.

Überspannung, Unterspannung, Dystonie momentaner und chronischer Art sind bei vielen Menschen Ausdruck eines inneren Ungleichgewichtes. Die einer Sache angemessene Spannung weicht etwa einer resignierten oder depressiven Unterspannung („Anpacken hat keinen Sinn, ich kann ja doch nichts ändern.") oder etwa einer unsensiblen Überspannung (mit dem Kopf durch die Wand, oder „Ich muß noch mehr leisten, dann wird alles gut."). Hier zeigen sich Muster im Bezug auf Spannungsverhalten, die sich eventuell schon sehr früh entwickelt haben.

Geht man in Erlebnisangeboten (Vertrauensübungen, sich tragen lassen, sich fallen lassen...) den eigenen Reaktionen nach, so stößt man oft auf grundlegende Reaktionsbereitschaften und Bewältigungsmuster.

Der **Themenkreis**, der in dieser Arbeit mit Spannung und Spannungslösung und den dahinterliegenden Mustern auftaucht, geht also häufig in die Tiefe der Person:

Nicht in der eigenen Mitte ruhen; Aushalten; Angst, zu fühlen; Angst vor Leere, vor Unbekanntem, vor Verdrängtem, vor Nähe.

Unterspannung: Resignation, Hoffnungslosigkeit, klein-sein-Wollen, maligne Regression.

Überspannung: Druck, Leistungsbezogenheit, Überforderung, Autoritätsbezogenheit, Selbstwertproblematik („Alles muß anders oder besser werden.").

Dystonie: Ambivalenzen, innere Zerrissenheit, einseitige körperliche, seelische und soziale Belastungen.

WÄRME, SCHUTZ, GEBORGENHEIT

Partnerarbeit

Diejenige, die empfangen möchte, legt sich auf eine Decke und begibt sich in eine Kleinkind- oder Embryonalhaltung. Die andere deckt sie liebevoll zu, stopft die Decke ringsherum ein, streicht ihr vielleicht über den Rücken und setzt sich schließlich daneben.

Wenn die Nähe der Gruppenteilnehmer untereinander groß ist, so kann die „Mutter" (der „Vater") sich auch eine Weile dazulegen, so daß „das Kind" sich ganz anschmiegen, wärmen kann. (In diesem Fall gehört es zu den Regeln, daß die Liegende sehr deutlich macht, was sie möchte und was sie nicht möchte.)

Dem eingekuschelten „Kind" kann auch ein Schlaflied gesungen oder eine Geschichte erzählt werden (siehe auch S. 248).

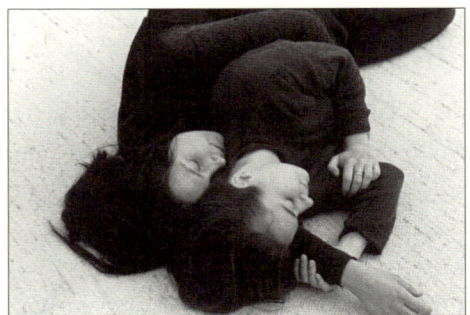

III. DER LEIB IN SEINEN RELATIONEN

Hunger – gestillt, genährt werden

Hinführung: Erkundung des Mundes als Organ der Nahrungsaufnahme

Schließt die Augen und lenkt die Wahrnehmung zu eurem Mund. Erkundet mit der Zunge den Mundraum von innen. Betastet die Zähne mit der Zunge. Nehmt die unterschiedliche Bauart und Funktion wahr. Bringt die Zähne auf alle möglichen Arten zusammen und erspürt dabei die Aktivitäten des Kieferngelenks. Geht dann zu den Lippen und erkundet sie in der Berührung, Bewegung und ihren Funktionen (saugen, küssen, tasten...).

Weiterführung:

Dies ist eine ausführliche Version, die in einem regressiven Milieu zur Nachsozialisation möglich ist.

Ausgangssituation: Die TeilnehmerInnen liegen in eine Decke warm eingekuschelt oder bei einer anderen TeilnehmerIn im Arm.

Schließ die Augen, spüre die Wärme und Geborgenheit um dich herum. Stell dir nun vor, daß sich eine weiche Mutterbrust sanft deinem Gesicht nähert. Vielleicht reagiert der Speichelfluß schon in Vorfreude auf Milch. Etwas schiebt sich in deinen Mund, deine Lippen reagieren sensibel, spielen, tasten, saugen, und angenehm warme Nahrung fließt in deinen Mund, durch deine Kehle und in deinen Magen. Wenn du hastig saugst, bekommst du mehr. Wenn du ruhig saugst, kannst du genießen. Du bestimmst die Menge und das Tempo und du bestimmst, wann deine Lippen sich öffnen, loslassen und die Mutterbrust verschwindet.

Zunächst ist es warme Milch, die als Antwort auf das Saugen in den Mund fließt und den Hunger stillt. Dann aber erfolgt ein Übergang zur festeren und festen Nahrung. Damit verändert sich der Akt der Nahrungsaufnahme. Die Nahrung muß zerkleinert werden und folgt damit dem Naturgesetz der Verwandlung: alles muß seine Form, seinen Zustand verändern. Nichts bleibt, wie es ist. Kraft, Aggression, Zerstörung der alten Form gehören dazu und können anhand dieses Aktes als natürlich, zum Leben gehörig erlebt werden.

HUNGER, EINVERLEIBUNG, SÄTTIGUNG

Hinführung: Erkundung des Mundes als Organ der Nahrungsaufnahme (s.o.)

Ausgangsposition: Die TeilnehmerInnen liegen in eine Decke gekuschelt.

Stell dir vor, du bist sehr klein. Warm und kuschelig eingepackt liegst du in Mutters Arm. Deine Lippen suchen die Brustwarze, umspielen sie. Laß deinen Mund und deine Lippen diese Bewegungen machen. Du saugst. Warme Milch rinnt durch deine Kehle. Du brauchst nur zu saugen und zu schlucken. Alles ist da.

Verändere die Haltung. Setz dich hin, noch immer in die Decke gehüllt. Jetzt bist du ein Kleinkind. Stell dir vor, du hast Hunger. Du machst den Mund auf und hinein schiebt sich ein Löffel mit wohlschmeckendem Brei. Er füllt den Mund. Es ist weich und schmeckt gut. Sanft gleitet er mit dem Schlucken hinab. Erlebe (genieße) diese „Fütterung".

Leg nun die Decke ab, bleib in Sitzposition. Du bist nun im Stande, selbst zu essen und feste Speisen zu kauen. Stell dir vor, du greifst nach etwas: Brot, Apfel..., beißt, kaust, mahlst, schluckst...

Wie erlebst du dich in dem jeweiligen Stadium – kannst du dich entspannen, genießen, annehmen?

Wehrst du ab? Verspannen sich bestimmte Muskeln, kommen Erinnerungen auf?

Wie fühlst du dich im Mundbereich und insgesamt?

Auftauchende Themen:

Sehnsucht nach und Vorliebe für breiige Nahrung; Lust beim Zerkauen und Schmecken von fester Nahrung; Erinnerung an Nahrungsverweigerung; Essen als Machtmittel zwischen Kind und Pflegeperson; Nahrung als Ersatz; Eßgewohnheiten und was sie über einen aussagen... Die Weiterarbeit kann also in viele verschiedene Richtungen erfolgen.

III. DER LEIB IN SEINEN RELATIONEN

Die Thematik der Aggression bei der Einverleibung von Nahrung kann noch erweitert werden. Um uns zu nähren, ernten wir und töten Tiere. Wenn es zu wenig für alle gibt, kommt es zu Futterneid und Überlebenskämpfen. Was der eine ißt, kann der andere nicht mehr bekommen. Wir sind hier also sehr schnell bei den *Themen*:

Neid, Haben-Wollen, Wegnehmen, Konkurrenz, Existenzsicherung. Und braucht bei der Weiterarbeit nicht auf das Thema des leiblichen Hungers beschränkt zu bleiben.

HUNGER, NAHRUNGSBESCHAFFUNG, EINVERLEIBUNG

Hinführung: Bewußtwerdung von Mundraum, Lippen und Zähnen und Armen und Händen als Instrumenten des Ergreifens.

Sei dir bewußt, daß du saugen, schlucken, beißen, kauen, reißen kannst.

Experimentiere frei, auf welche Weise du dir symbolisch in der Bewegung Nahrung zuführen willst. (Eventuell mit Vorschlägen ermutigen.)

Mach die jeweiligen Geräusche dazu. Erlaube dir, deine erlernten Grenzen hinter dir zu lassen.

Bandbreite der *Erfahrungen*:

in Zeitlupe genießen; sinnlich, erotisches Essen; beißen, reißen, zermahlen; schlingen, verschlingen; gierig, unflätig sein; matschen; haben wollen, raffen.

Variation oder Weiterführung: Es experimentiert nicht mehr jede für sich, sondern die TeilnehmerInnen haben Kontakt untereinander.

Es geht nun darum, sich auch gegenseitig etwas streitig zu machen, wegzunehmen, in Konkurrenz zu gehen. Dazu kann man sich in ein Raubtier verwandeln, das auf Jagd geht, einem anderen Tier etwas abjagt oder auch genüßlich mit ihm dieselbe Beute gemeinsam verspeist.

Wunscherfüllung, Eltern – Kind – Resonanz

Ausgangssituation: „Kind" und ein „Elternteil"

1. Das „Kind" ist unter zwei Jahre alt. „Es", die Spielerin, stimmt sich auf ihre Rolle ein. Die „Erwachsene" kann wählen, ob sie Vater oder Mutter sein will. Auch sie stimmt sich auf ihre Rolle ein. Es ist ihre Aufgabe, sich auf das „Kind" einzulassen, in die Interaktion zu gehen auf die Art, wie ihre Intuition es ihr sagt (Berührung, Herumtollen, Spiele erfinden...).

2. Das „Kind" ist schon über drei Jahre. Es hat deutlich eigene Wünsche an den „Elternteil". Es ist seine Aufgabe, diese Wünsche auch kenntlich zu machen (verbal oder nonverbal). Die Aufgabe von „Vater" oder „Mutter" ist es, diese Wünsche möglichst zu erfüllen.

Leibsprache und Töne und Geräusche aller Art sollten so weit wie möglich die Aktivitäten begleiten.

Variation oder Weiterführung:

Der „Elternteil" entscheidet, wie weit er die Wünsche erfüllt und wann er sich abgrenzt und weitere Wunscherfüllung verweigert.

Themen:

Eigene Wünsche wenig oder gar nicht wahrnehmen; keine Phantasie für sich selbst haben; Bedürfnisse haben, aber nicht wagen, sie zu äußern; Angst, lästig zu sein, zur Last zu fallen; Angst, sich abhängig zu machen; Angst, durch eigene Bedürfnisse die Liebe zu verlieren; Angst, abgewiesen zu werden; mit wenig zufrieden zu sein bzw. exzessiv haben zu wollen; Resignation oder Wut bei Nichterfüllung.

1.4. Blick-, Gesichts-, Stimm- und Berührungsdialog

In unserer Sprache haben die Ausdrücke: „Ich werde gesehen", „Ich werde gehört" und „Ich bin berührt" jeweils Bedeutungen auf zwei Ebenen: einmal auf der leiblich-konkreten und einmal auf der psychologischen Ebene. „Ich werde gesehen" bedeutet auch: ich werde erkannt, ich werde in meinem ganzen Sein verstanden. „Ich werde gehört" heißt auch: das, was ich sage, kommt an; meine Meinung wird geschätzt. Und berührt wird man nicht nur auf der Haut, sondern auch im Herzen, wenn man sensibel und berührbar ist.

Dies deutlich zu machen, ist wichtig, da der Säugling nicht nur ein körperlicher Organismus ist, sondern von Anfang an sensibel für Eindrücke auf allen Ebenen. Im Vergleich zu Tieren schauen Mutter/Vater/Pflegeperson und Kind sich extrem häufig an. Der *Blickdialog* (**gazing-dialogue**) ist, wie man aus neuen Forschungen weiß, eine der intensiven Kommunikationsbahnen zwischen dem Kind und seiner Umwelt. Die Qualität von Blicken umfaßt die ganze Palette menschlicher Gefühle. Die Augen sind der „Spiegel der Seele". Engung und Weitung der Pupille können das zeigen, was sich im Inneren eines Menschen abspielt, sie können dem Ausdruck geben und mit diesem Ausdruck in einen anderen Menschen hineingehen. Blicke können eindringend, bemächtigend und grenzüberschreitend sein, und damit sind sie einflußreich und mächtig. Blicke können aber auch abweisend, ablehnend, abwehrend, abwertend, Distanz schaffend sein, bis hin zu Verweigerung von Blickkontakt. Man kann mit Blicken das tun, was man sich in der Realität nicht erlaubt oder sich nicht traut: man kann jemanden mit Blicken verurteilen, strafen, durchbohren. Man kann jemanden mit Blicken entkleiden, in ihn (sie) eindringen, verschlingen, und man kann mit einem „Hundeblick" Mitleid heischen und um Zuwendung betteln. Blicke können also Urqualitäten haben bis hin zum Töten und sich Einverleiben. Zwischen diesen Polen liegt die Palette aller möglichen Gefühlsqualitäten.

Schauen, blicken, sehen ist also etwas eminent Aktives in der Begegnung und Interaktion. Da das Kind noch keine klaren Grenzen des Selbst hat und da Blicke und durch Blicke geschaffene Atmosphären wie gesagt „unter die Haut gehen", liegt hier eine wichtige Quelle für die Stärkung oder Schwächung des Grundvertrauens und für das Entstehen oder Nicht-Entstehen klarer Grenzen des Selbst durch die grenzziehenden Tätigkeiten (Funktionen) des Ich.

„Mit der Muttermilch" bekommt der Säugling sozusagen im Blick der Mutter und im das Stillen begleitenden Blick-dialog wichtige Informationen.

1. Beispiel: Der liebende, wohlwollende Blick ruht auf dem Kind. Die Mutter läßt sich durch das kleine Wunder in ihrem Herzen berühren. Zwischen Mutter und Kind wird Akzeptanz und Vertrauen wachsen.

2. Beispiel: Das Kind ist der langersehnte Lebensinhalt der Mutter. Sie überschwemmt das Kind mit Nahrung und Fürsorge und frißt es vor lauter „Liebe" sozusagen auf. Wenn die grenzsetzenden Signale des Kindes: „Ich will nicht mehr", „Es ist genug" über lange Strecken nicht respektiert werden, wird es für das Kind schwer sein, die eigene Grenze zu finden und sich abzugrenzen, ihrem enttäuschten oder verlangenden Blick standzuhalten.

3. Beispiel: Das Leben der Mutter ist ungeordnet, und das Kind kommt aus ihrer Sicht zur Unzeit. Aus ihrer moralischen Einstellung heraus möchte sie dem Kind alles geben, was es braucht, fühlt sich in ihrem Dilemma aber oft hilflos und versagend. Ihre Blickqualität wird also inkonstant sein oder doppelte Botschaften vermitteln: „Ich bin für dich da" und: „Du bist mir zu viel." So bekommt das Kind kein klares Gegenüber, an dem es sich orientieren kann, sondern wird zwischen den doppelten Botschaften hin- und hergerissen und verunsichert.

Ebenso wie der Ausdruck der Augen ist der des ganzen Gesichtes wichtig: ein lächelnder Mund, verkniffene Lippen, eine gerunzelte Stirn, ein strenges oder ein offenes Gesicht. Ausdruck und Mimik begleiten die Blicke.

Das Kind in seiner Unabgegrenztheit bezieht Blickqualitäten und Mimik der Betreuungspersonen und die dahinterstehenden Gefühle auf sich: der depressive, ängstliche oder freudige Gehalt geht in sein Selbsterleben mit ein. Es spiegelt sich in den Augen und im Gesicht

der anderen. Die Sicht, mit der sie ihn sehen, beeinflußt die Sicht auf sich selbst.

Auch über Stimme wird viel transportiert: sie kann einschmeichelnd, säuselnd, schneidend, donnernd, hart, emotionslos, freundlich, liebevoll, beruhigend etc. sein. Der *Stimmdialog* begleitet das Kind ebenfalls von Anfang an, und Stimme, Töne und Laute sind eine Verbindung zwischen Säugling und Umwelt. Neben der Signalfunktion hat die Stimme auch eine Brückenfunktion. Wenn der Sichtkontakt aus der Entfernung nicht mehr möglich ist, so kann über die Stimme die Verbindung aufrechterhalten werden. Die Stimme ist für das Kind, das anfangs noch nicht mobil ist, die Hauptmöglichkeit, sich zu melden, auf sich aufmerksam zu machen, ein Signal zu geben. Und es erwartet eine Reaktion, eine Antwort irgendeiner Art. Es ist lebenswichtig (im realen wie im übertragenen Sinne), daß das Kind gehört wird. Und wie beim Blick, geht es um die Tatsache, gehört zu werden, aber ebenso um die Qualität und den emotionalen Gehalt der Antwort. Alle Reaktionen – „Ich verschließe meine Ohren vor deinem Schreien; ich eile dir zu Hilfe; ich freue mich, wenn du dich hören läßt" – beeinflussen das Kind an seiner Basis. Wenn das Spiel von Ruf und Antwort kein Zusammenspiel wird – Babyforscher sprechen von „vocal tennis" –, wird der Stimmausdruck als Signal für Wünsche, Bedürfnisse und Gefühlsäußerungen seine ursprüngliche Kraft einbüßen und damit Einfluß auf die Lautstärke und Modulation der Stimme, auf die Verbindung zwischen „unteren" und „oberen" Resonanzräumen haben.

Laute und Töne sind der Übergang zur geordneten, kulturell geformten Verbalsprache. Damit tritt oft der emotionale Gehalt hinter dem gedanklichen Inhalt zurück, obwohl es wichtig bleibt, immer beides wahrzunehmen.

Ebenso wie das Gesehen- und Gehörtwerden zur Daseinsgewißheit und zur Selbst-Werdung des Kindes beiträgt, tut es auch das Berührtwerden, der *Berührungsdialog*. Menschen sind in der Regel berührt durch das Erscheinen eines Kindes auf der Erde, und dieses Berührtsein drückt sich in der staunenden Vorsicht aus, mit der die kleinen Zehen berührt, über das zarte Köpfchen gestrichen wird. Ein Neugeborenes ist „noch nicht ganz von dieser Welt" und erfährt dadurch Ehrfurcht und achtsame Annäherung. Gleichzeitig erleidet es die funktionalen Berührungen des Arztes und der Schwester: Absaugen, Blutentnahme, Intubation bei Frühgeborenen. Liebkosende Berührung, liebevolle aufmerksame Stützung des kleinen Leibes, spürsame Babymassage, wärmender Hautkontakt, all dies führt dazu, daß die erlebte Achtung vor der Persönlichkeit des Babys übergeht in das Selbstgefühl des Kindes und sein Selbstwertgefühl (2. Lebensjahr) und später seine Selbstachtung (7.-12. Lebensjahr) aufbaut. Ebenso können grenzmißachtende, schmerzhafte, gewalttätige Berührungen das Selbstgefühl und Wertlosigkeitsgefühl (2 1/2 Jahre) beeinflussen, wenn sie nicht durch positive Erfahrungen kompensiert werden.

Aus dem Selbstbild, dem Selbstwertgefühl und der Selbstachtung des Kindes, bzw. den diesen zugrundeliegenden Interaktionserfahrungen, sowie aus den kulturellen Mustern erwächst auch die Art der Berührung, die ein Mensch sich selbst zukommen läßt: positiv-zärtlich, neutral-versorgend oder negativ-mißachtend.

Die Erlebnisangebote sollen ermöglichen, verschiedene Arten des Blick-, Gesichts-, Stimm- und Berührungsdialogs zu erkunden, deren Wirkung zu erfassen und mit verschiedenen Rollen zu experimentieren.

Exkurs: **Rolle der Begleiterin**

Viele Erlebnisangebote können ganz allgemein so gestaltet werden, daß derjenigen, die „arbeitet", eine Begleiterin hinzugegeben wird, die nicht Therapeutin sein soll und nicht nur distanzierte Beobachterin.

Ihre Aufgabe ist es, da zu sein, einfach, ohne eigenes Wollen in diesem Moment, mit den Augen und dem Herzen bei dem, was sie sieht, ohne zu deuten, ohne strukturierend einzugreifen – vielleicht einmal nur zu ermuntern oder über Blicke, Laute oder Worte zu stützen.

Ihre „Ausstrahlung" (nonverbale Mikrosignale) sollte übermitteln: Ich sehe dich, ich bin dir wohlgesonnen. Ich bin im Hintergrund da, für dich.

III. DER LEIB IN SEINEN RELATIONEN

Die Begleiterin spielt sozusagen die Rolle der Mutter oder Betreuungsperson, die dem Kind wohlwollend zugewandt ist und ihm den Raum gibt, für das, was es tun will.

Dieses Gesehen- und Begleitet-Werden verstärkt das Gefühl: Ich bin nicht allein. Ich werde gesehen. Ich darf mich entwickeln. Ich bin so in Ordnung. Ich habe eine Sicherheit im Hintergrund, wenn ich mich ausprobiere.

Hier geht es also nicht um eine Übung zum Thema „gesehen werden", sondern um einen *Rahmen*, in den man Angebote einbetten kann, so daß sie einen in diesem Sinne nachsozialisierenden Effekt haben.

Man kann diesen Rahmen allgemein einsetzen, wo es um Nachbeelterung und wohlwollende Begleitung geht, wo innere und äußere Sicherheit nötig ist, um sich auf etwas einzulassen, wo Abgleiten in tiefe, nicht steuerbare Erfahrungen gefürchtet wird.

Die Tatsache, daß ein zugewandter Mensch neben einem sitzt oder steht, vergrößert und verstärkt den Boden und verringert die Angst.

Einige spezielle Angebote mit BegleiterIn:

BEGLEITET WERDEN

Eine TeilnehmerIn liegt auf dem Boden und folgt dem „flow of awareness" (F. *Perls*; siehe auch S. 77).

Eine TeilnehmerIn setzt ihr Bild, ihre Tonfigur etc. in Bewegung um (siehe S. 142, 152).

Eine TeilnehmerIn experimentiert zwei Minuten mit Stimme und Bewegung auf dem Vokal a (siehe S. 276).

SPIEGELUNG VON MIMIK, GESTIK, GANG

Geeignet für: Paare, Gruppen

Ausgangsposition: Die TeilnehmerInnen gehen zu Paaren zusammen, es gibt Person A und B.

Beide unterhalten sich. Wenn die Gruppenleiterin „stop" sagt, friert A ihre Gesichtszüge ein. B übernimmt sie dann auf ihr eigenes Gesicht und spiegelt, so daß A sozusagen in einen lebendigen Spiegel schaut. Dies wird mehrfach wiederholt. Dann folgt ein Rollentausch.

Beide unterhalten sich und gehen und bewegen sich dabei. Wie oben wird „stop" gesagt. A friert Mimik und Gestik ein. B übernimmt sie und spiegelt A. – Rollentausch.

Zwei TeilnehmerInnen sind einander zugeordnet, befinden sich aber nicht im Gespräch. A geht und bewegt sich so, wie ihr gerade zumute ist (oder wie sie sich gerne fühlen möchte). Bei „stop" Haltung einfrieren. Die andere übernimmt die Haltung, die Mimik und den gesamten Ausdruck und spiegelt.

Angeschaut, gesehen werden

Partnerarbeit

Eine von beiden TeilnehmerInnen konzentriert sich auf sich selbst und drückt verschiedene Stimmungen in ihrer Haltung, in ihren Bewegungen, ihrer Mimik aus (entweder für sich alleine oder in Beziehung zu der anderen). Die andere schaut, nimmt auf, spürt und benennt das, was sie sieht und spürt (die leiblichen und emotionalen Ausdrucksqualitäten) und was an Atmosphäre, Anmutung bei ihr ankommt, sie berührt.

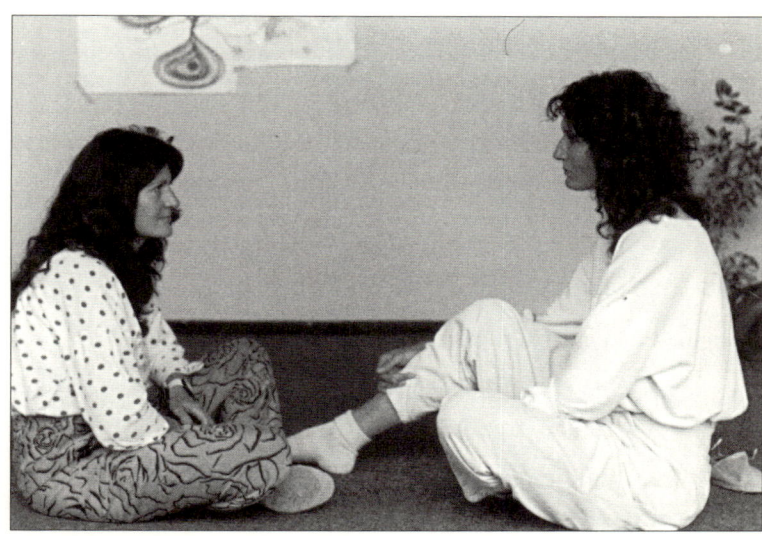

Die *Schauende* vermittelt der anderen:

Ich sehe dich, ich spüre dich.

Meine Aufmerksamkeit ist bei dir.

Ich erkenne dich, soweit es mir möglich ist.

Sie übt darin mütterliche Qualitäten von Zugewandtheit und Empathie.

Die *Angeschaute* wird in ihrer Identität gestärkt:

Ich darf mich ausdrücken.

Ich werde gesehen.

Ich werde ernstgenommen.

Ich werde gelassen.

Ich werde erkannt.

Dialog zweier Gesichter

Notwendig ist ein größerer Spiegel, in dem sich zwei Personen gleichzeitig sehen können.

Zwei Gruppenmitglieder oder TherapeutIn und KlientIn stehen nebeneinander und schauen in den Spiegel. Es dauert nicht lange, bis ihre Blicke sich begegnen und sich ein Dialog der Augen, der Mimik, des Ausdrucks entspinnt.

Hier drei mögliche *Vorgehensweisen*:

1. Man kann den Dialog sich frei entfalten lassen aus der momentanen Gestimmtheit heraus.

2. Man kann Möglichkeiten und Grenzen dieses Dialoges mit Übertreibungen, Theater- und Pantomimenhaftem experimentieren lassen.

3. Man kann dem Dialog freien Lauf lassen und den Focus auf die Beobachtung der eigenen Aktionen und Reaktionen legen, um Muster herauszufinden („Reagiere ich auf ein wütendes Gesicht der anderen mit einem bittenden Blick?„ oder: „Wann schaue ich weg? Versuche ich zu verführen? Wozu?"...).

Betreibt man diese Dialoge nicht nur als witziges Spiel, sondern läßt die Ausdrucksgehalte der Blicke auf sich wirken, in die Tiefe gehen, so kommt vieles aus der eigenen Geschichte mit Blickdialogen zum Tragen.

EIGENES GESICHT IM SPIEGEL

Die PatientInnen oder KlientInnen werden ermutigt, sich immer wieder im täglichen Leben bekleidet und nackt im Spiegel zu betrachten, sich anzuschauen, sich mit ihrem Spiegelbild zu unterhalten, sich mit ihm vertraut zu machen.

In der Gruppe oder einzeln ist eine begrenzte Selbstspiegelung mit Handspiegel oder ganz in einem Tanzraum mit Spiegelwand denkbar.

Jede TeilnehmerIn hat einen (nicht zu kleinen) Handspiegel und schaut sich an. So weit wie möglich ohne Wertung, eher erforschend, betrachtend: „So sehe ich jetzt aus." Es wird experimentiert mit unterschiedlichem Blick der Augen, unterschiedlicher Ausdruck des Gesichts: weinerlich, fröhlich, abwesend, enttäuscht...

Die Experimentierende erlebt sich mit einer Vielfalt von Gesichtern und Gesichtsausdrücken. Welche Gesichter sind häufig, welche wenig benutzt? Gibt es Masken, Standardgesichter? Gibt es verbotene, erschreckende, abgelehnte Gesichter?

III. DER LEIB IN SEINEN RELATIONEN

Das Spiegelbild konfrontiert uns mit unseren Selbstbildern, unser Wunschbild mit der Realität. Und es zeigt uns gleichzeitig, daß die Realität sich ändern kann, je nach der inneren Einstellung, mit der man nach sich schaut: eine alternde Frau, die den Alterungsprozeß nicht akzeptieren kann, wird anders auf sich selbst wirken als eine, die mit dem Altern versöhnt ist.

Thematisch wird es hier also gehen um: Jungsein, Altern, Schönheit, Lebendigkeit, Ausdruck, Selbstakzeptanz, Selbsthaß...

Wie wir uns selbst anschauen, hängt immer damit zusammen, wie wir angeschaut worden sind und noch gegenwärtig angeschaut werden. Will man diesem Thema in der Lebensgeschichte nachgehen, so kann man sich in der Vorstellung von allen möglichen Augen anschauen lassen:

VORSTELLUNG, ANGESCHAUT ZU WERDEN

Geeignet für: Einzelne, Gruppen

1. Positive Blicke, stärkend, stützend

Ausgangsposition: Die TeilnehmerInnen liegen auf dem Rücken (oder sitzen) und sind durch eine Konzentrations- oder Entspannungsübung ganz bei sich.

Stell dir einen Menschen vor, von dem du in deinem Leben Unterstützung erfahren hast, der dir wohlwollend zugetan war oder ist. Stell dir seine dir zugewandte Haltung vor und laß seine Augen eine Weile auf dir ruhen. Spüre diese nährende Verbindung. Laß Dankbarkeit in dir aufkommen. Verabschiede dich von diesem Menschen. Vielleicht kommt dir noch jemand in den Sinn, der dir Liebe, Wohlwollen, Zuwendung entgegengebracht hat oder entgegenbringt. Gehe ebenso vor. Verabschiede dich von den Augen und der Person und spüre dich selbst.

2. Ein positiver, ein kritischer Blick

Stell dir einen Menschen vor, der dir zugetan ist (oder war), dich untertützt und dir Gutes wünscht. Stell dir seine Haltung vor und laß seinen Blick auf dir ruhen. Was geschieht in dir, wenn dieser Blick auf dir ruht? Verabschiede dich.

Stell dir einen Menschen vor, der dir kritisch gegenübersteht, dich nicht akzeptiert, wie du bist oder der dich nicht leiden mag. Stelle dir seine Haltung vor und laß seinen Blick auf dir ruhen. Was geschieht in dir, wenn du das tust? Löse dich aus dem Blick und beende die Übung.

3. Eintauchen in die Blicke der eigenen Geschichte, aufdeckend

Stell dir vor, du bist noch Kind. Deine Mutter ist bei dir. Sie schaut dich an. Laß ihren Blick auf dir ruhen und spüre, was dieser Blick in dir bewirkt. Spürst du Bewegungsimpulse (hinwenden, abwenden, den Kopf senken...), so folge ihnen. – Löse dich aus diesem Bild. Stell dir ebenso deinen Vater vor. Laß seine Blicke auf dir ruhen. Spüre, was das in dir bewirkt... Gehe nach, was für Personen es in deiner Kindheit sonst noch gab, die dich – positiv oder negativ – geprägt haben. Verfahre mit ihnen ebenso. Entscheide selbst, wann es genug ist.

Ist es angezeigt, stützend zu arbeiten, so können gute, alte oder gegenwärtige Blickkontakte aktualisiert werden und bewußt als Kraftquelle und Ich-Stärkung genutzt werden.

Soll aufdeckend gearbeitet werden, so stellen sich neben die Kraftquellen ebenso die Defizite der eigenen Geschichte. Der *Themenkreis* erweitert sich dann:

Widerwillen, sich bestimmten Blicken auszusetzen; Unfähigkeit, sich Blicke heranzuholen; nichtvorhandene Blicke (der abwesende Vater); Defizite, Sehnsüchte; verschiedene Blickqualitäten und die leiblichen Impulse, die als Antwort gespürt werden.

Sich selbst anschauen

Wähle deine eigene Rolle und deinen Platz. Bist du die Erwachsene von heute oder das Kind? Willst du sitzen, liegen, stehen, dich bewegen? Dann laß dich in der gewählten Position nieder oder beweg dich. Verweile bei dir im Tun oder im Nichtstun.

III. DER LEIB IN SEINEN RELATIONEN

1. *Weiterarbeit* positiv verstärkend

Löse dich nun von deinem Platz. (Der Stuhl, die Decke, ein Kissen bleiben symbolisch zurück.) Stell oder setz dich nun ein wenig von deinem Platz entfernt. Schließ einen Moment die Augen und konzentriere dich auf deinen Blick. Löse die Spannung der Augenmuskulatur ein wenig, indem du dir vorstellst, dein Blick würde sanft. Öffne die Augen dann und schau mit halbgeschlossenen Lidern freundlich und zugewandt auf diese Frau (dieses Kind).

Verweile bei ihr, bestärke sie in dem, was sie ist, wünsche ihr Gutes etc.

2. *Weiterarbeit* aufdeckend:

Stell oder setz dich ein wenig von deinem Platz entfernt. Blicke auf die Frau, das Kind, das gerade dort gelegen, gesessen... hat. Was siehst du? Wie blickst du auf sie? Was ist die Qualität der Verbindung von dir zu ihr?

Selbst wenn positiv verstärkend gearbeitet wird, kann es zu aufdeckender und weiterer konfliktzentrierter Arbeit führen, wenn die positive Hinwendung zu sich selbst unmöglich erscheint und statt dessen ein entwertendes, negatives Selbstbild zutage tritt. Die 2. Möglichkeit ist so angelegt, daß wir in der Auswertung des Erlebten die ganze Bandbreite der Bewertung und der emotionalen Zu- und Abwendung zur eigenen Person erhalten.

Themen:

Selbstbild, Bezug zu sich selbst, Fähigkeit oder Unfähigkeit, sich positiv zu verstärken, sich anzunehmen... (siehe auch Identität S. 292).

STIMMDIALOG

Geeignet für: Paare, Gruppen

Ausgangsposition: Die TeilnehmerInnen finden sich zu Paaren. Sie wählen zusammen eine Tierart, deren Stimme sie einigermaßen gut übernehmen können. Sie verteilen die Rollen: eine ist das Tierkind, die andere Tiervater oder -mutter. Beide finden sich in ihre Rollen ein, probieren Haltungen, Bewegungen und Laute aus.

1. Es entsteht eine spielerische Interaktion, in der die Laute eine vorrangige Ausdrucks- und Verständigungsmöglichkeit bilden. Das Spektrum geht von versorgen über locken, ärgern, herumtollen, sich gegenseitig herausfordern bis zu spielerischen Kämpfen.

2. Die Tierkinder sind schon recht selbständig. Sie entfernen sich von den Tiereltern, laufen im Raum umher, tollen mit den anderen. Gleichzeitig soll über die Stimme die Verbindung zwischen Elternteil und Kind aufrechterhalten werden (siehe auch S. 251).

Gehört werden – Hören

Ausgangsposition: Die TeilnehmerInnen finden sich zu Paaren zusammen. Eine ist die Aktive, die für sich selbst experimentiert. Die andere ordnet sich ihr als Begleiterin zu (siehe S. 268), die einfach nur da ist, ruhend in ihrer Aufmerksamkeit, und die hört und das Gehörte in sich aufnimmt.

Die Aktive hat nun die Aufgabe, ihre Augen zu schließen und in sich hineinzuspüren und das, was sie spürt, in den Vokal a hineinzugeben. (Für manche ist dies eine Hürde, die ermutigend durch die Therapeutin begleitet werden muß.) Ist es gelungen, das Innere durch den Vokal a nach außen zu bringen, so läßt sie sich nun weiter durch ihre Stimme und das a leiten. Sie probiert und experimentiert, welche a's es in ihr gibt und sie erlaubt sich, diese verschiedenen Qualitäten so weit wie möglich hören zu lassen.

Wenn sie mag, kann sie auch ihre jeweilige Befindlichkeit zusätzlich in Bewegung umsetzen.

Die Begleiterin berichtet ihr hinterher, was sie gehört (und gesehen) hat und bestärkt sie damit (meist) in ihrer Selbstwahrnehmung.

III. DER LEIB IN SEINEN RELATIONEN

Der Vokal a ist geeignet, viele unserer Gefühle zu transportieren, je nach dem, wie er artikuliert wird und mit welcher Kraft er geladen ist. Das Spektrum reicht vom kläglichen, hilflosen a eines einsamen Kindes, über das mühsalbeladene, seufzende oder lustvolle a zum staunenden, kraftvollen oder aggressiven a. Das heißt, es kann uns helfen, Gefühlsregister zu ziehen und vom Gefühl zum Laut oder über den Laut zum Gefühl zu kommen.

Berührung – Berührungsdialog

(Siehe auch S. 86f)

Exkurs: Berührung

Berührung ist nicht gleich Berührung. Wir haben eine *funktionale Berührung*, die sozusagen nach dem Materiellen tastet, den Knochen, der Muskulatur, dem Fettgewebe, den Organen. Sie kann erforschen, diagnostizieren und in der Folge davon behandeln. Gleitend geht diese Berührung über in eine, die *in Kontakt tritt* mit dem Vorgefundenen und erforschend und behandelnd oder nur anwesend *empathisch reagiert* aus der inneren Resonanz heraus (rezeptive Berührung). Wenn beide einander gleichwertig als Leibsubjekte begegnen, wenn das Transmaterielle, die Beziehung im Vordergrund steht und beide auf allen Ebenen des Leibes durch den anderen berührbar sind, dann sind wir bei der *intersubjektiven Berührung*, die sich äußern kann in einer „Berührung aus Berührtheit", die empathisch ist und in der Empathie auch abgrenzend, konfrontativ sein kann (siehe Exkurs: Empathie, S. 255). Zuweilen ist sie aus der eigenen Geschichte heraus auch mit alten Erfahrungen belastet, die sich zwischen die beiden Menschen schieben und so den Berührungskontakt stören.

Freie Erkundung in der Berührung seiner selbst

Geeignet für: Einzelne, Gruppen

Ausgangsposition: sitzend, stehend, liegend

Die Anweisung ist sehr offen gehalten:

Erkunde und berühre dich selbst. Folge deinen eigenen Impulsen. Nimm dir Zeit, zu erleben, wie das ist.

Die bewußtmachenden *Fragen* können in verschiedene Richtungen gehen: Wo berührst du dich, wie? Wie fühlt sich was an (funktional)? Was erlebst du? Was ist tabuisiert oder schwierig, was angenehm und lustvoll? Wie bist du zu dir selbst (Selbstempathie)?

Diagnostisch wird hier viel über das Verhältnis zur eigenen Leiblichkeit deutlich (Fremdheit, Ablehnung, Tabus, Angst...).

Berührung und Kraft

Sich selbst berühren und in diesem dialogischen Kontakt erspüren, wo kraftvolle Bereiche, „Orte der Kraft" im Leibe sind. Diese malen lassen und dann das Gemalte in Bewegung umsetzen.

Funktionale Erkundung in der Berührung eines anderen Menschen

Zwei TeilnehmerInnen tun sich zusammen und erkunden aneinander die funktionalen Möglichkeiten, z.B. des Schultergelenks.

Freie Erkundung in der Berührung eines anderen Menschen

Die Anweisung ist wieder sehr offen. Eine TeilnehmerIn ist die aktiv Berührende, die andere erlebt die Berührung an sich selbst und gibt hinterher Rückmeldung über die Art der Berührung und ihre Resonanz dabei.

Bewußtmachende Fragen:

Wie gehst du vor? Was „willst" du mit der Berührung? Wie geht es

III. DER LEIB IN SEINEN RELATIONEN

dir damit? Bist du bei der Berührung im Kontakt mit deiner Partnerin und spürst du ihre Reaktionen?

BERÜHRUNGSDIALOG

Eine TeilnehmerIn berührt die andere. Diese kann antworten: über Bewegung des berührten Körperteiles, über Töne etc. Sie kann sich in die Berührung einschmiegen, sie abschütteln, sie im Druck und in der Reibung verstärken...

IMAGINATION POSITIVER BERÜHRUNG

Einzeln liegend. Sich vorstellen, von Vater oder Mutter liebevoll berührt zu werden.

BERÜHRUNGSERFAHRUNG

Ausgangsposition: liegend, sitzend oder stehend

Hände dorthin legen, wo man sich im eigenen Leib am deutlichsten, am stärksten spüren kann. Kontakt wahrnehmen.

Dann andere Stellen aufsuchen, in der Berührung Kontakt aufnehmen, um sie und den Kontakt zu verlebendigen.

Sich spüren unter den eigenen Händen. Sich vorstellen: Welche Hände könnten das auch sein? Welche wünsche ich mir? Welche Hände dürften es auf keinen Fall sein? (Mißbrauch, Verwirrung durch uneindeutige Berührungen, Grenzüberschreitungen)

MULTIPLE STIMULIERUNG

Geeignet für: Gruppen in Partnerarbeit

Jeweils zwei PartnerInnen bekommen die Aufgabe, sich auf eine Wahrnehmungsreise zu begeben. Die eine ist die An- und Aufnehmende, die andere soll ihr möglichst vielfältige Stimulierungen anbieten, um ihre Sinne anzuregen und Empfindungen auszulösen. Im Tun kann sie dabei ihre eigene Kreativität entdecken.

Beispiele zur Anregung:

Tastsinn: **Gegenstände und Materialien in die Hand geben; barfuß über verschiedene Böden führen; auf unterschiedliche Weise die Haut berühren (Arme, Gesicht);**

Gehör: **Geräusche mit verschiedenen Materialien machen;**

Gesicht: **verschiedene Farben, Hell-Dunkel zeigen, durch Kaleidoskop, Glaskugel schauen lassen;**

Geruch: **an duftenden, übelriechenden Dingen schnuppern lassen;**

Geschmack: **verschiedene Dinge zum Schmecken geben;**

Muskelsinn: **mit geschlossenen Augen über Hindernisse führen oder gehen lassen; vorwärts – rückwärts – im Kreis gehen.**

Natürlich werden meist mehrere Sinne gleichzeitig angesprochen, doch kann der Focus zeitweise auf einen gerichtet werden, so daß z.B. „die Welt des Duftes" aufgehen kann oder daß von einem Duft über die Sinneswahrnehmung zu einer Empfindung und vielleicht sogar zu einem Gefühl oder einer Erinnerung vorgedrungen werden kann.

Variationen:

1. Mit der ganzen Gruppe wird gemeinsam ein „Erfahrungsfeld der Sinne" (*H. Kükelhaus*) hergestellt. Jede TeilnehmerIn wird angeregt, etwas herzustellen oder zu sammeln, das dann im Gruppenraum oder im Freien arrangiert und zur Stimulierung der Sinne genutzt wird.

2. Es werden zwei Gruppen gebildet und jede gestaltet ihr eigenes Erfahrungsfeld. Anschließend werden die TeilnehmerInnen der anderen Gruppe eingeladen, ihre Erfahrungen darin zu machen.

Weg in die Eigenständigkeit

Es ist logisch, daß der Weg in die Eigenständigkeit umso leichter fällt, je besser das Grundvertrauen bestätigt worden ist und je klarer

das Grenzerleben wird. Um sich selbst als abgetrenntes Wesen zu erleben, bedarf es des Be-greifens von Unterschieden, die deutlich machen: dies ist anders als das, dies ist ICH, das ist DU.

In der zweiten Hälfte des ersten Jahres sieht man die Kinder auf dem Schoß von Erwachsenen sitzen, erst deren Nase anfassen und dann die eigene. Das Spiel wird oft von dem Erwachsenen aufgegriffen: er berührt den Mund des Kindes und dann den eigenen, die Haare, die Augen, die Ohren etc. So geht das Spiel „meine Nase – deine Nase" unter Umständen bis zu „mein Zeh – dein Zeh". Im Greifen, be-greifen, wird der Unterschied und damit die Nicht-Einheit begriffen. Die Grenze im Selbst-Empfinden und im Leibbild gewinnt an Prägnanz. Das bedeutet, daß das Kind die Bewegungsentwicklung, die dann erfolgt, als seine eigene wahrnehmen kann.

Mit dem Stehen in der leiblichen Aufrichtung, mit Boden unter den eigenen Füßen, und in der psychischen Aufrichtung, in einem wachsenden Gefühl von ICH, kann das Kind im 2. und 3. Lebensjahr den Einladungen der Welt folgen und Schritte der Loslösung riskieren. Wenn Vertrauen zu den Bezugspersonen besteht, ein guter Kontakt, eine tragfähige Beziehung, ist dies ein lustvolles Spiel von abwechselnd Welteroberung und Rückkehr nach Hause. Alles, was in der „Welt" zu finden ist, wird untersucht, erforscht und häufig triumphierend „zu Hause" vorgezeigt. Die vorhandene Bindung macht das Weggehen mit geringer oder ohne Angst möglich, allerdings unter der Bedingung, daß die Bezugspersonen nicht abwesend, überängstlich oder festhaltend sind, sondern gewährend, fördernd und Sicherheit im Hintergrund bietend. So ist es auch hier wieder die Qualität der Beziehung, die im Wechselspiel Art und Qualität der Loslösung beeinflußt.

Der höhere Grad an Trennung und Eigenständigkeit beider Personen ergibt auch neue Qualitäten im Grenzkontakt. Das Miteinander oder das Gewährenlassen weicht zeitweise einem Gegeneinander. Der oder die andere wird als Gegen-über erlebt, das zeitweise einen anderen Willen gegen den eigenen durchsetzen will. Reibung an der Grenze ist die Folge. Und das ist gut so, denn Reibung jeglicher Art läßt verstärkt die eigene Grenze und die des anderen spüren. Besonders in den heftigen Affekten von Trotz und Wut erlebt und proklamiert das Kind seine wachsende Eigenständigkeit. Es ist von Wichtigkeit, daß dem Kind erlaubt wird, diese Affekte zu haben und ihre Kraft und ihre Wirkung auf sich selbst und andere zu erleben. Dadurch werden Eigenständigkeit, Rückgrat, Willensstärke, stimmliche Kraft etc. entwickelt.

In der magischen Phase kommt durch die Phantasie noch ein großes Experimentierfeld hinzu. Das ganze Mobiliar des Zimmers kann Rollen übernehmen, die Kuscheltiere und Spielfiguren können zum Leben erwachen, in Handlungen eintreten und real nicht vorhandene Phantasiewesen können sich ins Spiel mischen. Im magischen Raum ist sozusagen alles möglich.

In der darauf folgenden rollensensiblen Phase können Rollen erdacht, phantasiert, gespielt und im Spiel erlebt und erlitten werden. Das fördert die Verarbeitung vergangener und gegenwärtiger Probleme und fördert die Rollenflexibilität, um zukünftige Herausforderungen bewältigen zu können und für soziales Handeln optimal vorbereitet zu sein.

1.5. Leib- und Bewegungserforschung

„Mein Knie – dein Knie"
Erforschung des eigenen Leibes im Vergleich mit dem eines anderen Menschen

Geht durch den Raum, macht euch dabei deutlich, daß ihr alle Individuen seid, alles Menschen mit einem gleichen Bauplan, aber unterschiedlicher Ausführung.

Geht nun zu zweit zusammen und schaut euch diesen Unterschied einmal näher an. Nimm eine Hand deines Gegenübers in deine eigene (es entsteht spontan die Rolle der Betrachterin und der Betrachteten), betrachte sie von allen Seiten, befühle, betaste, erforsche sie.

Halte nun deine eigene daneben und betrachtet beide den Unterschied.

Dann werden die Rollen gewechselt.

Trennt euch und jede geht eine Weile allein im Raum umher. Danach findet euch wieder in Paaren zusammen. Setzt euch einander gegenüber, und die Aktive erkundet nun ein Knie ihres Gegenübers: Oberseite, Kniekehle, Knie in Bewegung.

Nimm nun dein eigenes Knie in deine Hände, erkunde es und werde dir der Unterschiede bewußt. Haltet eure Knie nebeneinander, und schaut sie euch an. Rollenwechsel.

Geht weiter, bis ihr – nach einer Pause – eine neue Partnerin gefunden habt. Steht einander gegenüber und schließt die Augen. Die Aktive erforscht nun vorsichtig mit den Fingerspitzen die Gesichtszüge der anderen und danach die eigenen, um ihr Gesicht im Vergleich zu dem der anderen zu erleben. Rollenwechsel.

Die vorgefundenen Unterschiede sind meist viel größer, als die TeilnehmerInnen erwartet hätten. Oft kommt reges Interesse auf, noch mehr Leibregionen zu erforschen (Füße, Ellbogen, Ohren...). Welche Glieder man einbeziehen kann, hängt sehr von der Vertrautheit der GruppenteilnehmerInnen untereinander ab. Das Gesicht ist eine sehr intime Region, die Hände sind vielleicht am einfachsten, weil sie „Organ des Kontaktes" sind. **Vorsicht** vor Grenzüberschreitungen. Die Berührungen sollen rezeptiv erforschend sein und nicht aktiv etwas bewirken wollen (siehe S. 277ff).

INTERAKTIONSSPIEL DER HÄNDE

Die TeilnehmerInnen finden sich in Paaren zusammen.

Ihre Aufgabe ist es, ihre Hände interagieren zu lassen. Zunächst wird vielleicht bedacht, was die Hände tun könnten: einander festhalten, als Fäuste gegeneinanderstehen, fingerhakeln... Je mehr jedoch die Hände selbst Lust am Spiel bekommen, desto direkter ist ihre Kommunikation: die Schale einer Hand lädt die andere ein, sich hineinzulegen; Fingerspitzen suchen Fingerspitzen, um eine Pyramide zu errichten; Handflächen geben Druck und Gegendruck...

Meist wird sehr schnell deutlich, in welch hohem Maße die Hände – wenn sie nicht arbeiten – Gefühlsqualitäten ausdrücken, wie beredt sie sind und wie viele Formen von Kontakt über sie entstehen können.

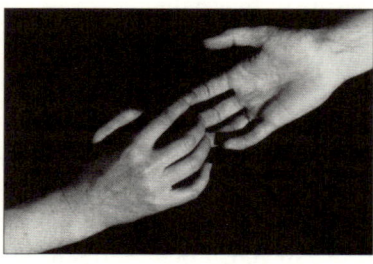 

Ausdehnung und Bewegungserfahrung

Geeignet für: Gruppen

1. Ausdehnung

Die TeilnehmerInnen experimentieren im Liegen auf dem Boden. Durch spielerisches Dehnen sollen sie herausfinden: die Länge von den Fuß- zu den Fingerspitzen; die Breite, mit ausgebreiteten Armen und Beinen: von Hand zu Hand, von Fuß zu Fuß; die Diagonale rechter Fuß-linke Hand und linker Fuß-rechte Hand.

2. Bewegungserfahrungen

Welche Bewegungsmöglichkeiten gibt es:

in der Rückenlage, Bauchlage, Seitenlage? Experimentiere damit.

Im Rollen auf dem Boden (mit rundem Rücken und angezogenen Knien, in der Länge, Rücken-, Seiten-, Bauchlage)?

Im Kriechen auf dem Boden (Robben)?

Im Krabbeln auf allen Vieren durch den Raum?

Experimentiere und spiele mit Aufrichten, Balance halten und verlieren, Hinfallen, wieder auf die Füße kommen,

auf den eigenen Beinen stehen – „Eigenständigkeit".

Bewegungsentwicklung in ausführlicher Form siehe S.146.

III. DER LEIB IN SEINEN RELATIONEN

1.6. Grenzerfahrung und Loslösung

Sich anlehnen – Sich wegdrücken

Geeignet für: Paare, Gruppen

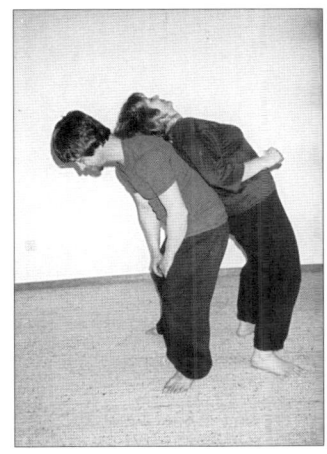

Beide sitzen z.B. Rücken an Rücken oder in einer anderen Position, in der sie sich stützen, gegenseitig halten oder sich aneinanderkuscheln.

Nach einer Weile des Zusammenseins beginnen sie sich voneinander zu lösen, sich zu verselbständigen, mehr Platz für sich zu beanspruchen, auch durch Wegdrücken, Wegschieben der anderen.

Bande und Fesseln

Geeignet für: Paare, Gruppen

Ausgangsposition: paarweise, Rollen: ein Elternteil, ein Kind

Beide TeilnehmerInnen sind durch ein Seil verbunden, das sie sich um die Taille knüpfen. Das „Kind" probiert nun den gesicherten Raum aus, den es hat: Nähe suchen, sich anlehnen, ankuscheln beim Elternteil und erkundet den Freiraum bis an die Grenze, die durch die Reichweite des Seiles vorgegeben ist. Es kann dabei gezogen, gezerrt, zurückgehalten und freigegeben werden. Schließlich kann das „Kind" damit experimentieren, wie es ist, im sicheren, bekannten Raum zu bleiben oder sich loszubinden und sich zu entfernen, auch um den Preis, daß die Anwesenheit des „Elternteils" nicht mehr gesichert ist.

Beide Aktionen werden mehrfach wiederholt, so daß ein breites Spektrum von Beieinandersein und von Loslösung in der Bewegung entsteht (siehe auch S. 331 und 344).

EIGENWILLE

Ausgangsposition: paarweise; Rollen: eine Erwachsene, ein Kind

Das „Kind" hat einen Ball (o.ä.) und beschäftigt sich damit. Die „Erwachsene" soll nun den Ball einfordern. Das „Kind" will ihn nicht hergeben und wehrt sich mit Körperhaltung, Stimme, Stampfen, Nein-Sagen dagegen. Rollentausch.

Ziel: Sich erleben in der Rolle des strengen, fordernden, „mächtigen" Elternteils und als trotziges, eigen-will-iges Kind.

Variation: Der „Elternteil" setzt frei experimentierend sein eigenes Repertoire ein, um den Ball zu bekommen. In diesem Fall werden etwa folgende Muster ausprobiert: überreden, verlocken, versprechen, sanfter Druck, überrumpeln, bitten, betteln...

JA – NEIN

Ausgangsposition: PartnerInnen – beide stehen sich gegenüber

Die Ja-Sagerin stellt sich innerlich etwas vor, was sie für sich haben oder tun will. Die Nein-Sagerin stellt sich etwas vor, was sie absolut nicht haben oder tun will.

Nun geht es darum, dies innerlich festzuhalten, nicht zu argumentieren, sondern ausschließlich dem Ja (bzw. Nein) der anderen das eigene Wort und darin den eigenen Willen entgegenzusetzen.

Hierbei soll nicht nur die ganze Ausdrucksmöglichkeit der Stimme, sondern die des ganzen Leibes eingesetzt werden (siehe auch S. 147).

1.7. Welterforschung und -gestaltung (real und magisch)

ZU HAUSE – WEITE WELT

Geeignet für: Gruppen

Die TeilnehmerInnen bauen sich im Raum alle symbolisch ein eigenes Zuhause, z.B. mit einer Decke, Kissen und einem

Kuscheltier. Außerhalb dieses Zuhauses ist die „große, weite Welt".

Nun soll ein Wechsel stattfinden zwischen einer Zeit zu Hause, dem Hinausgehen und einem erneuten Zurückkommen. Alles kann frei experimentiert werden, sollte aber kindliche Fortbewegungsformen miteinbeziehen, d.h. krabbeln, sich rollen, robben, kriechen, hüpfen, rückwärts gehen, rennen...

In der „großen, weiten Welt" spielen sich Annäherungen, Kontakte, Begegnungen und Kämpfchen etc. mit den anderen ab, die ihr Heim verlassen haben.

Jede bestimmt die Zeitpunkte der Heimkehr und des Hinausgehens selbst.

Erforschung und Zerlegung von Naturmaterial

Die TeilnehmerInnen werden gebeten, hinauszugehen und sich Naturmaterialien zu suchen, die sie interessieren. (Wenn dies nicht möglich ist, kann die Leiterin einen Korb mitbringen mit Ästen, Blättern, Federn, Rinde, Blumen, Kastanien.)

Aufgabe ist es, sich etwas davon (oder mehreres hintereinander) vorzunehmen und es mit kindlichen Entdeckeraugen zu untersuchen: tasten, wägen, riechen, rollen... drücken, kratzen, die Fingernägel in die Oberfläche graben, die Grundstruktur freilegen, verformen und schließlich in Einzelteile zerfasern, zerbröckeln, zerstören.

Bauen und gestalten im Raum

Geeignet für: Gruppen

Notwendiges Material: Schaumstoffblöcke, Stühle, Matratzen, Decken und Kissen (o.ä.)

Die TeilnehmerInnen der Gruppe bauen aus dem Material etwas in den Raum. Türme können entstehen, deckenverhangene Höhlen, Wände und Schlupflöcher, je nach vorhandenem Material und Thematik der Gruppe. In dem Gebauten kann nach Lust und Laune gespielt werden. Kindheitserinnerungen und Verhaltensweisen von früher (kitzeln, ärgern, Märchen erzählen in der Höhle) werden aktiviert. Meist vollziehen sich in einer Spielphase vielerlei Veränderungen, Experimente und Umbauten. Auch das Zum-Einsturzbringen und Zerstören soll ein Teil des Ganzen sein.

Ähnlich kann auch mit Bauklötzen experimentiert und gebaut werden. Es kann dann natürlich nicht mit der eigenen Person, sondern nur mit Symbolen, Tieren oder Püppchen darin gespielt werden.

Wenn man dieses Angebot mit Patienten macht, unter denen sehr zurückhaltende oder passive Personen sind, so kann man die Regel geben, daß beim Bauen immer jede nur einen „Baustein" nehmen darf, so daß nicht einige wenige alles gestalten und andere nichts.

Fragen zur Weiterarbeit:

Was haben Sie erlebt?

Was für Impulse hatten Sie?

Haben Sie diese Impulse umgesetzt?

Haben Sie zusammen etwas gestaltet oder Ihr Eigenes?

Was für Rollen haben Sie in der Interaktion gespielt?

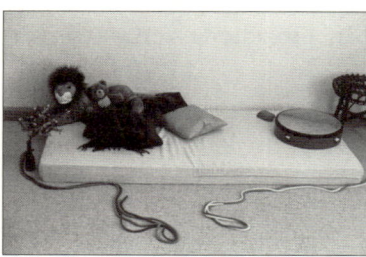 

III. DER LEIB IN SEINEN RELATIONEN

SPIEL MIT STÜHLEN IM RAUM

Nimm deinen Stuhl und betrachte und erforsche ihn von allen Seiten.

Benutze ihn als Stuhl, so wie du es normalerweise tust.

Probiere nun andere Möglichkeiten aus, ihn zu nutzen: sich darüberhängen, darunterkriechen, Beine über die Rückenlehne etc.

Bringe nun auch den Stuhl aus seiner normalen Position und experimentiere damit. Benutze ihn als Spielzeug, Turngerät, Höhle...

Mögliche Weiterführung:

Der Stuhl kann eine Bedeutung bekommen und als Intermediärobjekt (siehe S. 319) eingesetzt werden:

Nimm nun den „Stuhl" mit dir und begib dich damit in den Kontakt mit anderen Gruppenmitgliedern.

Dadurch entsteht eine kindliche Spielwiese, in der das eine „Kind" seinen Stuhl mit sich schleppt wie ein Schneckenhaus, in das es sich jederzeit zurückziehen kann, ein anderes den Stuhl mit den Beinen voran als drohende Abgrenzung vor sich herschiebt, während ein drittes „hoch zu Roß" thront. Aus diesen Rollen heraus entstehen bunte, vielfältige, auch lautstarke Interaktionen, wenn man die Stimme dazunimmt.

Themen:

Kreatives Experimentieren, den Gegenstand von seiner festgelegten Bedeutung befreien und dadurch kreative Interaktionen ermöglichen; Anschluß an Kindheit, magische Phase, Rollenleib.

Bewußtmachende Fragen:

Wie hast du dich gefühlt, was hast du erlebt?

Welche Symbolisierungen hat der Stuhl bekommen?

Wie hat sich damit der Kontakt gestaltet?

Zoo – Verwandlung in Tiere

Erinnere dich an Zoobesuche. Wohin bist du immer gern gegangen?

Verwandle dich in eines deiner Lieblingstiere. Nimm dir Zeit, dich hineinzufühlen, auf alle Viere zu kommen, dir vorzustellen, wie dir ein Pelz oder Federkleid wächst, wie dein Gesichtsausdruck wird, was für ein Maul (oder was für einen Schnabel) du bekommst...

Wenn du dich eingelebt hast, beweg dich wie dieses Tier, so gut das möglich ist. Arbeite die charakteristischen Merkmale heraus, und versuche, die dazugehörigen Tierlaute zu machen.

Verwandle dich in ein anderes Tier auf die gleiche Weise. Genieße es, die Identität wechseln zu können und anders zu sein als sonst.

Mögliche Weiterführung: Die Tiere begegnen sich und es entstehen stimmliche und körperliche Interaktionen. Tiere der gleichen Gattung können sich finden und zu Familienclans zusammenschließen, andere können sich herausfordern, Kräfte messen, konkurrieren....

Man kann unterschiedliche Schwerpunkte setzen:

Lust an der Verwandlung; Zeigen und Ausleben verschiedener sonst versteckter oder verbotener Wesenszüge; kreative Interaktion.

Mit ähnlichen Schwerpunkten kann man auch die Verwandlung in Märchenfiguren anbieten (Rumpelstilzchen, Rübezahl, gute Fee, böse Fee...).

Rollenspiel

Das Mutter-Kind- und das Mutter-Vater-Kind-Spiel ist das häufigste Rollenspiel bei kleinen Kindern. Greift man es auf, läßt Szenen und Rollen frei wählen und frei gestalten, so erhält man viel diagnostisches Material.

In *Variation* zum freien Spiel kann man aber auch typische Szenen des Familienalltags vorgeben, Rollen rotieren, Horror- oder Wunsch8familienszenen spielen lassen.

Zum Rollenspiel der Kinder gehören auch Typen der (früheren) Gesellschaft, die jeweils bestimmte Haltungen, Funktionen, Qualitäten in sich verdichten: Bettler, Dorftrottel, König, Prinzessin, feine Dame, der Rächer der Armen...

Wir können Typen der heutigen Gesellschaft dazunehmen: Macho, Manager, erfolgreiche Geschäftsfrau, Softie, Model... Man kann in ihre Haut schlüpfen, ihren Gang gehen, sich verhalten und sprechen wie sie, indem das Typische stilisiert wird, und man kann darin Erträumtes, Abgewehrtes, Abgewertetes in innerer und äußerer Haltung anspüren und so die im Realleben gespielten Rollen relativieren.

2. Ich – Selbst
Identität

In der Adoleszenz gesellt sich zu der Frage nach der Welt (Wie funktioniert etwas? Was ist alles möglich?) die Frage nach sich selbst. Ja häufig schiebt sie sich vielgestaltig in den Vordergrund: Wer bin ich? Wie bin ich? Was finden die anderen an mir? Was finde ich selbst an mir? Was will ich? Was ist der Sinn des (meines) Lebens?

Im Grunde ist es die Frage nach der Identität, die hier gestellt wird. Im Laufe der Zeit hat sich in allen Korrespondenz- und Interaktionsprozessen, in allen Differenzierungs- und Integrationsleistungen, ein jeweils eigener Stil, eine individuelle Erscheinungsweise – eben Identität – entwickelt. Das Kind hat unbewußt, vor- oder mitbewußt Bilder von sich und Gefühle zu sich und über sich selbst. Noch unreflektiert ist es einfach vorhanden. Bild und Gefühl werden beide zunehmend klarer. Der Jugendliche wird sich seiner selbst immer bewußter: er erlebt sich und reflektiert sein Erleben, er analysiert sich, macht sich Gedanken über die anderen, sich selbst und über „Gott und die Welt", d.h. er reflektiert sich in seinem Lebenskontext.

Vom 4. Lebensjahr an macht die Fähigkeit zur Selbstdistanzierung es zunehmend möglich, sich aus verschiedenen Perspektiven, sozusagen von allen Seiten, und sogar mit den Augen anderer zu betrachten, um daraus Bilder von sich selbst – Selbst-Bilder – zu gewinnen, die Basis der Identität werden. In der Adoleszenz haben diese Identitätsprozesse eine Kulminationsphase. Diese Prozesse verlaufen in einem Wechselspiel zwischen dem Selbst und den anderen. Wir machen uns aus dem, was wir von jemandem wahrnehmen, was wir über ihn wissen und was wir mit ihm erleben ein Bild von diesem Menschen. Aus diesem Bild heraus beurteilen und behandeln wir ihn. Und dieses Bild erreicht ihn in Form von konkreten Blicken und Handlungen, von Sichtweisen, Attributionen und Bewertungen, die von ihm wahrgenommen und aufgenommen werden. Sie werden bewertet, internalisiert, beeinflussen dann sein eigenes Denken und Handeln, was wiederum das Bild des anderen bestätigt oder verändert. Auf diese Weise ist lebenslang ein

Wechselspiel von Selbst- und Fremdattribution im Gange, das Identität konstituiert, bestätigt, bestärkt oder auch zuweilen an ihr rüttelt (**Identifizierung und Identifikation**).

Die Sichtweisen der Menschen aufeinander sind nie neutral. Sie sind immer von Wertungen bestimmt: Schlankheit oder Molligkeit, Coolness oder Feurigkeit, Scharfsinn oder Intuition – was gerade der herrschenden Norm entspricht, wird von den meisten Menschen als positiv bewertet.

Selbstbilder und Identität werden also beeinflußt von gesellschaftlichen Wertungen und dem, wie der Einzelne wiederum die gesellschaftlichen Normen bewertet. Man kann seine Identität in der Anpassung, in der Dazugehörigkeit finden, oder aber im Widerstand, je nach den vom Elternhaus oder von Subkulturen vermittelten „eigenen" Idealen und Selbstkonzepten oder auch abhängig vom Lebensalter. Die Adoleszenz beispielsweise ist eine Entwicklungsphase, in der das Selbstkonzept häufig Widerstand heißt.

Je ich-bewußter, exzentrischer ein Mensch ist, desto genauer kann er differenzieren, was von außen kommt (Fremdattribution) und was von innen (Selbstattribution), wie andere ihn bewerten, wie er sich selbst bewertet und wie sich beides beeinflußt (**Valuation**).

Aus der Fremdbewertung erwächst das Selbst-Wert-Gefühl, die Möglichkeit von Selbst-Liebe und Selbst-Vertrauen. Durch Fremdattribution kommt es aber auch zu Selbst-Zweifeln bis zu Selbst-Haß. In der Arbeit mit den Selbst-Bildern und Identitätskonzepten werden wir diesen Möglichkeiten begegnen.

Identität wird da am meisten spürbar, wo sie im Kontakt mit anderen Menschen aktualisiert wird: im Austausch, im Vergleichen, im Konflikt zeigt sich das Eigene und das andere deutlicher. Ihre Stabilität erprobt und erweist sich in Situationen, die Ich-Stärke und Eigen-ständigkeit verlangen, wie: Berufswahl, Weggang aus dem Elternhaus, Schaffung eigener Lebensbezüge, Lebenskrisen. Gelingen diese Schritte, so schafft der Erfolg wiederum Stabilität und Identität.

Im Zuge der wachsenden Geschlechtsidentität, der Selbsterkenntnis und – in manchen Kulturen – der Loslösung von den Eltern wächst die Eigen-ständ-igkeit, die Eigen-be-weg-ung. Der Mensch – zu einer reifen Identität gelangt – bestimmt seinen eigenen Stand und geht seinen eigenen Weg, wenn die Lebensumstände ihm dies ermöglichen. Hier findet die Bewegungsarbeit wie von selbst Anknüpfungspunkte: Loslösung, Stand, Weg.

Dies geschieht immer in einem dynamischen Auseinandersetzungsprozeß mit den Mitmenschen und Lebensumständen und mit sich selbst. Er vollzieht sich in Kontakten, Begegnungen und Beziehungen mit anderen im vorgefundenen sozialen und ökologischen Kontext.

Der hochkomplexe Vorgang von Selbst-Werdung, Ich-Stärkung und Identitätsfindung ist allen Erlebnisangeboten immanent. Man kann – innehaltend – die momentane Identität selbst aber auch zum Thema machen. Dies geschieht meist an markanten Punkten im Gruppen- oder Einzeltherapieprozeß, wo es um eine Zäsur geht, wo es darum geht, das Gesamtbild von sich selbst zu betrachten, es in Form einer Selbsteinschätzung zu zeigen und von anderen deren Einschätzungen zu hören. (*Beispiel*: Die Entwicklung hat eine gewisse Stufe erreicht. Soll die Therapie noch weitergehen? Wenn ja, wie? Oder: Beendigung einer Gruppe mit Rückblick, Selbsteinschätzung und Rückmeldung der anderen.)

Wir wenden uns nun zunächst den Konzepten Identifizierung, Identifikation und Valuation zu.

FREMDATTRIBUTION 1

Ausgangsposition: stehend im Raum

Geeignet für: Gruppen

Ausgangssituation: Die TeilnehmerInnen beschäftigen sich mit dem Thema „Selbst- und Fremdwahrnehmung".

Die Hälfte der Gruppe geht los, sucht sich jemanden in der Gruppe aus, stellt sich vor ihn hin und fragt: Wie siehst du mich? Die Gefragte antwortet mit einem Satz, einer Aussage, die ihre Wahrnehmung zu dieser Person ausdrückt. Diese nimmt den Satz innerlich mit, geht durch den Raum und läßt ihn auf sich wirken.

III. DER LEIB IN SEINEN RELATIONEN 295

Sie kann sich fragen: Ist diese Zuschreibung mir bekannt/neu? Paßt sie zu meinem Bild von mir? Kann ich sie annehmen, oder lehne ich sie ab? (Diesen abwägenden, bewertenden Prozeß nennen wir Valuation.)

Auf diese Weise sollte noch einige Male verfahren werden, mit unterschiedlichen PartnerInnen.

Variation oder Weiterführung: Als Antwort auf die Frage: Wie siehst du mich? wird statt eines Satzes eine Körperhaltung, Mimik, Geste, Bewegung gezeigt.

FREMDATTRIBUTION 2

Ausgangsposition: die Gruppe wird geteilt, eine Gruppe stehend im Kreis (passiv), die anderen sind Skulpteure (aktiv)

Die im Kreis stehenden TeilnehmerInnen werden jeweils nacheinander von den Skulpteuren geformt. Diese versuchen eine typische Haltung der Person zum Ausdruck zu bringen. Dann wird die Haltung wieder aufgelöst und die nächsten Skulpteure bilden eine neue Haltung usw. Die „geformten" Personen spüren in die jeweilige Haltung und stellen fest, was sie über sie aussagt.

So wird jede TeilnehmerIn von jeder Skulpteurin einmal geformt.

Durch das Element Spaß und Spiel ist diese Form weniger konfrontativ und damit weniger angstbesetzt!

Hier geht es darum, sich mit dem Bild, das andere von einem haben, zu konfrontieren. Selbstattribution und Fremdattribution treffen aufeinander. Sie können verglichen werden, um festzustellen, ob sie kongruent, divergent oder diskrepant sind. Selbstbilder stehen hier auf dem Prüfstand. Es geht darum, aktiv zu sein und sich Rückmeldungen über sich von anderen zu erbitten, also intersubjektiv an Klärung des Eigenen, Authentischen zu arbeiten.

Diese Arbeitsweise ruft meist eine Mischung aus Angst und Neugier hervor – Angst vor der Konfrontation mit sich selbst:

negative Teile von sich gespiegelt zu bekommen,

durchschaut zu werden,

nicht wirklich gesehen zu werden.

Neugier auf Sichtweisen der anderen; Lust darauf, gespiegelt zu werden, zu sehen, wie man auf andere wirkt.

Ergebnisse:

Entdecken von bisher wenig bekannten Seiten.

Bereicherung durch Sichtweisen der anderen.

Klärung von Selbstbildern und der eigenen Identität.

Entdecken von Differenzen oder Diskrepanzen zwischen den Rückmeldungen und dem Selbstbild – Verunsicherung in der Identität.

Entdecken der Kongruenz zwischen Selbstbildern und Rückmeldung – Zuwachs an Identität.

Sich selbst sehen mit „anderen" Augen

Eine TeilnehmerIn schlüpft in die Rolle einer selbstgewählten Person (Sohn, Mutter, Freundin, Rivalin...) und stellt sich der Gruppe vor, aus deren Sicht.

„Ich bin der Sohn von... und will euch erzählen, wie ich meine Mutter erlebe und finde: ..."

Selbstattribution

Ausgangsposition: PartnerInnen, einander gegenübersitzend

Die Aufgabe ist, daß eine von beiden zehn Minuten lang Aussagen über sich selbst macht in Form von kurzen Sätzen, die alle mit „Ich bin..." beginnen und keinerlei Erklärungen etc. enthalten. (Ich bin dick. Ich bin verschmust. Ich bin eine schlechte Mutter...)

Beide TeilnehmerInnen haben einen gewissen Abstand und schauen sich nicht direkt (oder nur wenig) an. Der Hauptakzent liegt auf dem Aussprechen selbst. Die Aussagen sollen also nicht

III. DER LEIB IN SEINEN RELATIONEN

an das Gegenüber gemacht werden mit der Erwartung von Resonanz. Die Hörende ist nicht PartnerIn, sondern ZeugIn einer Selbstkonfrontation. Es muß ein gewisses Maß an Vertrauen zwischen beiden herrschen.

Die oft zunächst mit einigem Widerstand aufgenommene Übung entpuppt sich als ein spannender Weg von der eigenen Oberfläche tiefer „nach innen". Die vielen Aussagen ergeben zusammen ein Selbstbild und Identitätskonzept, das man vor sich hinstellt und das so von der ZeugIn gesehen, gehört und angenommen wird ohne Bewertung. Dies bewirkt einen Zuwachs an Klarheit, Bewußtheit und Eigenidentität.

DIE FÜNF SÄULEN DER IDENTITÄT

(ein von *H. Petzold* entwickeltes Konzept)

Identität entfaltet sich und wird sichtbar in allen Lebensbereichen. Etwas schematisiert kann man Identität unter fünf Aspekten sehen, in denen Identität sich zeigt und entwickelt und die in einem Wechselspiel die Identität bauen, stärken oder schwächen. Wir nennen sie die Säulen der Identität.

Geeignet für: Einzelne, Gruppen

1. Säule: Leiblichkeit

Die TeilnehmerInnen stehen, sitzen oder liegen. Sie wenden sich in der Vorstellung oder konkret (tasten, berühren) sich selbst zu und machen sich ein Bild von ihrer Leiblichkeit: Konstitution, Kraft, Verläßlichkeit, Gesundsheitszustand, Klarheit oder Diffusität der Geschlechtsausrichtung...

Inwieweit ist die Leiblichkeit eine tragende Säule?

2. Säule: Soziales Netzwerk

Die TeilnehmerInnen stellen sich vor, welche Menschen ihnen wichtig sind, ob sie sich mit vielen oder wenigen verbunden und von wem sie sich getragen fühlen. Welche stehen dicht um sie herum, welche weiter weg? Ist es ein soziales Netz mit vielen oder wenigen, festen oder losen Knoten? Wie ist die Tragfähigkeit?

3. Säule: Arbeit, Leistung, Freizeit

Die TeilnehmerInnen stehen. Sie wenden sich innerlich dem Bereich der Kompetenz, der Arbeit, des Berufs, der Leistung, aber auch der Freizeit zu.

Wieviel Raum nimmt dieser Bereich in deinem Leben ein? Stelle dir vor, du gehst zu deiner Arbeitsstelle. Gehe nun konkret durch den Raum und erspüre, wie wichtig sie dir ist. Dort angekommen frage dich: wie tragend, stabilisierend ist die Arbeit für dich? Was ist daran wichtig: das Einbringen deiner Kompetenz, das Geld, die Struktur? Wieweit würde es dein Selbstwertgefühl schwächen, wenn du arbeitslos wärest? Wie verwirklichst du dich in der Freizeit?

4. Säule: Materielle Sicherheit

Die TeilnehmerInnen bedenken die materielle Sicherung (Geld, Besitz, Wohnung) ihrer Existenz. Ist es ein fester Boden, oder dünnes Eis, drohen Einbrüche... Wie stärkend ist ein fester Boden oder wie bedrohlich ist eine Unsicherheit auf diesem Gebiet?

5. Säule: Bereich der Werte

Die TeilnehmerInnen sitzen oder stehen und werden sich bewußt, von welchen Werten ihre Lebensgestaltung beeinflußt wird: politische, religiöse, ethische Grundhaltungen. Werden diese als tragende Basis unter den Füßen erlebt? Probiert aus, wie sicher ihr darauf steht, wie stark oder brüchig dieser Boden ist? Oder werden die Werte als oben Schwebendes, als Überbau, als unerreichbares Ziel erlebt? Wie stark, wie wichtig ist diese Säule?

Zuletzt werden im Geiste die Säulen nebeneinander gestellt und gewichtet. Im Anschluß daran können die fünf Säulen gemalt werden.

III. DER LEIB IN SEINEN RELATIONEN

SOZIALES ATOM

(Dieses Konzept wurde 1936 von *Moreno* entwickelt.)

Intermedialer Quergang: Imagination / Malen / Bewegung (siehe S. 152)

Geeignet für: Einzelne, Gruppen

Ausgangssituation: Die TeilnehmerInnen sitzen vor einem großen Blatt Papier:

1. Imagination: Schließ die Augen, atme ein paar Mal gut aus, zentriere dich (für Ungeübte sollte eine ausführliche Zentrierungsübung vorausgehen).

Stell dir den Kreis von Menschen vor, in deren Mitte du zur Zeit lebst.

Welche tauchen vor dir auf, sind deinem Herzen am nächsten, sind dir am wichtigsten?

Welche haben Einfluß auf dein Leben, aber stehen etwas weiter weg? Wer steht in deinem Rücken, wer dir zur Seite? Wer dir gegenüber?

Welche Menschen gehören sonst noch zu deinem sozialen Umfeld, befinden sich aber an der Peripherie?

2. Malen: Male dich selbst in Form einer geometrischen Figur oder eines Symbols in der Mitte des Blattes und gruppiere mit verschiedenen Farben und Formen in drei konzentrischen Kreisen oder in selbstgewählten unterschiedlichen Abständen die Personen aufs Papier, die in der Visualisierung aufgetaucht sind.

Betrachte das „Soziale Atom" und nimm wahr, wie es auf dich wirkt. (Eventuell Partneraustausch)

3. Bewegung: Such dir nun eine Person aus dem innersten Kreis, schließe die Augen und stell dir vor, wo sie steht: in welchem Abstand, vor, neben, hinter dir? Wie ist die Atmosphäre zwischen euch, was fließt da? Spüre es so deutlich wie möglich in dir, so daß du in die entsprechende Körperhaltung kommst.

Mach eine Geste zu ihm/ihr hin. Nimm nun die Position der gewählten Person ein und antworte mit einem Körperausdruck.

Stell dir dann vor, ihr macht einen Spaziergang zusammen. Wo würdet ihr hingehen? Wie würdet ihr gehen (Abstand, Berührung, Rennen am Strand...)? Worüber würdet ihr sprechen? Was wolltest du schon immer sagen?

Ebenso mit je einer Person aus den anderen Kreisen.

Variationen:

1. Darstellung des „sozialen Atoms" mit verschiedenen Steinen.

2. Soziales Atom in der Lebensspanne:
mit 5, 15, 25 Jahren, zum jetzigen Zeitpunkt, mit 70 Jahren.

Weiterführung: Eine PartnerIn betrachtet das soziale Atom und drückt das, was sie empfindet, in Stand, Gesten, Bewegungen aus.

ICH-STÄRKE

Geeignet für: Einzelne, Gruppen

Ausgangsposition: gehend im Raum, Platz finden

Geh mit deiner Aufmerksamkeit zu deiner Haltung und erspüre, wie du jetzt stehst.

Sprich dann das Wort „ICH" für dich aus, erst leise und dann lauter. Unterstütze und bekräftige jedes „Ich" mit der Bewegung eines Körperteils: Der rechte Arm sagt Ich, das linke Knie, die Nase, das Gesäß... Laß das „Ich" ganz von dir Besitz ergreifen.

Zum Schluß finde eine (vielleicht zusammengesetzte) Bewegung und gehe mit dieser Bewegung und dem „Ich" in den Raum und zeige dich damit den anderen.

IDENTITÄT

Geeignet für: Gruppen

Gehen, Brustraum weiten, Becken lockern;

Stehen, Hände auf die Hüften pressen, das Becken gegen den Druck der Hände bewegen, Kickbewegungen nach allen Seiten;

Beckenkicken paarweise gegeneinander.

Wieder alleine gehen, in die Knie gehen, Schwerpunkt tief, in Ringerhaltung sich durch den Raum bewegen und gegenseitig herausfordern;

wieder alleine gehen, Nacken, Kopf lockern;

Platz suchen, den Platz abgrenzen, sich den Platz mit dem Leib zu eigen machen liegend mit Armen und Beinen, im Liegen sich selbst spüren, laut oder leise dazu sagen: „Ich" – und den eigenen Namen.

Nun den Namen innerlich aussprechen, und zwar auf den Rhythmus des eigenen Atems und zusammen mit einer kleinen Bewegung des Oberkörpers.

Dasselbe zusammen mit einer Bewegung des Unterkörpers.

Dasselbe mit einer kleinen Bewegung, die den ganzen Körper durchzieht.

Über das Sitzen zum Stehen kommen: den Stand, die Aufrichtung spüren.

Raum um sich herum nehmen, sich abgrenzen (bei geschlossenen Augen).

Sich selbst ertasten, gefährdete Stellen aufsuchen und mit den Händen schützen.

Sich selbst spüren, da-sein. Innerlich Sätze dazunehmen wie: „Ich darf da sein", „Ich bin Gisela", „Ich lebe, ich atme".

Die Augen öffnen. Mit dem entstandenen Ich-Gefühl und diesen Sätzen in die Begegnung mit anderen gehen.

Themen:

Ich-Stärke, Selbstbewußtsein, Angenommensein, Präsenz, beim Namen genannt-sein und das Gegenteil davon, Selbstbezug, Sicherheit und Stärke in der Begegnung oder das Gegenteil

Geschlechtsidentität

Geeignet für: Gruppen

Ausgangsposition: sitzend oder liegend

Schließ die Augen, atme einige Male gut durch. Laß Spannung los. Überlaß dich deinem Atem, bis du ruhig und bei dir bist.

Betaste dann mit den Händen dein Gesicht. Nimm dir Zeit, dich selbst unter deinen Händen zu erspüren und dir dabei klarer zu werden, ob du deine Gesichtszüge als weiblich/männlich empfindest.

Taste dich weiter zu deinen Schultern, Armen, Händen, wieder mit der Frage: Empfindest du dich als weiblich, männlich oder neutral?

Nimm dann die Körpervorderseite, Brust, Brüste, Magengegend. Welches Verhältnis hast du zu deinen weiblichen/männlichen Formen?

Lege die Hände auf Bauch und Unterleib, taste, verweile. Wenn du eine Frau bist, tauche ein wenig in die Geschichte deines Unterleibes: Menstruation, Schwangerschaften, Operationen, Menopause...

Laß die Hände weiter tasten zu den Leisten und den Geschlechtsteilen. Werde dir bewußt, was für ein Verhältnis du zu ihnen hast, wie fremd, wie vertraut sie dir sind. Nimm dir Zeit...

Gehe weiter hinunter zu Oberschenkeln, Knien, Füßen. Ertaste sie. Gehören sie zu deinem Frausein/Mannsein?

Nimm dir zum Schluß Zeit, dich als Ganzes wahrzunehmen, in deiner Identität als Mann oder als Frau.

Fragen:

Wie nimmst du dich selbst wahr?

Wie fühlst du dich als Mann/Frau?

Stehst du zu dir?

Aufkommende Themen:

Frausein, Mannsein; graue-Maus-Syndrom (nicht Fisch – nicht Fleisch); Verbote, die Männlichkeit bzw. Weiblichkeit zu erleben und zu leben; Genuß; reife, erfüllte oder unerfüllte Sexualität, Begehren, Defizite, Angst...; Kinderwunsch, Fehlgeburt, Abtreibung, Mißbrauch...

Das vorangegangene Angebot zur Geschlechtsidentität ist für Geübte, Fortgeschrittene (TeilnehmerInnen wie LeiterInnen).

Mit Menschen, denen dieses Thema viel Angst macht und wo es scham- und tabubelegt ist, kann man dasselbe Angebot als freie, eventuell als geleitete Imagination machen, bei der die TeilnehmerInnen sich nicht betasten. Das Erleben kann auch darin intensiv sein und führt zu Gesprächen (und Erinnerungen) über Mannsein/ Frausein und eventuell über Sexualität.

In der Nachbesprechung können getrennte Gruppen (Männer/ Frauen) schutzgebend wirken. Es können dort eher heikle Themen in „narrativer Praxis" mitgeteilt werden: Pubertät, Adoleszenz, erste Erfahrungen mit Sexualität, Homosexualität, Tabus...

Erotik

Geeignet für: Gruppen

Ausgangsposition: Rückenlage auf dem Boden

Bewegt euer Becken in einer sanften Schaukelbewegung in Richtung Füße und in Richtung Kopf. Experimentiert mit kleineren und größeren Bewegungen.

Experimentiert ebenso mit Beckenbewegungen nach rechts und nach links.

Verbindet nun die Richtungen zu einer kreisenden Bewegung. Laßt sie in eine Spirale übergehen, indem ihr die Kreise verkleinert und vergrößert.

Begebt euch nun in den Vierfüßlerstand und übernehmt die eben ausgeführten Beckenbewegungen in diese Haltung.

Setzt diese Beckenbewegung dann im Stehen fort. (Das Ganze kann von sanfter Musik begleitet werden.)

Was verändert sich durch die unterschiedlichen Haltungen?

Setzt nun die Bewegungen im Gehen fort. Findet Schritte, die sich den Beckenbewegungen anpassen und paßt wiederum die Beckenbewegung den entstehenden Schritten und Gehweisen an. (Dazu kann Samba-, Bauchtanz- oder ähnliche Musik gespielt werden.)

Was kommen euch für Phantasien, Bilder, Ver- und Gebote in den Sinn?

Geht nun in den Kontakt zu anderen TeilnehmerInnen und zeigt euch!

Übertreibt eure Gehweise und eure Bewegungen. Welche Rollen fallen euch dazu ein? (Diva, Hure, Torero, Marilyn Monroe, Transvestit...)

Bewegt euch in dieser Rolle und geht damit in den Kontakt mit anderen.

Hier kommen *Themen* wie Scham, Tabu, Verführung, Sexualität auf, mit denen weitergearbeitet werden kann.

III. DER LEIB IN SEINEN RELATIONEN

Identitätsfördernd ist auch die Arbeit mit:

einer Tonskulptur (siehe S. 142),

einem Leib-Bild, z.B.: „Meine Identität als Mann, als Frau".

Die Übernahme anderer Rollen oder von Phantasiefiguren gibt die Möglichkeit, Dimensionen anderer Identitäten auszuprobieren, um letztlich die eigene deutlicher und klarer hervortreten zu lassen und zu erweitern.

Dies kann geschehen durch einen geleiteten Tagtraum, im Verkörpern von Märchenfiguren, im Theaterspiel.

Die Rollen und Figuren können frei gewählt, oder auch vorgegeben werden mit dem Ziel, einen bestimmten Teilaspekt der Identität zu fokussieren: die Frau als Tochter, Mutter, Ehefrau, Geliebte...

SOZIALISIERTE GESCHLECHTSIDENTITÄT

Will man der Geschichte der eigenen Rolle als Mann oder als Frau nachgehen, so kann man folgendes Vorgehen wählen:

Du bist eine Frau (ein Mann). Besinn dich auf die Geschichte der Frauen (Männer) in deiner Familie vor dir.

Was weißt du von deiner Großmutter (Großvater). Versuche sie dir vorzustellen, als junges Mädchen, Frau, alten Menschen.

Nimm jeweils eine Haltung an, von der du meinst, daß sie ihr entspricht. Wie hat sie ihr Frausein gelebt und erlebt?

Mach den Sprung zu deiner Mutter (deinem Vater). Geh in ihre Haltungen, versetz dich in sie hinein. Wie hat sie ihr Frausein (Mannsein) gelebt und erlebt?

Was ist mit diesen Vor-bildern in dich hineingegangen?

Wie lebst und erlebst du selbst dein Frausein (Mannsein)? Was führst du weiter, was machst du anders?

MEINE KRAFTQUELLEN

Geeignet für: Einzelne, Gruppen

Ausgangsposition: Rückenlage auf dem Boden

Auflageflächen durchgehen (siehe S. 75),

Atembewegung spüren

Hände auf verschiedene Leibregionen legen und spüren: Wo tut die Berührung der Hände gut? Welche Regionen erlebst du kraftvoll, lebendig, warm unter deinen Händen?

Variation: Im Stehen

Spüre deinen Stand, deine Haltung und erspüre, wo du Kraft, Halt, Stand entdeckst.

Mögliche Weiterführung: Geh in die Bewegung und experimentiere mit drehen, hüpfen, schwingen... Entdecke deine Kraftquellen: Bewegungsfreude, Beweglichkeit, Bewegungsfluß, Leichtigkeit, Gleichgewicht...

EIGENSCHAFTEN UND KRAFT VERSTÄRKEN 1

Beim Arbeiten an der Identität kommen Wünsche auf, in welche Richtung die eigene Entwicklung gehen möge (s.o.).

Beispiele:

zielgerichtete Kraft (statisch, dynamisch),

Koordination (Geschicklichkeit, Gewandtheit),

Flexibilität, Geschmeidigkeit (kleine und große Gelenke),

Leichtfüßigkeit,

Schnelligkeit,

Ausdruck, Anmut.

Die TeilnehmerInnen sitzen oder stehen entspannt (warming up) und lassen einen Wunsch in den Vordergrund treten. Nun werden sie gebeten, sich etwas vorzustellen oder ein Bild aufsteigen zu

III. DER LEIB IN SEINEN RELATIONEN

lassen von einem Tier, einem bewegten Gegenstand, einem Menschen, der die gewünschte Qualität besitzt. Sie sollen sich dieses Bild eine Weile vergegenwärtigen, in sich aufnehmen und sich dann in diese gewünschte Bewegung hineingeben.

Beispiel:

Wunsch: Zielgerichtetheit

Bild: fliegender Pfeil

Bewegung: Arm und Hand aus der Schulter nach vorn schnellen lassen, oder: mit gestreckten Armen voraus durch den Raum auf einen Zielpunkt zu schießen.

EIGENSCHAFTEN UND KRAFT VERSTÄRKEN 2

Beispiel:

Wunsch: Durchsetzungsfähigkeit

Welche Bewegung, Körperhaltung, Augenfokussierung, Gesichtsausdruck fällt dir dazu ein?

Erlebe diese im eigenen Leibe, intensiviere die Haltung, vergrößere die Bewegung, erhöhe eventuell Spannung und Dynamik.

Weiterführung: Die Übende zeigt sich und geht mit dieser Haltung herum. Wenn sie anderen begegnet, sagt sie zusätzlich: „Ich setze mich durch."

(Siehe S. 376)

ABLÖSUNG VON DEN ELTERN

Geeignet für: Einzelne, Gruppen

Gehe aktiv und zielgerichtet durch den Raum.

Such dir einen Platz im Raum, wo du dich gut gegründet hinstellst.

Stell dir nun vor, dein Vater kommt in den Raum und geht auf dich zu.

Von wo kommt er?

Wie geht es dir, wenn er näherkommt?

Wenn du spürst, daß du den Abstand nicht geringer haben willst, dann mache deutliche Gesten der Abgrenzung (Grenzziehung). Wenn du ihn näher haben willst, winke ihn heran.

Wenn ihr euch so gegenübersteht (oder nebeneinander...), achte auf deine Gefühle ihm gegenüber und drücke sie in Gesten aus.
Was hat er dir mitgegeben an Gutem, an Belastendem?
Was willst du behalten, ablegen, verändern?

Verabschiede dich (für diesen Moment), dreh dich um und gehe bewußt weg, soweit es gut und nötig ist.

Dasselbe mit Mutter.

Themen:

Bewußtwerdung des jetzigen Verhältnisses zu den Eltern, Abgrenzung (oder nicht), Abschied nehmen, eigenen Weg gehen, Verbundenheit, Wertschätzung, Intimität in der Distanz.

WEG – LEBENSWEG

Geeignet für: Gruppen

Geht im Raum umher, schaut, wo sich Begegnung ereignet. Vielleicht haben einige Lust, eine Wegstrecke zusammen zu gehen... Verabschiedet euch, geht wieder allein.

Such dir einen Platz im Raum, der stimmig ist für deine jetzige Lebenssituation (nicht bezogen auf die Gruppe). Schließ die Augen. Visualisiere das Stück deines Lebens-weges, auf dem du gerade stehst.

Welcher Art ist der Boden unter deinen Füßen?

Wie ist die Umgebung?

Suche dir im Raum einen Zielpunkt (er kann für ein Examen, eine Beziehungstrennung stehen) und stell dir vor, wie die Wegstrecke bis dorthin beschaffen ist (Autobahn oder Bergpfad,

welche Hindernisse oder Erleichterungen, welche Hilfen beinhaltet sie?).

Setze dich dann in Bewegung und gehe diesen visualisierten Weg, steige den Berg hinauf, überwinde Hindernisse und erlebe diese Wegstrecke und das Erreichen des Zieles.

Ruhe dich dort aus. Werde dir bewußt, daß du angekommen bist.

Wende dich von dort aus noch einem anderen Zielpunkt zu (Arbeitsplatzwechsel...) und gehe gleichermaßen vor. Visualisiere den Weg und gehe ihn dann, bis du angekommen bist.

Fragen:

Wie ging es dir bei der Zielsuche?

Wie sah der Weg aus?

Was hat es dir schwer oder leicht gemacht, das Ziel zu erreichen?

Bist du gehüpft oder geklettert, im Rennwagen gefahren...?

Wie ging es dir, wenn du dein Ziel nicht erreicht hast?

3. Ich – Du (Self – Other)
Intersubjektivität

Der Weg der Identitätsbildung ist nie abgeschlossen. Jede neue Lebenserfahrung, jede veränderte Sichtweise auf Leben und Welt, jede Begegnung geht in den Menschen hinein und wird Teil von ihm. Besonders stark gestalten und verändern ihn die Berührungen mit anderen Menschen. Diese aktivieren die frühen dialogischen Erfahrungen und bauen auf ihnen weiter.

Wenn wir uns nun in diesem Kapitel dem Verhalten in Kontakten, Begegnungen, Beziehungen und Bindungen zuwenden, so müssen wir uns dessen bewußt sein, daß die meisten Kontakterfahrungen heute mitgestaltet sind durch frühere. Erfahrungen von empathischem Zusammenspiel mit anderen Menschen schaffen eine solide Basis für eine angstfreie und positive Annäherung. Defizit-, Einengungs- und Gewalterfahrungen, selbst wenn sie von positiven Erfahrungen abgelöst wurden, hinterlassen oft eine Schicht von untergründigem Mißtrauen. So bilden frühere positive, negative und defizitäre Erfahrungen den Boden für dysfunktionale Abwehrmechanismen, für Projektionen und für Übertragungen, die meistenteils unbewußt bleiben und die Beziehung zu anderen Menschen stören, und zwar je mehr, desto tiefer die Involvierung ist.

Kontakte bringen keine oder kaum Involvierungen. Mit diesem Begriff benennen wir emotional nicht tiefgreifende, begrenzte Berührungen zwischen Menschen. Die meisten unserer Sozialkontakte haben eine solche Qualität. Sie geschehen einfach, sind Teil unseres täglichen Lebens und bestimmen die Atmosphäre mit, in der wir leben. Von daher ist es wichtig, ob die Kontakte mißtrauischer oder freundlich akzeptierender Natur sind.

Aus Kontakten können **Begegnungen** werden. Kurze Berührungen können so viel in einem anrühren, daß der Kontakt sich unversehens intensiviert und zur Begegnung wird. Darin werden sich beide zur Person, zum Gegen-über (Be-geg-nung), öffnen sich, lassen sich ein, bringen sich ein, zeigen sich und sehen den anderen. Und dies nicht nur auf einer oberflächlichen Ebene, sondern mit einem Blick,

III. DER LEIB IN SEINEN RELATIONEN

der den Hintergrund erfaßt, der den anderen sieht in seinen Freuden und Leiden, in seiner Geschichte und in seinem aktuellen Kontext, ja in seinen Entwicklungstendenzen. In einer Begegnung fühlt man sich gesehen, man spürt den eigenen Wert im Blick des anderen und gibt diese Wertschätzung zurück. Der Raum zwischen den beiden Menschen wird in der Begegnung synergetisch gestaltet, so daß etwas Neues erwächst, etwas, das beide erfüllt, sich zuweilen genügt, zuweilen auf Fortsetzung drängt.

Wenn der Sympathiefluß, der in echter Begegnung spürbar ist, in die Dauer getragen wird, sich zu dem Gefühl verdichtet, daß man sich eng verbunden weiß, entsteht eine **Beziehung**, z.B. eine gute Freundschaft.

Wenn Beziehungen mit der Entscheidung zur Treue und Unverbrüchlichkeit ausgestattet werden, entstehen positive **Bindungen** (Lebensfreundschaften, Partnerschaften, Adoptionen, Wahlverwandtschaften).

In Beziehungen und Bindungen kann sich dauerhaft in „wechselseitiger Empathie" Intersubjektivität entfalten, in der das Bezogensein aufeinander beiden Menschen soviel Boden gibt, daß sie sich öffnen und entfalten können, aber auch miteinander Krisen durchstehen und aushalten können.

Ziel von Therapie ist es, den Menschen in seiner Subjekthaftigkeit zu entwickeln, so daß er begegnungs-, beziehungs- und bindungsfähig wird und als Subjekt mit einem anderen Subjekt ein befriedigendes Miteinander in Beziehung gestalten kann. Begegnungsfähig sein heißt: sich annähern und zurückziehen können, also Nähe und Distanz befriedigend regeln, den anderen einfühlend wahrnehmen, erfassen und verstehen können und sich selbst soweit öffnen, daß man ebenfalls wahrgenommen, erfaßt und verstanden werden kann.

Der Weg zu diesem Ziel führt über das Wahrnehmen und Bewußtmachen des *eigenen* Verhaltens in Kontakten, Begegnungen, Beziehungen und Bindungen (**Beziehungsstil**). Im leibhaften Erleben und in der Reflexion kann deutlich werden, inwieweit das Verhalten von früheren Erfahrungen eingetrübt ist und welche Formen diese

Eintrübungen oder Störungen haben: Scheu, Rückzug, Angst, direkte oder indirekte Erwartungen, Wünsche, Sehnsüchte, Abhängigkeit, Hörigkeit, Bemächtigung, um nur einige zu nennen. Bewußtwerden des eigenen Stils und der ihn bestimmenden Zusammenhänge, ist der erste Schritt, der nötig ist, wenn man sich auf den Weg macht, Altes und aktuell Geschehendes zu trennen.

Da beide Partner ihre Geschichte mit allem Positiven und allem Hinderlichen in die Begegnung einbringen und diese oftmals unbewußt agieren, ist die Beziehungsdynamik meist komplex und vielschichtig. Die Therapiesituation (TherapeutIn – PatientIn), die Beratungssituation (BeraterIn – KlientIn) und die Therapiegruppe als Ort möglicher Wiederholung alter Familien- und anderer Gruppenstrukturen fordern Übertragungen heraus, wo ein entsprechender Problemhintergrund gegeben ist. Dies bietet die Möglichkeit, im Erleben und Wiedererleben und in der Rückmeldung der anderen (bzw. der TherapeutIn), sich mit dem eigenen Stil und dessen Geschichte zu konfrontieren: sich nicht zeigen, abwarten, was die andere tut; die „Sache" in die Hand nehmen; alles tun, was der andere erwartet...

Im Experiment können Schritte getan werden, anderes Kontakt-, Begegnungs-, Beziehungsverhalten auszuprobieren, um sich neu zu orientieren und herauszufinden, ob und wie man sich in seinem Verhalten verändern möchte: mehr Eigenaktivität entwickeln; Erwartungen aussprechen, statt schweigend oder vorwurfsvoll abzuwarten; der anderen mehr Raum lassen...

Nirgendwo ist so viel alltägliches, verstecktes Leid, so viel Abgespaltenes, sind so viel unerfüllte Wünsche zu finden wie in Beziehungen und Bindungen zwischen Menschen. Und die Unfähigkeit, diese Probleme zu lösen, ist erschreckend. Hier wäre es gut, wenn wir dazu beitragen könnten, daß in unserer Gesellschaft neben dem Umgang mit Apparaten und Maschinen ebenso der Umgang des Menschen mit sich selbst und mit anderen in Beziehungsfragen gelehrt und gelernt wird.

III. DER LEIB IN SEINEN RELATIONEN

Wir gliedern dieses Kapitel in:

1. Selbstwahrnehmung in der Begegnung mit dem anderen,
2. Kontakt und Abgrenzung,
3. Begegnung und Beziehung in Auseinandersetzung,
4. Zusammenspiel: miteinander – gegeneinander – füreinander.

3.1. Selbstwahrnehmung in der Begegnung mit dem anderen

Auch wenn das Ich am Du, das Selbst am *anderen* wächst, stellen wir der Beschäftigung mit Kontakt, Begegnung und Auseinandersetzung noch einmal einige Übungen zur Selbstwahrnehmung voran. Wir tun dies aus folgendem Grund: Kontakt, Begegnung und Beziehung sind leibhaftige Geschehnisse, die den ganzen Menschen in allen Ebenen tangieren. Speziell geht es bei diesem Thema um die Kontaktzone, den „psychologischen Raum" und die „Kinesisphäre", den Bewegungsraum, um die kultur- und schichtspezifisch variierende Nähe-Distanz-Regulation. Unser „persönlicher Raum" ermöglicht das Erleben von Impulsen, die von außen nach innen und von innen nach außen gehen. Seine Grenzen können – je nach Situation und Wunsch – mehr oder weniger offen und durchlässig sein.

Je klarer spürbar der eigene Raum, die eigene Basis ist, von der aus man zum anderen geht, d.h. je deutlicher die Eigenleiblichkeit wahrgenommen wird, je klarer die Kontaktzone erspürt werden kann, desto differenzierter kann das Spiel des Kontaktes und der Begegnung gespielt und wahrgenommen werden, und desto eher ist es möglich, sich aus dem Kontakt wieder auf die eigene Basis, den „persönlichen Raum" zurückzuziehen (zur Beruhigung, Orientierung, Stabilisierung und – ganz allgemein – für das innere Gleichgewicht).

Das Erspüren des Ich-Selbst ist zwar Teil der meisten Angebote in der IBT, aber bei ich-schwachem Klientel kann es angezeigt sein, „eigenleibliches" Spüren, Arbeit an der Basis, mit Erleben in der Kontaktzone abzuwechseln (siehe auch Kap. I, 2 – S. 69).

Exkurs: **Räume und Grenzen**

Räume und Grenzen gehören zusammen. *Petzold* unterscheidet in der IBT *physiologische, psychomotorische, psychologische* und *soziale* Grenzen. Die Haut ist unsere physiologische Grenze. Unser Bewegungsraum und die Kinesisphäre bestimmen unsere psychomotorische Grenze. Unsere kulturell geprägte, aber immer spezifisch ausgebildete „persönliche Sphäre" bestimmt unsere psychologische Grenze, und unsere gesellschaftlichen und kulturellen Normen, denen wir mehr oder weniger verhaftet sind, bestimmen unsere sozialen Grenzen bis in das konkrete leibliche Verhalten hinein. Grenzen bieten immer auch Kontakt- und Berührungsflächen, selbst wo sie zu Barrieren werden, das ist das „Paradox der Grenze". Physiologische Grenzen sind Gegenstand der Wahrnehmungsphysiologie, psychologische und soziale Grenzen Gegenstand kognitiver und emotionaler Prozesse. Grenzen stellen wir uns oft vor, sie sind also in unseren Köpfen (z.B. Vorurteile) und müssen auch dort verändert werden. Grenzen bezeichnen auch Potentiale: Grenzen der Wahrnehmungsfähigkeit, Grenzen des Ertragbaren, Grenzen des Denkens.

Im folgenden sollen die Grenzen im Sozialkontakt im Zentrum stehen.

GRENZEN

Geeignet für: Einzelne, Paare, Gruppen

Die TeilnehmerInnen stehen verstreut im Raum, klopfen sich selbst von oben nach unten ab, hüpfen, schwingen mit den Armen, regen Kreislauf- und Atemtätigkeit an, spüren sich selbst in Äußerungen ihrer Lebendigkeit (Atem, Herzschlag, Prickeln, Wärme...).

In einem 2. Schritt tasten sie sich ab, d.h. sie erspüren in der Berührung die Haut als Außenbegrenzung ihres Körpers, bis ihr ganzer Körper gestalthaft wahrgenommen wird, sich der Leib als ganzer erlebt.

Dann strecken die TeilnehmerInnen ihre Arme aus, erspüren ihren Bewegungsradius, ihre Kinesisphäre.

Nun machen sie sich deutlich, wie nahe sie welche Menschen an sich herankommen lassen wollen, erproben ihren „persönlichen Raum".

Durchlässige Grenze

Geeignet für: Einzelne, Gruppen

Nimm deine Außenbegrenzung, die Haut, wahr und mach dir bewußt, daß sie für die Stimulierungen des Außenfeldes durchlässig ist, z.B.: Sonne bescheint dich, Wind umstreicht dich, Wasser umspült dich und du nimmst dies alles auf.

Die Sensorien deiner Haut sind immer aktiviert, die Poren öffnen sich, deine ganze Haut fühlt sich lebendig und aufnahmebereit an.

Welche Stimmung breitet sich in dir aus?

Stell dir dann vor, daß Gefühle oder Eigenschaften, die in dir sind, über Mimik und Gestik den Weg nach außen finden und von dir ausstrahlen: z.B. Freude, Gelassenheit, Traurigkeit. Du kannst dich auch ein wenig dabei bewegen, wenn du magst.

Spüre wie diese Stimmungen und Gefühle nach außen gelangen und sich als Atmospäre um dich verbreiten.

Grenzwahrnehmung – Hülle

Geeignet für: Einzelne, Gruppen (für Geübte)

Aktivierung und Anregung des Körpers durch klopfen, hüpfen, springen (siehe Grenzen S. 314).

Geh mit deinen Händen ein wenig von deiner Körpergrenze nach außen und erspüre den Raum um dich herum, der zu deiner leiblichen „Intimsphäre" gehört, den du nicht ohne weiteres für andere öffnen würdest. Sind es 40 cm oder mehr oder weniger?

Schaff mit diesem Erspüren in der Vorstellung sozusagen eine Hülle um deine ganze Gestalt herum. Die Handflächen sind bei diesem Tun dir selbst zugewandt.

Stell dich selbst in deinen Ausdehnungen bildhaft vor und zwar mit geschlossenen Augen, die Entfernung der Schultergelenke voneinander, die Entfernung vom Halsansatz zur Schädeldecke, den Raum, den dein Kopf einnimmt, die Länge deiner Beine... Du bist Körper im Raum und gleichzeitig lebendiger, präsenter Leib.

Nimm nun den Übergang wahr zwischen deinem Körper und deiner „Hülle", deiner persönlichen Leibsphäre, nimm die „Hülle" um dich herum wahr und mach dir zuletzt die Grenze zwischen der „Hülle" und dem Außenraum bewußt.

Wann immer die reine Vorstellung schwierig wird, nimm deine Hand zu Hilfe, um für dich selbst Räume und Grenzen zu markieren. Dann wieder ohne diese Hilfe, bis Spüren und Vorstellung genügen.

3.2. Kontakt und Abgrenzung

Kontaktaufnahme, auch wenn sie verbal geschieht, beinhaltet eine Fülle vorbereitender und begleitender nonverbaler Elemente, wenn sie nicht überhaupt nonverbal vor sich geht. Jeder Mensch hat in seinen genetisch disponierten Ausdrucksformen z.B. von Emotionen aufgrund seines Temperaments und seiner Geschichte eigene Nuancierungen wie die nach außen sichtbaren Formen von Neugier, Lust, Angst usw. entwickelt und ein eigenes Repertoire von Bewältigungs- und Abwehrformen.

In den Kontaktexperimenten gilt es nun, sich der allgemeinen (kulturellen und gesellschaftlichen) und der individuellen Formen bewußt zu werden und die eigenen Regungen, Empfindungen und Gefühle wahrzunehmen. Blick- und Berührungskontakte können kühl und förmlich sein, ebenso aber auch überraschend schnell zu nahe kommen, zu dicht werden und grenzüberschreitend sein. Das eigene Verhalten steht also im Zentrum der Wahrnehmung (Was mache ich mit meinen Augen? Wie berühre ich?) und gleichzeitig

das Geschehen im Kontaktprozeß (Spüre ich, was da geschieht? Kann ich die Durchlässigkeit meiner „persönlichen Sphäre" regulieren?).

BEGRÜSSUNG

Geeignet für: Gruppen

1. Alle TeilnehmerInnen gehen durch den Raum und begrüßen sich gegenseitig mit unseren jetzigen und früheren Begrüßungsgesten: Händedruck, Handschlag, Handkuß, Diener, Knicks, Hofknicks, Schulterklopfen, militärischer Gruß... Mit unterkühlter Distanz, mit übertriebener Herzlichkeit, klebrig, kumpelhaft...

Ebenso mit Begrüßungsgesten anderer Völker: Verneigung mit den Armen vor der Brust gekreuzt, Verneigung mit vor dem Gesicht zusammengelegten Händen...

Wenn man sich Zeit für alles nimmt, kann man in der jeweiligen Haltung viel über Respekt, Grenzwahrung, Unterwürfigkeit, distanzierte Erotik... in der Begrüßung erfahren.

2. *Möglichkeit oder Weiterführung*: Die TeilnehmerInnen gehen durch den Raum und finden ihre eigene Art der Begrüßung, die für sie „normal" oder die für sie im Augenblick stimmig ist. Danach probieren sie andere Formen aus, die ihnen nicht so geläufig sind oder sie bleiben passiv und lassen sich auf verschiedene Weisen von anderen begrüßen.

3. *Möglichkeit oder Weiterführung*: Die TeilnehmerInnen finden selbst ihre Art der Begrüßung: Augenkontakt, Mimik, Gestik, Berührung, Sprache – einzeln oder alles zusammen. Dann kommen immer mehr TeilnehmerInnen auf einem Platz zusammen, so daß schließlich ein großes Begrüßungsgewühl entsteht.

Viele andere Versionen sind denkbar.

Blickkontakt

Die TeilnehmerInnen gehen frei im Raum umher und begegnen einander über den Blick (sie „nehmen sich in den Blick"). Jede entscheidet selbst, wie sich dieser Blickkontakt gestaltet: wie, wie lange und wie intensiv. Welche Mimik, welcher Gesichtsausdruck gesellt sich dazu? Wie ist es ohne Lächeln, wenn nur die Augen den Kontakt machen?

Daraus kann sich dann ein Experimentieren mit Mimik und Gestik entwickeln: entweder findet jede die Bewegungen, die zu ihrer momentanen Stimmung paßt, oder sie stimmt ihre Bewegungen auf das Gegenüber ein.

Berührungskontakt

Eine andere Möglichkeit der Kontaktaufnahme ist, sich kurz auf gewohnte und auf ungewohnte Weise gegenseitig zu berühren: mit der Hand, mit der Schulter, dem Fuß, der Hüfte usw.

Es können auch passende Töne oder Laute als Begrüßung dazugenommen werden.

Variation: Die TeilnehmerInnen finden selbst ihre Art der Begrüßung: Augenkontakt, Mimik, Gestik, Berührung, Sprache – einzeln oder zusammen.

Exkurs: **Intermediärobjekte**

„Intermediärobjekte" spielen in der INTEGRATIVEN LEIB- und BEWEGUNGSTHERAPIE eine wichtige Rolle: ein Ball rollt zu einer ersten Kontaktaufnahme von der TherapeutIn zur PatientIn, zwei PatientInnen verbinden sich mit einem Seil zu einer „Seilschaft", Puppen sprechen anstelle der Menschen miteinander.

Intermediärobjekte haben eine Brückenfunktion: zwischen zwei Menschen, aber auch zwischen dem Menschen und sich selbst. Wenn die Selbstberührung schwierig ist, gelingt sie vielleicht mit dem Ball zwischen dem Körper und der Hand.

Jedes Objekt (Ball, Stab, Tuch, Seil, Decke...) hat bestimmte Qualitäten, die seinen Aufforderungscharakter ausmachen, die Spieltrieb und Bewegungsqualitäten im Benutzer aktivieren wie der Ball oder Verhaltensmuster im Kontakt verdeutlichen wie Seil und Decke.

Intermediärobjekte erleichtern, verdeutlichen und versinnbildlichen Kontaktaufnahme und Gestaltung in der Begegnung mit anderen. Sie animieren, aktivieren, evozieren, und sie verbinden den Menschen mit der kreativen Kraft der Kindheit.

Kontaktaufnahme über Medien

Jede TeilnehmerIn bekommt einen Ball und versucht, darüber in Kontakt mit anderen zu kommen und zu experimentieren. Ebenso mit einem Tuch oder einer Decke. Die Decke regt besonders dazu an, verschiedene Rollen und Posen anzunehmen und sich darin zu begegnen.

Variation: Die Hälfte der Gruppe hat ein Medium (Ball, Decke, Tuch) und versucht damit, Kontakt herzustellen, während die andere Hälfte auf das Kontaktangebot eingeht oder nicht. Es entsteht ein freies Spiel mit Kontakt und Abgrenzung.

Themen, die in den vorangegangenen Übungen enthalten sind:

I. allgemein:

Sehen und gesehen werden; Selbst- und Fremdwahrnehmung; Aktiv – passiv sein, Ambivalenz; Was fällt leicht/schwer im Kontakt? Kontakt zu anderen – zu sich selbst; Was behindert den Kontakt (Gebote, Verbote aus der Kindheit, geschlechtsspezifisches Rollenverhalten)? Welche Bewältigungsstrategien hat jede entwickelt? Umgang mit Abgrenzung und Ablehnung.

II. kontaktspezifisch:

Blick: angenommen – abgelehnt, Angst vor Bewertung, Übersehenwerden, Blick als Bemächtigung, Blick als Brücke, als Aufforderung, sich zu zeigen, als Frage: Wer bist du?, als Bewertung (Mann-Frau).

Berührung: Scheu, Scham, Tabuzonen, Schutz, Übergriffe, Erotik.

Begrüßung: Bin ich gemeint, angenommen, abgelehnt? Stimmt die Art der anderen mit meinen Normen, Wertungen und Gefühlen überein?

Medien: Es kommen Themen auf, die durch das jeweilige Medium evoziert werden.

    Ball: rollen, anspielen, abschießen;

    Decke: verhüllen, einwickeln, sich zeigen;

    Tuch: luftig, flatterhaft, verführerisch, anbinden;

    Stock: Verstärkung, Bedrohung, Stütze.

In jedem Kontakt liegt ein Anfang und ein Ende und jeder Kontakt hat eine bestimmte Intensität. Wer nimmt ihn auf, wer gestaltet, wer beendet ihn? Wie steht es mit der Abgrenzung innerhalb eines Kontaktes? Wie ist es mit rollen- und geschlechtsspezifischem Abgrenzungsverhalten?

III. DER LEIB IN SEINEN RELATIONEN

ABGRENZUNGSGESTEN

Geeignet für: Einzelne, Gruppen

Bevor man Abgrenzung im Kontakt, in der Begegnung mit anderen übt, ist es gut, sich zu solidarisieren, das Gemeinsame zu erleben und sich auf diesem Hintergrund gemeinsam und gegenseitig zu erlauben, Abgrenzung zu üben. Abgrenzung steht nämlich bei vielen Menschen in der Nähe zu Ablehnung.

1. Man kann sich im Kreis aufstellen und Abgrenzungsgesten bedenken, die dann von allen aufgenommen und in der Bewegung gestaltet werden: verschiedene Hand- und Armhaltungen vor dem Gesicht, dem Oberkörper, vor dem Unterleib; Gesten des Wegschiebens, Wegschleuderns; Ellbogen nach hinten stoßen, treten...

2. Man kann sich auch gemeinsam – um das Thema zu entschärfen – erst Abgrenzungsgesten von Tieren vorstellen und sie nachahmen, soweit dies möglich ist: Drohgebärden von Affen, Drohlaute, ein Pferd, das ausschlägt, ein Hund, der knurrt und die Zähne bleckt...

(Siehe auch S. 333)

Weiterführung: Die erarbeiteten Abgrenzungsgesten werden dann im Zweierkontakt erprobt und weiterentwickelt.

Nähe und Distanz

Geeignet für: Paare, Gruppen

Zwei TeilnehmerInnen haben zusammen einen Ball. Sie benutzen ihn zum Kontakt und zur Übermittlung von Botschaften über gewünschte Nähe oder Distanz. Ein sanfter oder kurzer Ballwurf bedeutet: komm etwas näher her; ein harter Schuß: geh weiter weg etc.

Spielerisch kann eine Weile in dieser Art durch den ganzen Raum experimentiert werden.

Variation: Dasselbe kann auch ohne Ball, nur über Sprache gemacht werden.

Annäherung und Abgrenzung

Geeignet für: Paare, Gruppen

Zwei TeilnehmerInnen stehen einander gegenüber, weit auseinander. Sie sollen aufeinander zugehen und die gewünschte Distanz herstellen.

Hier drei verschiedene Möglichkeiten:

1. Beide gehen gleichzeitig los, aufeinander zu und diejenige, die den Abstand nicht mehr verringern will, sagt stop, und beide bleiben stehen.

2. Eine bleibt stehen, die andere geht auf sie zu. Die, die steht, gibt das Stop-Signal laut und deutlich, wenn sie den Abstand so halten will.

3. Jede hat einen Stock in der Hand. Sie kann ihn als Verstärkung wie einen Wanderstab benutzen, der ihr Kraft gibt, sie kann ihn aber auch quer vor ihrem Körper halten, wenn der Abstand sich verringert und sie „stop" sagt. (Stock als symbolischer Ausdruck der Abgrenzung)

Wenn „stop" gesagt worden ist, jeweils stehenbleiben und einen Moment nachspüren:

III. DER LEIB IN SEINEN RELATIONEN

Fragen:

Wie ist es, sich so frontal anzunähern?

Ist es schwierig, den „guten", stimmigen Abstand zu erspüren?

Hast du mehr Bedürfnis nach Nähe oder nach Distanz?

Was ist bedrohlich? (zu viel, zu wenig Abstand?)

Wie gelingt das Stop-Sagen?

RAUM GREIFEN – KONTAKT UND ABGRENZUNG

Geeignet für: Paare, Gruppen

Sich selbst wahrnehmen. Grenzen wahrnehmen (Innenraum/ Außenraum), „Intimraum" wahrnehmen (siehe S. 313f).

Zwei TeilnehmerInnen nähern sich einander an. Jede macht ihren „Intimraum" deutlich erkennbar. Mit Bewegungen und Gesten der Hände und Arme entsteht ein Spiel in dem Raum zwischen den beiden. Es beinhaltet Herausforderung, Abweisung, Zusammenspiel, Respekt und Grenzüberschreitung etc. Es geht darum, Raum zu ergreifen, Raum zu verteidigen und Räume in Verbindung zu bringen.

(Siehe „Raum greifen", S. 337)

3.3. Begegnung und Beziehung in Auseinandersetzung

Sich begegnen und In-Beziehung-Stehen sind Aktivitäten von beiden Partnern, die sich in einem Prozeß miteinander befinden. Wenn wir sagen: „Wir *haben* eine Beziehung", könnte man meinen, daß man sich in ihrem „Besitz" in Sicherheit wiegen könne, daß man in einer Haben- Relation zu einem anderen Menschen stehen könne. Vielleicht wäre es treffender zu sagen: „Wir stehen in einer Beziehung zueinander", oder: „Wir beziehen uns aufeinander." Dies würde deutlicher machen, daß der „Stand" in einer Beziehung sich ändern kann: einige Schritte aufeinander zu oder voneinander weg verändern das Gefühl von Nähe, eine leichte Ab-Wendung kann eine Wende in der Beziehung bringen, wenn sie als Ab-Lehnung erlebt wird, Zu-Neigung kann sich in Ab-Neigung verwandeln.

Beziehungen sind dynamische Gebilde, die sich entwickeln, erneuern, verändern. Wenn sie lebendig bleiben wollen, müssen sie das tun. Andernfalls verkümmern sie, erstarren, schlafen ein. Hier geschieht also etwas miteinander und zwischen zwei Menschen. Der „dialogische" Raum der frühen Zwischenleiblichkeit füllt sich mit den Emotionen, Wünschen, Begierden, Gedanken, Hoffnungen und Illusionen der Erwachsenen, die in Beziehungen ineinanderspielen. Auch die Emotionen stehen in Austauschprozessen. Sie kommen häufiger auf, indem zwei unterschiedliche Verhaltensstile aufeinandertreffen oder indem der eine Mensch in dem anderen alte Hoffnungen und Verletzungen anrührt und diese sich in die gegenwärtigen Gefühle und Erfahrungen mischen.

Beziehung und Bindung sind immer dynamisch und immer leiblich: Die naturwüchsige, frühe tragende Verbindung zwischen Mutter (Betreuungsperson) und Kind (siehe Kap. III, 1) erweitert sich in gelingenden Sozialisationen hinein in frei gewählte Beziehungen und bewußt eingegangene Bindungen, in eine emotional tragende Verbindung zwischen Menschen, die einander *Halt* und *Stütze* sind, die *aufeinander zurück-fallen* können, wenn es nottut. Sie *berühren* einander, weil sie im Herzen durch den anderen berührt sind, sie *liegen beieinander* und sie *stehen zueinander*.

Mit solchen Worten kann man die nährende und durchtragende Seite von Beziehungen und Bindungen beschreiben. Die andere Seite wird ebenso leiblich ausgedrückt und erlebt: *zurückstoßen, fallen lassen, sich abwenden...* Hier spricht wieder die Sprache des „Leibwissens", an die die Übungs- und Erlebnisangebote der INTEGRATIVEN BEWEGUNGS- und LEIBTHERAPIE direkt anknüpfen.

Begegnung, Beziehung und Bindung geschieht zwischen zwei Individuen, zwei getrennten Personen, die zueinander kommen, um sich zu spüren, um miteinander ihre Lebendigkeit zu leben und zu entwickeln. Dieses „Einander-Spüren" geschieht sowohl im *Anschmiegen* wie in der *Reibung* aneinander auf allen Ebenen. Im

III. DER LEIB IN SEINEN RELATIONEN

Reiben an den verschiedenen Formen der Grenze wird das Eigene prägnanter, und der andere wird als eigenständiger Partner, ja letztlich auch als fremder Mensch wahrgenommen.

Reibung ist zunächst neutral, sie bringt Kontakt und Auseinandersetzung, und sie kann zuweilen auch hitzig werden. „Reibungswärme" entsteht. Wenn die Reibung sich verstärkt, kann sie übergehen in **Konkurrenz, Aggression** und **Kampf** um die Frage, wer von beiden sich durchsetzt. Wenn in Ko-respondenz, d.h. in Begegnung und Auseinandersetzung, der Respekt und die Würde der Partner gewahrt bleiben, so kann die **Kommunikation** im gegenseitigen Hören und Verstehen von Störungen befreit werden, und man findet zu einem konstruktiven Miteinander und zu **Kooperation**. Gelingt die Verständigung nicht, werden die Möglichkeiten und Grenzen und die Würde des jeweils anderen nicht gesehen und respektiert, so kann die Entwicklung einmal in „Miß-Verständnissen" und beiderseitige Entfernung und Isolation münden, oder sie verfällt zu einseitig ausgeübter **Macht**, die **Manipulation** oder gar **Gewalt** einsetzt, um eigene Ziele, durch die andere benachteiligt werden, zu erreichen.

Dies sind natürlich nur vereinfachte Andeutungen von einigen möglichen Entwicklungen in dem komplexen und dynamischen Spiel von Beziehungen. Sich dieser Prozesse, dieses Spieles bewußter zu werden, die eigenen Vorgehensweisen und „Spielchen" und die eigenen Reaktionsweisen besser zu durchschauen, um schließlich in offener Weise und effektiver zu kommunizieren, ist das Thema dieses Kapitels.

Wir gliedern es in zwei Teile:

1. Erleben des offenen Raumes zwischen beiden Partnern (Spielraum) und der Leibhaftigkeit von Reibung in der Beziehung. Experimentieren mit Kraft, Macht, Durchsetzung und Aggression.

2. Miteinander – gegeneinander – füreinander: Synchronizität, Kooperation und Zusammenspiel.

KONTAKT WIRD ZUR BEGEGNUNG

(Siehe auch S. 319)

Geeignet für: Paare, Gruppen

Zwei Gruppenmitglieder haben einen Ball oder eine Decke. (Variation: 2 Bälle, 2 Decken)

Es gibt keinerlei Anweisung oder Aufgabe. Es gibt nur die beiden Menschen, das Medium (Ball oder Decke), den Freiraum und Zeit.

Sie probieren aus, lassen sich aufeinander ein, spüren, was sich in ihnen abspielt und bringen eigene Impulse „ins Spiel". Wenn die bekannten Dinge (Ballspielen) ausprobiert sind, kann zwischen beiden etwas Neues, Ungeplantes entstehen, das zu einer Begegnung werden kann: Der Ball kann symbolischen Gehalt bekommen und wie eine Kostbarkeit der anderen überreicht werden, oder er kann zu einem Zankapfel werden, um den gestritten wird. Die Decke kann ein Zelt, ein Versteck für beide werden, in dessen Schutz Pakte gegen die „böse" Außenwelt geschmiedet werden. Oder beide können sich mit der Decke zu immer neuen Modekreationen inspirieren lassen und damit in ihren Rollen viel von sich zeigen.

Die Zeit muß lang genug sein, damit der Punkt überschritten wird, wo keine mehr weiß, was „gespielt" werden soll. Das ist meist der Moment, aus dem heraus etwas Neues sich eröffnet, das eventuell aus tieferen Schichten der Persönlichkeit kommt und etwas Authentisches zeigt.

 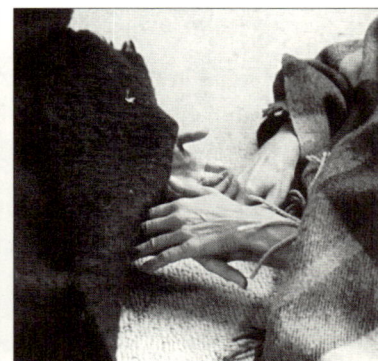

III. DER LEIB IN SEINEN RELATIONEN

Das **Seil** ist in besonderer Weise dazu geeignet, Beziehungs- und Bindungsqualitäten zu verdeutlichen. Es gibt eine Fülle von Worten und Ausdrücken, die diesen Zusammenhang benennen:

Band, Bindung, Verbindung, Entbindung; binden, fesseln, verbinden, anbinden, anknüpfen, lösen, an der langen Leine halten; verknoten, verstricken, verheddern; man kann daran ziehen und zerren... (Gräff 1983; Hausmann 1987; Abresch 1993).

Vieles davon kann man mit dem Seil leibhaftig ausprobieren, um zu erspüren, bei welchen eigenen Erfahrungen oder Verhaltensweisen man im Kontakt unbewußt anknüpft.

Da das Verbundensein, das Bezogensein unsere menschliche Existenzform ist, von der Nabelschnur im Mutterleib an, evoziert das Seil häufig und sehr schnell Emotionen, die zu einem hohen Grad an Involvierung führen können.

Andererseits regt es auch – als bewegliches Medium und als Spielzeug unserer Kindheit (Sei hüpfen, Tauziehen) – den Spieltrieb an, erweckt das „Kind" in seiner Kreativität und Experimentierfreudigkeit.

VER-BIND-UNG 1,2

1. Zwei TeilnehmerInnen stehen einander gegenüber, jede mit ihrem Seil (2.50 m). Sie lassen ihre Seile spielen, sich bewegen, sich schlängeln, sich verheddern. Sie lassen sich vom Medium und von einander inspirieren.

Sie können sich gegenseitig fesseln, sich ziehen, zusammen ein Karussell formen, alle möglichen Arten von Verbindung ausprobieren....

2. Beide TeilnehmerInnen haben zusammen nur *ein* Seil. Es stellt eine Ver-bindung zwischen ihnen her und diese Verbindung stellt sich dar, sichtbar und tastbar in den Bewegungen des Seiles, das jeden Impuls einer Seite ganz direkt der anderen übermittelt.

Hier kann nun die spezielle Verbindung zwischen den PartnerInnen Gestalt gewinnen.

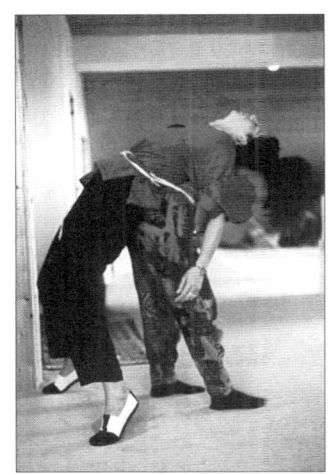

Es kann auch „im Spiel" experimentiert werden mit den Impulsen, die man in seinen Beziehungsrealitäten unterdrückt (z.B. zerren, auf keinen Impuls reagieren, das Seil loslassen...).

KONTAKT-ZONE (MIT SEIL)

(Diagnostisches und therapeutisches Vorgehen im Bezug auf Beziehungsverhalten, entwickelt von *B. Hausmann*. Siehe auch S. 357 und 363.)

Was im vorherigen Angebot sich spontan und frei gestalten konnte, kann man auch langsamer, Schritt für Schritt, sichtbar und nachvollziehbar machen.

Geeignet für: Paare, Gruppen

Zwei TeilnehmerInnen – jede mit einem Seil von etwa 2.50 m Länge – sitzen sich im Abstand von etwa 1.50 m auf dem Boden gegenüber. Jede gestaltet direkt vor sich mit dem Seil eine liegende Form, die ihr im Augenblick entspricht.

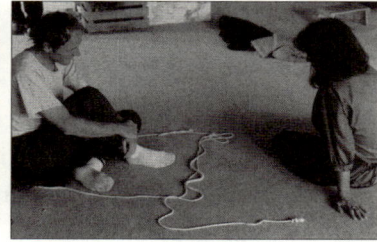

Eine TeilnehmerIn beginnt das Kontaktspiel, indem sie ein Ende oder einen Teil ihres Seiles in den freien Raum, in die Kontaktzone zwischen beiden schiebt. Die andere reagiert entweder spontan oder sie schaut, nimmt wahr, was dieser Zug bei ihr auslöst und antwortet darauf mit einer Bewegung ihres eigenen Seiles. Abwechselnd machen die „SpielerInnen" jede eine Seilbewegung. Der Spielraum zwischen beiden wird gefüllt mit Bewegungen der Annäherung, des Rückzugs, des Vorstoßes, der Abgrenzung, der Berührung, der Umzingelung, der Verknotung...

III. DER LEIB IN SEINEN RELATIONEN

Entweder stoppt die LeiterIn das Experiment nach einer Weile oder die TeilnehmerInnen beenden es selbst, wenn die Dynamik zum Ende gekommen ist.

Danach wird das eigene Verhalten beschrieben, soweit es bewußt geworden ist, und man bekommt von der Partnerin Auskunft darüber, wie sie das Verhalten wahrgenommen hat und umgekehrt.

Ziel:

Das eigene spontane Kontaktverhalten plastisch vor sich sehen (bei offener Anleitung der Übung);

Schritt für Schritt das Resonanzgeschehen (Eindruck und eigene Reaktion) in sich selbst wahrnehmen und gestalten;

Unbewußtes Verhalten in Kontakt und Begegnung offensichtlich werden lassen.

Läßt man diesen Seilkontakt mit verschiedenen PartnerInnen ausprobieren, so kann deutlicher werden, ob es sich um ein durchgängiges Verhaltensmuster handelt (*Beispiel*: Ich als Frau verhalte mich in der Begegnung mit einem Mann immer etwa so.) oder inwieweit das Verhalten etwas mit der jeweiligen Partnerin, also der Art der Beziehung zwischen diesen beiden Menschen, zu tun hat (*Beispiel*: Ich verhalte mich in der Begegnung mit diesem mir schwach erscheinenden Gegenüber so; oder: In der vertrauensvollen Beziehung zu dieser Freundin verhalte ich mich so.).

Weiterarbeit:

1. Eintauchen in die Geschichte im Bezug auf die aufgetauchten Muster: Annäherung, Rückzug, Bemächtigungsverhalten, mangelnde Abgrenzung („Gegen wen durftest du dich nicht abgrenzen?"...).

2. Mit ungewohntem Kontaktverhalten experimentieren. Beispiel: Wenn jemand stark die Szene bestimmt hat, kann sie versuchen, der anderen mehr Raum zu lassen und selbst zu reagieren. Die, die aus Angst vor Nähe und Berührung sich mit dem Seil so durchgeschlängelt hat, kann sich mit ihrer Angst konfrontieren

und Schritt für Schritt bewußt Nähe und Distanz bestimmen und beobachten, was geschieht.

„Seil-schaft"

Zwei Seile werden fest zusammengebunden, und die Partner stehen innerhalb der Seile (Seile in Achselhöhe, Taille, Beine...) und lassen sich aufeinander ein. Sie haben einen gemeinsamen Raum, den sie teilen, gestalten, einander streitig machen können... Sie können sich fortbewegen, aber nur in Kooperation... (Dasselbe kann auch mit geschlossenen Augen ausgeführt werden.)

Fragen:

Was sind die spontan auftauchenden Impulse?

Was wird danach experimentiert?

Themen:

Bindung als Sicherheit, Zweisamkeit, Kooperation, Anpassung, Solidarisierung...; angebunden, eingeengt sein, Fesselung, lockende Freiheit, Wut, Widerstand...

Begegnung der Hände

Die Partner stehen oder sitzen sich mit geschlossenen Augen gegenüber und legen ihre Fingerspitzen, Finger oder Handflächen aneinander (auch offener: Hände ineinanderlegen, zusammenrollen, verflechten). Sie lassen ihre Hände und Arme ohne Anstrengung Bewegungen machen, miteinander kommunizieren, kooperieren, sich auseinandersetzen.

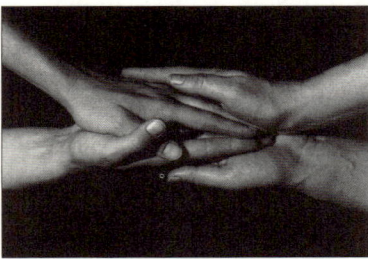 

III. DER LEIB IN SEINEN RELATIONEN

RÜCKEN-SPRACHE

Geeignet für: Paare, Gruppen

Die PartnerInnen sitzen Rücken an Rücken auf dem Boden, die Augen sind geschlossen. Sie spüren den eigenen Rücken und den Rücken der anderen und lassen Rückenfühlung und Bewegungen entstehen. Auf diese Weise kommt es allmählich zu einem Dialog, der auch Reibung und Auseinandersetzung beinhalten kann (siehe auch S. 335 und 344).

FUSS-DIALOG

Geeignet für: Paare, Gruppen

Die PartnerInnen liegen auf dem Rücken, eine in der Verlängerung der anderen. Die Füße berühren sich. Die Augen sind geschlossen.

Diesmal sind es die Füße, die wahrnehmen, spüren, Impulsen Ausdruck geben, dialogisieren, kämpfen...

Variation: Im Stehen, Füße begegnen sich.

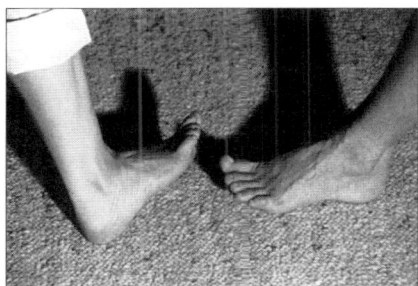

BLIND GEHEN – TASTEN – BERÜHREN

Geeignet für: Paare, Gruppen

Alle TeilnehmerInnen gehen mit geschlossenen Augen im Raum umher. Wenn durch zufälliges Berühren ein Kontakt entsteht, bleiben sie erst einmal stehen, erspüren die Ausstrahlung der anderen, nähern sich und berühren sich mit einzelnen Körperteilen (Hand auf Rücken, Kopf auf Schulter, Rücken an Rücken). So entsteht ein vorsichtig tastendes Entdecken.

Achtung: Diese Übung sollte nur mit TeilnehmerInnen durchgeführt werden, die einander schon vertraut sind!

Mit der direkten Berührung, der Fühlung, der Reibung, sind wir wieder an dem sensiblen Grenzorgan Haut und damit bei den *Themen:* Angst, Lust, Zärtlichkeit, Erotik, Sexualität, Geborgenheit, Macht, Manipulation, Grenzüberschreitung, Tabu, unerfüllte Sehnsüchte...

Konkurrenz

Geeignet für: Paare, Gruppen

Ausgangsposition: paarweise

Beide stehen voreinander und bekommen die Aufgabe zu hüpfen. Sie sollen sich dabei gegenseitig anschauen und das eigene Verhalten dabei erleben im Vergleich (sportlicher, besser, höher...).

Dann sollen sie hüpfen, ohne Vergleich, so wie es für jede selbst gut und stimmig ist und Spaß macht.

Dann können sie noch eigene Arten des Hüpfens erfinden, nur für sich selbst und trotzdem die andere dabei sehen.

Variation: Auch in der Gruppe: Alle hüpfen, balancieren etc. und konkurrieren.

Verhaltensmuster: Solidarisierung mit Gleichen, Herausragen-Wollen, sich zurücknehmen, sich verweigern, sich ärgern, wenn andere besser sind... Geschwisterrivalität, Schule, Konkurrenzgesellschaft...

Manipulation

Jeder möchte die Welt im kleinen und im großen gerne so haben, wie er es sich vorstellt. In unserem Verhalten und in unseren

III. DER LEIB IN SEINEN RELATIONEN

Handlungen ist deshalb vielfach unbewußt oder bewußt Manipulation oder der Versuch dazu enthalten. Hier soll in einer ganz vereinfachten Übung die Erlaubnis zur Manipulation gegeben werden:

Ausgangsposition: zwei PartnerInnen, ein Stock

Eine soll führen, die andere reagieren. Jede faßt den Stock an einem Ende. Die „FührerIn" dirigiert, schiebt oder zieht die andere und gibt – ohne Worte – über den Stock an, wie und wohin die Reise geht (vorwärts, seitwärts, auf einen Stuhl, in die Knie...).

Die andere kann ihren Spielraum an Reaktionen austesten: folgen, kooperieren, stören, passiven Widerstand leisten, die geheime Führung übernehmen, in den Kampf gehen...

KRAFT

Geeignet für: Paare, Gruppen

Partnerarbeit

1. Jede soll sich zunächst einzeln besinnen, wo und wie sie sich kräftig fühlt und diese Kraft auch in sich spüren. Dann gibt es keine andere Anweisung als die: Macht zusammen etwas mit eurer Kraft, setzt sie aber sorgsam ein.

Entsteht ein kraftvolles Zusammenspiel, wo eine die andere auf die Schulter nimmt? Werden Drohgebärden gezeigt oder zum Kampf eingeladen? Oder gehen zwei Furien aufeinander los?

2. Die PartnerInnen verwandeln sich in Tiere, erspüren, worin deren spezielle Kraft liegt und spielen sie mit und gegen die andere aus.

Wird es das Spiel junger Hunde, eine zärtliche Balgerei? Oder liegt die Kraft einfach in der gelassenen Überlegenheit eines Löwen?

3. Die PartnerInnen stehen einander gegenüber in einigem Abstand. Jede hält erst die Hände auf ihren Bauch und wandert

mit ihrer Stimme durch ihren eigenen Resonanzraum. Sie experimentiert dort mit leisen und kraftvollen Tönen. Allmählich kommt sie mit ihren Tönen mehr nach außen, schickt sie zu der PartnerIn hin und läßt sich mit der Kraft ihrer Stimme hören.

Die andere tut dasselbe, so daß ein Dialog der Kraft entstehen kann. Es ist wichtig, daß die Kraft des Tons aus dem Bauchraum kommt und nicht aus einer angespannten, überanstrengten Kehle.

Kampf

Geeignet für: Paare, Gruppen

Ein begrenzter Raum ist mit Matten ausgelegt. Zwei PartnerInnen knien darauf. Ihre Aufgabe ist es, zu rangeln, zu kämpfen und zu versuchen, die Partnerin mit den Schultern auf die Matte zu bringen. Atem und Stimme sollen mit im Sinne der Kraft eingesetzt werden.

Vorher wird ein bestimmtes Wort vereinbart. Wenn dieses von einer der beiden gesagt wird, muß sofort aufgehört werden.

Sind beide PartnerInnen in ihrer Kraft zu ungleich, kann man sich Regeln ausdenken, z.B. der Stärkere muß eine Hand in der Hosentasche oder hinter dem Rücken halten und darf nur mit einer Hand kämpfen.

Da Frauen oft in den Beinen stärker sind als in den Armen, kann es einen Ringkampf geben, in dem es darum geht, seine Kräfte einzusetzen.

Schulterkampf

Beide stehen einander aufrecht oder im Vierfüßlerstand gegenüber. Sie erproben und verbessern ihre Standfestigkeit, erproben die Beweglichkeit in Beinen und Wirbelsäule.

Dann nähern sie sich einander an, um sich gegenseitig mit ihren Schultern wegzudrücken.

Auch hier: Stimme mit einsetzen.

III. DER LEIB IN SEINEN RELATIONEN

RÜCKEN GEGEN RÜCKEN

Beide stehen oder sitzen Rücken an Rücken. In der Reibung aneinander erspüren sie Beweglichkeit und Kraft des Rückens.

Dann geht es darum, die andere wegzuschieben. Stimme mit einsetzen.

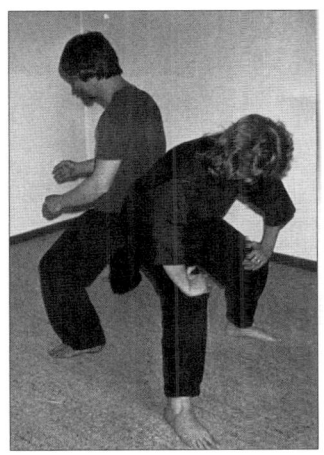

Der **Einsatz von Kraft** wird häufig mit Aggression gleichgesetzt. Um sich dem Thema anzunähern und die innere Situation (z.B. Gewalterfahrung) der TeilnehmerInnen zu erkunden, kann man sie bitten, Bilder zu benennen, die ihnen zu den folgenden Begriffen einfallen: *Kraft – Durchsetzung – Kampf – Aggression*.

In einem Gespräch hierüber wird bereits deutlich, wie sehr die Grenzen fließend sind je nach Geschichte, Erfahrung und Bewertung der TeilnehmerInnen. Innere Botschaften, Tabus, Verbote beleuchten die Ängste, die oft zugleich mit diesem Thema spürbar werden. Deshalb ist es wichtig, das Thema „Kraft" mit positiven Gefühlen von Lebenskraft, von Stärke und Lust zu verbinden und sie von destruktiver Aggression abzukoppeln.

Das Thema „Kampf" kann man zunächst im freien Experiment gestalten, in dem nur der Rahmen gegeben ist, der einem ermöglicht, sich und die eigene Art zu kämpfen zu erforschen.

Bewußtmachende Fragen:

Hattest du Angst vor deiner Kraft? Oder der der anderen?

Hast du wirklich gekämpft, deine ganze Kraft eingesetzt?

War es Spiel, Ernst? Ging eines ins andere über?

Hast du dich kraftvoll, wütend, aggressiv gefühlt?

Ging es um Krafteinsatz, gewinnen oder vernichten?

Wie hast du gekämpft: starr, rücksichtslos, blind, ohne Gefühl für die andere? Oder flexibel, unterstützt durch die Kraft des Atems?

Was hast du sonst noch mit dir erlebt?

Wenn deutlich geworden ist, wie der Krafteinsatz und das Kampfverhalten ist, kann gezielt eine „bessere" Art des Kämpfens geübt werden:

Krafteinsatz mit Atem und Stimme;

Flexibles Vorgehen im Kontakt mit der eigenen Kraft und der der anderen;

Sammlung – Krafteinsatz – Erholungspause...

Die Rückmeldung der Kampfpartnerin sollte der eigenen Wahrnehmung und dem Selbsterleben gegenübergestellt werden. Da die Themen Stärke, Kampf, Macht, Konkurrenz, Aggression im Leben im Verborgenen zum Tragen kommen, bleibt das eigene Verhalten auf diesem Gebiet ebenfalls oft im Dunkeln, so daß Selbst- und Fremdwahrnehmung oft auseinanderklaffen.

Krafteinsatz und Kampf sollte mit verschiedenen Partnern (Männern wie Frauen) ausprobiert werden, da hierin spezielle *Themen* auftauchen:

„Geschlechterkampf"; Schonungsbedürftigkeit der Frau; nicht weh tun dürfen; „das schwache Geschlecht"; Unterlegenheit, Schwäche.

Rollenspezifisches Verhalten und Übertragungen können herausgearbeitet werden. („Meine Mutter wurde immer depressiv, wenn ich mich mit ihr auseinandersetzen wollte.")

AGGRESSION

Aggressionen gehören zu den „verbotenen", unerwünschten Gefühlen. Sie werden häufig bei anderen Menschen beklagt und an sich selbst nicht oder nur wenig wahrgenommen. Oft ist es gut, sich und anderen bewußt zu machen, daß ein aggressives Verhalten Teil unseres Lebens ist, beginnend beim Schlachten von Tieren für unsere Nahrung, über die aggressive Abwertung der Meinung anderer Menschen bis zur versteckten Selbstaggression in der Verweigerung von Nahrung oder im übermäßigen Essen.

III. DER LEIB IN SEINEN RELATIONEN

Man kann sich dem Thema annähern, indem man Bilder für aggressives Verhalten beschreiben läßt, oder die TeilnehmerInnen ihr eigenes aggressives Potential einschätzen und Formen von Aggression, die sie an sich selbst kennen, oder die, vor denen sie besonders Angst oder Abscheu haben, benennen läßt.

Um sich dem Thema dann leibhaft zu nähern, kann ausprobiert werden, mit einem Tennisschläger auf ein großes Kissen zu schlagen, oder: auf den Knien sitzend (vor einem großen Kissen) richtet man sich auf, hebt beide Arme und schlägt auf das Kissen ein. Die Bewegung soll aus dem unteren Kreuz und den Schultern kommen.

Oder: Eine Matratze lehnt an der Wand, man bearbeitet sie mit Fäusten, Ellbogen, Knien etc.

Schlag- und Tretbewegungen aktivieren häufig im Leibe eingeschriebene Gewalterfahrungen, ganz gleich, ob sie selbst erlitten sind oder mit angeschaut werden mußten. Hier ist also ein schneller Zugang zu diesen Themen möglich, die aber einer sachkundigen Begleitung und sorgfältiger Aufarbeitung bedürfen.

RAUM GREIFEN

Geeignet für: Paare, Gruppen

Ausgangsposition: Paare

Hinführung: Sich der Hände bewußt werden und sie in Greifbewegungen ausprobieren.

Dann die Arme dazunehmen und immer größere, ausladendere Bewegungen des Nehmens, sich Holens, Umfassens machen. Der Stand soll fest sein, so daß schließlich der ganze Oberkörper eingesetzt werden kann, um sich raumgreifend etwas zu holen (vorne, oben, seitwärts; langsam, genüßlich, plötzlich zupackend...).

Nun bewegen sich die TeilnehmerInnen mit diesen Bewegungen durch den Raum. Wenn zwei einander begegnen, können sie beide den Raum zwischen sich beanspruchen und darum kämpfen oder nicht.

Aufkommende Themen:

Ich habe gedacht, ich komme zu kurz, aber es ist ja Raum da.

Ich muß zugreifen, um etwas zu bekommen.

Mir wird etwas weggenommen, ich gehe leer aus.

Opfer – Täter (Ich bin in beiden Rollen).

„Bitte nach Ihnen" (Höflichkeit, Bescheidenheit).

Angst vor eigenen Aggressionen (zupackender Aktivität).

Wenn ich etwas haben will, bekommt jemand anderes weniger.

Verbot, Schuldproblematik.

DURCHSETZUNG: „ICH WILL, DASS DU IN DIE ANDERE ECKE DES RAUMES GEHST"

Es wird in Paaren gearbeitet. Die eine TeilnehmerIn bekommt die Anweisung, daß sie die andere mit Worten und Taten von einer Ecke des Raumes in die andere bringen soll. Die andere kann frei reagieren.

Auch hier wird wieder das ganze Spektrum von Kooperation und Widerstand, von Krafteinsatz und Kampf verbal sowie aktional, handgreiflich deutlich.

KONFRONTATION

(Aufeinanderzugehen und den eigenen Weg verfolgen)

Zwei PartnerInnen stehen einander gegenüber, weit auseinander. Sie sollen beide geradeaus gehen. Das heißt, daß sie an einem Punkt aufeinandertreffen werden.

Was geschieht an diesem Punkt oder schon im Vorfeld? Wer stockt, wer weicht aus, wer setzt sich durch? Oder gibt es eine Konfrontation. Wie verläuft sie?

Der innere Prozeß, der abläuft und die selbstverständlichen *unbewußten Verhaltensmuster*, die sich zeigen, sind vielfältig:

III. DER LEIB IN SEINEN RELATIONEN

Ausweichen, sich zurücknehmen, Angst vor Konfrontation; Sturheit, Aggression, Selbstbewußtsein, Kampfgeist...

Variationen:

Zwei Frauen miteinander.
Zwei Männer miteinander.
Ein Mann und eine Frau.

Geschlechtsspezifische Reaktionen und Rollenverhalten werden deutlich.

„PÄCKCHEN PACKEN"

Geeignet für: Paare, Gruppen

Ausgangsposition: zwei PartnerInnen, eine aktiv, eine passiv, später Rollentausch

Die Passive liegt auf dem Boden. Die Aktive hat die Aufgabe, die Liegende langsam, Körperteil für Körperteil, zusammenzufalten, so daß sie am Schluß so klein wie möglich daliegt.

Nach einer Weile beginnt der umgekehrte Prozeß. Die Liegende wird langsam wieder entfaltet, bis sie in ihrer vollen Größe ausgestreckt ist.

Man kann dieses Falten und Entfalten auf vorsichtige, liebevolle Weise tun, dann kommen *Themen* wie:

Vertrauensvoll mit sich machen lassen;
Nicht selber aktiv sein müssen, ausruhen dürfen;
Enge – Weite.

Wird der Vorgang des Packens und Entfaltens schneller, gröber, wenig einfühlsam vollzogen, kommen im Erleben folgende *Themen* auf:

Manipuliert, objektiviert werden;

Benutzt, mißbraucht werden;

Machtlosigkeit, Hilflosigkeit, Wut.

Vorsicht ist geboten, da in dieser direkten leiblichen Manipulation alte Erfahrungen heftig aufbrechen können.

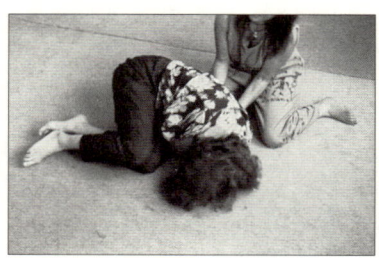 

Weiterführung: In einem 2. Schritt kann man das Erlebnisangebot wiederholen, aber mit der Anweisung, daß die Passive nicht passiv zu bleiben braucht.

Setzt sie sich zur Wehr und wird die eigene Kraft dabei entdeckt, so können alte Erfahrungen von Wehr- und Hilflosigkeit durchbrochen werden.

3.4. Das Zusammenspiel: miteinander – gegeneinander – füreinander

MARIONETTE

Geeignet für: Paare, Gruppen

Ausgangsposition: Paare, „Marionette" und „Marionettenspieler". Die „Marionette" sitzt, steht oder liegt.

Die „Marionette" schaut auf die Hände des „Marionettenspielers". Diese fassen die unsichtbaren Fäden, die an den Gelenken in etwa 20 cm Entfernung befestigt sind und führen über sie die Arme, Beine, Schultern, Kopf, Ellbogen etc. zu Bewegungen. Es ist dem Marionettenspieler überlassen, was er seine Marionette tun lassen will (aus dem Liegen, Sitzen aufstehen, gehen, drehen, hampeln, beugen, Kopf nicken, verneigen...).

Als *Vorübung*, bei weniger Geübten zum Kennenlernen der Bewegungsmöglichkeiten der Gelenke oder als *Variation*, kann ein Tuch am Handgelenk befestigt werden, und die Marionette läßt sich nun passiv bewegen.

III. DER LEIB IN SEINEN RELATIONEN 341

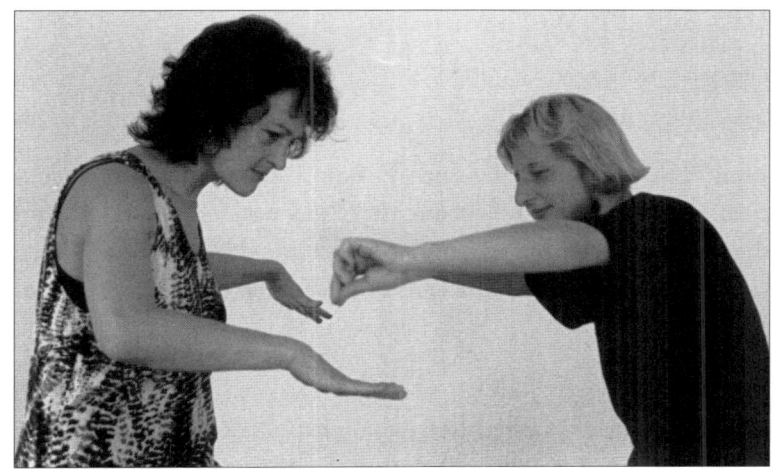

Weiterführung: Die Marionette geht in den Widerstand, beginnt eigene Bewegungen auszuführen und sich zu verselbständigen. Nach einer Phase des Zerrens und der Unklarheit der Rollen übernimmt die Marionette die Führungsrolle, und der Spieler wird zur Marionette.

BILDHAUER

Geeignet für: Paare, Gruppen

Ausgangsposition: Paare. Bildhauer und „Material"

Der Bildhauer formt aus dem „Material" eine Statue, eine Skulptur in einer Haltung, die er bestimmt. Dabei experimentiert er mit den Ausdrucksmöglichkeiten seines Materials: Demutshaltung, Speerwerfer, Denker, königliche Haltung...

Er kann sich aus seiner eigenen Phantasie speisen oder sich durch sein „Material" inspirieren lassen. Meist geht beides zusammen.

Zusatz: Die „Statue" sagt spontan ein Wort, einen Satz aus der Haltung heraus, die sie gerade innehat.

Themenkreis: Aktiv – passiv, sich führen lassen, Hingabe, Führung, Zusammenspiel, Widerstand, Manipulation, „Ich gestalte dich nach meinem Bild"...

HALT, STÜTZE IN WECHSELSEITIGKEIT

Geeignet für: Paare, Gruppen

Ausgangsposition: Paare

Eine PartnerIn stützt die andere: Beide stehen einander gegenüber. Die Stützende streckt ihre Arme aus und legt die Hände auf die Schlüsselbeine der anderen. Diese lehnt sich gegen die Hände (ohne in der Taille abzuknicken) und läßt sich eine Weile stützen.

Variation 1:

Die PartnerInnen stehen hintereinander. Die Stützende legt die Hände auf die Schulterblätter, und die Vordere lehnt sich nach hinten gegen die stützenden Hände.

Es wird gewechselt zwischen Anlehnung und sehr bewußt auf eigenen Füßen stehen.

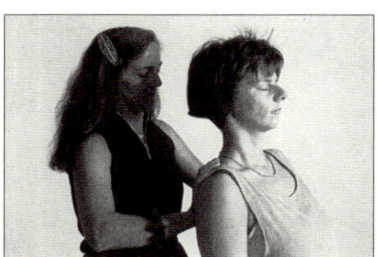 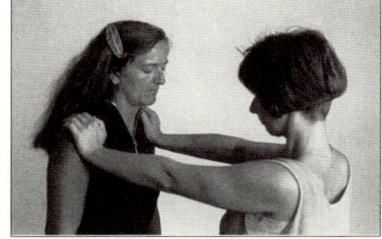

Variation 2:

Die PartnerInnen stehen sich gegenüber und strecken ihre Arme aus. Sie legen die Handflächen aneinander und gehen langsam mit den Füßen zurück, bis sie in Schräglage stehen. Sie suchen sich den richtigen Abstand und die richtige Schräglage, bis sie das Gefühl haben, daß sie im Gleichgewicht sind.

Dann können sie ihr Gewicht verlagern. Eine winkelt langsam die Arme an, bewegt sich etwas mehr in Richtung Senkrechte, während die andere noch mehr in die Schräglage kommt. Jetzt streckt die andere wieder langsam die Arme aus, bis sich beide mit gestreckten Armen im Gleichgewicht halten und dann die andere die Arme langsam anwinkelt.

III. DER LEIB IN SEINEN RELATIONEN

Themenkreis:

Halt, Anlehnung, Anlehnungsbedürftigkeit, Halt und Eigenständigkeit, Abhängigkeit, Autonomie, Zusammenspiel, füreinander dasein...

MITEINANDER – GEGENEINANDER – FÜREINANDER

Geeignet für: Paare, Gruppen

Miteinander: Die beiden PartnerInnen suchen sich eine Haltung oder Bewegung, mit der sie sich beide gleichzeitig stützen oder halten, z.B. Rückenstütze (siehe Halt, Stütze), oder sie ergreifen sich an den Handgelenken (oder halten ein Seil zwischen sich) und lehnen sich gleichzeitig hinten über.

Gegeneinander: Dann suchen sie sich eine Bewegung, Haltung, in der sie Kräfte messen, z.B.: Hände gegeneinander und sich wegschieben.

Füreinander: Anschließend haben sie die Aufgabe, wechselweise etwas in der Berührung füreinander zu tun, wobei die eine sich ganz passiv überlassen kann, z.B.: Arme, Beine, Kopf passiv bewegen oder halten lassen.

Die hier zugrundeliegende Erfahrung ist die, daß durch das Erleben von Kooperation und offenem Krafteinsatz Vertrauen wächst, das Hingabe möglich macht.

RÜCKEN MITEINANDER

Geeignet für: Paare, Gruppen

Ausgangsposition: PartnerInnen stehen Rücken an Rücken

Laßt eure Rücken sich gegeneinander und aneinander bewegen.

Ertastet so die Formen des eigenen und des anderen Rückens: Weiches, Hartes, Rundes, Eckiges...

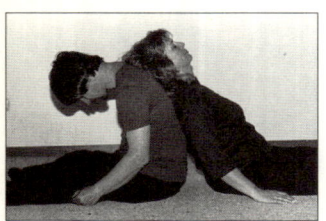

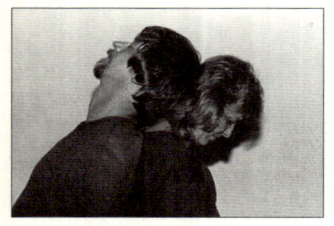

Experimentiert mit der Beweglichkeit des Rückens: Schultern, Wirbelsäule, Kreuzbein, Becken...

Experimentiert mit verschiedenen Formen des Kontaktes: drücken, reiben, rollen, streicheln...

Gebraucht den Rücken abwechselnd als Instrument der Abgrenzung und als Instrument des Kontaktes.

Wenn ihr Grenze, Kraft und Vertrauen gespürt habt, setzt euch Rücken an Rücken.

Sucht angelehnt aneinander Ruhe.

Haltet euch miteinander im Gleichgewicht, atmet fließend.

Ladet nun abwechselnd euer eigenes Gewicht der anderen auf den Rücken.

Dem Atem in beiden Positionen Raum geben, loslassen.

Erfühlt, was es bedeutet zu tragen.

Erfühlt, was es bedeutet, sich einem anderen Menschen aufzuladen.

Wenn ihr beide Positionen genug erfahren habt, löst euch langsam voneinander.

Aktiv – passiv – gemeinsam

Geeignet für: Paare, Gruppen

Ausgangsposition: Paare, aktive und passive Rolle

Die PartnerInnen stehen oder knien sich gegenüber und legen die Handflächen aneinander. Die Augen sind geschlosssen. Nach Musik beginnt nun die führende PartnerIn die Hände in Bewegung zu bringen. Die andere schwingt sich ein, so daß gemeinsame Bewegungen entstehen. Dieses Spiel der Hände kann sich eine Zeitlang entwickeln.

Nachdem durch Rollenwechsel auch die andere die Führung übernehmen konnte, wird in einer dritten Sequenz die Rollenverteilung aufgehoben. Je nach Dynamik der Paare entstehen

III. DER LEIB IN SEINEN RELATIONEN

gemeinsame, synchrone Bewegungen, gleitender Führungswechsel ohne Absprache oder auch Beibehaltung fester Rollen.

Variationen:

1. Die Hände werden in einem Abstand von etwa 5 cm bewegt. Die Einstimmung geschieht dann aus der Beobachtung und der Resonanz.

2. Der direkte Kontakt der Hände hat etwas Intimes, daher ist es gut, in Gruppen mit Menschen, die einander nicht vertraut sind oder für die diese Nähe schwierig ist, ein Medium zwischen die Hände zu geben. Es bieten sich an: Luftballon, Tennisball, Gymnastikball.

3. Gemeinsame Bewegung mit einem dünnen Bambusstab (etwa 1,20 m). Jede hält den Stab mit einem Zeige- oder Ringfinger. Nur mit einem gewissen Druck gelingt es, den Stab vor dem Fallen zu bewahren. Die Bewegungsimpulse gehen nun über das Fingerspitzengefühl durch den Stab hindurch.

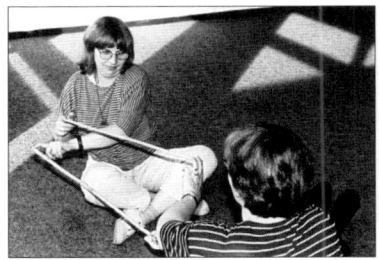 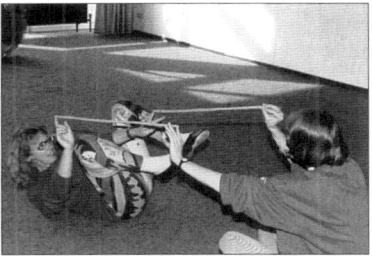

ZWEI BEWEGUNGEN VERÄNDERN SICH IN DER BEGEGNUNG

Geeignet für: Paare, Gruppen

Bewegen Sie sich frei im Raum. Finden Sie eine Bewegung (aus der momentanen Stimmung, aus einem Bedürfnis, aus einem mitgebrachten Gefühl heraus) und experimentieren Sie eine Weile damit.

Suchen Sie sich eine PartnerIn und zeigen Sie sich gegenseitig Ihre Bewegungen. (Beide bleiben dabei ständig in Bewegung). Bleiben

Sie bei Ihrer eigenen Bewegung! – Lösen Sie sich wieder voneinander und begegnen Sie auf diese Weise noch zwei anderen TeilnehmerInnen.

Wenn Sie beim nächsten Mal jemandem begegnen, können sich die beiden Bewegungen einander annähern und gemeinsam in etwas Neues verwandelt werden, das durch beide gestaltet ist.

MITEINANDER ATMEN

Geeignet für: Paare, Gruppen

Die PartnerInnen sitzen Rücken an Rücken (auf Hockern oder auf dem Boden) und stellen Kontakt her zwischen dem eigenen Rücken und dem der anderen.

Nehmen Sie wahr, wie der Ein- und Ausatem Ihren Brust- und Bauchraum weitet und wie er sich wieder verengt – bei Ihnen selbst und auch bei der Partnerin.

Versuchen Sie nun beide, die Ein- und Ausatmung so aufeinander abzustimmen, daß sie miteinander, aber im Wechsel geschieht. (Wenn die eine ausatmet, atmet die andere ein, möglichst hörbar.)

Sie können dies durch eine gemeinsame Bewegung unterstützen: Die Ausatmende läßt sich nach vorn sinken (Kopf in Richtung Knie), gleichzeitig läßt sich die Einatmende nach hinten sinken und legt sich auf dem Rücken der anderen ab. Der Rückenkontakt bleibt immer erhalten. Mit der Einatmung richtet sich die eine Partnerin nun wieder auf und legt sich auf den Rücken der anderen ab, während diese im Zusammensinken ausatmet. So entsteht ein gemeinsames Atmen.

SYNCHRONIZITÄT, ZUSAMMENSPIEL

Geeignet für: Paare, Gruppen

Ausgangsposition: Paare

Beide PartnerInnen stellen sich nebeneinander und klemmen sich einen Ball zwischen ihre Oberarme. Sie sollen nun mit dem Ball

III. DER LEIB IN SEINEN RELATIONEN

zwischen sich von ihrem Ausgangspunkt A zu einem Punkt B im Raum kommen.

Variationen:

1. Der Ball klemmt zwischen den Hüften oder zwischen den Beinen der beiden PartnerInnen.

Man kann dies auch als Wettspiel gestalten: verschiedene Paare starten gleichzeitig. Wer ist zuerst im Ziel, ohne den Ball verloren zu haben?

2. Zwei PartnerInnen stehen nebeneinander und berühren sich von der Schulter bis zum Handgelenk.

Die Aufgabe ist nun, sich gemeinsam so synchron wie möglich, ohne verbale Verständigung durch den Raum zu bewegen.

Es ist gut, sich erst bei einfachem Gehen aufeinander einzustimmen, bevor dann das Tempo verändert werden kann, bevor gemeinsame Richtungsänderungen, Drehungen und Wendungen entstehen können.

Ziel: Einspüren, Empathie, Übereinstimmung, Kooperation

GEBEN UND NEHMEN IN GEGENSEITIGKEIT

Alle stehen verteilt im Raum und konzentrieren sich auf ihre Atembewegung. Sie werden sich bewußt, daß Atemholen ein Nehmen und Bekommen ist und koppeln das Einatmen mit einer Geste des Empfangens und zu sich Heranholens.

Ausatmen ist abgeben. Sie werden sich dessen bewußt und koppeln das Ausatmen mit einer Geste des Abgebens. Wenn Atem und Geste zu einer Einheit zusammengewachsen sind, gehen sie in den Raum und begegnen einander.

Jeweils zwei bleiben voreinander stehen und lassen in diesen Gesten des Gebens und Nehmens etwas zwischen sich entstehen. Es kann sein, daß ihre Atembewegung synchron wird und sozusagen ein gemeinsamer „Atemraum" zwischen ihnen entsteht, in den beide hineingeben und aus dem beide schöpfen.

Es kann auch sein, daß sie wechselweise den Akzent darauf legen, aus dem zu schöpfen, was die andere gibt oder zu geben, woraus die andere schöpfen kann.

Dies kann zu einer tiefen Erfahrung werden, wenn in der Vorstellung auf dem Strom des Atems auch Wohlwollen, Zuwendung, gute Wünsche hin und herfließen (z.B. in einer Abschiedssituation).

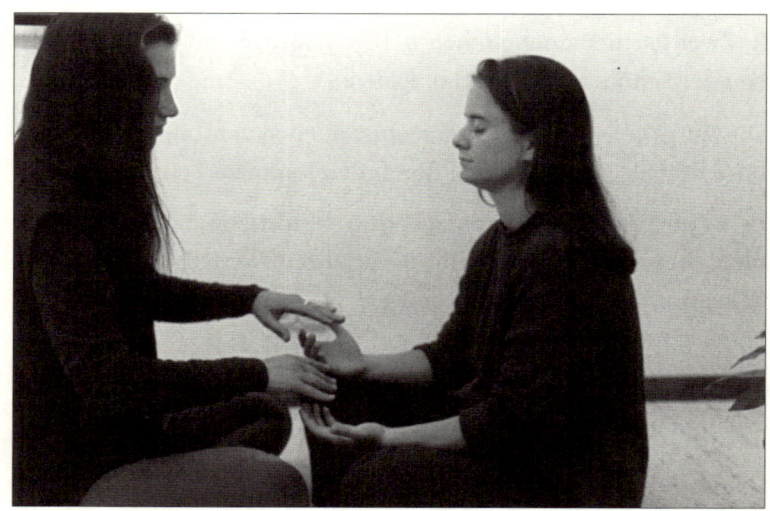

Füreinander

Zwei PartnerInnen sitzen einander gegenüber. Sie schauen einander an, und die eine beschreibt aus einer wohlwollenden Haltung heraus was sie sieht, wenn sie die andere anschaut.

Dann wird der sprachliche Ausdruck verlassen und diejenige, die gesprochen hat, baut mit ihrem eigenen Körper (und/oder vielleicht mit einem Stuhl, einer Decke) einen Schutzraum, ein „Haus" für die andere. Dies soll aus ihrer inneren Resonanz heraus geschehen.

Rollentausch.

III. DER LEIB IN SEINEN RELATIONEN

GEMEINSAMKEIT – EIGENSTÄNDIGKEIT

Geeignet für: Paare, Gruppen

Jeweils zwei TeilnehmerInnen befinden sich in einer gemeinsamen Bewegung. Sie lassen sich aufeinander ein und gestalten gemeinsam (mit oder ohne Musik).

Die Aufgabe ist nun, daß ein Wechsel entsteht zwischen Gemeinsamkeit und Eigenständigkeit. Jede beschließt eigenständig, wann sie den Kontakt beenden will, tut dies, um sich allein weiterzubewegen, bevor sie in eine neue Gemeinsamkeit eintritt.

4. Ich und die anderen
Leben in sozialen Bezügen

Das erwachsene Individuum steht nicht nur einzelnen anderen, dem Mitsubjekt, dem Du, gegenüber, sondern darüber hinaus gehört es mit all seinen Kontakten und Beziehungen in soziale Kontexte hinein. Diese sind selbstgewählt (Verein, Partei, Religionsgemeinschaft) und bereits vorgefunden (Stadtviertel, Arbeitnehmerschaft, Staat). Diese Kontexte sind bewegliche, sich verändernde Gebilde, und der Einzelne bewegt sich in ihnen und mit ihnen und gestaltet ihre Bewegung mit. Lebenslang steht der Mensch in einem Wechselspiel mit diesem seinem Kontext, seinem engeren und weiteren Umfeld. Er gestaltet mit, selbst wenn ihm dieses nicht bewußt ist. Wir wissen: Nichtwähler sind auch Wähler, und Mitläufer halten die Mächtigen an der Macht. Auch die Mutter, die den Mißbrauch ihrer Tochter „nicht sieht", gestaltet das Drama mit. Alle Menschen sind Teil ihres Umfeldes, sie nehmen wahr, welche Möglichkeiten dieses bietet und sie spielen darauf ein, als Mitspieler oder als Gegenspieler. Jeder hat seine Mitwirkungsmöglichkeit und -art, und niemand entkommt letztlich der Verantwortung. Die Menschen haben die Möglichkeit zu erkennen, was zu tun notwendig ist, und sie können in Ko-respondenzprozessen zu Kon-sensen kommen und sich in Ko-operativen und „Bewegungen" zusammenschließen, um effektiver wirken zu können (**affordance** und **effectivity**). Dieses Bewußtsein, diese ko-kreative Kraft, gilt es zu stärken, damit die Lebensgemeinschaften (Familie, Staat...), die den Menschen tragen, auch von ihm als positiver Lebensraum gestaltet werden.

Wenn es nun um „Ich und die anderen", die Gemeinschaft, die Gesellschaft geht, steht man im Spannungsfeld von Individuum und Gruppe. Beide können einander befruchten, aber auch in Konkurrenz zueinander treten, oder das Individuum kann von der Gemeinschaft untergeordnet und gleichgeschaltet werden.

Diesem Spannungsfeld wenden wir uns in diesem Kapitel zu.

III. DER LEIB IN SEINEN RELATIONEN

Wir gliedern es in:

1. Individuen miteinander
2. Individuen formen und gestalten die Gruppe (Synergie)
3. Verhältnisse in der Gruppe
4. Zwei Gruppen (Kooperation, Spiel, Kampf)
5. Gruppe und Individuum

4.1. Individuen miteinander

Gruppen entstehen manchmal spontan (um ein gemeinsames Thema mit einer gemeinsamen Zielrichtung, etwa politischer Art) oder sie werden durch Initiatoren oder Organisationen geplant und gezielt ins Leben gerufen. Bei allen gemeinsamen Interessen und aller verbindenden Zielsetzung muß sich dann aber erweisen, ob wirklich etwas Gemeinsames, Tragendes entsteht oder ob die Unterschiedenheit doch so viel größer ist als die Verbundenheit. Wir wenden uns zunächst einmal einer Situation zu, in der das Ziel nicht deutlich Gruppenbildung ist, sondern in der eine Anzahl von Individuen mehr oder weniger freiwillig zusammengebracht worden ist. Es gilt zu erleben und bewußt werden zu lassen, was geschieht, wenn mehrere Individuen sich in einem gemeinsamen Raum (real und im übertragenen Sinne) begegnen, ohne daß sie schon gemeinsame Interessen oder gar eine gemeinsame Geschichte hätten.

DEN FREIEN RAUM IN DER MITTE FÜLLEN

Alle TeilnehmerInnen stehen angelehnt an den Wänden des Raumes. Der Raum selbst ist frei.

Zunächst konzentriert sich jede auf sich selbst. Sie kann sich bewußt anlehnen, die Wand im Rücken als Stütze erfahren. Vom eigenen Platz aus soll der freie Raum wahrgenommen werden als Raum, der für alle da ist, den alle gestalten können.

Eine nach der anderen – jeweils mit Zeit dazwischen – geht nun in diesen zunächst freien Raum hinein und stellt, setzt, legt sich so, wie es für sie in diesem Moment angemessen erscheint. Die ersten beziehen sich in erster Linie auf den Raum. Die nächsten haben schon einen bevölkerten Raum vor sich und beziehen sich auf den Raum und die anderen.

Es entsteht ein gefüllter, strukturierter Raum. Wenn sich alle im Raum befinden, schauen sie sich um und nehmen sich in dieser Gruppengestaltung wahr.

Fragen dazu:

Wie fühlst du dich in dem entstandenen Gefüge?

Haben sich dir Menschen zugeordnet?

Ist dein ursprünglicher Impuls zunichte gemacht worden? Etc.

Es gibt vielerlei Fragen über das Erleben während des Prozesses, in dem nicht einer bestimmt, sondern die Impulse mehrerer Menschen eine Situation und einen Raum gestalten (siehe auch S. 357 und 366).

Freie Gruppenaktionen

Jede TeilnehmerIn bringt sich selbst ein mit dem, was gerade bewußt und unbewußt in ihr ist. Es sollten möglichst auch einige Materialien im Raum sein.

Die Vorgabe ist, daß man sich nicht über Sprache verständigen darf. Wohl können Geräusche und Laute den Prozeß begleiten.

Es wird kein spezifisches Thema gegeben, sondern ermutigt, den inneren Impulsen zu folgen, allein oder mit anderen etwas zu tun und sich in das entstehende Geschehen hinzubegeben.

Je nach Situation der Gruppe, nach offenkundiger und unterschwelliger Thematik und vorhandenen Materialien entwickelt sich eine jeweils andere Dynamik:

Gruppe bereit zur Regression, Bedürfnis nach engem Kontakt, ist Kinderspielzeug vorhanden und wird es benutzt, ergibt viel-

III. DER LEIB IN SEINEN RELATIONEN

leicht: Kindergarten und Entwicklung zu vorpubertären Interaktionen.

Unterschwellige Angst, sich wirklich einzulassen und Überspielen in verbaler Kommunikation: Material wird wenig ausprobiert, sprachlose Ratlosigkeit, Isolation.

Gruppe sehr am Leiter orientiert und Material Bälle: Einzelbeschäftigung und Anspielen, ins Spiel bringen von neuen Leiterfiguren.

Themen:

Verhaltensmuster, wenn kein Leiter da ist, kein Rahmen vorgegeben ist.

Kontakt ohne Sprache bzw. Kontaktlosigkeit.

JEDE GESTALTET DEN EIGENEN RAUM

mit Grenzen, Kontakten...

Benötigt werden unterschiedliche *Materialien* wie: Stühle, Hocker, Stöcke, Klötze, Kissen, Decken...

Sucht euch jede einen Platz im Raum. Bestimmt, wie groß der Raum sein soll. Markiert ihn mit einer Decke. (Hier gibt es eventuell Grenzrangeleien.)

Schaut euch nun nach Material um, mit dem ihr den Raum umbauen, Grenzen angeben und diese gestalten könnt.

Wenn ihr fertig seid, laßt euch in eurem Haus nieder und schaut, wie es euch dort gefällt.

Ist es ein geschlossener Raum?

Wie fest oder durchlässig sind die Grenzen?

Wie ist der Eingang (Ausgang)?

Was machen die Grenzen möglich, was machen sie unmöglich?

Schaut hinaus auf die Räume, Häuser der anderen. Wer Lust hat, kann den eigenen Platz verlassen, herumgehen, vielleicht jemand anderes besuchen oder Besuch zu sich einladen.

Wie ist es mit dem Verlassen des eigenen, sicheren Ortes?

Wie ist es mit Kommunikation, willst du Kontakt oder deine Ruhe?

Was wirkt auf dich einladend/wenig einladend?

Themen:

Sicherheit, Geborgenheit; Einsamkeit / Geselligkeit / Isolation; „My home is my castle"; „Open house"; Wie knüpft man Kontakte?

4.2. Individuen formen und gestalten Gruppen (Synergie)

Die Familie ist das erste Beziehungsgefüge, die erste Gruppe, in der die Menschen leben. Sie selbst ist wiederum Teil eines sozialen Netzwerks, d.h. wir sind lebenslang in Gruppierungen wie Kindergarten, Schule, Ausbildungsinstitut, Betrieb, Verein, Religionsgemeinschaft eingebunden. Diese sind auch Wertgemeinschaften, „soziale Welten", worunter wir gemeinsame Perspektiven von Menschen verstehen. In einer sozialen Gruppe, so auch in einer Familie, kann es mehrere „soziale Welten" geben, die miteinander im Konflikt stehen (Generationenkonflikt).

III. DER LEIB IN SEINEN RELATIONEN

Welche Erfahrungen hat man in seiner Geschichte in diesen Gefügen gemacht, was sucht man in ihnen, was bedeuten sie einem, wozu benutzt man sie?

Sich als Teil eines größeren Gefüges zu wissen, kann tragenden Boden und gemeinsame Stärke bedeuten, an der man partizipiert, um sie auch in sich als Individuum zu gestalten. Sie kann in der Übertragung (Gruppe als mütterliches Milieu) die Sehnsucht hervorrufen, sich in die Gruppe hinein aufzulösen, konfluent zu werden. Dann definiert man sich nur noch über die Gruppe, bringt alles ein, was man hat und wird als Individuum relativ unkenntlich. Sie kann weiterhin in der Übertragung die große nährende Mutter sein, die versorgen soll, ohne daß man selbst etwas dafür zu tun braucht, oder ordnende, sichernde Vaterinstanz, durch die die Gruppe Schutzraum wird, sicherer Platz gegen ein bedrohliches Außen, oder Experimentierfeld, in dem man sich getragen und gehalten weiß. Und vieles andere mehr.

Oft ist eine gut funktionierende Gruppe ein Raum, in dem die Energien, die Kraft und Kreativität der Einzelnen zusammenkommen, sich gegenseitig verstärken, inspirieren, beeinflussen. Es ist ein Ort der Synergie, der Ko-Kreation, wo aus Ein-tönigkeit der einzelnen Viel-stimmigkeit, aus der Gestalt des einzelnen Viel-Gestaltigkeit wird. Diese zusammenschwingenden Impulse können freilich gestört werden, geschwächt, von einzelnen oder Subgruppen für ihre Zwecke mißbraucht werden, und sie können sich in ihr Gegenteil verkehren, sie können zur gemeinsamen Destruktion werden (**Ko-Kreation** und **Ko-Destruktion**).

In den folgende Erlebnisangeboten geht es darum herauszufinden, wie man sich in Gruppen (mit unterschiedlicher Thematik und Vorgehensweise) erlebt, welche Rollen man spielt und welche (alten) Gefühle und Verhaltensweisen (Muster) sich zeigen. Man kann einschwingen und aus der Reihe tanzen, kooperieren und opponieren, aktiv gestalten und sich tragen lassen und auf ungewöhliche Weise kommunizieren:

Eine Gruppe entsteht: 2 – 4 – 8 – 16 – alle

Schwingende Musik

Steht im Raum verteilt. Laßt die Musik durch euch hindurchfließen, bis sie euch in Bewegung bringt.

Geht auf dem Rhythmus der Musik beschwingt durch den Raum. Wenn zwei sich begegnen, begrüßen sie einander kurz mit einer Verbeugung, einer Drehung etc.

Wenn ihr nun jemandem begegnet, bleibt voreinander stehen, hebt die Hände mit den Handflächen zueinander, ohne daß diese sich berühren, in einem selbstgewählten Abstand. Laßt euch so gemeinsam von der Musik zu Bewegungen ermuntern.

Löst euch voneinander. Begegnet jemand anderem, mit der ihr dasselbe tut, diesmal aber mit Berührung der Fingerspitzen oder der ganzen Handflächen.

Nach einer Weile verlaßt zusammen euren Platz und begegnet einem anderen Paar. Öffnet jeweils ein Händepaar und gestaltet einen Viererkreis – Handflächen aneinander.

Nach einer Weile gesellen sich zwei Viererpaare zusammen und schließlich stehen alle in einem großen Kreis, sind über ihre Handflächen verbunden und bewegen sich nach der Musik.

Laßt nun allmählich die Bewegung verklingen, steht, spürt eure Fingerspitzen noch in der Berührung mit der Nachbarin.

Löst euch langsam. Laßt nachklingen. (Siehe auch S. 330.)

Gruppenbild malen

Ein großes Blatt Papier liegt auf dem Boden.

1. Möglichkeit: Jede sucht sich einen Platz rund um das Papier und alle TeilnehmerInnen beginnen gleichzeitig zu malen. Es wird keine Raumvorgabe gemacht.

Daraus entstehende *Themen*:

Mein Platz in der Gruppe. Wie und wieviel Raum nehme ich mir?

III. DER LEIB IN SEINEN RELATIONEN

2. Möglichkeit: Alle malen nacheinander. Wer möchte, fängt an und die anderen Gruppenmitglieder schließen sich in freier Folge an. Zur gleichen Zeit malt immer nur eine.

Themen, die daraus entstehen:

Bezogenheit und Einfühlung in das Gruppengeschehen; Impulse setzen und reagieren (Aktion – Reaktion); sich deutlich machen – sich anpassen, verschwinden; Individualiltät – Dominanz – Macht.

Mögliche Weiterführung:

Aus dem Bild kann ein Gruppenmärchen entwickelt werden. Eine beginnt – inspiriert durch das Bild – zu erzählen, eine andere schließt an...

Ebenso kann sich eine Gruppenskulptur, ein Gruppen*tanz* anschließen.

Variationen:

1. Die 2. Version (s.o.) läßt sich auch mit Seilen gestalten. Es stehen die gleiche Anzahl bunter Seile zur Verfügung wie TeilnehmerInnen. Jede wählt sich ein Seil aus, und eine beginnt eine beliebige Gestaltung in der Mitte des Raumes auf den Boden zu legen. Nacheinander folgen die anderen.

Am Schluß kann die Gruppe dem Bild einen Namen geben.

2. Eine TeilnehmerIn stellt sich mit Seil in der Mitte des Raumes hin, und die anderen schließen sich an in freier Gestaltung (Seil den vorherigen zuordnen und bei anderen anknüpfen, sich verbinden, verstricken, verknoten).

GRUPPENSKULPTUR

Die TeilnehmerInnen stehen im Kreis. Die erste geht in die Mitte und stellt sich in einer frei gewählten Haltung hin. Die anderen lassen dies auf sich wirken. Dann geht die nächste hin und ordnet sich der ersten zu, verbunden oder im Abstand. So gehen nacheinander alle, bis sie zusammen eine Skulptur bilden.

Mögliche Weiterführung: Mit Musik gemeinsam in Bewegung kommen.

GRUPPENMASCHINE

Ausgangsposition: wie oben

Die erste geht in die Mitte und macht eine Bewegung, die, wie bei einem Maschinenteil unendlich wiederholt werden kann. Das zweite Maschinenteil, baut sich nun direkt an und findet eine ergänzende Bewegung. Die Maschine ist komplett, wenn alle TeilnehmerInnen ihren Platz und ihre Funktion gefunden haben. Die Bewegungen können durch Töne und Geräusche unterstützt werden.

Fragen:

Welchen Platz habe ich inne?

Wer ist neben mir, vor mir, hinter mir?

Welche Position und Funktion habe ich? (leitend, unterstützend, dominierend, initiierend, tragend, inganghaltend...?)

Welche Haltung habe ich mir ausgesucht? (anstrengend, angenehm...) Wie wirkt sie auf mich selbst? Fühle ich mich wohl damit?...

III. DER LEIB IN SEINEN RELATIONEN

GRUPPENGESCHICHTE

Gruppenthema darstellen (auch als Weiterführung eines Gruppenbildes)

Eine TeilnehmerIn stellt aus dem Stegreif etwas aus dem Gruppengeschehen dar in einer bestimmten Rolle. Eine zweite kommt dazu, und es entwickelt sich etwas Gemeinsames. Dies kann sich eine Zeitlang entfalten. Wenn nun eine dritte dazukommt, kann die erste sich zurückziehen. Die beiden anderen spielen zusammen weiter, bis wieder eine dritte dazukommt usw. Jede TeilnehmerIn wählt frei ihren Eintritt ins Geschehen, auch mehrmals.

Themen:

Teil einer Gruppe (eines Ganzen) sein, beteiligt sein; Platz und Raum haben, Position einnehmen, Rolle spielen, Einfluß nehmen; Rollen und Funktionen in der Gruppe (Initiator, Mitläufer, Störenfried, Auf-den-Punkt-Bringer, Macher, Manipulator...); Sich selbst ausprobieren, ohne sich zu sehr zu exponieren (Gruppe als sicherer Rahmen); Kreativität, sich gegenseitig inspirieren. Der eigene Beitrag hat einen Effekt (Einfluß); Agieren – reagieren; Darsteller – Zuschauer – Mitmacher; sich verstecken, sich verlieren, rausfallen, nicht ins Spiel kommen.

GRUPPENTANZ MIT ZAUBERSCHNUR

Eine zusammengeknotete Zauberschnur (3 m lange, 1 cm dicke Gummischnur) wird in Kreisform auf den Boden gelegt. Die TeilnehmerInnen stehen um den Kreis herum und fassen nun rundherum zu und halten die Zauberschnur mit beiden Händen. Durch die Verbindung entsteht eine starke Bezogenheit, die sich verschieden äußern kann: Impulse werden aufgenommen und weitergeführt oder es kommt ein Gegenimpuls, der zunächst Verwirrung bringt, Disharmonie; oder es werden mehrere, verschiedene Impulse gleichzeitig gegeben. So entsteht – je nach Gruppendynamik – Ordnung, Harmonie oder Chaos.

Variation: Durch den Einsatz von Musik kann Unterstützung oder Störung vermittelt werden.

Vorsicht, Verletzungsgefahr bei Loslassen der Gummischnur!

IMPROVISATION IM GROSSEN RUNDSEIL

Ein großes Rundseil liegt am Boden. Die TeilnehmerInnen ergreifen es, wie bei der Zauberschnur, von außen und improvisieren und experimentieren in dieser gemeinsamen Anbindung. Da das Tau stärker ist, sind die Effekte ebenfalls stärker. Alles, was jemand tut, hat einen Effekt.

Themen:

Eigener Impuls – Wirkung; Konkurrenz – Kooperation; Anpassung – Opposition; aktiv – passiv (handelnd – hingegeben).

Danach stellen die TeilnehmerInnen sich innerhalb des Seiles und spannen es so, daß es sie am Rücken oder am Gesäß hält. Wenn alle zusammenarbeiten, werden alle gehalten und getragen und gewiegt. Wenn jemand nicht „mitspielt", wird man gezerrt, geschubst...

III. DER LEIB IN SEINEN RELATIONEN

Themen:

Sich tragen, halten lassen; Gleichklang – gegenläufige Impulse; Wer setzt die Impulse, wer gleicht aus?

GRUPPENATEM

Sucht euch jede einen eigenen Platz im Raum und überlaßt euch eurem Atem.

Begleite den Einatem und den Ausatem jeweils mit einer stimmigen Geste.

Laß nun zusätzlich das Ausströmen deines Atems hörbar werden. Ein vielgestaltiges Atmen füllt den Raum.

Bringt euch in Bewegung und orientiert euch langsam zur Raummitte, wo ihr einen Kreis bildet. – Geht immer weiter mit Atem, Geste und Ton. Horcht auf die unterschiedlichen Atemströme im Raum.

Stimmt euch allmählich immer mehr aufeinander ein, bis euer Atem synchron wird, bis ihr gleichmäßig mit dem Atemstrom und eurer begleitenden Geste den Raum in der Mitte füllt. Spürt die Ordnung und die Fülle, die entsteht.

Wenn es genug ist, atmet tief ein, und jede nimmt sich wieder aus dem Gruppenatem heraus, geht ihren eigenen Weg und kehrt zu ihrem eigenen Rhythmus zurück.

TÖNEN IN DER GRUPPE

Alle sitzen oder stehen im Kreis. Man kann die herrschende Stimmung oder ein Bedürfnis in der Gruppe aufgreifen.

Beispiel: Es ist Abend, und Müdigkeit herrscht vor.

Folge deinem Atem und komme damit zu dir.

Laß nun auf dem Ausatem einen Seufzer, einen Laut der Erleichterung, der Entlastung hörbar werden, wieder und wieder. Spiele damit in unterschiedlicher Tonhöhe und Lautstärke.

Laßt ein „Seufzerkonzert" entstehen, polyphon oder synchron. Regt euch gegenseitig zur Vielfalt an oder werdet zu einem einzigen großen Seufzer, je nach dem, wie euch ist.

Laßt ausklingen und Ruhe einkehren.

Variation: Ähnliches kann man morgens in einer Gruppe machen mit einem Begrüßungslaut für den Morgen.

Man kann mit dem *Ziel* arbeiten, die ganze Gruppe in einen einzigen Ton einstimmen zu lassen oder gerade ihre Verschiedenheit hören zu lassen (Vielstimmigkeit). Das Ziel kann Wechsel von Harmonie und Disharmonie oder freier Ausdruck der inneren Gestimmtheit sein.

Variation: Man kann auch ein Thema nehmen, das sich im Summen und in Tönen gestaltet.

Beispiele:

Eine Blume aus Tönen entfaltet sich.

Eine Kathedrale aus Tönen wird gebaut.

GRUPPENRHYTHMUS

Hinführung: Spielen und Experimentieren mit Gymnastikbällen

Die TeilnehmerInnen sollen verschiedene Arten und Rhythmen des Prellens ausprobieren, im Raum verteilt.

Dann kommt die Anweisung, daß alle – während sie die Bälle weiterhin prellen – in der Mitte des Raumes zu einem Kreis zusammenkommen und es geschehen lassen, daß die Bälle allmählich in denselben Rhythmus kommen. Schließlich stehen alle im Kreis, und die Bälle erzeugen einen einzigen gemeinsamen Ton.

Der Prozeß des sich langsam Einfügens und das Vernehmen des gemeinsamen Tones können starke Erlebnisse erzeugen. (Ich gehöre dazu, wir gehören zusammen, Verschmelzung...; siehe auch „Positive Konfluenz", S. 237.)

III. DER LEIB IN SEINEN RELATIONEN

NONSENSPALAVER

Kommunikation über Geräusche, Laute, Phantasiesprache

Kann eingesetzt werden:
Wenn der Prozeß stockt;
Wenn den ganzen Tag hart gearbeitet wurde, zur Entlastung;
Zur Relativierung von Schwere.

Die Vorgabe ist, daß man sich nur mit Händen und Füßen und Lauten und allen unverständlichen Sprachen der Erde und der Planeten unterhalten darf.

Immer mehr fallen dabei Grenzen weg, die ein Westeuropäer hat, wenn er sich mit jemand anderem unterhält. Die Körpersprache nimmt zu und der Lautreichtum entwickelt sich. Das Palaver entwickelt sich je nach Situation und Thematik in der Gruppe sehr unterschiedlich. Meist werden viele verschiedene Stadien durchlaufen: Hühnerstall, Hahn im Korb, Geschlechterkampf...

Zunächst entsteht ein Prozeß der Sinnentleerung der Sprache beim einzelnen. Dann entsteht Kommunikation auf kreative, phantasievolle Weise neu, in der auch Sprache nicht abgetrennt ist, sondern Teil des Ausdrucks des Leibes.

4.3. Verhältnisse in der Gruppe

Da die Gruppe auch als Gruppe weiterhin aus Individuen besteht, spielen innerhalb der Gruppe zwischen den einzelnen alle Muster und Mechanismen, die die einzelnen in ihrem Kontakt- und Beziehungsverhalten (siehe Kapitel III, 3: Ich – Du, S. 310) entwickelt haben.

SEILVERSTRICKUNGEN

Ausgangsposition: Gruppe mit nicht mehr als 6-8 Leuten. Jede TeilnehmerIn hat ein 2,50 m langes, farbiges Seil.

Die Gruppe sitzt im Kreis. Das Seil ist das Medium, über das sie ohne Worte miteinander in Kontakt treten können. Jede folgt den eigenen Impulsen und reagiert auf die der anderen. Der Prozeß

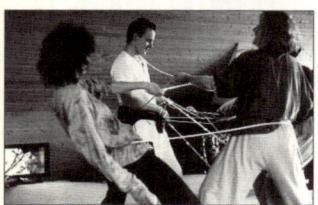
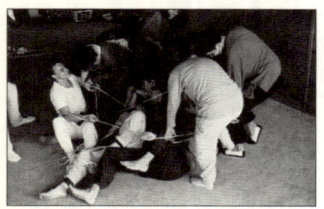

soll sich eine Weile entfalten, so daß vieles ausprobiert werden kann und Verhaltensmuster deutlich werden.

Verschiedene *Vorgaben* sind möglich.

1. Die Seile dürfen nur miteinander in Berührung gebracht werden, nicht mit den Personen. Man darf also beispielsweise das Seil nicht am Fuß einer TeilnehmerIn festbinden.

2. Es ist auch erlaubt, sich von seinem Platz zu bewegen, Menschen zu umgarnen. (Nur für Leute, die auch in der eigenen Gefühlsinvolvierung Verantwortung übernehmen, Folgen für andere übersehen. Es können sonst leicht Verletzungen entstehen, dadurch, daß an gefesselten Körperteilen gezogen wird, sich ein Seil um jemandes Hals legt...!!!)

Da sich häufig eine schnelle und sehr vielschichtige Dynamik ergibt, ist es gut, zusätzlich Beobachter außerhalb der Gruppe zu haben, die ihre Beobachtungen mitteilen können.

Ein Gespräch kann mit folgenden *Fragen* eingeleitet werden:

Wie hast du dich bei der Kontaktaufnahme verhalten?

Was ist mit deinem Seil gemacht worden?

Wie hast du das erlebt?

Woran hast du Spaß gehabt?

Präzise Fragen müssen sich an dem gelaufenen Prozeß orientieren: Sind Seile von jemand verknotet worden, hat jemand sein Seil „verloren?" Welche Rollen hat es gegeben? (Eine, die alles verkuppelt oder sich einen Spaß daraus macht, Seile anderer für ihre Zwecke zu benutzen.), Solidarisierungen, Polarisierungen...?

Das **Seil** schafft:

Bindungen, Verbindungen, Verstrickungen, Fesselungen, Verknüpfungen, Lösungen...

(Siehe auch: Ver-bindungen, Kontaktzone, S. 327-330.)

III. DER LEIB IN SEINEN RELATIONEN

KONTAKT, SPASS, ÜBERFORDERUNG

Die Gruppe sitzt im Kreis auf dem Boden. Ein Ball wird in den Kreis gegeben, ohne weitere Anweisung. Normalerweise wird er sofort zwischen den TeilnehmerInnen hin- und hergeworfen, gerollt, gegeben... Somit sind erste Verbindungen entstanden.

Nun kann man nacheinander immer mehr Bälle in die Runde geben. Es entsteht zunächst eine erhöhte Konzentration, um die vielen gleichzeitigen Ballinteraktionen im Blick zu halten und reagieren zu können. Kommen noch mehr Bälle ins Spiel, bricht das Kontrollsystem zusammen. Viele ergeben sich lachend dem Durcheinander, andere leiden, werden hilflos.

Läßt man das Spiel eine Weile laufen, so zeigen sich deutlich eine Reihe von Verhaltens*mustern*, mit denen einzelne auf diese Situation reagieren:

Fluchttendenz; Ringen nach Kontrolle (Vorschlag, Bälle zu reduzieren, Bälle zu horten); Regression (nicht mehr gezielt werfen können); Aggression.

Oder:

Wohlfühlen im Durcheinander; Loslassen von Regeln, Anforderungen, Hingabe an die Situation.

Man kann die Leitung dann der Gruppe selbst überlassen (nicht mehr bestimmen, wie viele Bälle im Spiel sind) und die Selbstregulationsversuche der Gruppe beobachten.

ZUPACKEN ODER WARTEN?

In vielen Gruppenaktivitäten zeigt sich, wer Initiative ergreift, sich durchsetzt, wer sich versteckt, die letzte ist, wer mitläuft...

Man kann auch Erlebnisangebote entwickeln, in denen einiges davon sehr schnell augenfällig wird:

Die Gruppe sitzt im Kreis. In der Mitte liegt eine Anzahl schöner, bunter Seile, einige weiße, einige graue. Jeder soll sich ein Seil aussuchen. Die Schnellsten nehmen sich das, was sie haben wollen. Die anderen müssen vorlieb nehmen mit dem, was übrigbleibt.

Man kann dieses zunächst ohne Worte laufen lassen, dann über das Erlebte sprechen und erforschen, ob das gezeigte Verhalten dem Verhalten im täglichen Leben entspricht.

In einem 2. Schritt kann man die Vorgabe machen, man könne und solle sich auseinandersetzen, wenn zwei dasselbe Seil haben möchten.

Weiterführung: Angebote mit Seil (siehe S. 327-330, 356, 363).

Variation: Die Gruppe sitzt im Kreis. In der Mitte liegen schöne Dinge: Steine, Muscheln, Murmeln, Keramiktiere, Handschmeichler... Möglichst verschieden. Außerdem soll ein Gegenstand weniger da sein, als TeilnehmerInnen in der Runde (ohne daß es die TeilnehmerInnen wissen).

Wieder soll jede sich einen Gegenstand aussuchen. Eine geht leer aus, andere bekommen nicht, was sie wollen...

Themen:

Ich kann mich (nicht) durchsetzen. Die anderen nehmen mir alles weg. Resignation: „Nie" bekomme ich, was ich haben möchte. Hauptsache, die anderen sind glücklich, was ich bekomme, ist nicht so wichtig... Verbot, sich etwas zu nehmen... Ich brauche nichts...

Soziogramm

Das Soziogramm, ein Ansatz, der von *Moreno* entwickelt wurde, kann zum einen eingesetzt werden in einer Gruppe, in der die TeilnehmerInnen Schwierigkeiten haben, sich direkt zu jemand anderen zu äußern oder sich zu zeigen und zum zweiten, um jeder einzelnen ihre Stellung in der Gruppe zu verdeutlichen.

III. DER LEIB IN SEINEN RELATIONEN

1. Ausgangsfragen können sein:

Wie beliebt bin ich? (Sympathie)

Wie gut bin ich? (Kompetenz)

Ein Terrain wird abgesteckt, die GruppenteilnehmerInnen stehen außerhalb. Die Grupppenleiterin stellt eine der Fragen, und jede stellt sich selbst in der Vorstellung an einen Platz innerhalb des abgesteckten Raumes. In einem zweiten Schritt stellt sich nun jede konkret an diesen Platz.

Wenn alle ihre Plätze eingenommen haben, schauen sie sich um: Wo stehe ich (Zentrum – Peripherie)? Wie nah, wie dicht sind die anderen (allein – gedrängt)? Wie geht es mir an meinem Platz?

In einem nächsten Schritt könnte die Frage gestellt werden: Willst du noch etwas verändern, den Platz berichtigen?

Themen der Nachbesprechung:

Werde ich von den anderen auch an diesem Platz gesehen? (Selbst- und Fremdwahrnehmung) Warum habe ich den mir von anderen zugeschriebenen Platz nicht eingenommen? Wer hat Macht, Einfluß in der Gruppe? Auf welche Weise?

2. *Ausgangsfrage*: Macht und Einfluß in der Gruppe. Ein oder zwei TeilnehmerInnen können die Aufgabe übernehmen, die Gruppe aus ihrer Sicht zu diesem Thema in den Raum zu stellen. Dies wird die Ausgangssituation eines sich anschließenden Gesprächs zu der Frage: Fühle ich mich richtig gesehen? Wie geht es mir mit den Zuschreibungen? (Siehe auch S. 294.)

3. *Ausgangsfrage*: Welche Beziehungen habe ich in der Gruppe? Jede TeilnehmerIn stellt sich in Bezogenheit zu den anderen GruppenteilnehmerInnen in den Raum, wobei die Platzfindung ein längerer Prozeß sein wird, da jede ihren Platz in bezug zu den ihr wichtigen Personen finden muß

Aufkommende Themen:

Bin ich beliebt, kompetent, gehöre ich dazu, werde ich gesehen?

Angst vor Abweisung, Liebesverlust, wenn man Ablehnung ausspricht. Angst vor Konkurrenz, vor Liebesverlust, wenn eigene Kompetenz und Stärke deutlich werden, und umgekehrt, wenn Schwäche deutlich wird. Was geschieht, wenn Verhältnisse offengelegt werden? (Normen, Tabus)

4.4. Zwei Gruppen

So wie Individuen begegnen auch Gruppen einander (Gangs, Völkerstämme, Religionsgemeinschaften, Nationen) und sie müssen diese Begegnung gestalten.

Zwei „Gruppenleiber" kommen in Kontakt, begegnen einander, knüpfen Beziehungen, kommen zur Kooperation oder im Mißlingen der Kommunikation und Kooperation zum Machtkampf.

Menschen wie Gruppen mit einem schwachen Selbstwertgefühl, die ihren Wert in erster Linie aus der Zugehörigkeit zu der Gruppe beziehen, und deren Beziehungsfähigkeit dürftig ist, haben eine schlechte Grundlage, konflikthafte Begegnungen auszuhalten. Sie schließen sich im Konfliktfall enger zusammen und kompensieren ihre abgewehrte Angst vor den anderen z.B. mit Selbstschutz und Machtdemonstrationen. Je höher der Selbstwert, je stärker die Identität, die Kontakt- und Beziehungsfähigkeit des einzelnen und der Gruppe, desto stabiler ist die Grundlage, um Spannungen oder Konflikte auszuhalten, nicht zu verleugnen, sondern im Kontakt mit der anderen Gruppe einen Spannungsausgleich und Kooperationen zu finden.

GRUPPENFINDUNG

1. Die Aufforderung (ohne wie und warum) an die TeilnehmerInnen lautet: Bildet aus eurer einen Gruppe zwei Gruppen!

Die Formierung der Gruppen kann einiges über die momentane Situation im Gruppenprozeß aussagen, wenn man dieses Geschehen an sich in den Blickpunkt der Betrachtung stellt:

III. DER LEIB IN SEINEN RELATIONEN

Wie formieren sich die Gruppen? Schnell, zögerlich, langsam, nacheinander, widerstandslos, mit Protest, Unsicherheit... Gibt es Hauptpersonen, Leute, die alles organisieren wollen, Passive?

2. Wenn die Gruppen sich gefunden haben, wird die Anleitung gegeben: Gestaltet in und mit eurer Gruppe etwas Eigenes, das ihr dann der anderen Gruppe zeigen, vorführen wollt! Bringt in Bewegung, was euch bewegt! Es können Hilfsmittel (Medien) verwandt werden. Die Angabe kann auch lauten, daß keine Medien verwandt werden sollen. Dann sind die TeilnehmerInnen ganz auf sich zurückgeworfen und auf den Kontakt miteinander angewiesen.

Mögliche Weiterführung: In jeder Gruppe wird dann ein gemeinsames Bild gemalt (siehe S. 356).

Themen:

Soziale Kompetenz, Kreativität, Kooperation, Konkurrenz, Entscheidungs- und Handlungsfähigkeit.

INDIVIDUEN WECHSELN ZWISCHEN ZWEI GRUPPEN

Ausgangssituation: Die Gruppe wird geteilt, so daß sich auf beiden Seiten (Abstand mind. 3 m) etwa gleich viele TeilnehmerInnen gegenüberstehen.

Nun beginnt die erste unter den aufmerksamen Blicken der GruppenteilnehmerInnen von einer Seite zur anderen zu gehen und reiht sich dort ein. Nun geht jemand von der Gegenseite los. Dies geschieht so lange, bis alle Gruppenmitglieder die Seite gewechselt haben.

Anweisung könnte sein: Achte auf deine Befindlichkeit, wenn du die Gruppe verläßt, den Weg zwischen den beiden Seiten zurücklegst, wenn du von allen beim Gehen beobachtet (beachtet) wirst? Von vorne, von hinten gesehen wirst?

Haben deine Empfindungen (Unsicherheit, Stolz...) Auswirkungen auf deine Art zu gehen? (schneller, langsamer, steifer, gerader...)

Eine Gruppe empfängt eine andere

Es gehört zum Verlauf vieler Selbsterfahrungs- und Therapiegruppen, daß es Zeitpunkte gibt, zu denen Mitglieder ausgeschieden sind und ein Grüppchen „Neuer" vor der Tür steht.

Die „Neuen" könnten sich an einer Seite des Raumes aufhalten, und man könnte die „Alten" bitten, die Neuankömmlinge zu begrüßen, sie mit Worten oder Gesten zu bitten, die Mitte des Raumes auszuprobieren oder einmal mit auf die Seite der „Alten" zu kommen oder sonst etwas zu tun, um den freien Raum zwischen ihnen zu überbrücken.

Die erste Fremdheit wird gewichen sein, und die LeiterIn könnte das ganze Geschehen weiterführen mit *Themen* wie: Vertrautheit, Fremdheit, Position des Neulings, Ausprobieren und Finden des zur Zeit stimmigen Platzes.

Zwei Gruppen stehen sich gegenüber

Damit diese Übung ihre Dynamik entfalten kann, sollte ein möglichst großer Raum (Halle) zur Verfügung stehen.

Ausgangssituation: Eine Gruppe teilt sich in zwei Untergruppen. Die TeilnehmerInnen der einen Gruppe stellen sich in einer Linie

III. DER LEIB IN SEINEN RELATIONEN

nebeneinander an einer Wand auf. Die andere Gruppe ebenso gegenüber.

1. Eine Gruppe bleibt an der Wand stehen, die andere bewegt sich frontal von der einen Wand aus durch den Raum auf die andere Gruppe zu und bleibt knapp vor ihr stehen.

2. Die Ausgangsposition ist die gleiche.

Nun gehen beide Gruppen gleichzeitig los, aufeinander zu, und machen kurz voreinander halt.

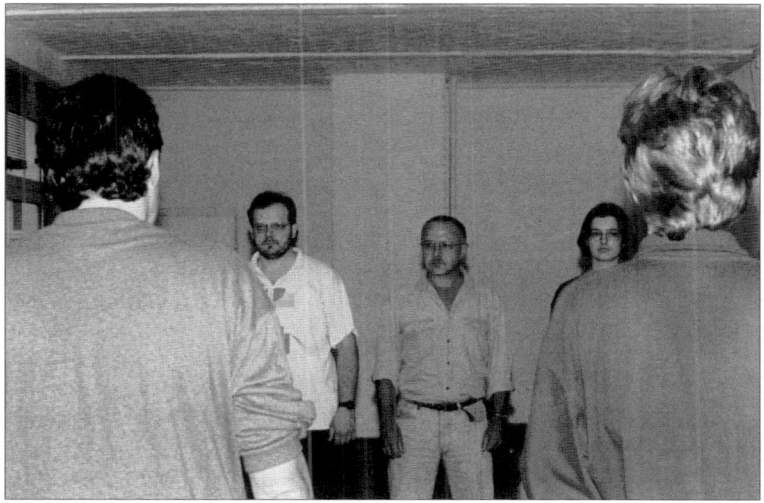

3. Ausgangsposition wie oben (danach in kleinen Gruppen): Beide Gruppen gehen gleichzeitig aufeinander zu – und gehen ohne zu stoppen weiter – durch die andere Gruppe hindurch. – Ohne Berührung; mit Berührung; in verschiedenen Tempi... neutral, freundlich, abweisend, bedrohlich...

Themen:

Gruppengefühl, Kraft, Verstärkung, Gruppe als Schutz, Konfrontation, Kampf, Gemeinschaft, Feindschaft, Bedrohung, Macht/Ohnmacht, Freund/Feind, Neugier, Spannung, Angst, Herausforderung.

Mögliche Weiterführung: Die Gruppen stehen jeweils in gegenüberliegenden Ecken der Halle. Sie gehen gleichzeitig los. Wenn sie einander begegnen, kann etwas zwischen ihnen geschehen:

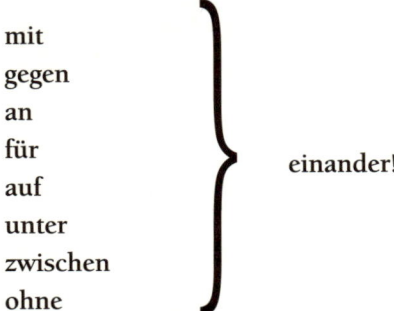

mit
gegen
an
für   } einander!
auf
unter
zwischen
ohne

4.5. Gruppe und Individuum

Ich-Stärke und Selbstbewußtsein werden auch gefordert und gefördert, wenn es darum geht, sich als Individuum, als einzelneR zu einer Gruppe zu verhalten: sich einer bereits bestehenden Gruppe annähern, sich in einer Gruppe exponieren oder sich von einer Gruppe, zu der man gehört, absetzen, um seine eigenen Wege zu gehen.

Um dieses „Spiel" im Spannungfeld zwischen Gruppe und Individuum geht es in den folgenden Erlebnisangeboten:

Namensbewegung spiegeln

Ausgangssituation: Die Gruppe kennt sich noch nicht, die einzelnen sind wenig aufeinander bezogen, zeigen sich wenig.

Die Gruppe steht im Kreis. Nacheinander sagt jede TeilnehmerIn ihren Namen und begleitet ihn mit einer Bewegung. Alle wiederholen gemeinsam jeweils Namen und Bewegung.

Viele rhythmische Namen

Jede TeilnehmerIn nimmt den Rhythmus ihres Namens in Klatschen, Stampfen, Schütteln... auf und experimentiert damit.

III. DER LEIB IN SEINEN RELATIONEN

Bei der Begegnung mit anderen TeilnehmerInnen sollte der eigene Rhythmus nicht verlorengehen.

NAMEN SCHREIBEN UND BEWEGEN

Jede TeilnehmerIn schreibt ihren Namen in ihrer (Schreib-)Schrift auf einen großen Bogen Papier. Dies wird mehrere Male wiederholt, der Name wird wieder und wieder überschrieben. Dadurch wird die Schreibbewegung immer schwungvoller, und der ganze Körper schwingt mehr und mehr mit. Dann wird der Name in die Luft geschrieben, dann im Raum bewegt, getanzt.

NAMENSKREIS: EIGENER NAME

Die TeilnehmerInnen stehen im Kreis. Eine beginnt und sagt oder ruft den eigenen Namen. Nacheinander kommen die anderen mit ihrem Namen dazu, jede in ihrer Weise. So kann ein „Namenskonzert" entstehen.

Weiterführung: Man kann ein fröhliches, trauriges, depressives, wütendes, schmeichlerisches... Konzert veranstalten und noch andere Qualitäten finden.

NAMENSKREIS: NAMEN DER ANDEREN

Eine TeilnehmerIn beginnt eine andere mit Namen zu rufen. Nacheinander wird immer wieder derselbe Name in unterschiedlichen Qualitäten von verschiedenen TeilnehmerInnen gerufen. Wenn alle durch sind, kommt ein anderer Name dran. Die Gerufene läßt die „Variationen" auf sich wirken.

KREISTANZ – INNEN

Alle TeilnehmerInnen tanzen in Kreisformation nach Trommel-, Salsa-, Bauchtanzrhythmen im selben Grundschritt. Eine löst sich, tanzt in den Innenkreis und zeigt sich in individueller

Bewegung. Die anderen unterstützen sie durch Blicke, Rufen, Klatschen, bleiben aber bei ihrem Schritt (oder übernehmen für kurze Zeit den Schritt und die Bewegung der in der Mitte Tanzenden). Nach einer gewissen Zeit tritt die Tanzende in den Kreis zurück und übernimmt wieder den Grundschritt. So können in loser Folge auch die anderen im Innenkreis tanzen.

Themen:

Sich zeigen, Mittelpunkt sein

Kreistanz – aussen

Alle TeilnehmerInnen tanzen im Kreis wie oben, jedoch löst eine und verläßt den Kreis nach außen, bewegt sich dort Weile allein und kehrt dann wieder in den Kreis zurück.

Thema:

Exzentrische Position, Individualität, Außenseiter...

Geschlossener Kreis

Eine TeilnehmerIn wird bestimmt, die Rolle der „Außenseit zu übernehmen (oder Rolle wird gewählt). Die anderen Teilnehmerinnen bilden einen geschlossenen Kreis, indem sie sich um die Hüften fassen. Die Außenstehende versucht, in den Kreis zu kommen, gegebenenfalls einzudringen und einen Platz zu finden.

III. DER LEIB IN SEINEN RELATIONEN

SICH ALS INDIVIDUUM DER GRUPPE ANNÄHERN

Ausgangsposition: Die Gruppe steht, sitzt im Halbkreis oder in einer Linie.

Eine TeilnehmerIn steht in etwa 10 m Entfernung und soll von dort auf die Gruppe zugehen.

Begleitende Aufforderung könnte sein: Laß dir Zeit zu spüren, was in dir vorgeht. Was fällt dir schwer? Was macht dir Angst? Was zieht dich an?

Ohne verbalen Kontakt auf eine Gruppe erwartungsvoll schauender Menschen zuzugehen, ist für manchen nicht einfach. Innere Fragen, Unsicherheiten, Zweifel (Will ich überhaupt dahin? Wie finden die mich? Wollen sie eigentlich, daß ich komme? Wie komme ich dahin? Was will ich verstecken?), aber auch Lust und Freude (Ich freue mich, zu euch zu gehören. Ich finde es schön, wenn ihr mich alle erwartet) kommen auf.

In Mimik, Haltung und Gang finden alle diese inneren Bewegungen ihren Ausdruck, entweder direkt oder in kompensatorischem Bemühen. In dieser exponierten Position werden Verhaltensmuster leibhaft, prägnant, sichtbar und erlebbar.

ALS INDIVIDUUM VON DER GRUPPE ETWAS WÜNSCHEN

Ausgangssituation und -position: wie oben

Jeweils eine TeilnehmerIn exponiert sich und wünscht sich von der Gruppe etwas, was ihrem momentanen Bedürfnis entspricht (freundlich anschauen, lächeln, willkommen heißen, Namen rufen, in der Decke wiegen, entgegenkommen, an die Hand nehmen, in die Gruppe aufnehmen...). (Siehe auch S. 264.)

SICH VOR DER GRUPPE EXPONIEREN

Ausgangssituation: Es liegen Medien im Raum: Decken, Tücher, Bälle, Seile, Sandsäckchen...

Jede TeilnehmerIn sucht sich ein Medium, mit dem sie eine Weile herumexperimentiert, um einen Kontakt herzustellen zwischen sich und diesem Medium.

Danach setzen oder stellen alle sich im Kreis, und eine nach der anderen zeigt sich, bewegt sich, gestaltet etwas mit dem gewählten Medium vor den Augen der Gruppe.

5. Ich und die Dinge

Die Welt ist unser Zuhause. Das griechische Wort für „Haus" ist *oikos*, das Wort, das im Begriff „Ökologie" enthalten ist, das heute in aller Munde ist. Ökologie ist also die Wissenschaft von unserem Welt-Haus, unserem großen Zuhause. Dieses große Haus ist von Natur aus (im wahrsten Sinne des Wortes) ausgestattet. Auch die Menschen gehören zu dieser Ausstattung (**Megaebene**). Da ein Mensch nicht die ganze Welt gleichzeitig bewohnen kann, ist es so eingerichtet, daß er jeweils einem Erdteil (**Makroebene**), einem Kulturkreis (**Mesoebene**), einer sozialen Schicht, einer Familie zugehört, die sein Zuhause im kleinen bildet (**Mikroebene**). Der Kulturkreis und das Klima bestimmen, welche Arbeiten er verrichtet, was für eine Art Haus er bewohnt und mit welchen Gegenständen er sich umgibt. (Man vergleiche beispielsweise handeltreibende, wandernde Tuareg in der afrikanischen Wüste mit Bergwerksarbeitern in Europa.) In jedem Lebensraum gibt es nun Atmosphären, die durch die Beziehungen der Menschen untereinander, die Beziehung zu eben diesem sie umgebenden ökologischen Wohn- und Lebensraum und zu den dazugehörigen „Dingen" geprägt sind. Die Kostbarkeit, die das Wasser in der Wüste hat, und die dort allen bewußt ist, werden die Menschen im regenreichen Norden kaum erfassen können, und so ist ihre Haltung zu Wasser eine völlig andere. Andererseits wird den Tuareg die Fülle der Dinge unbegreiflich sein, mit denen wir unsere Häuser füllen.

Auch hier wieder stellt sich die zentrale Frage nach der *Relation*, nach dem Verhältnis, das entsteht zwischen den Menschen und den sie umgebenden „Dingen". Ist es eine Objekt- oder Haben-Beziehung, in der der Mensch in erster Linie besitzt, gebraucht, bestimmt, schafft und zerstört nach seinem Willen, oder ist es ein sorgsames Mit-Sein, in dem Achtung und Respekt herrschen? Wenn Menschen begreifen, daß die Erde ein Organismus ist, der ihnen einen für sie gut ausgestatteten Lebensraum zur Verfügung stellt, daß sie die Eingriffe der Menschen lange „erträgt", bevor sie „signalisiert", daß ihr Gleichgewicht oder ihre Regulationsfähigkeit gestört sind, und die Menschen es an Respekt und Einsicht in die Zusammenhänge haben fehlen lassen, sind Wahrnehmung und Bewußtwerdung (**awareness und consciousness**) auch hier die Wege zu einem achtsameren und achtungsvolleren Verhältnis. Diese können auf allen Ebenen geübt werden: wir können unsere Aufmerksamkeit der Landschaft zuwenden, der Stadt, dem Dorf, in dem wir leben, dem Baum in unserem Garten. Wir können uns den Dingen zuwenden, die wir für unsere Arbeit benutzen und wir können uns Zeit nehmen für Dinge, die uns etwas bedeuten.

Welchen Wert haben Dinge für einen Menschen? Woher beziehen sie überhaupt ihren Wert? Ganz offensichtlich ist natürlich zunächst der Wert, den ein Gegenstand für die eigene Arbeit, den Beruf, die Lebenssicherung hat: die Nähmaschine für die Schneiderin, das Auto für den Vertreter, die Maschinen für den Handwerker... Darüber hinaus haben sie einen Wert, weil sie schön sind, weil sie selten, ja vielleicht einmalig sind. Und sie haben Wert, weil sie Verbindungsstücke darstellen zu Erlebnissen, zu Menschen, zu anderen Zeiten. Da ist die afrikanische Maske. Sie ist die Brücke zu dem tiefen Erleben einer anderen Kultur. Sie ist die Anwesenheit des schönen Fremden. Da ist der Stein aus der Landschaft, in der der Vater im Krieg umgekommen ist, tastbarer Bezug zu einem verlorenen Menschen. Da ist das Stück Beton aus der Berliner Mauer, Zeichen der Hoffnung und der politischen Wende. Da ist die Taschenuhr des Großvaters, die man als Kind auf seinen Knien sitzend, mit ihm betrachten durfte. Und da sind teure Dinge und kostbare Dinge, die Perlenkette, ein Geschenk großer Liebe, der Einkaräter, erhalten als Ersatz für Zeit und echte Zuwendung.

So ist die Welt jedes Menschen auch gestaltet durch seine Beziehung zu den Dingen, durch Achtung oder Mißachtung und durch das, was sie ihm zurückgeben an anvertrauter oder gewachsener Geschichte.

Dinge aus der Vergangenheit sind Teil der Geschichte eines Menschen. Sich bewußt mit ihnen in Beziehung zu setzen, sich mit ihnen zu beschäftigen, aktualisiert Damaliges, erweckt Erinnerungen und Qualitäten von Menschen oder Orten, die einen mitgeprägt haben. Und sie lassen im Vergleich mit Dingen von heute den Wandel der Zeiten spürbar werden.

Dinge der Gegenwart kann man daraufhin überprüfen, ob man überhaupt ein echtes Verhältnis zu ihnen hat und welcher Art es ist. Sind sie austauschbar, sind sie einem in erster Linie „zu Diensten", von welchen fühlt man sich abhängig, welche liebt man?

Der lebendige Austausch mit den „Dingen", dem ökologischen Lebensraum, ist ein Teil der Lebendigkeit des Lebens und bestimmt ganz wesentlich das Gefühl von Beziehungslosigkeit oder von Zugehörigkeit und Beheimatung.

„MEIN" DORF („MEINE" STADT)

Geeignet für: Einzelne, Gruppen

Ausgangsposition: sitzend oder liegend

Schließen Sie die Augen und stellen Sie sich einen Wohnort vor, wo es Ihnen gefallen hat, wo es Ihnen gut ging. Machen Sie in Ihrer Vorstellung einen Spaziergang durch diesen Ort. Verweilen Sie an Plätzen, die eine Rolle für Sie gespielt haben. Spüren Sie die Atmosphäre und erinnern Sie sich, was Ihnen gut getan hat.

HÄUSER, WOHNUNGEN, IN DENEN ICH GELEBT HABE

Geeignet für: Einzelne, Gruppen

Ausgangsposition: sitzend, liegend mit geschlossenen Augen

Nimm dir Zeit und gehe in deiner Erinnerung die Häuser und Wohnungen durch, in denen du im Laufe deines Lebens gelebt hast.

An welche erinnerst du dich gerne? Schnuppere dort den Geruch und nimm die Atmosphäre wahr.

Laß dich in den einzelnen Häusern, in denen du gerne warst, von einem Ort oder einem Gegenstand anziehen (Opas Lehnstuhl, der Balkon mit Alpenblick, die Wasserpumpe vor dem Haus...) und verweile ein wenig dabei. Spüre dem nach, was dieser Ort, dieser Gegenstand, für dich gewesen ist, welchen Wert er hatte und was er heute für dich symbolisiert.

Nimm die Orte und Dinge mit ihrem Wert in dich hinein und sei dir bewußt, daß sie dir Geschichte und „Heimat" sind.

KUSCHELTIER, BUCH ODER SPIELZEUG

Geeignet für: Gruppen

Die TeilnehmerInnen haben ein „Ding" aus ihrer Kindheit mitgebracht, ein Kuscheltier, ein Buch, ein Spielzeug von früher. (*Variation*: ein Tier oder ein Spielzeug von heute)

Sie haben das Tier vor sich, betrachten es, nehmen es zu sich und werden gebeten, mit ihm zurückzugehen in die Lebensphase, die Lebenssituation, in der der Gegenstand wichtig war.

Mögliche Weiterarbeit:

1. Erzählen aus der Position der Erwachsenen, was sie mit dem Tier erlebt haben...

2. Das Kuscheltier (Buch, Spielzeug...) erzählt über das Kind und die damalige Zeit.

3. Das Kuscheltier bekommt eine zu ihm passende Umgebung gebaut, in der es sich wohlfühlen kann. Es kann auch mit seiner Besitzerin die Welt erobern, andere Tiere besuchen, gemeinsam etwas spielen... und dann nach Hause zurückkehren.

EIN GEGENSTAND, DER MIR WICHTIG IST

Geeignet für: Gruppen

Ausgangsposition: sitzend

Die TeilnehmerInnen werden gebeten, einen Gegenstand vor ihrem inneren Auge auftauchen zu lassen, der ihnen etwas bedeutet.

Sie stellen sich vor, sie würden diesen Gegenstand in der Hand halten, ihn betrachten und erspüren, was er ihnen bedeutet.

Nun stehen sie auf, gehen mit ihrem vorgestellten Gegenstand in den Raum, wo auch alle anderen gehen. Sie probieren aus, wie sie ihren Gegenstand tragen, zeigen, den anderen seinen Wert vermitteln wollen.

Dann gehen sie zurück zu ihrem Platz, lassen sich nieder, und treten in einen kurzen Dialog mit dem Gegenstand ein.

III. DER LEIB IN SEINEN RELATIONEN

Beispiel:

Skulptur eines meditierenden Buddha: „Ich schweige."

Frau: „Es ist sehr gut, daß du schweigst. Das viele Gerede um mich herum zieht mich von mir selber weg."

Buddha: „Du redest auch viel zu viel."

Frau: schweigt.

Der Bezug zu dem Gegenstand und seiner Bedeutung (Verbindung zu einem Menschen, eine Erinnerung, ein symbolischer Wert) wird prägnanter und intensiviert sich.

EIN BAUM, EIN SEE, EIN STÜCK NATUR

Geeignet für: Einzelne, Gruppen

Schließen Sie die Augen. Schauen Sie in Ihre Gegenwart oder Vergangenheit. Gibt oder gab es da ein Stückchen Natur, einen Baum, einen Garten, ein Flußufer, eine Hügelkuppe..., wo es Sie immer wieder hingezogen hat, wo ein besonderer Ort für Sie war? Was war das Besondere dieses Ortes. Was war Ihre Beziehung zu dem Ort, dem Baum...

Stellen Sie sich in Gedanken noch einmal an den Ort, lehnen Sie sich noch einmal an den Baum (Haltung einnehmen) und lassen Sie einen Satz entstehen, der Ihre Beziehung zu diesem Ort ausdrückt.

Weiterführung: Schreiben Sie einen kurzen Text.

MEIN WOHNZIMMER (ARBEITSZIMMER ETC.)

Geeignet für: Einzelne, Gruppen

Stellen Sie sich in Gedanken Ihre Wohnung vor.

Wählen Sie ein Zimmer, mit dem Sie sich näher beschäftigen wollen.

Schauen Sie sich in dem Zimmer um:

Wie wirkt es auf Sie?

Welche Atmosphäre kommt Ihnen entgegen?

Schauen Sie sich die Gegenstände in diesem Zimmer an.

Haben Sie eine Geschichte mit diesen Dingen?
Sind die Dinge zweckmäßig, Ihr Verhältnis zu ihnen neutral?

Weiterführung: Ein Gespräch über die Art, sich sein eigenes Zuhause zu gestalten.

Variation: Wählen Sie in Gedanken einen Gegenstand aus diesem Zimmer aus. „Betrachten" Sie ihn näher, lösen Sie ihn von dem Zweck, den er erfüllt, betrachten Sie Form, Bauart etc.

Stellen Sie sich vor, wie er hergestellt wurde, was sozusagen in ihm steckt (Kreativität, Material, Arbeit...).

Schließen Sie die innere Betrachtung ab und werden Sie sich bewußt, ob Ihr Verhältnis zu dem Gegenstand sich geändert hat.

ES BRENNT, SIE DÜRFEN DREI DINGE RETTEN

Stellen Sie sich vor, Ihre Wohnung würde brennen.
Sie haben noch die Möglichkeit, drei Dinge aus dem brennenden Haus zu holen. Entscheiden Sie spontan, welche Dinge es sein sollen.

Was bedeuten Ihnen diese Dinge?

EIN DING, DAS ICH GERNE BESITZEN MÖCHTE

Verweile in Gedanken eine Zeitlang bei den Dingen, die du dir in deinem Leben erworben hast.

Brauchst du viele, wenige Dinge, um zufrieden zu sein? Dinge welcher Art?

Gibt es einen Wunsch in dir, ein bestimmtes Ding, das du noch nicht hast, zu besitzen (ein Schmuckstück, ein Segelboot, ein Klavier...)?

Beschäftige dich mit dem Ding und finde heraus, was es für dich bedeutet (Status, Lebensqualität, Überschreiten selbstgesetzter Grenzen...) und was sich durch den Besitz dieses Dinges in deinem Leben verändern würde.

6. Der Mensch im Kosmos

In den vorangegangenen Kapiteln ist immer wieder deutlich geworden, wie sehr der Mensch auf allen Ebenen seines Lebens eingebunden ist – sozial, ökologisch und kosmisch – in ein größeres Ganzes. Er ist Teil einer Menschengemeinschaft. Sein Leib besteht aus Stoffen, die zur Erde und ihren Bewohnern gehören. Er atmet den Sauerstoff, den die Pflanzen herstellen, und er lebt vom Licht der Sonne. Er hat teil an den irdischen und interplanetarischen Rhythmen. In ihm wirkt die allem Leben innewohnende Kreativität und Lebenskraft, die Ordnung, nach der alles arbeitet und sich entfaltet: der Bau eines Kristalles, die Fellzeichnung eines Zebras, die Arbeit des Immunsystems im tierischen und menschlichen Körper, Anziehung, Liebesspiel und Konzeption eines neuen Menschen...

Diese Ordnung beinhaltet, daß alles sich permanent in Bewegung und in Veränderung befindet: die Luft ist beständig in Bewegung, aber ebenso alle subatomaren Teilchen in einem Stein. Er ist weder in Ruhe, noch ist er „tote Materie", wie wir aufgrund unserer begrenzten Wahrnehmung meinen. In seinen Zeitstrukturen ist auch er in Veränderung: die Verwitterung zersetzt ihn, bis er schließlich zu Sand zerfällt. Diesem Gesetz der ewigen Veränderung, das *Heraklit* als einer der ersten betont hat, der Metamorphose, des fortwährenden „Stirb und Werde", unterliegt der Mensch ebenso wie der ganze Kosmos: Sterne strahlen, bis sie erkalten; Kulturen auf unserer Erde entwickeln sich, während andere untergehen; die Raupe verpuppt sich, bevor sie ein Schmetterling werden kann, und das Samenkorn muß „sterben", damit eine Pflanze aus ihm wird.

Zugehörig und eingebunden ist der Mensch in diese Welt. In ihm als Mikrokosmos wirken dieselben Gesetze wie im Makrokosmos, so daß die Fragen „Was ist der Mensch?", „Was ist die Welt?", „Was ist Gott?" nicht nur im direkten Zusammenhang stehen, sondern jede Frage die anderen Fragen mitbeinhaltet und jede Antwort auch Antwort auf den anderen Ebenen bedeutet.

Um nun die eigene menschliche Intelligenz und Kreativität einbringen zu können in die evolutionäre Gesamtentwicklung, ist es nötig,

III. DER LEIB IN SEINEN RELATIONEN

daß der Mensch immer tiefer eindringt in die Schöpfungsordnung, daß er sie nicht nur auf der materiellen Funktionsebene, sondern auf immer tieferen Sinnebenen zu verstehen sucht. Gelingt dies wenig, so wird der Mensch zum Parasiten, zum Störfaktor oder zum Zerstörer. Aber in dem Maße, wie er tiefere Zusammenhänge versteht und sich in die Ordnung der Natur hineinfindet, fließt sein kreatives Potential synergetisch zusammen mit der kosmischen Ordnung und er wird im großen wie im kleinen den Fluß des Lebens nicht blockieren, sondern sich ihm einfügen und ihn nach Kräften fördern.

Voraussetzung dazu ist, daß der Mensch sich nicht als Herrscher, sondern als Teilhaber, Teilnehmer an dem großen Zusammenspiel sieht und sich demgemäß verhält. Wenn er aus dem Bewußtsein der Teilhabe heraus lebt, wird er ein Suchender sein auf dem Weg zu seinem Platz und seiner Rolle im Ganzen. Dieses Suchen geschieht heute auf der philosophischen, auf der wissenschaftlichen, auf der politischen und auf der persönlichen Ebene. In vielen Bereichen geht es sehr chaotisch und destruktiv in der Welt zu, in manchen Bereichen findet man aber auch zunehmend synergetische Phänomene: intuitive, meditative und analytische Erkenntniswege kommen zusammen, um in tiefere Ebenen des Wissens vorzudringen, dorthin, wo Wissen und Weisheit keine Gegensätze mehr sind. In diesem Prozeß entdecken Menschen neben dem Tun und Handeln mehr und mehr die Qualität des Seins und des Mit-Seins, und es wird für die Menschheit und die Erde eine Frage des Überlebens sein, ob die lebensfördernden Synergien sich durchsetzen können, Evolution weitergeht oder Devolution geschieht.

Dieses Bewußtsein der Teilhabe, der Teilnahme, des Verflochtenseins kann geübt und entfaltet werden. Das Loslassen des Tuns und das Innewerden der eigenen Weite und Tiefe in der Stille ebenso.

Einige Angebote dazu sollen dieses Buch beschließen.

Teilhabe

Geeignet für: Gruppen

Die TeilnehmerInnen haben Naturmaterialien gesammelt, oder es ist ein Vorrat davon vorhanden: Holz, Moos, Nüsse, Kastanien, Steine, Muscheln, Federn, Schafwolle...

Nun geht es darum, ein ausgewähltes Objekt oder das von draußen mitgebrachte mit allen Sinnen zu erfassen:

Leg das Naturobjekt vor dich hin und nimm dir Zeit, es ausführlich zu betrachten.

Dann nimm es in die Hand, betrachte es aus der Nähe.

Berühre, betaste es, rieche daran.

Experimentiere mit dir und dem Objekt. (Streiche dir mit der Feder über die geschlossenen Augen; leg dir den Stein unter einen Fuß oder auf die Stirn; leg dir eine Muschel aufs Ohr...) – Laß dir Zeit!

Erspüre den Bezug, der zwischen dir und dem Ding besteht oder entstanden ist. Vielleicht hat es in der Beziehung seinen Objektcharakter verloren.

Mit Ruhe und ohne zu sprechen können die TeilnehmerInnen nach einer Weile ihre Naturobjekte zusammenfügen und ein „Bild" aus dem Material gestalten. Das eigene „Objekt", zu dem man (möglicherweise) einen Bezug bekommen hat, stammt aus einem größeren Ganzen und wird nun wieder Teil eines größeren Ganzen. Bezugnahme auf das „Objekt" und Teilnahme am Gestaltungsprozeß gehen über in eine Teilhabe am Ganzen.

Die Gruppe sitzt eine Weile betrachtend um das Ge„bild"e herum im Bewußtsein dieser Teilhabe.

Sei Stein, Pflanze, Tier, Mensch

Geeignet für: Gruppen

Ausgangsposition: sitzend in selbstgewählter Haltung

Schließ die Augen. Zentriere dich mit deinen Atem!

III. DER LEIB IN SEINEN RELATIONEN

Stell dir vor, du bist ein Stein, ein Fels. Nimm seine Form an (in der Vorstellung oder real). Ist es ein begehbarer Fels, ein Flußkiesel, eine stehende Basaltsäule...? Lebe dich in ihn ein, werde unbeweglich, uralt...

Sei Stein, verharre so.

Löse die feste Form, bewege ganz langsam millimeterweise die Wirbelsäule. Verwandle dich in eine Pflanze. Wenn du liegst, richte dich auf. Wachse mit kleinen Bewegungen der Wirbelsäule nach oben.

Sei die Pflanze. Beweglich, wachsend zum Licht. Verharre so.

Laß die Identifikation mit der Pflanze los. Verwandle dich in ein Tier. Überlege nicht, welches Tier du sein möchtest, sondern laß es entstehen.

Sei das Tier. Verharre in einer Position.

Laß die Identifikation mit dem Tier los. Sitze in aufrechter Haltung.

Sei Mensch. Verharre so.

Anmerkung: Die sichtbaren Bewegungen sollen dabei äußerst sparsam sein. Das hauptsächliche Geschehen ist ein inneres.

In dem folgenden Angebot geht es im Gegensatz hierzu darum, die inneren Impulse in Bewegung und Haltung Gestalt gewinnen zu lassen.

METAMORPHOSE

Entwickelt von *Hilarion Petzold* (1967) als freie Form: Pflanze im Jahreskreislauf. Wir wandeln ab mit dem Focus auf der Metamorphose, dem „Stirb und Werde".

Jede TeilnehmerIn sucht sich einen Platz im Raum und rollt sich auf einer Decke möglichst klein zusammen. Sie folgt der geleiteten Imagination mit eigenen Bildern und Bewegungsimpulsen.

Stell dir vor, du bist ein Samenkorn. Dunkle, schützende Erde

umgibt dich. Du ruhst. – Du bist klein und begrenzt, aber in dir ist Leben.

Die Sonne erwärmt die Erde um dich herum. Die Wärme erreicht auch dich und verstärkt deine innere Lebendigkeit. Feuchtigkeit löst allmählich die Starre deiner Haut und verlockt dich, aufzubrechen. Ein Keim schiebt sich langsam und vorsichtig nach oben. Er tastet und fingert und sucht sich seinen Weg zum Licht.

Dann bricht die Hülle auch nach unten hin auf. Feine Wurzeln streben ins Erdreich, und deine Hülle bricht. Das Samenkorn ist gestorben.

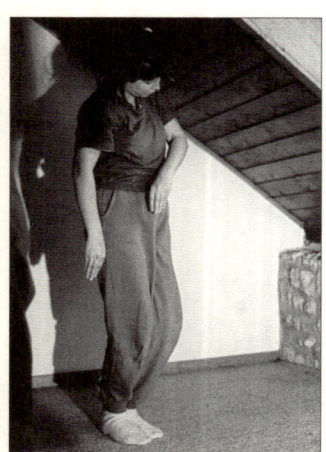

Über der Erde umfächelt den Keim leichte Luft. In seinem Inneren treibt es, er treibt aus, seitwärts, nach oben und wächst... – Die Frühlingswinde wiegen die Pflanze, der Mairegen ist sanft und warm. – Stetig geht das Wachstum weiter. – Da gibt es Blätter, Knospen, eine oder mehrere. Kunstvoll sind die Blütenblätter gefaltet in ihrer sicheren Umhüllung. Noch warten sie auf ihre Stunde.

Die Sonne berührt dich.

Es ist soweit: die erste Knospe öffnet sich, zeigt sich und empfängt das Licht der Sonne. – Duftet sie? – Schon lockt sie Insekten an, die in ihr Inneres hinuntersteigen, Nektar holen und sie dabei befruchten.

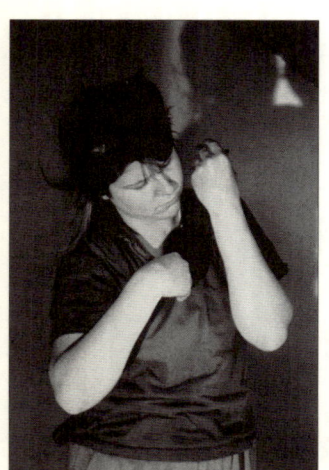

Der Wind rauscht. – Die Luft ist voll Spannung und der Wind wird zum Sturm. – Ein Gewitter entlädt sich. Der Regen klatscht auf die Blätter. Die Tropfen fließen an den Blättern entlang, perlen an den Blütenblättern ab, erfrischen, reinigen, beschädigen...

Es ist Hochsommer. Du stehst in voller Blüte. Die Sonne ist heiß. Käfer, Bienen und Schmetterlinge besuchen dich.

Während die Blütenblätter langsam müde werden, wächst am Grunde deiner Blüte ein Knoten. Er verdickt sich, sammelt Kräfte, wird größer... Ganz klein sind Samenkörner in ihm angelegt.

Die Sonne steht nun tiefer. Es wird Herbst. Die Winde werden heftiger, die Nächte kühler. Die Blütenblätter verlieren an Kraft,

III. DER LEIB IN SEINEN RELATIONEN 389

sie welken, einzelne fallen ab. Die Blüte stirbt. Unterdessen wächst der Fruchtknoten kräftig, und die Samen reifen an ihrem sicheren Ort. – Mehr und mehr welkt die Schönheit. Immer mehr Blätter hängen herunter und fallen schließlich ab. Der Wind rüttelt und zaust.

Der Fruchtknoten ist nun reif. Er platzt auf und entläßt die Samen. Vom Wind getragen fallen sie irgendwo zu Boden. – Erneut ruht ein Korn in der Erde, wartet und sammelt seine Kraft für das nächste Jahr.

Die vier Elemente

In einem Raum werden vier Orte für die vier Elemente eingerichtet und mit Symbolen ausgestattet, etwa:

Wasser: eine Glasschale mit Wasser, Muscheln

Erde: ein Klumpen Ton, eine Schale mit dunkler Erde

Feuer: eine Kerze

Luft: eine Feder, ein Seidentuch...

Jede TeilnehmerIn geht individuell zu einem der Symbole, versenkt sich, identifiziert sich mit dem jeweiligen Element („Ich bin Erde".) und läßt Bilder dazu aufsteigen. Diese Bilder werden in die Bewegung hineingenommen und getanzt.

Das Erlebte kann berichtet oder in einem Text weiterverarbeitet werden.

ALLES FLIESST

Setz dich an eine Quelle, einen kleinen Bach. Lausche dem Wasser. – Alles fließt. – Öffne deine Sinne: nimm das Schimmern, das Murmeln, den Fluß in dich auf. – Alles fließt. – Laß dich vom Fließen ergreifen: Quelle, Bach, Fluß, Strom, Meer, Ozean – fließende Weite!

Die Zeit fließt, das Leben fließt dahin, der Strom der Evolution fließt...

Ich fließe, ich bin im Fluß, auf dem Weg von der Quelle zum Ozean...

„ERDUNG" UND „HIMMELUNG"

Viele Menschen erleben in sich eine Verbindung zwischen oben und unten, Himmel und Erde, Hellem und Dunklem, Feinstofflichem und Grobstofflichem.

Geeignet für: Gruppen

Die TeilnehmerInnen bewegen sich durch den Raum und konzentrieren sich auf sich selbst. Mehr und mehr wird die Aufmerksamkeit zu den Füßen und zu dem Boden unter den Füßen gelenkt. – Sie suchen sich einen Platz im Raum, breiten dort eine Decke aus und lassen sich nieder, zunächst auf die Knie.

Berühre nun mit den Händen und dann auch mit der Stirn die Erde. Verharre eine Weile so und begegne in dieser Form der Erde.

Welche Qualitäten hat die Begegnung?

Streck dich dann ganz aus, mit dem Gesicht und dem Bauch der Erde zugewandt. Die Hände liegen unter der Stirn. Laß das Gesicht, deine ganze Vorderseite, mit der Erde Kontakt aufnehmen, sich anschmiegen, auf ihr ruhen, ihr anvertraut oder ausgeliefert sein.

Nimm dir Zeit und begegne der Erde unter dir. Wenn du magst, sprich mit ihr.

Komm wieder auf die Knie und von da aus langsam in die Senkrechte (Achtung: Kreislauf).

Wenn du stehst, stell die Füße beckenbreit auseinander, erspüre den Kontakt der Fußsohlen mit dem Boden und bau dich in der Vorstellung in den Gelenken von unten her auf: Fußgelenke, Knie, Hüften, Wirbelsäule..., wachse sozusagen von der Erde aus dem Himmel entgegen wie eine Pflanze, die der Sonne zuwächst.

Klopfe nun sanft mit den Fingerspitzen den Hinterkopf, den Scheitel, die Stirn, die Schläfen. Nimm mit dem so sensibilisierten Kopf „Fühlung" zum Himmel über dir auf. Verharre eine Weile.

Leg dann die Handflächen vor der Brust zusammen und führe die Hände – die Fingerspitzen zeigen nach oben – langsam vor deinem Gesicht entlang soweit nach oben wie möglich, schiebe dich mit dieser „Pfeilspitze" dem Himmel entgegen. Löse die Hände voneinander und führe sie so weit zur Seite, bis sie schulterbreit voneinander entfernt stehen und du eine offene Verbindung von oben nach unten darstellst. – Steh eine Weile so ausgespannt zwischen Himmel und Erde.

Laß die Arme wieder sinken. – Wechsle nun mehrmals im eigenen Rhythmus die stehende Position mit der auf der Erde liegenden und schau, was dabei in dir aufkommt.

Wenn möglich, sollte diese Übung draußen gemacht werden. Ebenso wie die folgende:

ATMEN ZWISCHEN HIMMEL UND ERDE

(nach *I. Middendorf*)

Geeignet für: Einzelne, Gruppen

Stell dir deine senkrechte Mittelachse vor und laß deinen Atem an ihr entlang ein paarmal hinauf- und hinuntergehen.

Leg die Außenseite der Finger aneinander, so daß die Fingerspitzen zum Herzen zeigen. Öffne dann beim Einatmen die Arme vor dem Leib, bis sie auf Herzhöhe seitwärts neben dem Körper innehalten und beim Ausatmen wieder in die Ausgangslage zurückgehen.

Von derselben Ausgangslage der Finger nun beim Einatmen vor der Mittelachse des Leibes nach oben gehen, bis die Hände sich dort oben öffnen, die Arme sich auseinanderbewegen und auch Kopf und Blick nach oben gerichtet sind. Beim Ausatmen wieder schliessen, der Körperachse entlang wieder zum Ausgangspunkt zurück.

Vom Ausgangspunkt nun beim Einatmen der Mittelachse entlang nach unten. Der Rumpf beugt sich. Die Arme bewegen sich seitwärts nach hinten, und der Atem fließt in den Rücken. Der Blick wendet sich der Erde zu.

Danach werden die drei Bewegungen: Horizontale, nach oben, nach unten in freier Reihenfolge in eine fließende Atembewegung gebracht und solange wiederholt, bis alles sozusagen von alleine fließt.

Es geschieht Durchatmung, Öffnung und ein hohes Maß an Sammlung, Zentrierung und fließender Harmonisierung.

Um die Übung in einen kosmischen Zusammenhang zu stellen, kann man folgende Sätze einfügen: Sei dir bewußt, daß die Ausgangsposition der Hände beim Herzen ist. Wenn du dich mit deinem Atem in der Horizontalen öffnest, öffne dann dein Herz gegenüber den Menschen um dich herum. Wenn du dich nach oben bewegst, öffne dann dein Herz zum Himmel (oder zu dem, was größer ist als du). Wenn du dich nach unten öffnest, öffne dann dein Herz zur Erde, die dich trägt und der du zugehörst.

Der **Gong** in seiner unerhörten Schwingungsfähigkeit vermag uns in besonderer Weise zu sensibilisieren, schwingungsfähig, durchlässig zu machen, zu reinigen, zu orten und zu öffnen. Läßt man dies zu, gibt man sich den Klangschwingungen hin, so wird es möglich, Fühlung aufzunehmen mit der Tiefe des eigenen Wesens und kosmische Dimensionen zu erahnen.

III. DER LEIB IN SEINEN RELATIONEN

WEITE

Geeignet für: Einzelne, Gruppen

Die TeilnehmerInnen stehen im selbstgewählten Abstand vor dem Gong. Sie schauen ihn an. Er wirkt schon, ohne daß er bespielt wird: die runde Form mit der dunklen Mitte zentriert, strahlt Sammlung und Würde aus. Sie nehmen dieses Bild in sich auf.

Dann wird der Gong bespielt, in regelmäßigen und unregelmäßigen Abständen unterschiedlich stark angeschlagen (nicht zu laut).

Lassen Sie sich berühren von den Wellen!

Öffnen Sie Ihren Leib!

Lassen Sie Ihre Gedanken, Gefühle, Erwartungen... wegtragen!

Lassen Sie sich mitnehmen von den Klängen des Gongs in weite Räume...

Weiterführung: Das Erlebte kann mit Farben aufs Papier gebracht werden. Die Ausgangsform ist sinnvollerweise der Kreis (der Gong ist bereits eine Art Mandala), in dem das Erleben zu einem persönlichen Mandala gestaltet wird.

STILLE

Ausgangsposition: Die TeilnehmerInnen sitzen oder liegen.

Zunächst können Sie bei den Klängen des Gongs Spannungen in verschiedenen Leibregionen lösen.

Dann wird der Gong regelmäßig – mit Pausen – immer im selben Bereich angeschlagen: Jeder Klang entfaltet sich, verklingt und geht in Stille über. Erst nach einer Weile folgt der nächste Ton. Die Pausen zwischen jedem Anschlagen werden länger.

Jeder Ton führt in die Stille. Innen und Außen fallen ineinander. Die Stille wird größer und weiter.

Die Tiefe tiefer.

Vertrau dich an!

Literatur

Abresch, Jürgen: Anregungen zur Arbeit mit Seilen in der Integrativen Therapie, in: Integrative Therapie 4/1993
Alexander, Gerda: Ein Weg der körperlichen Selbsterfahrung. München 1978
Berendt, Joachim E.: Nada Brahma – die Welt ist Klang. Frankfurt 1985.
Bernstein, Douglas/Borkovec, Thomas: Entspannungstraining, Handbuch der progressiven Muskelentspannung. München 1975
Bräutigam, Walter/Christian, Paul: Psychosomatische Medizin. Stuttgart 1981
Brooks, V.W. Charles: Erleben durch die Sinne. Paderborn 1994
Dalcroze, Jacques: Rhythmus, Musik und Erziehung, in: Rhythmus, Takt, Temperament. Basel, Nachdruck von 1921
Dürckheim, Karlfried Graf: Übung des Leibes. München 1978
Eisler, Peter: Berührung aus Berührtsein, in: Integrative Therapie 1-2/1991
Elias, Norbert: Über den Prozeß der Zivilisation. Frankfurt 1979
Feldenkrais, Moshe: Bewußtheit durch Bewegung. Frankfurt 1981
Feldenkrais, Moshe: Die Feldenkrais-Methode in Aktion. Paderborn 1991
Feldenkrais, Moshe: Das reife Selbst. Paderborn 1994
Friedmann, Elly D.: Laban, Alexander, Feldenkrais. Paderborn 1989
Frohne-Hagemann, Isabelle: Das Rhythmische Prinzip – Grundlagen, Formen und Realisationsbeispiele in Therapie und Pädagogik. Lilienthal 1981
Frohne-Hagemann, Isabelle: Musik und Gestalt. Paderborn 1989
Fromm, Erich: Die Kunst des Liebens. Ulm 1982
Frühmann, Renate (Hrsg): Frauen und Therapie. Paderborn 1985
Fuchs, Marianne: Funktionelle Entspannung. Stuttgart 1974
Gräff, Christine: Konzentrative Bewegungstherapie in der Praxis. Stuttgart 1983
Grün, Anselm: Gebetsgebärden. Münsterschwarzach 1988
Grün, Anselm: Bilder der Verwandlung. Münsterschwarzach 1993
Harthausen, Margit/Leman, Rhea: Body Sense. Paderborn 1988
Haselbach, Barbara: Improvisation, Tanz, Bewegung. Stuttgart 1976
Hausmann, Bettina: „Gongstille", in: Petzold, H. (Hrsg.): Heilende Klänge. Paderborn 1989
Hausmann, Bettina/Meier-Weber, Ursula: Kreative Medien, Bewegung und bildnerisches Gestalten in der Integr. Kurztherapie mit psychotischen Erwachsenen, in: Petzold/Orth (Hrsg.): Die neuen Kreativitätstherapien, Paderborn 1990
Hausmann, Bettina: Arbeit mit Seilen in der Integrativen Bewegungstherapie mit Psychosepatienten, in: Integrative Therapie 3,1987
Höhmann-Kost, Annette: Bewegung ist Leben. Paderborn 1991
Iljine, V.N.: Therapeutisches Theater, in: Petzold, H. (Hrsg.): Angewandtes Psychodrama. Paderborn 1972
Jacobs, Dore: Die menschliche Bewegung. Düsseldorf 1972
Jacobson, E.: Progressive Relaxation. University of Chicago Press, Chicago 1938
Jacoby, Heinrich: Jenseits von begabt und unbegabt. Hamburg 1983

Katz-Bernstein, Nitza: Phantasie, Symbolisierung und Imagination – „komplexes katathymes Erleben" als Methode in der Integr. Therapie mit Vorschulkindern, in: *Petzold/Orth (Hrsg.)*: Die neuen Kreativitätstherapien. Paderborn 1990
Kjellrup, Mariann: Bewußt mit dem Körper leben. München 1980
Kükelhaus, Hugo: Organismus und Technik – gegen die Zerstörung der menschlichen Wahrnehmung. Frankfurt 1981
Kükelhaus, Hugo/Lippe, Rudolf zur: Entfaltung der Sinne, ein Erfahrungsfeld zur Bewegung und Besinnung. Frankfurt 1982
Lander, H.M./Zohner, M.: Meditatives Tanzen, Stuttgart 1987
Leuner, H.: Experimentelles Katathymes Bilderleben als ein klinisches Verfahren der Psychotherapie, in: *Psychotherapie und Med. Psychologie* 5, 1955
Leuner, H.: Katathymes Bilderleben. Stuttgart 1970
Merleau-Ponty, Marcel: Phänomenologie der Wahrnehmung. Berlin 1966
Middendorf, Ilse: Der erfahrbare Atem. Paderborn 1984
Montagu, Ashley: Körperkontakt. Stuttgart 1984
Mittermair, Franz: Körpererfahrung und Körperkontakt. München 1985
Osten, P.: Die Anamnese in der Psychotherapie. München 1995
Petzold, Hilarion (Hrsg.): Die neuen Körpertherapien. Paderborn 1977
Petzold, H. (Hrsg.): Psychotherapie und Körperdynamik. Paderborn 1977
Petzold, H. (Hrsg.): Psychotherapie, Meditation, Gestalt. Paderborn 1983
Petzold, H. (Hrsg.): Leiblichkeit. Paderborn 1985
Petzold, H. (Hrsg.): Psychotherapie und Friedensarbeit. Paderborn 1986
Petzold, H.: Integrative Bewegungs- und Leibtherapie 1/2. Paderborn 1988
Petzold, H. (Hrsg.): Heilende Klänge. Paderborn 1989
Petzold, H.: Integrative Therapie 1/2/3. Paderborn 1993
Petzold, H. (Hrsg.): Frühe Schädigungen – späte Folgen? Paderborn 1993
Petzold, H./Bubolz, E. (Hrsg.): Psychotherapie mit alten Menschen. Paderborn 1979
Petzold, H./Orth, I. (Hrsg.): Die neuen Kreativitätstherapien 1/2. Paderborn 1990
Petzold, H./Stöckler, M. (Hrsg.): Aktivierung und Lebenshilfen für alte Menschen. Paderborn 1988
Petzold, H./Sieper, J. (Hrsg.): Integration und Kreation. Paderborn 1993
Pikler, Emmi: Laßt mir Zeit. München 1988
Reichel, G./Rabenstein, R./Thannhoffer, M.: Bewegung für die Gruppe, Puppen und Masken. Frankfurt 1983
Riemer, Christoph: Maskenbau und Maskenspiel. Kiel 1986
Schaarschuch, A.: Der atmende Mensch – Lösungs- und Atemtherapie in Ruhe und Bewegung. Bietigheim 1979
Scheffler, Sabine: Konzepte und Vorstellungen vom weiblichen Begehren in Psychologie und Psychotherapie, in: *Integrative Therapie* 1-2/1994
Schmitz, Hermann: Leib und Gefühl. Paderborn 1992
Schoop, Trudi: Komm und tanz mit mir. Zürich 1981
Sheleen, Laura: Maske und Individuation. Paderborn 1987
Stolze, Helmut: Die konzentrative Bewegungstherapie. Berlin 1984

Sommer, Katharina: Maskenspiel in Therapie und Pädagogik. Paderborn 1992
Weiß, Bernward: Maske und Therapie im integrativen Ansatz der Arbeit mit kreativen Medien und der Kunsttherapie – ein Überblick, in: *Petzold/Orth (Hrsg.)*: Die neuen Kreativitätstherapien. Paderborn 1990
Weiß, Kersti (Hrsg.): Bewegungsspiele mit Kindern. Weinheim 1994
Wilda-Kiesel, Anita: Kommunikative Bewegungstherapie. Leipzig 1987
Willke, E./Hölter, G./Petzold, H. (Hrsg.): Tanztherapie, Theorie und Praxis. Paderborn 1991

Mut zum Erfolg

1994, 384 Seiten, kart.
DM 44,–
ISBN 3-87387-039-8

Unterschiede zwischen Männern und Frauen sind an sich nicht problematisch. Schwierig wird es erst dann, wenn Männer und Frauen diese Unterschiede und ihre Bedeutung nicht kennen. Noch schwieriger wird es, wenn Männer und Frauen ihr unterschiedliches Verhalten wechselseitig durch die Brille des je eigenen Weltbildes wahrnehmen und interpretieren. Das Extrem ist jedoch, wenn eines der existierenden Weltbilder das in der Realität herrschende darstellt und als Bezugssystem auch für das Verhalten im anderen System gilt. Und das ist der Fall. Im Berufsleben unserer Gesellschaft gelten die männlichen Kriterien. Auf dem Hintergrund männlicher Kriterien sind Frauen unterlegen. Wir wollen das ändern, aber wie?

Alexa Mohl – Auch ohne daß ein Prinz dich küßt

NLP Kommunikationsmethoden & Lernstrategien

Ein Lernbuch für Frauen

Die Antwort auf die Frage lautet: mit NLP! Die Begründer von NLP sind der Überzeugung, daß man mit NLP alles lernen könne, was nur ein Mensch auf diesem Globus als Fähigkeiten entwickelt hat: Man kann auf diese Weise unangemessene Verhaltensweisen verändern, ungewünschte Gefühlsreaktionen modifizieren und erfolgshemmende Überzeugungen überwinden.

Ziel ist es, Frauen praktische kommunikative Fähigkeiten zu vermitteln, die es ihnen ermöglichen, sich in einer nach männlichen Normen strukturierten Welt gleichwohl in einer weiblichen Weise durchzusetzen.

Alexa Mohl, Dr. phil. habil., lebt als selbständige psychologische Beraterin, Führungstrainerin und Coach in Hannover.

JUNFERMANN VERLAG • **Postfach 1840**
33048 Paderborn • **Telefon 0 52 51/3 40 34**

1994, 685 Seiten, kart.
DM 58,-

1994, 524 Seiten, kart.
DM 49,80

1994, 280 Seiten, kart.
DM 39,80

1995, 272 Seiten,
kart. DM 39,80

Fordern Sie unsere kostenlosen Prospekte an! (Postfach 1840, D-33048 Paderborn - Tel.: 0 52 51/3 40 34)

JUNFERMANN VERLAG

Lieben lernen

1995, 192 S., kart.
DM 29,80
ISBN 3-87387-235-8

In diesem Buch lernen Sie, wie es Ihnen gelingen kann, daß Sie sich selbst, so wie Sie sind, liebevoll annehmen, wie Sie vielen Ängsten den Schrecken nehmen und wie Sie im partnerschaftlichen Umgang mit Ihren Mitmenschen Unabhängigkeit gewinnen können.

Die in diesem Buch beschriebene Psychopädie bündelt die in 50 Jahren ärztlicher und psychotherapeutischer Praxis erprobten und leicht anzuwendenden Vorgehensweisen und Prozesse. Sie weist einen Weg, wie Menschen zu befreiendem Kontakt und lebendiger Ausgewogenheit gelangen können.
„Dieses Buch, das uns in besonders klarer und anregender Weise unserer Seele näher bringt und dabei unseren Atem einbezieht, ist erstaunlich und bedeutend. Die Intensität und die Vielfalt der Ausführungen und Übungsvorschläge leuchtet sozusagen auch in kleinste Falten unserer Seele." - *Prof. Ilse Middendorf*

Udo Derbolowsky, geb. 1920, ist seit 50 Jahren als Arzt, Psychotherapeut und -analytiker tätig. Aus seinen Erfahrungen entwickelte er die hier beschriebene Psychopädie.

Jakob Derbolowsky, geb. 1947, Arzt und Psychotherapeut, leitet die Akademie für Psychopädie. Er hat sich zudem mit Verhaltenstherapie, Psychodrama und NLP (Master-Pract.) befaßt.

**JUNFERMANN VERLAG • Postfach 1840
33048 Paderborn • Telefon 0 52 51/3 40 34**